U0915441

本书得到 2017 年度“贵州省哲学社会科学创新工程”（编号：CXTD05）资助

法律人类学论丛

（第5辑）

LEGAL ANTHROPOLOGY REVIEW

主　编／吴大华

社会科学文献出版社
SOCIAL SCIENCES ACADEMIC PRESS (CHINA)

序

吴大华
中国人类学民族学研究会副会长
法律人类学专业委员会主任委员

法律人类学是一门运用人类学的理论与方法对法律问题进行解释和研究的学科。它处于法律学与人类学的交汇点，是一门交叉性的分支学科。作为19世纪中后期产生并发展起来的一门边缘学科，法人类学是传统法学和传统人类学的扩张与“互渗”，要求不同文化间相互理解与尊重，对法律进行动态性的研究，认同法律多元，认同非国家法律，要求运用国家法律与非国家法律寻求纠纷的解决以维护社会秩序。

20世纪90年代以来，西方后现代法学思潮逐渐被引介到中国，这种思潮认为存在着多种可供选择和互不等同的概念体系或假设体系，在各自体系里都可以解释世界，因为不存在权威性的客观的选择方法；它主张视角的多元性、多样化，倡导一种多元主义的方法论，允许各种法律理解的存在。受此影响，矢志于民族习惯法、民间法调查研究的学者和学术群体日渐增多。正是在这样的背景下，法律人类学在中国逐渐得以传播。经过三十多年的发展，中国的法律人类学研究从无到有，得以蓬勃发展起来。研究的领域从最初的少数民族习惯法拓展到民间法、乡村社会治理等诸多领域。在研究的范式上，从以规则、制度为中心的研究范式逐渐转向了以纠纷、过程为中心的范式，从关注特定条件下法律制度的发展与现状转向了更为关注现实社会中的法律现象和法律问题。总之，近三十年来，中国的法律人类学研究在诸多方面取得了令人瞩目的成绩。当然，存在的不足与问题也是明显的，例如法律人类学在中国尚未形成明确的学科体系，在理论层面的贡献较欠缺，有影响力的学术成果之数量仍显不足，在国际法律人类学界尚缺学术地位。

为了进一步推动中国的法律人类学发展，促进法律人类学研究经验的交流，不断繁荣中国的法律人类学研究，加强对外交流，在中国人类学民族学研究会和国家民委、民政部的支持指导下，国内热心于法律人类学研究的一批学者于 2011 年成立了中国人类学民族学研究会法律人类学专业委员会，并从当年开始每年举办一次法律人类学高级论坛，到 2016 年底已陆续举办了六期论坛。为了更好地推进法律人类学的研究，法律人类学专业委员会决定出版《法律人类学论丛》（集刊），以此为会刊，作为国内法律人类学研究与交流的学术阵地。《法律人类学论丛》第 1 ~4 卷已分别由中央民族大学出版社、民族出版社、社会科学文献出版社于 2013 ~2016 年出版发行。

希望《法律人类学论丛》（集刊）的创办，能够推动以下几方面的工作。

一是进一步推动国内学术界对国外法律人类学理论及研究成果的译介。

二是推动中国法律人类学理论和研究方法的创新。目前国内法律人类学的研究在一定程度上还只是用中国的资料验证西方的理论，中国的法律人类学研究对此应当予以反思，回应中国的时代使命，创造出更为贴切中国现状的理论和方法。

三是促进法律民族志成果的研究。我国有着法律人类学发展的独特而丰富的民族资源，但尚缺乏能与阿尔福雷德·拉德克利夫—布朗的《安达曼岛人》、埃文斯·普理查德的《努尔人》等相比肩的法律民族志精品成果。特别是在法律现代化的背景下，我们也同样面临着现代法律文化与我国各民族传统法律文化之间的冲突与调适问题，而法律民族志的研究能够更好地帮助我们认识自身。

四是促进法律人类学研究的视角更多地关注现实社会中的法律现象与法律问题，研究民间的“活法律”如何适应法律现代化和全球化的进程，探讨“活法律”背景下乡村社会、民族地区的治理问题，从而推动我国的法治建设和社会建设。

五是推动法律人类学研究内容的进一步丰富，从民族地区、乡村社会走向汉族地区、城市社会，运用法律人类学的方法研究一切非正式规则甚至是国家法律的运行实践，以寻求社会治理中的“活法”。

愿《法律人类学论丛》（集刊）在学界同好倾力支持之下，能做出更多有价值的思考与探索。

是为序！

2016 年 12 月 30 日

Preface

WU Dahua

Vice President of the Society for Research on Chinese Anthropology and Ethnology

Chairman of the Professional Committee of Legal Anthropology

Legal anthropology is a discipline that uses the theory and method of anthropology to explain and study the legal issues. It is in the intersection of law and anthropology and is a branch of cross discipline. As a frontier discipline emerging and developing during the mid 19th century or later, legal anthropology is the expansion and mutual penetration between traditional law and traditional anthropology, calling for the mutual understanding and respect from different cultures. It carries on dynamic study of law, identifies with multiple cultures and national laws, requiring the common application of national laws and informal rules as settlement mechanism of disputes in order to maintain social orders.

Since the 1990s, Post - modern legal ideological trend has been introduced from the west, which claims there are multiple choices and different conceptual systems or hypothesis systems explaining the world existing in their own systems because there exists no an authoritative and objective choosing way. The ideological trend asserts multiplicity and variety of perspective and advocates a kind of methodological theory of pluralism, allowing the existence of various understanding of law. Under these influences, the number of scholars and academic groups committed to the investigation and research of national customary law as well as folk law grows gradually. It is in the background that legal anthropology in China is gradually spread. Through more than 30 years' development, the research into legal anthropology in China starts from scratch and flourishes. The research fields expand from initial minorities' customary law to folk law, rural social governance and so on. Its Research Paradigm gradually changes from the Paradigm of research on rule and system as its centers to the Paradigm of research on dispute and process as its centers, from valuing the status and development of legal system under specific condition to valuing more legal phenomena and legal problems in real society. In brief, in recent 30 years, legal anthropology in China has made sparking progress in many aspects. Of course, it is obvious that there exists deficiency and problem. For example, definite disciplinary system in legal anthropology in China has not formed. There are no enough theoretical contributions and there are less academic findings in legal anthropology, making it have no internationally academic position.

In order to further promote the development of legal anthropology in China, promote communication in studying experience in legal anthropology, gradually flourish study of legal anthropology in China and intensify communication with the outer theoretical world, Under the guidance and support of the Society for Research on Chinese Anthropology and Ethnology, National Ethnic Affairs Committee and Ministry of Civil Affairs, a group of scholars in China who are enthusiastic about the study of legal anthropology established Professional Committee of Legal Anthropology affiliated to the Society for Research on Chinese Anthropology and Ethnology in 2011 and decided that from that year on it would annually held an advanced forum on Legal Anthropology. By the end of 2016, it has successively held six – phase forums. In order to better promote the study of legal anthropology, Professional Committee of Legal Anthropology decided to publish "Legal Anthropology Review" (yearly) as an academic platform of domestic research and communication of legal anthropology. The first volume, the second volume the third volume and the fourth volume of "Legal Anthropology Review" have been respectively published by Minzu University of China Press in 2013, Law Press in 2014, Social Science Literature Press in 2015 and Social Science Literature Press in 2016.

We established "Legal Anthropology Review" (Journal) with the hope of promoting the following tasks:

The first is to urge Chinese academic world to research into overseas legal anthropological theories and translate some of their excellent academic works into

Chinese works.

The second is to innovate Chincse legal anthropological creativity of theory and method Presently, at some extent the study in domestic legal anthropology is still to test western theory by Chinese documentary. Aiming at this, we need to retrospect and think into the deep, responding to times' needs and creating more reasonable and scientific theories and methods suitable for Chinese social reality.

The third is to promote the study of Legal National histories. In China, there are so abundant and unique national resources for the development of Legal Anthropology, but there are less highly influential great researching works like legal national histories. However, there is a lack of legal ethnography of high quality comparable to these works like "the Andaman Islanders " by Alfred · Radcliffe · Brown, "Noor" by Evans · Pritchard and so on. Especially in the context of legal modernization, we are also faced with the problem of conflict and adjustment between the modern legal cultures and the traditional legal cultures of our country, under the background the study of legal ethnography can better help us to understand ourselves.

The fourth is to promote the research of legal anthropology to pay more attention to legal phenomenon and legal issues in the real society, to study how to adapt to the process of legal modernization and globalization and to explore the governance of rural society and ethnic areas under the background of "living law", thus promoting legal rule and social construction in our country.

The fifth is to make the research contents in Legal Anthropology more plentiful from the national regions and rural society to the Han nationality region and urban society, It applies basic anthropological methods to study all informal rules and even operation practice of national laws to seeking for the real "living laws" in the process of social governance.

It is hoped that "Legal Anthropology Review" can make out more valuable thinking and exploration under the studious supports of academic colleagues.

Above is the preface!

December 30*th*, 2016

目 录 Contents

第一篇　理论探讨

论民族问题法治化的必然性 ………………………… 李占荣　唐　勇 / 3

国家奖学金评定中民考民、民考汉大学生平等权保障研究 …… 潘红祥 / 19

论作为人权的习惯权利 ………………………………………… 谢　晖 / 37

城镇化背景下少数民族流动人口城市融入政策法制建构研究 ……………………………………………………… 王　飞 / 73

新型城镇化建设背景下传统村落保护发展的法治化问题探析 ………………………………………… 文永辉　文新宇 / 83

田野调查在法人类学研究中的运用 ………………… 黄孝慧　黄　俐 / 100

第二篇　民族法治建设

民族立法现状调查及对策研究

——基于浙江省的实证分析 ……………………… 黄元姗　朱宗侠 / 119

城镇化建设中少数民族餐饮业“行规”对民族法治建设的影响 ……………………………………………………… 尕永强 / 132

论民间调解的乡土逻辑及其政策建议
——甘肃省天水市五个乡村调解个案的调查思考
…………………………………………………… 蓝寿荣　武睿彬 / 140
2012 年以来民族自治地区依法行政的进展 ……………… 胡长兵 / 158

第三篇　民族地区基层治理

新型城镇化进程中西南民族地区乡村治理的法治化困境
——基于独山县基长镇的调研与思考 …………… 王莺桦　吴大华 / 175
乡镇司法所纠纷解决的实践与表达
——以滇中桂乡司法所为例的分析 ……………… 牟　军　牛文欢 / 197
法治化治理
——乡村司法理论之反思与重构 ………………………… 张　青 / 214
“明白书”现象的法律人类学思考
——基于贵州省雷山县、丹寨县苗族基层社会治理的分析
………………………………………… 徐晓光　徐　斌　张丽琴 / 239
乡村治理视域中的国家法与民族习惯法
——以西部民族地区为例 ………………………………… 文新宇 / 256
法人类学视角下当代中国伊斯兰教“口唤”制度研究
——以甘宁青民族地区为例 ……………………………… 马　敬 / 274
封闭与开放：贵州清水江苗疆社会转型之历史经验 ………… 程泽时 / 290

第四篇　制度文化

清代、民国时期昆明市民社会日常法律生活
——以云南省博物馆馆藏昆明契约文书为中心 ………… 杨志芳 / 309
论利用非物质文化遗产的知情同意和惠益分享原则 ………… 张艳华 / 325
黔中地区乡规民约碑刻调查及其历史文化内涵 …… 文新宇　杨友森 / 338

第五篇 其他研究

少数民族文化与少数民族地区司法审判 …………………………… 张永和 / 355
少数民族文化与少数民族司法干部培养 ………………………… 朱林方 / 373
少数民族权利保障的原则与模式
——基于 1991 ~2014 年 15 部“人权白皮书”的分析 …… 王敏璇 / 385
现代化危机与少数民族文化权利应对 …………………………… 朱 俊 / 402
民族地区留守儿童权益保障研究
——以云南省普洱市为例 ………………………………………… 和 跃 / 416
大学违规现象的法人类学思考 …………………………………… 杜敏菊 / 428
新型城镇化下农户宅基地使用权益的实现路径 …… 刘经靖 孙海洲 / 442

第六篇 域外法律人类学

法律中的生命：劳拉·纳德和法律人类学的未来
……………………………〔美〕马克·古德尔 著 王伟臣 周晓程 译 / 455

附 录

以法律人类学视野关注新型城镇化进程中的民族法治建设
——第六届法律人类学高级论坛综述 ………………………… 文新宇 / 469

第一篇

理论探讨

论民族问题法治化的必然性

李占荣　唐　勇*

摘要： 民族问题是我国民族研究的一种范式，即从社会总问题的视角来看待和界定民族问题，既包括民族自身的发展问题，又包括民族之间的关系问题。国际社会倾向于将民族问题转化为法律问题，并借助权利话语阐释、分析和解决民族问题。民族问题法治化涉及民族关系法制化和民族治理法治化两个基本面向，既是法治实践的内在要求，又是解决民族问题的必由之路。中国民族问题法治化在历史经验、现实条件和未来空间方面均具有可能性。

关键词： 民族问题　法律属性　法治

民族是一个普遍的历史范畴，在近200年的时间里与阶级、国家紧密交织，构成现代国家建构和社会治理的重要主题。在历史学家梅尼克看来，“整体上的世界历史在实质上是一个宏大的特殊进程，是民族发展与普世发展之间的紧密缠绕与努力分离的进程”。① 如何看待民族问题，采取什么样的措施应对乃至解决民族问题，成为学术研究和民族工作不容回避的命题。本文在梳理民族问题概念的基础上，尝试剖析民族问题的法律属性，并论证民族问题法治化的必要性和可能性。

一　什么是民族问题

认识和界定民族问题是解决民族问题的前提。在西文语境下，民族问

* 李占荣，男，民族学博士，法学博士后，浙江财经大学法学院院长，教授，博士生导师，浙江省法律文化研究会会长。唐勇，男，法学博士，中国应用法学研究所博士后，浙江财经大学法学院讲师。

① 〔德〕梅尼克：《世界主义与民族国家》，孟钟捷译，上海三联书店，2012，第11页。

题（national question）用来指代与民族主义（nationalism）相关联的各种事务，且常见于讨论社会主义国家的论著中。在我国民族学界，民族问题是一个争议不断的概念，而且在日常使用中存在泛化的现象。据学者考证，改革开放初期，关于“民族问题实质是阶级问题”的讨论引起三十余年来民族问题概念的广义与狭义之争。所谓广义的民族问题是指与民族这个共同体相关的社会问题，既包括民族自身的发展问题，又包括民族之间的关系问题；而狭义的民族问题则不涉及民族的内在问题，仅指民族外部的相互关系问题。[①] 1992 年第一次中央民族工作会议对民族问题的范围定了一个基调，“只要有民族存在，就有民族问题存在。民族问题既包括民族自身的发展，又包括民族之间，民族与阶级、国家之间等方面的关系。”[②] 2005 年中央民族工作会议后，中共中央、国务院颁布《关于进一步加强民族工作加快少数民族和民族地区经济社会发展的决定》（中发〔2005〕10 号），对民族问题的基本理论和政策做了较为系统的梳理和概括（学界简称“十二条”），认识到“民族特点、民族差异和各民族在经济文化发展上的差距，将长期存在”，重申民族问题概念上的“两个包括”，并将当今世界民族问题的特征概括为普遍性、长期性、复杂性、国际性和重要性等五项。自此，虽然民族学界对民族问题内涵的争论一直持续，但广义的民族问题概念成为我国开展民族工作的基本立场。在现实生活中，民族问题作为一个概念在日常使用中出现泛化的现象，将不同民族成员个人之间的争议（如交通事故、合同纠纷等）上升到民族问题的高度。2014 年中央民族工作会议后，中共中央、国务院印发《关于加强和改进新形势下民族工作的意见》（中发〔2014〕9 号），明确“不能把涉及少数民族群众的民事和刑事问题归结为民族问题，不能把发生在民族地区的一般矛盾纠纷简单归结为民族问题”。

建立在对经典作家论述阐发的基础上，结合中共中央和国务院相关文件的表述，民族问题成为我国民族研究的一种独特范式。[③] 在这种研究范式

① 龚永辉：《关于民族问题的两重属性——三十年来民族问题概念广义、狭义之争的学理反思》，《民族研究》2010 年第 1 期。

② 《江泽民文选》（第一卷），人民出版社，2006，第 181 页。

③ 周明甫：《“民族问题”何谓？何在？何治？——民族研究范式概议》，《清华大学学报》（哲学社会科学版）2016 年第 1 期。

下，民族问题可以从下述三个方面加以解读。第一，民族问题是从社会总问题的视角来加以看待和把握的。民族问题是社会总问题的一部分，这是马克思主义民族理论的一个重要观点。经典作家试图用一种更为彻底的阶级国家理论来取代《威斯特伐利亚和约》签订后逐渐形成的民族国家理论，强调民族问题与阶级问题的内在关联性，无产阶级取得革命的胜利，被压迫的民族便获得解放。因此，社会物质资料生产与国家政权性质的发展变迁决定并推动民族问题的变化。第二，民族问题的外延是“两个包括”。其中，民族之间的关系问题应当理解为最核心的部分，这是因为“民族”概念描述的是依据某些共同的标志和征象而划定的人们共同体，一个共同体的存在（我者），势必建立在另一个共同体（他者）存在的基础上，换句话说，民族是表征主体间性的概念，民族问题首先是不同民族主体之间的关系问题。民族问题有其自身的特点和发展规律，但不同的阶级对待民族问题会采用不同的立场，推行不同的措施，并导致不同的结果，因而民族与阶级的关系也应当包含在民族问题之下。国家是构成现代世界体系的基础，民族关涉国家安全和主权统一，国家又为民族发展提供外部环境，可以说民族问题势必涉及国家的内政和外交。此外，民族自身发展的问题是民族问题的一个方面，“民族自身的发展状况，决定着民族之间交往的程度，决定着民族之间矛盾的状况，也就决定着民族问题的内容和性质”。[①] 第三，民族问题与“涉及民族因素的问题”并不等同。“涉及民族因素的问题”指涉的事项更广，只要问题产生的原因、处于问题中的主体、问题指向的客体或解决问题的方法带着“民族”因素，皆可为此概念所涵盖，而民族问题只是其中一类。例如，当事人破坏民族团结，宣扬传播煽动民族仇恨极端思想从而构成犯罪，这是“涉及民族因素的问题”，但不属于民族问题。因此，民族问题概念中的“民族”必须是作为人们共同体的集体。

对民族问题概念的阐释，应当准确把握其社会属性和政治属性。民族是一种人们共同体，所有民族都存在于一定的社会之中，从而决定了民族问题具有社会属性。对民族问题社会属性的认识，不能机械地理解为“民族问题是社会发展过程中的问题，可以通过社会发展来解决民族问题”。

① 吴仕民主编《民族问题概论》，人民出版社，2011，第24页。

从这种“泛社会化”的认识推导出的结论是，随着社会发展，民族问题会自然消解。事实上，工业革命尤其是二战以降的社会高速发展并未促成民族问题的消失，民族冲突反而在全球范围内呈现愈演愈烈的迹象。“许多过去被认为已经完全稳固的‘老民族’如今却面临境内一些‘次’民族主义（sub - nationalisms）的挑战”。“长久以来被预言将要到来的‘民族主义时代的终结’，根本还遥遥无期。”[①] 因此，民族问题的社会属性应当理解为中国的民族问题与中国经济社会转型过程的特定时空背景密切相关，分析和解决中国民族问题要立足于其社会场域，同时坚持民族问题的特殊性和独立性，避免对民族问题做“泛社会化”的思考。

同样，把握民族问题的政治属性也要避免对其作“泛政治化”的思考。从历史的维度观之，新民主主义道路就是汉族人民和少数民族人民，在工人阶级领导下，平等地联合和团结起来，结成广泛的民族统一战线，进行革命斗争建立统一共和国，对外彻底消灭帝国主义对中国各民族人民的压迫，对内彻底消灭国内民族压迫制度，实现各民族的彻底解放和真正平等。[②] 从革命阶段到建设阶段，民族问题始终带有国家政治目标的烙印。从中国现实的维度观之，国家成为民族赖以存在和发展的载体。民族问题关涉社会稳定、祖国统一和国家安全，是国家战略部署层面的问题，具有很强的政治性。从国际形势的维度观之，“民族主义首先是一条政治原则，它认为政治的和民族的单位应该是一致的”。[③] 这种将“一族一国”（one nation, one state）的民族国家观念奉为圭臬的理论和意识形态对世界各国的政治秩序构成挑战。东帝汶独立、南斯拉夫解体、苏丹分裂，以及魁北克的独立诉求、苏格兰的分离运动，无不显示了民族主义运动在政治运作中尤其是对政权稳定的影响力。承认民族问题的政治属性并不意味着对民族问题做出“泛政治化”的处理。所谓“泛政治化”是指将民族问题等同于政治问题，并试图采用政治工具解决所有民族问题。“民族问题实质是阶级问题”的观点是典型的民族问题“泛政治化”思维。

---

① 〔美〕安德森：《想象的共同体：民族主义的起源与散布》，吴叡人译，上海人民出版社，2011，第 2 页。

② 李维汉：《统一战线问题与民族问题》，中共党史出版社，2016，第 748 页。

③ 〔英〕厄内斯特·盖尔纳：《民族与民族主义》，韩红译，中央编译出版社，2002，第 1 页。

二 民族问题的法律属性

在民族问题研究范式下，对民族问题是否具有法律属性的研究一直缺位。在中国知网收录的中文社会科学引文索引（CSSCI）期刊中，篇名中包含“民族问题”的论文共计451篇，涉及法律的仅有一篇，也只是从史学的视角讨论边疆民族研究的中华法系法统重构问题。[①] 本文拟在国际规范性文件体系中寻求关于民族问题法律属性的共识，然后返回国内法，从宪法和法律两个层次讨论民族问题的法律属性。

（一）民族问题法律属性的国际共识

民族因其相互之间的差异而得以存在，追问民族问题的属性应当站在所有民族共识性的基础上，从人们共同体上升到人类共同体，而联合国恰恰是这样一种存在。联合国倾向于将民族问题转化为法律问题，并试图借助权利话语阐释、分析和解决民族问题，建立了包括《消除一切形式种族歧视国际公约》、《在民族或族裔、宗教和语言上属于少数群体的人的权利宣言》（以下简称《少数群体权利宣言》）、《联合国土著人民权利宣言》在内的有关少数群体权利保障的国际法规范体系。

根据联合国相关文件措辞的表述，国际社会对民族问题法律属性的共识可以概括为：第一，联合国承认民族是一个集体的概念，国际人权法保护的范围从民族成员个人拓展到具有民族性的少数群体。1956年《公民权利和政治权利国际公约》第27条所保障的事项局限于少数群体个人在文化、宗教和语言方面的权利，1992年《少数群体权利宣言》将少数群体的范围框定到民族或族裔（national or ethnic）领域，而2007年《联合国土著人民权利宣言》“承认所有民族均有权有别于他人，有权自认有别于他人，并有权因有别于他人而受到尊重”（序言），并且规定“土著人民，无论是集体还是个人，都有权充分享受《联合国宪章》、《世界人权宣言》和国际人权法所确认的所有人权和基本自由”（第1

① 张世明、龚胜泉：《正统的解构与法统的重建——对清代边疆民族问题研究的理性思考》，《中国边疆史地研究》2001年第4期。

条)。[①] 第二，联合国承认民族性是一种值得尊重和促进的价值，并敦促国家通过立法的方式加以实现。典型的表述是《少数群体权利宣言》第 1 条，“各国应在各自领土内保护少数群体的存在及其民族或族裔、文化、宗教和语言上的特征并应鼓励促进该特征的条件。各国应采取适当的立法和其他措施以实现这些目的。”经济及社会理事会给各国政府的建议往往包括“使有关属于少数群体人士的国家立法与国际标准相符”，“通过有关少数民族的立法和条例，加强少数民族的地位，确保有效保护他们的权利”，“为公务员开办有关少数民族国际标准和国家立法方面的培训课程”，等等。[②] 第三，将民族问题转化为法律问题开展国际对话和国内实践已经取得了最大限度的认同。在联合国下属机构层面，少数群体问题工作组主席阿斯比约恩·艾德认为，“工作组的宗旨是提出各种少数群体问题的建设性解决办法”，“增进和保护少数群体权利有助于社会稳定和各民族之间的友好关系”，“应该用国际人权标准来衡量各国政府维持法律和秩序的行动”。[③] 在民族问题区域对话层面，东南欧族裔间关系和少数民族问题会议通过的一份联合声明强调，人权、民主和法治价值是东南欧各国促进和重建多族裔社会活动的基础。[④] 在国家履行公约义务层面，中国政府开始摆脱意识形态的话语宰制，将民族问题用法律话语来加以表述。例如，中国向消除种族歧视委员会提交的一份国别报告用六个段落介绍中国政府执行《消除一切形式种族歧视国际公约》的概况，其中，前两个段落是对中国民族人口的数量及其增长情况所做的客观描述，而随后四个段落的主题分别是“民族法制建设进一步加快”、“宪法规定各民族一律平等，禁止对任何民族的歧视和压迫”、“民族法律法规和规章已初步形成体系”和“民族法律体系的位阶”。[⑤]

---

① 土著人作为一个法律概念偏重于在被侵占和被殖民之前就在其领土上发展起来的土著社群或土著民族，而中国的 56 个民族都是世居民族，共同构成统一的多民族国家，并不属于严格意义上的土著民族。

② 联合国经济及社会理事会：《少数群体的权利：中亚文化多样性与发展问题分区研讨会的结论和建议》，E/CN. 4/Sub. 2/AC. 5/2005/5，2005 年 5 月 22 日。

③ 联合国经济及社会理事会：《少数群体问题工作组第八届会议的报告》，E/CN. 4/Sub. 2/2002/19，2002 年 7 月 14 日。

④ 联合国大会：《2000 年 5 月 1 日斯洛文尼亚常驻联合国代表团临时代办给秘书长的信》，A/54/854，2000 年 5 月 3 日。

⑤ 消除种族歧视委员会：《缔约国按照〈公约〉第九条提交的报告》（中国），CERD/C/357/Add. 4（Part I），2001 年 4 月 3 日。

民族问题既是地方性的经验知识，又是全人类的普遍事项。各个国家和地区处于不同的发展程度，享有不同的宗教文化，使用不同的语言文字，选择不同的政治架构，因此，社会话语和政治话语在表述和解决民族问题时存异有余、求同甚难。出于对人类固有尊严及其平等权利的承认，以人权为核心的权利话语成为国际对话的一种共同语言，这种对话所遵循的规则体系就是国际人权法。民族问题自然而然地转化成民族权利以及保障民族权利实现的法律问题，其法律属性由此生成。

（二）民族问题的宪法属性

在国内法层面，民族问题的法律属性可以从宪法和普通法律两个层次予以探讨。从词源学上考证，在英国早期实践中，“宪法”作为一个政治术语表达政府体制的总体安排，反映的是国家的政治实体架构；1787 年美国联邦宪法的诞生以及 1803 年马伯里诉麦迪逊案，将“宪法”进一步塑造成一个法律概念，并具有根本性和正当性的“高级法”地位。[①] 自此，宪法规定的事项是具有根本性的且关涉政治实体架构的内容。民族存在的三种类型或三个层次都因其关涉政治实体架构而与宪法发生紧密联系。[②]

在主权民族的层次，主权民族因其享有主权而与国家互为表里，民族成为建立国家的主体，同时，国家又为民族的塑造提供主权保障和宪法秩序。在构成国家的四个要素中，定居的居民在整体上构成一个民族，确定的领土就是该民族赖以生存和繁衍的共同地域，民族通过国家这种政治实体掌握主权，行使制宪权创设宪法，进而建立起相应的政权组织。最广泛的政治参与凝聚了民族成员对主权民族的政治认同，在政治认同下，民族成员同质化为公民，民族以人民的方式出场成为主权民族，宪法则通过宣告公民权的方式记载民族成员与国家的关系。威斯特伐利亚体系确立以来，以西欧为代表的“一族一国”的民族国家就是如此建构的。欧洲国家的宪法序言往往暗含着这条线索，例如，《德意志联邦共和国基本法》序言指出，“德意志人民意识到自己对上帝和人类的责任，本着作为一个联合的欧

---

① 王人博：《宪法概念的起源及其流变》，《江苏社会科学》2006 年第 5 期。

② 关于民族的多层次性，可以参见李占荣《宪法的观念世界》，浙江大学出版社，2009。

洲中的一平等成员为世界和平做贡献的意愿，基于其制宪权制定此基本法”。[①] 德意志既是一个主权民族，又是一个民族国家，而基本法充当了从主权民族过渡到主权国家的桥梁。

在自决权民族的层次，民族行使自决权的行为离不开宪法的创制和解释。“自决权是人民与民族享有的一种国际人权法上的权利，是他们在本国内通过法律与政府机构来实现自我治理的一种权利，一种预设的从国家中分离出去的权利。”[②] 虽然《联合国宪章》规定“尊重人民平等权利及自决原则”（第 1 条和第 55 条），但民族行使自决权是有条件的。第一种是处于殖民统治之下、正在争取民族解放和国家独立的民族，二战以后独立的所有民族国家均属此类。《给予殖民地国家和人民独立宣言》所宣告的“所有的人民都有自决权”揭示了自决权民族自由决定其政治地位，自由发展其经济、社会和文化的资格，即创制宪法、建立政权的资格。《古巴共和国宪法》在序言中回顾“1868 年发动反抗西班牙殖民主义的独立战争”并强调“已经获得了完全的民族独立”。第二种是处在外国军事侵略和占领下的民族。当一个主权民族所建立的主权国家为外国侵略或占领时，该民族即享有民族自决权，但至少在二战结束以来的国际关系中，一国赤裸裸地侵略或占领另一国的实例越来越少。第三种是联邦制国家内部的民族。联邦制国家是由两个或者两个以上的政治实体根据自决原则结合而成的国家，除联邦宪法有特别规定外，作为联邦成员的民族享有自决权。每个联邦成员有权解释和修改本成员单位的宪法，从而做出加入或退出联邦的决断。例如，《乌兹别克斯坦共和国宪法》第 74 条规定，“卡拉卡尔帕克斯坦共和国有权根据卡拉卡尔帕克斯坦人民的全民公决，退出乌兹别克斯坦共和国”。除此之外，依据《给予殖民地国家和人民独立宣言》第 6 条的措辞，“任何旨在部分地或全面地分裂一个国家的团结和破坏其领土完整的企图都是与联合国宪章的目的和原则相违背的”。

在自治权民族层次，多民族国家的全体人民（等同于主权民族）掌握国家主权，创制宪法，建立统一的国家，该国内部所有民族只享有宪法规

---

① 本文中所引用的宪法条文（节录）均采《世界各国宪法》编辑委员会编译《世界各国宪法》，中国检察出版社，2012。以下不再单独注明。

② David George，“The Right of National Self - determination”，*History of European Ideas*，Volume 16，Issues 4 - 6（1993），p. 507.

定的自治权。从宪法的法理上看，“自治”是相对于“他治”而言的，而“他治”实际上是指中央政权对民族的统治和治理。因此，自治权民族问题的中心内容在于作为局部的民族及其地方与中央政权的关系，决定这种关系的制度安排的只能是宪法。如果说主权民族的宪法属性是创制宪法建立国家的话，那么自治权民族的宪法属性就是在宪法框架内享有宪法所赋予的权利。

民族是人们共同体，也是贯穿迄今以来人类社会发展历史的根本组织形式，其不同的面相与宪法的创制、解释和实施紧密相关。民族问题成为宪法所规范的根本性和全局性事项，而宪法对民族问题的规定是对民族问题“泛政治化”或“泛社会化”解决方式的矫正。

（三）民族问题的普通法律属性

民族问题除了为根本法所涉及，还受到普通法律的调整，这是由民族问题产生的根源所决定的。民族是一种客观存在的人们共同体，其本身并无“问题”，而所谓的民族问题是民族发展与交互过程中出现的一系列差别。“不同民族之间的矛盾产生于差别，差别有两种，一种是文化差别，另一种是结构性差别（即经济收入、社会政治权利的差别）。”[①] 基于语言、宗教、历史等的文化差别是区分民族的标志，如果消弭这种表征，那么民族将不复存在，因此，对民族文化多样性的尊重和保障，在普通法律上体现为不干涉，且对侵害行为予以制裁。

相较于文化差别，法律对民族经济领域的调控则更为突出。一方面，民族经济发展水平影响民族自身的地位以及民族之间交往的深度和广度。主权民族以其国民经济状况决定在世界民族之林的地位，日本在二战后的产业繁荣为其国际地位提供支撑；自决权民族彻底摆脱殖民统治同样依赖于经济上的独立，第三世界新兴国家的政局动荡在很大程度上受制于殖民时期形成的经济秩序；自治权民族之间的均衡发展与国家统一和社会稳定密切相关。另一方面，经济领域的平等比文化领域的平等更为明显，法律发挥作用的余地也更大。文化领域的平等只要避免制度性的歧视即可实现，

---

① 杨圣敏：《如何认识当代中国的民族问题——以新疆为主要案例的分析》，《西北民族研究》2015 年第 3 期。

法律对此持尊重的立场，允许民族文化以其特有的方式传承和发展；经济领域的平等不仅需要法律予以平等对待，还需要由国家通过税收、财政、产业等具体措施来调节结构性差别，而这些措施制定和实施的依据是经济法。除了地缘、资源、环境等自然因素外，过去的或既有的法律制度本身也可能造成民族之间的结构性差别。在这个意义上，民族问题可以还原为民族经济法问题。

三 民族问题法治化的必要性

民族问题所具有的法律属性要求运用法治思维分析民族问题，运用法治方法解决民族问题。民族问题法治化包括民族关系法制化和民族治理法治化两个基本面向。在静态的意义上，宪法和法律将民族关系规定下来，形成由国家强制力保障实施的民族法体系，推动民族关系定型化、规范化和制度化。在动态的意义上，民族治理要树立法治理念，贯彻法治精神，掌握法治原则和运用法治方法，把经济问题和政治问题转化为法律问题，在法治运行的系统过程中化解民族矛盾，实现民族的平等、团结和发展。

（一）民族问题法治化是法治实践的内在要求

从法治实践的过程看，民族关系法制化和民族治理法治化是法治国家实践中的重要环节。除了明确、公开、稳定等形式要件外，法治的实质要件至少应该包括对公民权利和自由的确认和保障，以及对国家权力的规范和管制。在多民族国家内部，法律在安排公民与国家的结构关系时，不可避免地牵涉到民族问题：一方面，通过设定民族权利将民族利益转化为法律保障的内容，特别是在宪法中规定民族平等权；另一方面，通过列举国家机构的职权将国家的民族政策上升为法律规范，特别是对民族经济、文化和习俗做出特定安排。例如，加拿大的法治实践历程始终将民族问题囊括其中。联邦成立初期，处理民族问题采用同化政策，消灭土著民族特殊的语言和文化。“主流民族”之争、“建国民族”之争和“主流文化”之争最终形成以英裔和法裔为焦点的民族冲突，威胁到政治稳定和联邦统一。第二次世界大战后，加拿大开始赋予少数族裔公民权，逐步在法律上承认并保护少数族裔的权利。《1982 年加拿大宪法》第 15 条第 1 款规定平等权，强调公民不受基于人种、民族、种族等方面的歧视，第 2 款进一步说明前款不排除旨在改善因人种、民族、种族等原因而处于弱势地位的个人或者群体的条件而制定的任何法律、计划或活动。在加拿大的法秩序中，国家平等对待各个民族，并通过法律、计划或活动改善弱势民族的状况。1988 年《加拿大多元文化法》（Canadian Multiculturalism Act）将调整族际关系的多元文化政策用法律的形式固定下来，其内容包括消除族裔歧视，保障公民政治、社会和文化权利，发展本民族文化，保护语言、习俗和宗教的多样性等，对联邦机构的民族治理活动产生积极影响。中国的法治实践同样关注民族关系的主题，将依法处置民族问题作为全面依法治国的有机组成部分。例如，中共十八届四中全会在坚持和完善民族区域自治制度的基础上，提出“高举民族大团结旗帜，依法妥善处置涉及民族、宗教等因素的社会问题，促进民族关系、宗教关系和谐”。[①]

（二）民族问题法治化是解决民族问题的必由之路

解决民族问题的方法和进路可以有多重选择，但法治化是最为基础和必要的。首先，社会化进路固然是解决民族问题的一种方法，而且在很大程度上能够发挥积极作用，通过基础设施建设、基本医疗推广、义务教育普及等公共服务的改善，民族地区和民族人口能够获益，实现民族自身发展。但社会化进路始终忽略了民族问题的特殊性，一方面，民族问题在各个社会发展阶段下都将存在，并不能在社会发展过程中自行解决；另一方面，社会化进路在具体实施过程中不能区分群体之间的民族性差别，各个民族均能获得发展机会并不意味着民族之间经济社会发展程度的差距缩小。把民族问题泛泛地归结于“社会”或“体制”上的不成熟，反而丧失了解决民族问题的原动力。其次，政治化进路同样不能很好地解决民族问题。民族问题具有阶级性，但在大多数国家里已经不是阶级矛盾，用政策手段解决民族问题缺乏程序性和稳定性，容易滑向“人民内部矛盾用人民币解决”，而且政策导向的变换危害解决民族问题方式的延续性。民族问题“泛政治化”的做法容易造成运动式或斗争式的处理方式。最后，法治化进路具有上述两种进路所不具备的优势。法律较其他社会规范更具稳定性和权

① 《中共中央关于全面推进依法治国若干重大问题的决定》，《人民日报》2014 年 10 月 29 日。

威性，是确保民族自身和民族关系良性发展的决定性力量；法治以立法、执法、司法和守法的系统过程确保民族问题解决过程的公开性、民主性和回应性，有利于民族之间达成共识；法治的预测和救济作用便于国家、民族和公民在各自的领域内开展有效行为，并对行为后果承担责任。

事实上，经历实践的检验，我国民族问题从社会化和政治化的进路开始转向了法治化进路。例如，《中国的少数民族政策及其实践》指出，“民族平等和民族团结作为解决民族问题的基本原则和根本政策，在中国的宪法和有关法律中得到明确规定”。[①] 由此可见，民族平等和民族团结已经从党和国家的政策上升到宪法和法律的规范，尤其是将政治意义上的民族平等转换为法律意义上“依法享有相同的权利，履行相同的义务”。综上所述，社会化进路和政治化进路在某些层面上依然能够解决民族问题，但这两种进路都应当在法治的轨道上进行。

四　民族问题法治化的可能性

事物的可能性与必要性往往是不统一的，因为这里存在着一个必要性判断之主观随意性与可能性之客观条件约束性之间的矛盾。因此，对于民族问题法治化也应当对其在可能性上进行审视，只有解决了上述矛盾，民族问题法治化的必然性命题才能成立。

（一）中国民族问题法治化的历史经验

虽然古代中国并非典型的法治国家，但从中国民族治理的历史演变中，可以发现中国民族问题法治化的“基因”和经验。据民族法学者考证，先秦典籍《尚书·禹贡》把民族关系纳入国家法律关系，可以视为中国民族法的源头。[②] 即便是从第一个统一王朝起算，国家法度对民族事务的规制与调控已绵延两千年。云梦睡虎地秦简有《属邦律》一条，即“道官相输吏臣妾、收人，必署其已禀年月日，受衣未受，有妻毋（无）有。受者以律续食衣之。属邦”。[③] 县有蛮夷曰道，道是秦朝在民族地方设立的县级政权，

① 国务院新闻办公室：《中国的少数民族政策及其实践》，《国务院公报》2000 年第 3 期。
② 吴宗金、张晓辉：《中国民族法学》，法律出版社，2004，第 47 页。
③ 睡虎地秦墓竹简整理小组：《睡虎地秦墓竹简》，文物出版社，1978，第 226 页。

各道官府输送隶臣妾或被收捕的人，必须写明已领口粮的年月日数，有没有领过衣服，有没有妻。如系领受者，应依法继续给予衣食。在《法律答问》中也有不少涉及少数民族的法律解释。例如，“真臣邦君公有罪，致耐罪以上，令赎。可（何）谓真？臣邦父母产子及产它邦而是谓真。可（何）谓夏子，臣邦父秦母谓也”。[①] 在这里，臣属于秦的少数民族父母所生子女，以及出生在外邦的子女，称为“真”；父为臣属于秦的少数民族，母为秦人，则子女称为“夏子”。在中央机构中，秦设典客，掌诸侯及归义蛮夷；汉承秦制，改典客为鸿胪。

唐朝的民族法制更为宽容，“夷狄亦人耳，其情与中夏不殊，人主患德泽不加，不必猜忌异类。盖德泽洽，则四夷可使如一家”。[②] 唐律中“诸化外人同类自相犯者，各依本俗法，异类相犯者以法律论”[③] 一条，往往被法学界视为冲突法，然而，这里的“化外人”是指“蕃夷之国，别立君长者”，倘若剥离民族国家式的国别界分，化外人“各有风俗”，异族之间的文化属性甚于异国之间的主权属性，那么，将这条规则视为民族法规范并无不妥。

宋朝中央政府与北方强族签订盟约，贡献岁银，对南方弱族沿袭唐代羁縻制度，以“蕃法”作为处理蕃族地区事务的法律依据。元朝统一后继续实行“因俗而治”的法制原则，对经济文化高度发达的中原汉族地区推行汉法，对吐蕃地区实行宗教羁縻政策，对云南、湖广、四川等地利用各少数民族的上层人物充当地方官员，建立“土官”制度。[④]

明朝沿袭隋唐旧制设羁縻府州 72 处，在元朝土官制的基础上对西南民族推行土司制度，凡 218 所，充分利用民族地区既有政治资源，赐其名爵封号充任当地长官，依其旧俗统辖属民。[⑤] 清朝崇德年间设立管理蒙古事务的蒙古衙门，后改名为理藩院，颁布专门适用蒙古地区的单行法规《蒙古律书》；雍正时期颁布专门适用于青海蒙藏民族地区的《西宁青海番夷成例》；

---

① 睡虎地秦墓竹简整理小组：《睡虎地秦墓竹简》，文物出版社，1978，第 227 页。

② 《资治通鉴》卷一九七。

③ 《唐律疏议 · 名例》。

④ 徐晓光：《辽西夏金元北方少数民族政权法制对中国法律文化的贡献》，《西南民族学院学报》（哲学社会科学版）2002 年第 7 期。

⑤ 刘振宇：《中国古代民族法的历史演进及其精神特质》，《法学杂志》2012 年第 6 期。

乾隆时期在《蒙古律书》的基础上进一步完善为《蒙古律例》；嘉庆时期出台《理藩院则例》，除汉文本外，还有蒙文、满文本刊行，之后陆续修订，至光绪末年改名《理藩部则例》，继而沿袭至中华民国时期，作为国民政府蒙藏委员会处理民族边疆事务的特别法。

从上述简略的法史演进可知，作为一个拥有两千余年历史的多民族共同体，国家的形成过程离不开对民族关系的调整，采用法律的手段来缓和民族矛盾、解决民族问题，为当下民族问题法治化提供地方性知识。当然，历史上采用过的和亲、朝贡乃至海禁、陆禁等制度因其有悖于人性尊严、民族平等、国家开放等现代要求而失去生命力，但尊重民族习俗、授予自治权力、发展民族经济等做法依然具有借鉴和继承的意义。

（二）中国民族问题法治化的现实条件

中国特色社会主义法律体系为民族关系法制化提供了静态的制度环境。根据《中国特色社会主义法律体系》白皮书的表述，“涵盖社会关系各个方面的法律部门已经齐全，各个法律部门中基本的、主要的法律已经制定，相应的行政法规和地方性法规比较完备，法律体系内部总体做到科学和谐统一，中国特色社会主义法律体系已经形成”。[①] 在中央立法层次，宪法确立民族区域自治制度，《民族区域自治法》规定民族自治地方拥有广泛的自治权，《国务院实施〈中华人民共和国民族区域自治法〉若干规定》、《城市民族工作条例》和《民族乡行政工作条例》构成主要的行政法规；在地方立法层次，民族自治地方的人民代表大会有权依照当地民族的政治、经济和文化的特点，制定自治条例和单行条例，并可以依照当地民族的特点，依法对法律和行政法规的规定做出变通规定。

各个部门法也都涉及对民族问题的调整。宪法相关法自不待言。在民法商法部门，民族自治地方制定大量《婚姻法》和《继承法》的变通条例或变通规定，对法定婚龄、继承方式、宗教用品归属等事项做出特别规定。在行政法部门，《公务员法》规定民族自治地方录用公务员，对少数民族报考者予以适当照顾；《治安管理处罚法》对煽动民族仇恨、民族歧视，或者

---

① 国务院新闻办公室：《中国特色社会主义法律体系》（2011 年 10 月），http：//www. gov. cn/jrzg/2011 －10/27/content_ 1979498. htm。

在出版物、计算机信息网络中刊载民族歧视、侮辱内容的行为进行制裁；《教育法》、《义务教育法》和《高等教育法》规定对少数民族的倾斜性保护。在经济法部门，无论是预算法、税法等宏观调控法，还是公路法、铁路法等行业监管法，以及森林法、矿产资源法等自然资源开发利用法，都有针对民族地区的特别规定。在社会法部门，对少数民族成员的劳动就业和社会保障也有相应规定。刑法规定煽动民族仇恨、民族歧视罪。诉讼与非诉讼程序法保障了少数民族成员使用本民族语言参与诉讼等程序性权利。因此，涵盖民族政治、经济、社会和文化事务的法律法规体系已经建立，民族问题有法可依已经实现。

全面推进依法治国为民族治理法治化提供了动态的法治环境。“全面推进依法治国，是解决党和国家事业发展面临的一系列重大问题，解放和增强社会活力、促进社会公平正义、维护社会和谐稳定、确保党和国家长治久安的根本要求。”① 民族问题事关民族自身发展、民族平等和团结，属于确保党和国家长治久安的重大问题，全面推进依法治国是解决民族问题的根本要求，是实现民族治理法治化的外部系统。推进科学立法有助于监视现有的民族法规范，尤其是在宪法相关法和经济法的领域进一步完善关于少数民族的规定。严格依法行政使民族问题处理方式程序化、透明化和规范化，有助于民族因素的脱敏，从而降低执法成本。坚持公正司法能够确保民族权利最终获得国家救济。全民守法是各民族公民认同的法治共识。在当代各个多民族国家中，只有中国将依法治国，建设法治国家明确提到国家战略高度，这是实现民族问题法治化的历史契机。

（三）中国民族问题法治化的未来空间

民族问题随着社会发展而呈现出不同的面相和特质，因此，中国民族问题法治化尚有完善的空间。在宏观角度，现有的民族法律体系已经建立，但绝大多数法律法规的定位是民族成员，而不是民族本身。例如，《劳动法》第 12 条规定，“劳动者就业，不因民族、种族、性别、宗教信仰不同而受歧视”。该条文的适用限于少数民族劳动者在就业时不受歧视的个案领

① 中共中央文献研究室编《习近平关于全面依法治国论述摘编》，中央文献出版社，2015，第 6 页。

域，参与劳动法律关系的主体是一个个具体的民族成员。这种规范对于解决现阶段的微观问题必不可少，但在民族学上，这类问题属于“涉及民族因素的问题”而不属于民族问题。对民族问题进行法律规制，要以民族这个集体作为法律关系的主体，调整的是民族与民族之间的关系。在中国特色社会主义法律体系的框架中，自治条例应该是最核心的法律渊源。然而，迄今为止，五大自治区的自治条例均未出台，这给民族关系法制化留下很大空间。

在地域角度，城市民族问题将成为一个新问题。我国1/3左右的少数民族人口常住在城市，全国20多个城市56个民族成分俱全，如何“让城市更好地接纳少数民族群众、让少数民族群众更好地融入城市”事关民族工作和城市工作的大局。城市少数民族已经脱离民族区域自治这个宪法制度，如何在法律法规上予以规范和治理，这是城市化过程中绕不开的命题。在国际角度，随着国际交往的增多，跨界民族问题的法律调整不仅牵涉国内法，还需要依托双边和多边条约，甚至在区域乃至联合国层面创设新的国际法规则。

国家奖学金评定中民考民、民考汉大学生平等权保障研究

潘红祥*

摘要：自2007年设立国家奖学金以来，它以超高的荣誉地位、大额的物质奖励在激励和引导学生潜心学习、营造良好的学习气氛方面发挥了重要作用。但是在国家奖学金评定的过程中，高校往往不区分学生的具体情况，简单地以成绩高低来确定获奖对象，这对于第一语言为非汉语，具有文化差异的民考民、民考汉①大学生来说，是相当不公平的，有违宪法规定的平等原则。因此，从普遍政治的差别原则和效率原则出发，给予民考民、民考汉大学生特殊的差别措施是正当的和合理的。

关键词：国家奖学金　少数民族大学生　实质平等　差别原则　效率原则

国家奖学金（National Scholarship）② 是指为了激励普通本科高校、高等

---

* 潘红祥，男，中南民族大学法学院教授、博士生导师，法学博士，政治学博士后，主要研究领域为宪法学基础理论、民族区域自治制度和少数人权利保护。

① 民考民是指少数民族学生在参加全国普通高等学校统一招生考试时，使用本民族文字答卷，民考汉是指少数民族学生在参加全国普通高等学校统一招生考试时，使用汉文答卷。民考民、民考汉主要涉及藏族、维吾尔族、哈萨克族、蒙古族、柯尔克孜族、塔吉克族、锡伯族、乌孜别克族、塔塔尔族、达斡尔族、俄罗斯族等11个民族，参见《新疆2016年普通高等学校招生工作规定》，载中国教育网，http://gaokao.eol.cn/xin_jiang/dongtai/201604/120160412_1385845_8.shtml。最后访问时间：2016年4月12日。

② 2007年，国务院颁布《关于建立健全普通本科高校高等职业学校和中等职业学校家庭经济困难学生资助政策体系的意见》（国发〔2007〕13号），该《意见》分别对国家奖学金、国家励志奖学金、国家助学金的申请条件、评选程序做出了总体的规定，对奖优、助贫的标准进行了区分，标志着我国国家奖学金制度正式形成。《意见》确立国家奖学金用于奖励特别优秀的在校大学生，国家励志奖学金用于奖励成绩优秀的家庭经济困难的大学生，国家助学金用于资助家庭经济困难的在校大学生。

职业学校和高等专科学校学生勤奋学习、努力进取，在德、智、体、美等方面全面发展，由中央政府出资设立的奖励特别优秀学生的奖学金。国家奖学金自设立以来，以超高的荣誉地位、大额的物质奖励在激励和引导学生潜心学习，营造良好的学习气氛方面发挥了重要作用。然而由于该制度所确立的普遍主义的价值观导致在国家奖学金评定的过程中，高校往往不区分学生的具体情况，简单地以成绩高低来确定获奖对象，这对于基础教育环境差、教育背景不同且第一语言为非汉语的民考民、民考汉大学生来说，是相当不公平的，有违宪法规定的平等原则，因此，如何构建一个能够充分彰显国家奖学金实质正义和结果平等价值诉求的评选机制就成了亟待解决的现实问题。

我们注意到，在高校中，一些以民族语言为第一语言的民考民、民考汉大学生几乎没有一个能够获得国家奖学金，是民考民、民考汉大学生与其他民族学生的学习成绩差距大吗？我们经过调查研究发现：民考民、民考汉大学生与其他民族学生之间的学习成绩差距并不能简单地归结于自身努力和勤勉程度不够，更多的是因为其使用的第一语言因素等文化差异，而且这种结构性的缺陷境况是大学生本人无法在短时期内通过个人努力加以克服或逾越的。

如果民考民、民考汉大学生的学习平等权在国家奖学金的评定中确实未得到有效的保障，是否有足够的理论支撑和现实必要性去修正现行的制度？这就需要运用法哲学和社会哲学知识去充分阐释，因为权利分配的背后是利益的划分，必须进行充分说理以论证其合理性和正当性。特别是主张差别对待，由于其实质是赋予少数人特别权利，很容易使社会大众产生反向歧视的观感，因此更需要进行充分的释理。进一步，如果国家奖学金确实存在充足的修改动因，那又如何去具体进行修正才能符合比例原则，做到既能保障民考民、民考汉大学生平等权利，又不至于诱发反向歧视？本文意在通过对民考民、民考汉大学生在国家奖学金评定中的现状分析，深刻剖析其背后的影响因素，并在充分论理的基础上，对国家奖学金评定中如何保障民考民、民考汉大学生的平等权提出自己的对策建议。

一 尴尬与希冀：民考民、民考汉大学生获国家奖学金情况的实证分析

（一）民考民、民考汉大学生获国家奖学金情况的数据分析

民考民、民考汉大学生是高校中的一个特殊群体，其奖学金获得情况直接反映了我国教育公平的实现程度。为了解民考民、民考汉大学生获得国家奖学金的具体情况，本文选取了华中师范大学、中南民族大学、湖北师范大学、湖北民族学院四个高等院校作为样本，形成了教育部直属高校、国家民委直属高校、湖北省师范院校和湖北省民族院校兼顾的样本组，保证了资料来源的广泛性和客观性；同时为了确保样本选取的科学性和客观性，除重点收集上述四所高校 2011 ~2015 年民考民、民考汉大学生获得国家奖学金的数据①，还对这四所高校的少数民族学生人数和少数民族学生民族身份情况分别进行了统计。具体情况分析如下。

在 2011 ~2015 年中，2011 年华中师范大学获得国家奖学金的总人数是 168 人，其中少数民族 11 人，占比 6.55%；2012 年获奖总人数是 157 人，其中少数民族为 10 人，占比 6.37%；2013 年华中师范大学获奖总人数是 159 人，其中少数民族为 6 人，占比 3.77%；2014 年华中师范大学获奖总人数是 157 人，少数民族为 3 人，占比 1.91%；2015 年华中师范大学获奖总人数是 154 人，其中少数民族为 7 人，占比 4.55%。华中师范大学得到国家奖学金的少数民族学生来自 10 个民族，分别为土家族（41%）、回族（16%）、苗族（14%）、瑶族、壮族、蒙古族、侗族、朝鲜族、畲族、黎族，其中民考民、民考汉的学生中只有蒙古族共计 3 人获得国家奖学金，无藏族、维吾尔族、哈萨克族、柯尔克孜族、塔吉克族、锡伯族、乌孜别克族、塔塔尔族、达斡尔族、俄罗斯族等 10 个少数民族学生（见表 1 和表 2）。

① 资料来源于教育部公布的国家奖学金获奖者名单，参见教育部公布的教财〔2015〕12 号文件、教财〔2014〕5 号文件、教财〔2013〕8 号文件、教财〔2012〕8 号文件、教财〔2011〕13 号文件。

表 1　2011～2015 年华中师范大学国家奖学金获得情况

年　份	获奖总人数（人）	汉族学生人数（人）	汉族学生所占比例（%）	少数民族学生人数（人）	少数民族学生所占比例（%）
2011	168	157	93.45	11	6.55
2012	157	147	93.63	10	6.37
2013	159	153	96.23	6	3.77
2014	157	154	98.09	3	1.91
2015	154	147	95.45	7	4.55

表 2　2011～2015 年华中师范大学国家奖学金获得者民族分布情况

单位：人

年　份	回族	土家族	瑶族	壮族	畲族	侗族	苗族	朝鲜族	蒙古族	黎族
2011	2	3			1		3		1	1
2012	2	6						1	1	
2013	1	3	1	1						
2014	1	1				1				
2015		2		2			2		1	

中南民族大学是国家民委所属教学型高校，少数民族学生数量占比较高，获得国家奖学金的少数民族学生数量也相应较多。2011 年，中南民族大学获得国家奖学金的总人数为 197 人，其中少数民族获奖人数为 65 人，占 32.99%；2012 年，该校获奖总人数为 190 人，其中少数民族获奖人数为 62 人，占 32.63%；2013 年，获奖总人数为 200 人，其中少数民族获奖人数为 46 人，占比 23%；2014 年，获奖总人数为 202 人，其中少数民族获奖人数为 50 人，占比 24.75%；2015 年，获奖总人数为 208 人，其中少数民族获奖人数为 77 人，占比 37.02%。五年平均，每年少数民族学生获奖的比例达 30.08%。也就是说，该校每年获得国家奖学金的学生中有近三成是少数民族学生，其中获奖少数民族学生主要集中在回族（28%）、土家族（26%）、壮族（12%）、苗族（8%）、蒙古族（7%）、瑶族（5%）、满族（4%）、畲族（4%）、侗族、白族、朝鲜族、彝族、藏族、仡佬族、仫佬族（见表 3 和表 4），民考民和民考汉学生中只有蒙古族、藏族的共计 23 人获得国家奖学金，维吾尔族、哈萨克族、柯尔克孜族、塔吉克族、锡伯族、乌孜别克族、塔塔尔族、达斡尔族、俄罗斯族等 9 个民族没有学生获得国家奖学金。

表 3　2011 ~ 2015 年中南民族大学国家奖学金获得情况

年　份	获奖总人数（人）	汉族学生人数（人）	汉族学生所占比例（%）	少数民族学生人数（人）	少数民族学生所占比例（%）
2011	197	132	67.01	65	32.99
2012	190	128	67.37	62	32.63
2013	200	154	77.00	46	23.00
2014	202	152	75.25	50	24.75
2015	208	131	62.98	77	37.02

表 4　2011 ~ 2015 年中南民族大学少数民族学生国家奖学金获得情况

单位：人

年　份	回族	土家族	瑶族	壮族	畲族	满族	侗族	白族	苗族	朝鲜族	彝族	仡佬族	仫佬族	藏族	蒙古族
2011	17	17	7	7	3	2	1	1	2		1				7
2012	14	13	5	9	4	3		1	5	1	1	1	1		4
2013	14	17		3	3	1		1	2	1	1			1	2
2014	15	11	1	4	3	5			6		1				4
2015	23	20	1	13		2	3	1	8	1				1	4

2011 年湖北师范大学获得国家奖学金总人数是 50 人，其中少数民族获奖人数为 2 人，占 4%；2012 年湖北师范大学获奖人数为 43 人，其中少数民族获奖人数为 1 人，占比 2.33%；2013 年湖北师范大学获奖总人数是 43 人，其中少数民族获奖人数为 2 人，占比 4.65%；2014 年湖北师范大学获奖总人数为 42 人，其中少数民族获奖人数为 1 人，占比 2.38%；2015 年湖北师范大学获奖人数为 36 人，其中少数民族获奖人数为 3 人，占比 8.33%。近五年中，虽然湖北师范大学有一定数量的民考民、民考汉学生，但少数民族获奖人数仅有 9 人，并且只有回族和土家族两个民族（见表 5、表 6）。

表 5　2011 ~ 2015 年湖北师范大学国家奖学金获得情况

年　份	获奖总人数（人）	汉族学生人数（人）	汉族学生所占比例（%）	少数民族学生获奖人数（人）	少数民族人数所占比例（%）
2011	50	48	96	2	4
2012	43	42	97.67	1	2.33
2013	43	41	95.35	2	4.65
2014	42	41	97.62	1	2.38
2015	36	33	91.67	3	8.33

表 6　2011～2015 年湖北师范大学少数民族学生国家奖学金获得情况

单位：人

年　　份	回　　族	土家族
2011		2
2012		1
2013		2
2014	1	
2015	1	2

2011 年，湖北民族学院获得国家奖学金总人数 41 人，其中少数民族获奖人数 20 人，占比 48.78%；2012 年，湖北民族学院获奖总人数 42 人，其中少数民族获奖人数 12 人，占比 23.81%；2013 年湖北民族学院获奖总人数 45 人，其中少数民族获奖人数 16 人，占比 35.56%；2014 年湖北民族学院获奖总人数 45 人，其中少数民族获奖人数 20 人，占比 44.44%；2015 年湖北民族学院获奖总人数 41 人，其中少数民族获奖人数 24 人，占 58.54%（见表 7、表 8）。从该校国家奖学金获奖数据看，少数民族学生的获奖年均比例在 42% 左右，获奖少数民族学生主要集中在土家族（88%）、苗族（5%）、侗族、满族、壮族、回族，无民考民、民考汉学生。

表 7　2011～2015 年湖北民族学院国家奖学金获得情况

年　份	获奖总人数（人）	汉族学生人数（人）	汉族学生所占比例（%）	少数民族学生获奖人数（人）	少数民族人数所占比例（%）
2011	41	21	51.22	20	48.78
2012	42	32	76.19	12	23.81
2013	45	29	64.44	16	35.56
2014	45	25	55.56	20	44.44
2015	41	17	41.46	24	58.54

表 8　2011～2015 年湖北民族学院少数民族学生国家奖学金获得情况

单位：人

年　　份	土家族	壮族	满族	侗族	苗族	回族
2011	17		1		1	1
2012	10				2	
2013	13			2	1	
2014	19	1				
2015	22	1			1	

（二）民考民、民考汉大学生对国家奖学金的认知态度

为了解民考民、民考汉大学生对国家奖学金的认知态度，课题组还访谈了中南民族大学15名民考民、民考汉的大学生。对于国家奖学金的相关问题，本课题组设置了四个问题：①“你是否曾经获得过国家奖学金？如果没有，希望获得吗？原因是什么？”②“你认为成功获得国家奖学金最重要的因素是什么或你认为未能评选国家奖学金影响最大的因素是什么？”③“你认为现行的国家奖学金评选机制公平吗？”④“你对国家奖学金政策的修订有什么建议？”这四个问题分别从动机、评选因素、评选机制以及个人的建议考察民考民、民考汉学生对国家奖学金的认知态度。

在第一个问题上，即“你是否曾经获得过国家奖学金？如果没有，希望获得吗？原因是什么？”，被访谈人都表示自己未曾获得国家奖学金，并且非常希望获得国家奖学金。被访谈人希望获得国家奖学金的具体原因包括：首先，最主要的是希望通过获得国家奖学金来肯定自己的付出和努力，如“鼓励自己更加努力学习”、“物质上鼓励”、“获得奖学金的经历值得骄傲”“证明自己努力过”“证明自己的学习能力”等等，其次也有“减轻家庭负担”的经济因素的考虑，但是所占比例很小。对第二个问题，即“你认为成功获得国家奖学金最重要的因素是什么或你认为未能评选国家奖学金影响最大的因素是什么？”，被访谈人则一致同意学业成绩是获得国家奖学金的最关键的因素，并且认为正是学业成绩不优秀导致自身未能获得国家奖学金。在第三个问题上，即“你认为现行的国家奖学金评选机制公平吗？”，被访谈人普遍认为“以成绩来确定名额，公平”，少数同学则认为“相对公平，但是希望考虑其他因素”。对于第四个问题“你对国家奖学金政策的修订有什么建议？”，被访谈人的建议主要集中在三个方面：一是在国家奖学金评审中，降低分数标准，综合考虑其他因素；二是在国家奖学金评审中为民考民、民考汉学生单独保留名额；三是希望国家奖学金评选过程中除成绩以外的其他标准更加规范化，比如“社团、学生会加分标准不统一，希望完善加分项制度”，“校、院评奖文件规定较为粗糙，具体操作上存在漏洞隐患”。

二　先赋与后致之重：国家奖学金评定中民考民、民考汉大学生的不利地位的原因

从国家奖学金的数据来看，华中师范大学获奖少数民族学生主要集中在土家族（41%）、回族（16%）、苗族（14%），中南民族大学获奖少数民族学生主要集中在回族（28%）、土家族（26%）、壮族（12%），湖北师范大学获奖少数民族学生主要集中在土家族（78%）、回族（22%），湖北民族学院获奖少数民族学生主要集中在土家族（88%）、苗族（5%）。由此可见，四个学校获奖少数民族学生主要集中在土家族、回族等少数民族以及少数的壮族、苗族学生。从民族发展历史与现状来看，土家族和苗族主要分布在湘、鄂、渝、黔、桂五省，与汉族接触较多，通用语言为汉语，现代化程度较高。其经济情况也通过自主发展生产和受惠于国家推行的扶贫战略，获得了快速提升，生活水平相对较高。而回族在我国的分布呈现小集中、大分散特点。在内地，回族主要与汉族杂居；在边疆，回族主要与当地少数民族杂居；大都分布于水陆交通线上，因此经济文化较为发达。这些民族与汉族交往密切，通用语言文字为汉语言，因而这些民族的大学生在学习起点和学习能力上与汉族大学生并无太大差异。值得注意的是，2011 年至 2015 年期间，中南民族大学有 21 名蒙古族学生和 2 名藏族的学生获得了国家奖学金，但从生源地分布来看，21 名蒙古族学生，除 5 名来自内陆地区如河南省或湖北省之外，其他学生大多来自沿海发达地区。2 名藏族学生来自四川中小城市。众所周知，沿海发达地区相对发达，现代化程度较高，教育资源比较丰富，学生的综合素质相对高于偏远的地区。至于维吾尔族、哈萨克族、锡伯族等几个少数民族学生的获奖人数则几乎为零。

为什么民考民、民考汉学生鲜有获得国家奖学金者，我们分析主要有以下原因。

第一，民考民、民考汉学生学习成绩往往无法达到获评国家奖学金的标准。

根据 2007 年国务院颁布的《关于建立健全普通本科高校高等职业学校和中等职业学校家庭经济困难学生资助政策体系的意见》，国家奖学金用于奖励特别优秀的在校大学生，国家励志奖学金用于奖励成绩优秀的家庭经

济困难的大学生，国家助学金用于资助家庭经济困难的在校大学生。由此可见，国家奖学金目的定位十分清晰——奖励对象就是各高校学习成绩优秀的大学生。各高校在评选国家奖学金时往往以单纯的学业成绩为评奖基准，辅之以社会实践、创新能力、综合素质等因素考量。以笔者所在的学院为例，2011～2015 年五年间，没有一名民考民、民考汉所在民族的学生学习成绩能够进入年级前十五名，因此，民考民、民考汉的学生只能与国家奖学金无缘了。

第二，语言差异是民考民、民考汉学生无法取得优秀成绩的直接原因。

如果说，民考民、民考汉大学生无法获评国家奖学金的直接原因是学习成绩不够优秀，那么可以说，导致民考民、民考汉大学生学习成绩差的直接原因就是语言差异。众所周知，民考民、民考汉大学生在成长过程中缺乏通用语言习得的环境。从民考民、民考汉大学生的成长经历来看，一般是在小学才开始接触汉语，但是日常生活仍以本民族语言与家人、朋友进行交流，缺乏汉语言习得的环境。当他们进入以汉语为教学语言的大学之后，面临的学习障碍可想而知。在访谈中，有的民考民、民考汉大学生反映了语言因素所导致的普遍问题："有些老师语速太快，跟不上""有的老师讲课时夹杂着方言，会听不懂""老师讲课语速较快，无法记笔记"等等。再者，少数民族居住地区大多地理位置比较偏僻，远离中心市场，其成员与外界交往交流较少，这导致了绝大多数少数民族语言的词汇库与主流文化知识和现代科学技术发展相脱节，汉语言文化圈与少数民族文化圈之间无法通过有效的词汇库进行衔接，因此，少数民族学生运用作为第二语言的通用语言文字完成从初等教育到高等教育的一贯教学是存在不少困难的。诚如布尔迪约所言："语言不仅仅是交流的工具，它除或多或少的词汇之外，还提供类别系统，这个系统复杂程度不同，可以用来辨别和掌握诸如逻辑学之类的复杂结构的能力……这样，如果一个阶级与学校语言的距离不断增加，它在学校的存活率也必然不断降低"。①

第三，文化差异导致民考民、民考汉学生无法融入新的学习环境。

语言的差异就是文化的差异。文化再生产理论的杰出代表布尔迪约认

---

① 〔法〕P. 布尔迪厄、〔法〕帕斯隆：《再生产——一种教育系统理论的要点》，邢克超译，商务印书馆，2002，第 87 页。

为，个人在进入学校教育系统之前，便已通过家庭获取了一定数量的与其出身背景相同的文化资本。家庭作为使个人社会化的一个途径，其所传递的文化资本对文化再生产具有重要的意义。以主流文化资本为家庭背景的学生，能通过家庭内部的代际传递迅速积累起达成学业成就所需的知识技能、审美品位、生活方式。由此可以看出，个人在进入国民教育系统之前，通过家庭所积累的文化资本与主流文化教育越相似，就越容易达成更好的学业成就。由此可以想见，代际传递的这种文化资本而形成的文化差异会严重影响民考民、民考汉大学生的文化适应。所谓文化适应是个体为实现与新文化环境的和谐而不断调整自己的原文化与新文化的相互平衡的过程。① 而两种文化的空间距离越大、文化共同点越少，文化的差别也就越大，跨文化交往群体对主流文化的适应性就越困难。民考民、民考汉大学生大部分来自我国西部偏远的新疆、西藏等地区，很多学生来校之前从未离开过自己生活的区域。当他们来到距离家乡千里之遥、与原来的生活环境、文化环境差异巨大的高校求学时，自然而然会产生比其他民族学生更大的文化适应压力。因此，在文化适应策略上，他们倾向采取分离策略，即重视母文化，避免与其他文化群体进行接触和交流。从接受访谈的民考民、民考汉大学生的学习经历来看，特别是高中成绩来看，普遍曾处于优秀的水平，比如有的学生谈到自己在高中时“一直处于班级前十”“比较优秀”，最不理想的情况也是处于“中上水平”等。在大学的学习生活中极少缺课，也会独立完成作业，勤勉程度并不低于汉族学生，但是往往成绩普遍较差。② 对通用语言掌握的不熟练及其文化差异造成了民考民、民考汉大学生相对自卑的心理。在课堂上，他们往往采取回避策略，不主动地参与课堂教学的互动。在课余之时，其交际的圈子往往集中在本民族的几个同学，因而也就不能达到课余时间互相“解惑”和学习的效果。

三 正义诉求：修正现行国家奖学金政策的正当性

在现有的国家奖学金评选规则下，民考民、民考汉大学生很难获评国

---

① 张劲梅：《西南少数民族大学生的文化适应研究》，西南大学博士论文，2008，第 6 页。

② 据调查，湖北师范学院获得新疆助学金的 28 名学生中，接近 60% 的学生成绩处于班级最后十名之内。

家奖学金，其直接原因是他们的成绩状况无法满足获评国家奖学金的条件，而造成成绩不佳的根本原因是语言和文化的差异，而这种差异作为一种先赋条件，是民考民、民考汉大学生无法通过自身努力在短期能够克服或改变的。对于国家奖学金来说，他们就是一群被遗忘的人。基于民考民、民考汉大学生先天的劣势，对国家奖学金的评选规则进行微调和些微修正是必要的。但是，针对民考民、民考汉大学生修正国家奖学金政策，采取差别措施使这些学生也能成为制度的受益者，实质上是通过差别对待给予其优惠的政策，这更需要充足的说理。“主张平等，这不需要根据；主张差别对待，则需要根据”。[①]

（一）符合差别原则

平等是构成现代民主政治的核心理念之一。我国宪法对平等原则的规定主要体现在第 33 条第 2 款：“中华人民共和国公民在法律面前一律平等。”今天，福利国家理念已成为各国共识。如果说自由法治国家强调的是对权利和机会的一致分配，“相同的人和相同的情形必须得到相同的或至少是相似的待遇”[②]，那么，福利国家强调的是“一个社会在面对因形式机会与实际机会脱节而导致的问题时，会采取这样一种方式，即以确保基本需要的平等去补充基本权利的平等”[③]。概言之，平等不仅指形式平等，而且指实质平等；平等原则不仅仅要求不得任意地差别对待，它还允许针对不同的情况实施差别待遇，但条件是差别待遇存在着合理的基础。其缘由在于：现实中人与人之间存在着差异，不区分差异的平等对待反而成了实质上的不平等，而将他们置于平等地位的唯一办法也只能是给他们以差别待遇。这说明，我们对因先赋条件的差异而处于不利地位的群体，从实质平等的层面给予更多的关注是合理的。美国著名政治哲学家罗尔斯认为，支配社会和经济利益（主要包括权力、地位、收入和财富）分配的原则，由于无法做到完全平等，所以只能保证机会的平等，但是这只是一种形式上

① 姚大志：《何谓正义：当代西方政治哲学》，人民出版社，2007，第 111 页。

② 〔美〕E. 博登海默：《法理学——法律哲学和法律方法》，邓正来译，中国政法大学，1999，第 286 页。

③ 〔美〕E. 博登海默：《法理学——法律哲学和法律方法》，邓正来译，中国政法大学，1999，第 287 页。

的平等，它如果没有一种平等的或相近的社会条件作为保证，结果是社会资源的初次分配总是受到自然和社会偶然因素——如人的才能、天赋、社会地位、家庭、环境的影响，这些偶然因素都会造成个人努力与报酬的不相等。“由于出身和天赋的不平等是不应得的，这些不平等就多少应给予某种补偿。这样，补偿原则就认为，为了平等地对待所有人，提供真正的同等的机会，社会必须更多地注意那些天赋较低和出生较不利的社会地位的人们。”① 因此，罗尔斯主张用“差别原则”来纠正这种不公正，我们应当用以公正为目标的政治和法律制度对之进行调节，做到合理地区别对待。他说，一个正义的制度要“满足着自由和机会公平平等的要求，又满足着差别原则”。② 哈耶克在《自由秩序原理》一书中也说道：“人性有着无限的多样性——个人的能力及潜力存在着广泛的差异——乃是人类最具独特性的事实之一”，“从人们存在着很大差异这一事实出发，我们便可以认为，如果我们给予他们以平等的待遇，其结果就一定是他们在实际地位的不平等，而且，将他们置于平等的地位的唯一方法也只能是给予他们以差别待遇”。③ 具体到本文的主题，虽然说国家奖学金做到权利和机会的平等，即评奖评定标准是预先公知的、程序是公开透明的，而且是对所有学生一视同仁地开放，因而是公平的。但是这只是一种形式平等，它忽视了民考民、民考汉大学生由于其教育背景和对国家通用语言文字无法熟练掌握而导致的成绩普遍较差的情况，而造成这种境况的原因并不是他们的能力和天赋的差异以及学习努力的程度，而是他们先天的文化差异。民考民、民考汉大学生在接受教育的过程中，基础教育环境差，第一语言往往为非汉语，这与汉族大学生存在着“由于出身不应得的不平等”。即使民考民、民考汉大学生在勤勉程度上超过汉族大学生也难以在学习成绩上占据优势，主要原因是其使用的母语以及对国家通用语言文字无法熟练掌握。在访谈过程中，民考民、民考汉大学生也提出，老师的语速或者方言，让本来难度很大的课程更加难以听懂。而且这种结构性的缺陷境况是民考民、民考汉大学生本人无法在短时期内通过个人努力加以克服或逾越的，也是我们进行

① 〔美〕约翰·罗尔斯：《正义论》，何怀宏等译，中国社会科学出版社，1988，第 95 ~ 96 页。

② 〔美〕约翰·罗尔斯：《正义论》，何怀宏等译，中国社会科学出版社，1988，第 83 页。

③ 〔英〕弗里德里希·冯·哈耶克：《自由秩序原理》，邓正来译，生活·读书·新知三联书店，1997，第 103 ~ 104 页。

差别对待的理论基础和现实依据。因此，有必要在国家奖学金制度中导入“差别原则”，保障民考民、民考汉大学生的平等权，达到实质正义的目的。

（二）符合效率原则

帕累托最优理论同样也能为修正国家奖学金制度提供理论论证。帕累托最优是指市场已经不可能通过改变资源的配置，在其他人的效用至少不下降的情况下，使任何他人的效用水平有所提高。帕累托最优的目标是实现资源社会效用的最大化。① 以帕累托最优理念为指导进行的资源的重新配置，称为帕累托改进。如果将国家奖学金作为一种资源进行合理的配置，根据本文的主旨，那么配置的对象就是民考民、民考汉大学生与其他民族大学生。从设置国家奖学金的宗旨来说，这种资源设置的目的不限于对优秀的奖励，还有通过奖励优秀形成一种竞争机制，最终达到提高全体学生成绩的目的。所以，如果这种资源分配的结果是使资源过度集中于一个群体之中，那么它就会失去对另一个群体的吸引力，以致对其不能产生任何激励效果，此种情形下的资源分配是没有效率的。上文的数据分析表明，汉族学生与部分少数民族学生获得了国家奖学金的绝大部分名额，而民考民、民考汉大学生获得的人数极少，我们有理由相信国家奖学金对民考民、民考汉大学生是一种没有效率的状态。在访谈中，几乎所有的民考民、民考汉大学生都认为自己与国家奖学金遥遥无期，这也证实了国家奖学金对这个群体未起到激励学习的效果。因而，解决这个问题，就需要我们以帕累托改进为宗旨，在不损害汉族和其他少数民族学生的利益的情形下，对国家奖学金这种资源进行合理配置，使资源的效用发挥到最大。

（三）有利于增强少数民族大学生国家认同

修正国家奖学金制度，给予民考民、民考汉大学生获评国家奖学金特殊的差别对待，有利于增强少数民族大学生的国家认同感，有利于建构平等、团结、互助、和谐的民族关系。国家认同感是指一个国家的公民对自己归属哪个国家的认知以及对国家的构成，如政治、文化、族群等要素的

① 石婷婷：《帕累托效率原理与构建和谐社会》，《经济社会体制比较》2007 年第 3 期。

评价和情感。民考民、民考汉大学生对国家的认同感不仅关系民族间的团结友爱，关系和谐多元文化的校园建设，还关系民族地区以及国家的稳定和发展。对于民族大学生而言，与其他少数民族成员相比，他们的民族认同意识更加强烈。高度的民族认同感使得民族大学生具有强烈的集体意识，但是对于少部分的民族大学生而言，这种集体意识如果得不到有效引导，在主观认知上认识不清，会产生狭隘的民族主义倾向。[①] 研究显示，国家对少数民族学生的各项优惠政策，比如高考加分、生活补助等政策，使享受到优惠政策的学生都对国家、政府和学校心存感激，对国家的了解也会更全面和更深刻。即少数民族大学生在享受国家的民族政策带来的优惠的同时，会加深对国家民族政策的认知，体会到国家民族政策的优越性，从而增进国家认同感。[②] 因而，通过制度设计，保障民考民、民考汉大学生在国家奖学金评选中的平等权利，是体现国家关怀，增强民考民、民考汉大学生国家认同感的重要措施。

民考民、民考汉大学生是联系民族地区与外界的纽带。民族地区一般处于边疆偏远地区，信息与交通不畅，人员的流动性较小，与外界的互动少，因此外出求学的民考民、民考汉大学生成为民族地区的公民了解外界生活的重要窗口。民考民、民考汉大学生在大学期间的学习和生活经历将深刻影响其对内地的认知态度。如果民考民、民考汉大学生在大学学习期间，国家、学校根据其特殊情况，给予充足的关心和爱护，那么他们在充实快乐地学习生活的同时，会感受到国家给予的关怀而心怀感激之情。研究表明，民族大学生具有民族归属意识，他们对家乡的热爱之情超过了物质条件的限制，他们普遍认为自己个人的发展与家乡的发展紧密联系在一起，愿意毕业后回到家乡工作。[③] 当他们回到民族地区后，他们就会成为联系民族地区与内地的情感纽带。同时民考民、民考汉大学生本身就是其民族的精英，在一定范围内具有权威性，他们自身洋溢的对内地的积极的认知态度可以对本民族起到极大的示范效应，这对于增进地方少数民族成员对国家的认同感和加强民族团结具有不可估量的作用。因而从增进民族情

---

① 徐柏才、姚上海等：《少数民族大学生教育管理研究》，民族出版社，2014，第 85 页。

② 刘媛媛：《少数民族大学生国家认同研究——以 Z 大学为例》，中南大学硕士学位论文，2012，第 55 页。

③ 徐柏才：《少数民族大学生的民族认同研究》，人民出版社，2012，第 118 ~ 120 页。

感关怀与少数民族国家认同感的角度出发，基于实质平等原则修正国家奖学金的评审政策是具有极大现实意义的。

四　渡达正义：修正和完善现行的国家奖学金政策的对策

（一）修正和完善国家奖学金政策的方式

针对民考民、民考汉等大学生在国家奖学金评定中的不平等地位，国家奖学金的修正有两种：其一是针对民考民、民考汉学生，单独设立少数民族国家奖学金，用以单独奖励学业成绩优秀的民考民、民考汉学生；其二是在国家奖学金体系内单独为民考民、民考汉学生保留奖学金的名额。综合比较，第二种方案更加具有理论上的合理性和实践上的可行性。首先，国家奖学金授予的基础相同，都是以大学生在校期间成绩优异、学习进步为基础。民考民、民考汉的优秀大学生的成绩与汉族优秀大学生可能存在差距，但是在本民族群体内是优秀的。这种“优秀”的基础是相同的，都是个人努力的付出。其次，从促进不同文化的民族学生之间的团结与融合于校园的多元文化建设的角度出发，不宜单独设立奖学金，这样会过于强调其民族身份，不利于民族团结。再次，国家奖学金实施以来，其超高的权威已经得到学校、社会的认可，为少数民族学生授予国家奖学金能起到肯定成绩、鼓励优秀的作用，而单独设立国家奖学金则达不到上述效果。所以，综合看来，应采取在奖学金体系内为民考民、民考汉少数民族学生保留名额的修正方式。

值得思考的是，从名额数量上来讲，为少数民族学生保留获得国家奖学金的名额应是单独增加的名额，而不应占用现有的汉族学生的名额。国家奖学金的名额比例非常低，全国高校在校大学生大概有 2500 万人，每年只能有 5 万人荣获国家奖学金，获奖比例约 0.2%。如果从现有名额里单独划分出少数民族学生的名额来，则会造成汉族学生本来不多的名额受到挤压。因为在名额数量较少的情况下，每减少一个名额就会增加数倍的竞争压力。减的越多，增加的压力越大，呈现出倍增的现象，这直接导致国家奖学金成为一个可望而不可即的奖项，会严重挫伤汉族等其他民族大学生学习的积极性。

（二）对民考民、民考汉少数民族学生授予国家奖学金应考察的标准

对单独保留国家奖学金名额的民考民、民考汉学生的考察标准应当审慎和严格。因为无论是域外的肯定性行动计划还是我国少数民族高考优惠政策在执行过程中都受到争议。在调研中，很多民考民、民考汉的大学生同样表达了对修改现行奖学金制度的担忧。他们担心汉族同学不理解，如“有的汉族同学不理解我们的情况，对国家的加分政策不理解，我怕对奖学金政策的修改也不理解”。这种“担忧”与“不理解”的主要原因在于：首先，随着经济的发展和人口的迁徙，很多少数民族学生居住于城市之中，从接受教育的开始与汉族学生享受同样的教育资源，拥有同样的受教育经历，其所享有的教育资源、所形成的学习能力并不比汉族学生低。对这样教育背景的少数民族学生实施高考优惠政策，是对汉族学生造成了实质的不公平，难免会招致非议。同样，如果在国家奖学金评定过程中为教育背景与汉族学生相同的少数民族学生单独保留名额，同样也会招致不满。其次，有些少数民族，其唯一的语言就是汉语，并没有本民族的语言，或者存在本民族的语言，但其在生活经历上接触的第一语言为汉语。第一语言为汉语的少数民族学生虽可能在教育资源上与汉族学生有所差距，但是其学习压力要远比第一语言为本民族语言的学生学习压力小，达不到为其单独保留名额的程度。

综上考虑，对于可以获得国家奖学金名额的民考民、民考汉少数民族学生的考察标准应该如下考虑。

第一，在获奖身份的认定上，应考虑从两个方面认定。既要考虑获奖学生的少数民族身份，又必须考虑地域。考虑地域的原因在于：首先，人们生活在特定的区域内，其发展具有相对稳定性和传承性，很容易形成潜移默化的地域认同感。这种地域认同感深刻地影响人们的思维习惯、价值取向和伦理观念。同样，这种地域身份也影响着民考民、民考汉的思想、心理和行为。[①] 其次，不同的地域存在着不同的文化，文化对教育观念有着深刻的影响。最后，由于历史因素和我国的开发格局，边远农牧地区一般

① 徐柏才等：《少数民族大学生教育管理研究》，民族出版社，2014，第 92 页。

经济基础较差，教育资源比较匮乏，先赋条件与汉族学生差异较大，构成了优先考虑的合理基础。

第二，在语言上，应首先考虑第一语言为非汉语的少数民族学生。根据调查[①]，语言因素是民考民、民考汉大学生在学习中碰到的最大瓶颈之一。语言因素加重了民考民、民考汉大学生的学习负担，同时语言能力上的不足造成了民考民、民考汉大学生在课堂学习、课下讨论与人际交往上的限制，影响了其成绩的提高。

第三，成绩因素仍是重要的考量标准。有人认为应当重视民考民、民考汉大学生所付出的努力，即品行。但是品行是难以衡量的，“我们当然希望我们能够在每一情形中对价值与品行做出区分。然而在事实上，我们很少有把握对此做出准确的区分，除非我们拥有行动者本人所拥有的全部知识，其中还包括我们对他的技术和信心、他的心境和情感、他的关注力、他的精力和毅力方面的知识”。[②] 据此，我们仍以成绩作为重要的衡量标准，只是这种标准具有相对性，集中在民考民、民考汉这个特殊的群体之中。

（三）保留名额的比例

在国家奖学金评选中，为少数民族学生保留国家奖学金名额的比例，要既能达到鼓励优秀、奖励进步的效果，又不至于导致“反向歧视”。所谓“反向歧视”并没有一个明确的概念，它的大体含义为：特定群体由于诸如种族、宗教或性别遭受歧视的同时，原本的歧视主体受到对方的歧视，也就是与一般的歧视正好相反，它歧视的不是少数群体或弱势群体，而是多数群体或者强势群体，其表现形式是对特定弱势群体的特别保护和给予的优惠措施待遇反而造成了对相对优势群体和多数人的实质不公。[③] 因而对于民考民、民考汉大学生奖学金评定保留单独的名额，名额不能过少，否则

---

① 孙丹丹：《民族社会工作实务研究——以中南民族大学民考民学生为服务对象》，中南民族大学硕士学位论文，2013。该文作者采访了 8 名来自西藏自治区的学生，8 名学生都认为除了气候、环境上的不适应外，无法熟练掌握汉语、英语基础较差成为影响学习成绩的重要原因。

② 〔英〕弗里德利希·冯·哈耶克：《自由秩序原理》，邓正来译，生活·读书·新知三联书店，1997，第 115 页。

③ 王传发：《我国少数民族优惠性差别待遇与反向歧视分析》，《广西民族研究》2011 年第 4 期。

无法起到激励的效果。但是名额比例也不宜过高，否则会造成国家奖学金权威下降，也会造成反向歧视。具体标准可为该校民考民、民考汉大学生总数的 2% ~3% 。这样既可达到奖励先进、激励后进的作用，又可保证奖学金评奖范围不过大，而形成对其他民族大学生的“反向歧视”。

五　结语

民考民、民考汉大学生作为本民族的优秀人才，其在高校中的发展情况不仅仅关系着个人与家庭的期望，关系着我国民族地区的发展与稳定，更关系着和谐的社会主义民族关系的形成与巩固。我国历来重视少数民族人才的培养，陆续出台了一系列支持政策，如高考优惠制度、“骨干计划”等等，这使一大批优秀的少数民族学生进入大学深造。然而进入大学并不意味着整个培养过程的结束，高校的培养阶段恰恰是整个过程最重要的阶段，我们在其学习过程中，应努力为他们营造一个公平和谐的学习环境，使他们深切地感受到现代法律的价值关怀和文化多样性的平等氛围，因为这关系着少数民族培养人才的最终目标的实现。

需要特别说明的是，给予民考民、民考汉大学生获评奖学金特殊的差别措施和制度安排，并不是基于少数民族学生的民族身份而给予的特别优惠政策，而是立足于普遍主义的公民个人基本权利与机会平等而实施的“矫正”措施。少数民族学生的特殊性决定了保障其平等权具有重要意义。由于我国市场经济发展时间较短，公民对平等权的认识往往浅显和简单，对平等权的理解还一般局限于形式上的平等，即不分差别的同等对待。平等并不仅仅指形式上的平等，它还要求在合理基础上的差别对待。本文以国家奖学金的评选为视角，阐释由于国家奖学金缺乏实质公平理念指导，民考民、民考汉大学生在形式平等下却承受着实质上不平等对待的尴尬处境。虽然国家奖学金通过各种严格和公开的程序保证了形式上的平等，但是民考民、民考汉大学生先赋和后致因素的影响致使他们虽然付出了极大努力但仍距国家奖学金遥遥无期。因此，我们必须以“差别原则”为指导，为民考民、民考汉大学生保留一定的名额，实现实质的平等。同时也希望通过本文的研究，社会各界对高校中民考民、民考汉大学生这一群体给予关注，保障其权益，帮助其实现全面发展，使其成为我国社会主义事业的优秀人才。

论作为人权的习惯权利

谢　晖*

摘要： 如同习惯是法律的前身一样，习惯权利也是法律权利的前身。但法定权利对习惯权利的认可，仅具有相对性。大量的习惯权利仍存于法律之外。对此，只有采取法律叙事视角的转换，即从权利叙事视角出发，才能借权利的包容性把习惯权利纳入人权体系。习惯权利作为人权，与少数人的权利具有交集，但并不等同。习惯权利具有普遍性，表现为有些习惯权利是人类共有的，有些习惯权利虽为部分人所有，但任何“部分人”都可能有其特定的、独享的习惯权利，故习惯权利在此获得了“族群－地方性的普适性”，也获得了人权的一般属性。习惯权利不同于法定权利，但可以被法定化。在法治社会，对习惯权利之保护可经由权利代入的自治性保护、契约沟通的互治性保护和权力强制的他治性保护来实现。

关键词： 人权　习惯权利　权利推定　法定权利　保护

人之所以异于万物的本质，源自他是反思性存在的动物。其中人类反思最多的问题或话题，也许是人是什么样的存在，人为什么而存在，人怎么样才能更好地存在。这其中，对人权问题的反思，又或许是最重要的内容之一。如果把人权界定为“是人因其为人即应享有的权利”① 的话，那么，人们根据其经年累月、“自然”形成的习惯而交往行为，自是其为人的题中应有之义，也是其应有的人权。尽管习惯如同任何社会规范一样，也会随着生活条件、社会制度乃至自然环境的变迁而更改门庭，可“根据习

---

*　谢晖，男，中南大学法学院教授，博士生导师。

①　徐显明：《〈人权研究〉集刊序》，载《人权研究》（第一卷），山东人民出版社，2002，第1页。

惯而生活与交往的权利”这个虽不乏抽象但又十分具体的命题，并不因为习惯的变迁而褪色，因为旧习惯变迁了，新习惯会产生，进而人类根据习惯生活和交往的权利这个一般性命题仍有效。那么，如何理解习惯权利？习惯权利为什么是人权？作为人权的习惯权利，其与法定权利是何种关系？为何要强调习惯权利的法治保护，进而法治如何保护习惯权利？这些，是本文拟探讨的几个话题。

一 何谓习惯权利：法律叙事视角的转换

法律、习惯与习惯法，向来是法学理论所关注的重要话题，几乎所有重要的法学流派，都关注这两者之间的内在关联。即使是被称为“排他性”地坚守规则研究的分析实证法学者们，[①] 也不是完全无视习惯和习惯法的存在，反而相关问题似乎是其绕不开的话题，尽管他们对习惯和习惯法的解释总是限定在其所预设的法的前提中。以奥斯丁对习惯法的解释为例：

> 一个习惯……当其被法院适用的时候，而且，当其被司法判决作为根据，并被国家权力所强制实施的时候，也就自然转变为了实际存在的由人制定的法的一部分。但是，在法院适用之前，当其还没有法律制裁的外在形式的时候，习惯，仅仅是实际存在的社会道德的一种规则；
>
> 当习惯经由权力地位低于最高权力机构的法官的判决转变为法律规则的时候，实际上，最高立法机构是以含蓄默认的方式，表达了习惯可以转变为法律规则的命令。[②]

尽管对习惯法的此种解释，笔者并不完全赞同，因为奥斯丁仅仅是立基于“国家命令”这个他所预设的有关法律的“元叙事”而展开的。不过

---

① 笔者在此所讲的“排他性”概念，是就分析实证法学的一般特征而言的。众所周知，在分析实证法学内部，还可细分为“包容性实证主义法学”（如哈特）和“排他性实证主义法学”（如拉兹）两类（参见〔英〕H. L. A. 哈特《法律的概念》，许家馨、李冠宜译，法律出版社，2006，第 231 ~ 234 页；〔英〕约瑟夫·拉兹《实践理性与规范》，朱学平译，中国法制出版社，2011，第 204 ~ 231 页；陈景辉《原则与法律的来源——拉兹的排他性法实证主义》，《比较法研究》2006 年第 4 期）。

② 〔英〕约翰·奥斯丁：《法理学的范围》，刘星译，中国法制出版社，2002，第 38、40 页。

要厘清这个问题，就有必要对包括这个“元叙事”在内的法律既往的叙事本身是否具有合理性，做出必要的反思。

1. 从法律的权利叙事看习惯权利

众所周知，法律是由以权利和义务这对范畴为经纬所构织的一套规则体系。只要这套规则体系不唯义务，不唯由义务所派生的责任，从而不唯国家权力支撑其实施，换言之，只要法律通过授权赋予主体以自治地、自主地决定其生活和交往的权利，那么，对法律分析，就不能局限于义务及由其派生的责任和保障责任落实的权力这类“元叙事”，同时，权利也构成，甚至更构成法律的分析框架。法学家们都很喜欢运用德沃金那部名著——《认真对待权利》，强调权利的重要性。但迄今为止，法学并未真正被作为“权利之学”来对待，或者至少法学家还没有建立一套系统的以权利分析为框架、为核心的法学体系，所以，即使人们再强调权利在法学上的重要性甚至核心地位，但在分析工具和叙事技术上，仍敌不过人们耳熟能详、得心应手且习以为常的义务分析和权力分析之类的“元叙事”。

但是，如果我们转换一下叙事视角，即把义务分析和权力分析的“元叙事”转换为权利分析的“新叙事”，那么，对习惯、习惯法以及习惯权利的分析，就不一定强调它作为法律的运用，需要“最高立法机构”的“含蓄默认”。其实，这是一个主体在法定的权利空间内，自主选择其交往行为方式和工具的权利运用行为。它当然属于法律治理内容的一部分，而不是法律治理的疏离者、分裂者。这样一来，习惯、习惯权利及其运用，乃属于法律体系在动态实践中的应有内容。只要一个国家形成了以权利义务所构织的法律规范体系，只要在这个体系中没有把按照习惯交往作为禁止性义务，那么，人们根据习惯的个体自治和交往合作就并没有被排除于法律之外，反而被建构在具有弹性和开放性的法律权利之中①。

---

① 如果说法律是一个开放体系的话，那么，它主要体现在权利领域，而不在义务领域。因为义务必须是肯定的、明确的、无弹性的。这从义务的引导词——“应当”“必须”“不得”等本身所具有的强制性中不难看出。而权利的引导词则一般是“可以”（参见周赟《“应当”的法哲学研究》，山东人民出版社，2008，第125~320页；魏治勋《禁止性法规范的概念》，山东人民出版社，2008，第38~110页；钱锦宇《法体系的规范性根基——基本必为性规范研究》，山东人民出版社，2011，第43~108页；喻中《论授权规则——以“可以”为视角》，山东人民出版社，2008，第89~237页）。但需说明的是，我这里所谓（转下页注）

显然，这种叙事视角的转换，让习惯和人们根据习惯的交往行为，获得了法律的内在意义，或者被建构在法律治理的内在体系中，除非某种习惯与法律的原则、禁令或义务背道而驰。所以，把习惯秩序排除于法律秩序之外的观点，实质上仍是所谓“义务本位”（法律的“元叙事”之一）视角的结论，而既不是“权利本位”视角的结论，也不是“权利义务相统一”视角的结论。在一定意义上，此种观点目无权利——尽管我相信，这一结论或许会让那些真诚关注法律权利问题但对权利分析方法又不得要领的论者们很受伤。

2. 习惯权利与习惯对权利的创设

交代了法律叙事视角的转换——从义务元叙事到权利叙事，再来看何谓习惯权利，以及它与法律权利的内在关系，就有了新的叙事基础。众所周知，习惯权利是法定权利的对称。在我国法学界，已对之有些研究，且观点各异①。笔者曾对习惯权利做过如下的界定：

> 习惯权利针对法（国家法）定权利而言，它是指一定社区内的社会主体根据包括社会习俗在内的民间规范而享有的自己为或不为，或者对抗（请求）他人为或不为一定行为的社会资格。②

根据这一界定，习惯权利和法定权利在基本属性上并不存在什么区别，

(接上页注①)法律的开放体系，不同于哈特的法律开放（空缺）结构。哈特的法律的空缺结构意味着，“存在着某些行为领域，这些领域如何规范必须由法院或官员去发展，也就是让法院或官员依据具体情况，在相竞逐的利益……间取得均衡……在处于边际地带的规则，以及由判决先例的理论所开放出来的领域中，法院则发挥着创造性功能。此项功能就像行政机关在将可变标准具体化时所做的”。（〔英〕H. L. A. 哈特：《法律的概念》，许家馨、李冠宜译，法律出版社，2006，第 130 页）如果说哈特所指的开放性结构指向法律对社会事实的规范尚不足，特别是借助义务对事实的规范尚不足，从而需要法院或官员发展的话，那么，我所谓的法律的开放体系，则主要针对法律权利本身的弹性或者伸张性。这种伸张性对没有直接写入法律的事项，足以借权利推定而包容其中。可见，前者倾向于法律开放的外部性，而后者倾向于法律开放的内部性。

① 参见夏勇《人权概念起源》，中国政法大学出版社，1992，第 3 ~ 25 页；韦志明《习惯权利论》，中国政法大学出版社，2011，第 36 ~ 99 页。其中夏勇在谈到“习俗权利”时，把它仅仅作为原始先民的权利，这显然是值得商榷的。事实上，即便在现代发达的工商社会，也有习惯权利。例如在当今欧美具有广泛影响的小费这种“非正式制度”，所表现的就主要是习惯权利（对小费制度与习惯权利关联的一个有趣分析，参见秦中峰等《作为习惯权利的形成和演化——以小费博弈为例》，《西江月》2014 年第 1 期）。

② 谢晖：《民间规范与习惯权利》，《现代法学》2005 年第 2 期。

只是两种权利所依赖的规范路径不同。前者的规范路径是社会习惯等民间规范[①]，而后者的规范路径是国家正式法。尽管民间规范与国家正式法之间会存在相互转化的问题，如当今我国在婚姻缔结中普遍通行的彩礼习惯，在丧葬中普遍遵循的穿麻戴孝等习惯，在历史上曾是作为国家法的礼的重要内容。再如长期以习俗方式存在的春节、清明节、端午节、中秋节等节庆习惯，在最近十余年来被升华为国家的法定假日，从而获得了国家正式法上的有效性。此种情形，势必影响到习惯权利和法定权利之间的转换。例如过春节享受假日，曾经只是种习惯权利。此种习惯权利一旦遇上"政治挂帅"一类的影响，还往往无所保障。曾记否，当年在我国盛行的口号："腊月三十不停工，正月初一照样干"，使相关习惯权利遁于无形的境况？

那么，强调习惯权利，是不是同时也强调其只能生成于习惯？谈到这一话题，笔者不禁想起米尔恩有关权利渊源的论述。他把实在法、道德以及习俗都作为权利的渊源来看待，其中在论及"作为权利渊源的习俗"时，他是这样说的：

> 授予权利的规则必定是构成性的，而不是调控性的……特定的习俗规则是调控性的，因而不可能授予权利。习俗之成为权利来源，在于它是一种制度。它的构成性规则赋予共同体的每个成员以遵从既存习俗的义务，同时授予每个人以相应的使习俗得以遵从的权利；
>
> 法律能够审慎地创设权利，习俗却不能。因此，习俗仅限于对社会保守有益，法律则既有益于社会保守又有助于社会适应。正如我们所看到的，不可能存在没有习俗的共同体。不过，一个共同体若既有实在法又有习俗，它就能较好地适应新环境，并能有效地协调社会保守和社会适应的要求。[②]

① 民间规范（民间法，下同）是外延远大于习惯规范的概念，两者间是一种属种关系。人们习惯性地把习惯规范等同于民间规范，这是一种人云亦云的误判。民间规范除了习惯之外，还包括诸如乡规民约、社团章程和纪律、社区合约、宗教规范、家法族规、行会条规、私人间契约等（参见于语和主编《民间法》，复旦大学出版社，2008，第 75 ~ 81 页）。民间规范只要能在一定范围的主体之间产生权利义务关系，且具有现实有效性和必要的强制保障性，就具有民间法的性质。

② 〔英〕A. J. M. 米尔恩：《人的权利与人的多样性——人权哲学》，夏勇等译，中国大百科全书出版社，1995，第 141 ~ 143 页。

可见，在米尔恩看来，习惯尽管能够生成权利，但它对权利的生成机制是有界限的，只有在构成性规则那里，才可以看到和习俗而生的义务并行的权利。如果是这样，则习惯之于义务的生成，具有“原生性”，而其之于权利的生成，只具有“派生性”。因此，他强调在创设权利方面，尤其在流动社会里对社会关系变迁中权利的创设和适应方面，法律胜于习俗。

事实果真如此吗？我们知道，法律并不总是能适应社会关系的变迁及相关权利的创制。法律既是社会秩序的构造者，同时也是社会秩序的守护神。在这个判断里，已经蕴含着法律的守成或保守性。法律创设权利，主要在两个环节，一是通过立法直接创设权利；二是通过司法，法官借助立法授权而创设权利。其中后者在判例法制度下，实为一种立法，而在成文法制度下，它仅仅是且只能是立法授权的结果。

与此同时，人们也不难发现，所谓习惯，也并非一以贯之地固守“天不变，道亦不变”的常经，反之，在我们的日常生活中，特别是在目前这个迅速变化的转型社会中，不时可以发现习惯规范及其具体实现方式的日新月异。例如祭祀祖先，这是自先秦以来中国一直流传的习惯，可谓历千百年而长盛不衰。但如何祭祀祖先？在这个技术手段日渐高明的时代，很多人不再是在坟前洒扫祭奠，而是把祖先纪念馆搬到网络，实行网上祭扫。这显然是习惯对日新月异发展的科技的一种适应，在这里不但会形成新型社会关系及习惯权利，而且每每通过司法创生所谓新型权利①——一种特殊的法定权利。

或以为，习惯对现代科学技术的吸收，不过仅仅作用于习惯运行的技术层面，并未对习惯的本质和内容产生影响。此种见解表面上看似乎不无道理，但进一步的观察会让人们发现，这种技术性的适应，绝不是细枝末

① 新型权利与习惯权利并不是一码事。笔者认为，新型权利的创生主体是司法，其权力根据是法律授权，其事实根据是人们在变革社会中对权利的新要求、新主张。因此，它是近乎法定权利的一类权利，在成文法国家，不妨将其称为“准法定权利”（笔者关于新型权利的初步论述，参见谢晖《论新型权利生成的习惯基础》，《法商研究》2015 年第 1 期）。与此同时，新型权利产生的前提，既可以是习惯上的权利要求（如“祭奠权”保护请求），也可以是新型社会关系导致的权利要求（如“死囚生育权”保护请求）。当然，新型社会关系一旦被人们普遍认可，也可谓之新习惯，其中权利，也可谓之习惯权利。可见，新型权利属于法定权利范畴，而习惯权利并不总是法定化的，因而，新型权利与习惯权利也是可以对应的概念。

节的，它也会实质性地改变习惯以及附生于习惯的行为方式和规范交往。由此不但会适应性地产生新型社会关系，而且对这种新型社会关系的适应，既可能提出习惯权利的要求，还可能进一步通过司法而创设新型权利。因此，习惯对现代技术以及由此种技术所带来的社会关系的适应，绝不仅仅停留在技术层面，同时也深刻地影响甚至改变着主体的生活方式、人际交往方式和公共治理方式。

在这个意义上，我以为说法律在权利“创设”上优于习惯，并不尽然是个妥适的命题和结论。毋宁说无论是习惯也罢，还是法律也罢，一方面，本质上都是社会关系和社会秩序的保守因素。它们框定了社会关系和社会秩序，自然，也只能积极维系、守护和保障由它规定的社会关系和社会秩序。另一方面，两者都需适应社会关系的变迁以及在此变迁中人们所提出的新的秩序要求和权利要求，否则就只能被变迁中的社会关系所摧毁和淹没。

还需强调的是，如果运用前文所提出的法律叙事的新视角——权利的法律叙事，那么，习惯对社会变迁中新社会关系的适应，是法律权利开放性的现实回应，也是法律权利包容习惯的应有内容。因此，只要法律能适应性地创设权利，那么，逻辑上就必然意味着习惯照例会适应性地创设权利。甚至习惯的权利创设还是支持法律创设权利的重要前提。只是习惯创设权利和法律创设权利的机理、程度、方式等各有不同罢了。其中最大的不同，应在于习惯权利是“形成的”，而法定权利是“创设的”。

3. 习惯权利的“形成性”及其例外

“形成的”和“创设的”是权利生成的两种不同形式，同样，也是规范长成的两种不同类型。前者意味着人们在日常生活和交往实践中日积月累而形成，是一种“自生自发的自然秩序”；后者则意味着立法者在社会需要基础上，注入了主体的主观加工和创造精神，因此，是一种“自主自觉的社会秩序”。这一区别，在乡土中国的既有秩序和现代城市社会的人为秩序的比较中完全可以得见；在习惯和法律的比较中也完全可以得见。即使在转型期的当代中国，一个乡土的“村庄共同体”及其秩序，仍明显是“形成的”：

抽象地讲，村庄共同体由三种边界构成：一是自然边界，二是社会边界，三是文化边界。自然边界构成人们交往的空间与基础，当前村委会一级的自然边界一般都很清晰。社会边界是对村庄身份的社会确认或法律确认，具有村籍就具有村民的公共待遇，就可以承包村集体的土地，就可以从村集体收益中享受再分配的好处，村庄有保护村民的义务；反过来，村民也存有对村庄的义务。文化边界即村民是否在心理上认可自己的村民身份，是否看重村庄生活的价值，是否面向村庄而生活。①

而在城市中国，人们的交往行为越来越多地受制于贯彻了现代性精神的法律之调整，即使那些纯粹属于私人领域的交往，也摒弃了“形成的”特征，而趋向于受“创设的”规范的调整和结构。例如随着城市建设大规模的拆迁以及补偿所带来的巨大利益的影响，兄弟姐妹之间，甚至父母子女之间因为财产分割的问题，常常私决不下，告上法院，根据“创设的”国法来处理。当然，在这一过程中，人们也不时能发现政府、社会向既有的“形成的”规范寻求救济的种种举措，如强化民间调解，开办电视调解室等等。但这些看似向传统“形成的”规范秩序回归的举措，仍然无所例外地坚持以现代法律为基础。在不少地方电视台所开办的“调解室”，总会邀请律师出面把关，就是明证。因此，在城市社会，因为社会关系的变迁，转型社会的日渐完善，人们的生活业已临近那种“现代法治”的状态：

> 现代法治只是现代社会的生活方式而已，而不是幸福的保票。“现代”并不具有规范的意义，只是表明，你必须在这里并且这样活着，依据现代社会生活的规则活着。现代社会的生活通过我们的环境的变化（包括我们自身的变化）在时间流逝中塑造一个个个体，改变、塑造人与人的相互关系，进而改变社会组织的方式、重塑这个民族，使得绝大多数人在绝大多数事项上重新达到一种“从心所欲不逾矩”——而这也许就是“信仰法治”之生活的经验状态。②

尽管论者对现代法治状态的描述，充满了社会 - 经济决定论的意味，

① 贺雪峰：《新乡土中国——转型期乡村社会调查笔记》，广西师范大学出版社，2003，第 30 页。

② 苏力：《道路通向城市——转型中国的法治》，法律出版社，2004，第 308 页。

但现代生活及环境对人们的重塑，是明显离不开现代法律和法治的。同时，现代法律及法治在一个复杂交往关系和交往框架中，并非人们交往中自然磨合的结果，反而必须是人们在生活关系中理性博弈、抉择萃取的结果。这就决定了城市社会的权利框架的“创设性”，也决定了它与乡土社会权利框架之“形成性”特征的内在分野。

尽管习惯权利是“形成的”，但也并不尽然。根据社会习惯所长成的习惯权利可以适用这一结论，但诚如前述，习惯权利不唯根据习惯长成，同时还会因其他社会规范而长成。譬如社团章程、行业规范、单位纪律、宗教规范以及废弃的国家正式法律等等。借由这些规范而产生的习惯权利，就具有创制的特征。或以为，根据这些规范生成的权利能否称为习惯权利？对此，人们尽可以提出疑问，也可以以其他词语命名这类权利。但在没有找到更为合适的命名方案前，我仍愿意用习惯权利来命名这些权利，因为毕竟它们并非法定权利。即使那些因废弃的正式法而形成的习惯权利，在废弃之后也就不属于法定权利的范畴了。因为这些规范本身更接近于人们的日常生活和交往经验，在一定意义上，它们就是对人们日常生活和交往经验的规范提升。

与此同时，还必须关注由新习惯所支撑的习惯权利的生成问题。人们不仅生活在传统习惯中，而且也生活在不断生成的新习惯中。如前所述，习惯并不是亘古不变的，也不是定于一律的，相反，随着人类社会的进化，随着人类交往方式和内容的变化，习惯也会由旧变新，甚至重新生成。譬如虚拟网络，就既是一种新兴的事物，也在此之上产生了全新的网络交往习惯。人们在不同的网站安家（注册），就形成该网站的网民共同体，就应遵循该网站的独特约定而交往。同样，人们被拉入不同性质的微信群，只要该微信群事先有发言范围和内容的要求，群友就需要遵守，否则，就会被踢出群①。可见，新兴社会关系的产生，必然会伴随新兴习惯以及相关习惯权利。这进一步表明习惯权利生成的多样性、复杂性和变迁性。

---

① 我所参加的一个跨国学术群，就因为其中一位留美归来的博士在群中恣意“粗口”，以辱骂方式讨论学术，在“群主”根据“群规”多次规劝无效后，经部分群友投票被踢出群。我也曾被拉入一个专门讨论周易的群。我事先不知该群宗旨和群规，某次发言时对一条时事发表了感言。经群友指出不符合发言的规范，拉我入群的群主立马将我踢出。这些事实都在印证新兴的网络社会所独有的网络习惯及其习惯权利。

二 习惯权利作为人权

习惯权利作为一种事实性权利自然具有“事实的规范力”，只要转换法律叙事视角，甚至也具有“法律的规范力”①，这无论是就习惯作为法律渊源而言，还是就人们根据习惯的日常交往行为本身具有权利许可的性质而言，都是如此。那么，习惯权利能否作为人权？如何判别习惯权利合乎时宜且当属人权？在此基础上，如果习惯权利能作为人权，缘由何在？再进一步，法律如何使习惯权利得以共存？这是本节需研讨的四个主要问题。

1. 习惯权利能否作为人权?

人权是人作为人而存在、交往的权利，因此，它是人类生活和交往的底线共识，并非什么高标准要求。不能满足此种底线共识，意味着人不成为人是一种现实；而满足此种底线共识，才表明生活交往中的人都可能像人那样地存在、生活和工作。所以，米尔恩指出：

> 经得起理性辩驳的人权概念不是一种理想概念，而是一种最低限度标准的概念。更确切地说，它是这样一种观念：有某些权利，尊重它们，是普遍的最低限度的道德标准的要求……如果低限度标准根植于某种社会生活本身的道德要求，那么，无论它采取何种特定形式，我都将认定低限标准在事实上能够适用于一切文化和文明，而不管它们之间有何种差异……一种能适应一切文化和文明的低限道德标准并不否认每个人在很大程度上是由其特定的文化和社会经历造成的。它不以所谓同质的无社会、无文化的人类为前提，相反，它以社会和文化的多样性为前提，并设立所有的社会和文化都要遵循的低限道德标准。这种要求为多样性的范围设立了道德限制，但绝不否认多样性的

① “事实的规范力”这个概念对应于“法律的规范力”。韦志明曾强调，习惯权利是一种事实性权利，具有“事实的规范力”（参见韦志明《论作为事实性的习惯权利》，《山东大学学报》2010年第4期）。我认为，这种对习惯权利属性的解释，仍是基于“国家法中心论”，即事实与规范两分的立场。事实是属于社会的，规范则是属于国家的，哪怕经由习惯和其他民间法而生成的习惯权利本身具有规范效力，也只能被归入“事实效力”范畴，而不能归入“法律效力”范畴。对此，倘若我们基于前述法律叙事视角转换的立场，基于习惯作为重要的法律渊源的立场，则又何尝不能认为其具有“法律的规范力”？

> 存在。低限道德标准的普遍适用需要它所要求予以尊重的权利获得普遍承认。用明白易懂的话来说，它们是无论何时何地都由全体人类享有的道德权利，即普遍的道德权利。①

但问题在于在何种情形下，才足以呈现最低限度的道德标准？才可以展现为普遍的道德权利？能否设立一个有关普遍适用的最低限度的道德标准？这种道德标准是要凌驾于一切个别性之上还是必须宽容一切个别性？如果是前者，如何判定它是最低限度的？如果是后者，又如何避免个别性对低限道德标准的架空、毁弃？显然，这些都是需要继续探讨的话题。

多年前，我提出了一个命题，即“族群－地方性的普适性”命题，后来，又对之予以初步解释：

> 所谓地方性的普适性，在法律领域是指只有经过地方性协商、交涉与博弈，并最终建立在地方性基础上的法律，才不但符合一个国家法律生成的一般逻辑，而且具有在不同地方贯彻落实的经验基础和社会根据。②

如果把这个命题和判断套用在人权领域，我想自无不可。倘若法律的普适性命题只能从“族群－地方性的普适性”这一命题中开发出来的话，那么，所谓最低限度的道德标准和普遍的、低限的人权，也只能从多元性的共存中开发出来。多元性的共存，与“族群－地方性的普适性”表达虽异，但内容略同。不过尽管如此，还是不能从“族群－地方性的普适性”这一文化包容性命题中，必然合乎逻辑地推论出习惯权利就一定是人权。这取决于习惯和习惯权利本身的复杂性。

布莱克斯通曾根据英国的经验把习惯分为三类：

> ①通用习惯，为整个王国的共同规则，它们构成了较为严格和普遍意义上的普通法；②特殊习惯，大部分特殊习惯仅对特定地区的居

---

① 〔英〕A. J. M. 米尔恩：《人的权利与人的多样性——人权哲学》，夏勇等译，中国大百科全书出版社，1995，第7页。

② 谢晖：《大国法治与地方性的普适性》，《原生态民族文化学刊》2015年第2期。这里虽仅提到“地方性的普适性”，但其实质内容所强调的仍是“族群－地方性的普适性”。对后一命题的详解，参见谢晖《民间法的视野》，法律出版社，2016，第238～306页。

民有效；③某些特殊法律，这些法律习惯仅由特定法院在其普遍而广泛的管辖范围内采纳和应用。[①]

以此作参照，来衡量习惯与习惯权利的一般性或普适性，我认为也应分成两种一般性或普适性：其一是通用的习惯和习惯权利，即对全体公民都适用的习惯和习惯权利，例如春节回家之于中国公民、华人世界的一般性和普适性，消费后给小费之于欧美世界人们的一般性和普适性，等等。其二是特殊习惯权利，它的一般性或普适性完全可以运用“族群—地方性的普适性”命题。就后者而言，习惯总是个多元的存在，这无论在大国，还是小国，也无论在传统的简单社会，还是现代的复杂社会，都是如此。“十里不同风，百里不同俗”的格言恰切地表达了习惯的此种多元存在。如同习惯的多元存在一样，习惯权利也是多元存在的，因此，其内容可谓斑驳芜杂，菁华糟粕，兼而有之。这样看来，习惯权利能否作为人权的问题，在实践上还需认真对待，严肃甄别，不可一概而论，也不能弃而不论。但理论上给出一个大体确定的结论，不无必要。这一结论就是前述习惯权利一般性或普适性的两个方面。不过要进一步领会之，还需要涉及另一个话题，即习惯权利是否合乎时宜的判定标准问题。

2. 如何判别习惯权利合乎时宜且当属人权？

如果把习惯及习惯权利根据当下国家法律的价值判断标准二分为不合时宜与合乎时宜两类的话，那么，毫无疑问，前者在法律的否定和排斥之列，而后者在法律的肯定和包容之列。但进一步的问题是，这两类习惯及习惯权利能否均与人权挂钩？换言之，不合时宜的习惯及习惯权利，能否被称为权利？对这些问题的回答，其实涉及习惯和习惯权利不合时宜或合乎时宜的标准问题。在一个人们复杂交往的现代社会，人权尽管可以在法律之外，甚至像有人所讲的那样，“它在本质上是一种道德权利……不是法定权利……”[②] 但毕竟脱离体制化规范的人权，不禁会令人深感空泛无凭。故现代国家无不强调对人权的体制化保障[③]。

---

① 〔英〕威廉·布莱克斯通：《英国法释义》（第一卷），游云庭等译，上海人民出版社，2006，第 81 页。

② 夏勇：《人权概念起源》，中国政法大学出版社，1992，第 213 页。

③ 刘杰：《国际人权体制——历史的逻辑与比较》，上海社会科学院出版社，2000，第 73～340 页。

以此来衡量，似乎一种习惯及习惯权利是否合乎时宜唯有依据现行法律来衡量。凡能够被现行法律从权利视角包容的习惯及习惯权利，都具有适宜性；反之，凡不能被现行法律从权利视角包容的习惯及习惯权利，都不具适宜性。如公民祭奠祖先的习惯权利就能被目前我国的法律所包容（权利推定），而高级干部享受特供的习惯权利就不能被目前我国法律所包容（违反平等权的基本原则）。但悉凭法律做判准，也存在明显的不足。因为法律毕竟不能包办一切正义，且在实践中不排除法律所反对的，恰好是社会正义所要求的。

这就给以法律为准据判定一种习惯及习惯权利是否合乎时宜，留下了需要继续探讨的话题。因为在法律本身与社会正义相悖时，与其以不足的法律来扼杀社会正义，毋宁以社会正义要求而纠正法律的不足。在这方面，判例法体制通过赋予法官把形式正义和实质正义巧妙结合的裁量权，而得以较好地解决；但在成文法体制中，这一问题必须和立法机关的立法相结合，才能妥善地解决。所以，前一体制设置了一种法律与正义间近乎自主的、内在的适应机制，而在后一体制下，一旦制定法律，法律与正义间随机适应的方式就更费周章。

但即便如此，一方面，法律的废、改、立从来都是成文法国家向法律输送社会正义要求的基本方式；另一方面，即使在成文法国家，司法也并非总是亦步亦趋于现行法律，反之，法官的自由裁量权以及习惯本身作为司法渊源的地位，都提供了通过司法向法律输送社会正义要求的机会；再一方面，至于行政活动，由于更贴近于人们的日常生活，更容易感受社会主体对社会正义的要求和渴望，同时，他们拥有更多的自由裁量权，所以，在日常行政活动中把社会正义要求代入法律秩序的可能性更大。正因如此，我仍强调并坚持如下两点。

第一，“族群－地方性的普适性”命题是把习惯权利纳入人权这种道德权利体系的关键所系。人权源于对每个个体的尊重，而地方性及其习惯对于生活于不同地方的主体具有通用价值，它是普遍性和个别性的折中，它以地方性习惯形塑着生活于其族其地的所有个体。所以，只有包容地方性，才能进一步包容每一个具体个体。不能包容地方性，在逻辑上势必销蚀了包容个体的任何可能。而所谓包容地方性，从抽象层面看，就是“族群－地方性的普适性”。只有包容了地方性的价值、规范和行为，才具有普适性，这正如只有包容了每个个体自由的价值、规范和行为，才具有自由的一般性一样。反之，那种以“普适性”之名压制和阉割地方性的价值、规范和行为，从来与普适性无缘。如有，也只能是“伪作”，而非事实。具体到习惯权利，其表象上似乎只为部分人所有。就算有些习惯权利只为部分人所有，但也不能否定任何“部分人”都可能有其特定的、独享的习惯权利这一事实。这也决定了即使针对“部分人”拥有的非普遍化习惯权利，也适用“族群—地方性的普适性”来说明其一般性。

第二，诚然，“族群 - 地方性的普适性”绝不意味着一切地方性都是妥适的，都是毫无例外可以被包容的。能否包容的标准，不在于其他，而在于法律。即便法律本身可能与正义不合。但能够救济正义被法律可能践踏的基本方式仍然是法律，是根据法律的精神、原则和正当技术程序向法律输送新的正义，并剔除既有法律中的不义。这或许正是前引米尔恩文中所谓“法律能够审慎地创设权利”的缘由吧？如果因为法律和社会正义可能存在的冲突而放弃经由法律装置、创设、保障社会正义的基本框架和功能，那么，毁弃的或许不仅是法律及其治理方式，也是正义本身。因为不能普遍化的正义形同于不义。人类到目前为止，普遍化正义的唯一有效的方式就是法律。

上述两方面皆表明，无论习惯权利作为一种地方性的“自然精神”也罢，还是习惯权利被普遍化、一般化为法律可容纳的“权利精神”也罢，都表明习惯权利作为人权的必要性和可能性，也表明不仅在道德和习惯法上，而且在国家法上，习惯权利皆可作为人权——不能被法律所容纳的习惯权利，除非其本身违反人作为人的一般宗旨，或者其本身对人作为人的权利要求具有排斥性（如习惯上男子的“纳妾权”对女子作为人的平等要求的排斥，习惯上男子独断的继承权对女子作为人的继承要求的排斥，等等）。

3. 习惯权利作为人权的缘由何在？

习惯权利源自人们据以交往行为的习惯和其他民间规范，在不同族群、不同社区、不同社团、不同宗教、不同家族，甚至不同阶层中，有不同的习惯规范和习惯权利。以不同阶层为例，马克思曾在《关于林木盗窃法的辩论》中，对贫民阶级捡树枝一类的习惯权利给出了深刻而又慷慨激昂的回应：

> 在贫民阶级的这些习惯中存在着本能的权利感，这些习惯的根源是肯定的和合法的，而习惯权利的形式在这里更是自然的，因为贫民阶级的存在本身至今仍然只不过是市民社会的一种习惯，而这种习惯还没有在被有意划分了的国家里找到应有的地位。①

但问题是，只要“人以群分”，则不同的群体就有各自的习惯权利。马克思本人就强调，贫困者和贵族们各有其不同的习惯权利。在人类史上，曾长期存在根据不同族群、阶层、性别、身份的习惯权利而规定不同等级及其特权的法律制度，例如中国元朝以族群为根据的法律等级制，印度曾经盛行的“种姓等级制”等等，从而习惯权利在法律上被做了类型化处理。这样看来，并不存在所谓可以普遍化的、以一般人性为标准来测度的习惯权利。既然如此，习惯权利能否作为人权？如能，又是为什么？

我以为，理解这一问题的纽结，就是习惯权利与人权在本质上对人作为人的权利供给的同质性和同构性，就是习惯权利本身与“族群—地方性的普适性”这一命题的内恰性，也就是习惯权利与人的主体性精神间的和睦性。作为人权的习惯权利，在实践中尽管是具体的，但在理论抽象上，它是一切不同习惯权利的抽象表达。且唯因其个别性，才有必要普遍化。抛弃了个别性的习惯权利，则只具有普遍性的躯壳，并不具有人权化的实质。这完全符合“族群—地方性的普适性”这一命题，也完全符合人作为人的需求特征。抽象意义的作为人权的习惯权利，就是对所有不同个体、性别、阶级、族群之习惯权利的一般化处理。它是对人的主体性的充分肯定，是对“萝卜白菜、各有所爱”这种最基本的人情的理性化处理。

然而，这绝不是说作为人权的习惯权利这种抽象化表达，就是要刻意抹杀实践中习惯权利本身可能存在的对立。反之，必须正视习惯权利在实践中的对立，才能更好地说明作为人权的习惯权利。当两种习惯权利势不两立、难以共存时，是否还能表明两者都符合人权的要求？这是在理解和

---

① 《马克思恩格斯全集》（第1卷），人民出版社，1964，第147页。需说明的是：这段文字，在该书的最新版本中不见了“习惯权利”的字眼，而被“习惯法”取而代之。新的译文是：“在贫苦阶级的这些习惯中存在着合乎本能的法的意识，这些习惯的根源是实际的和合法的，而习惯法的形式在这里更是合乎自然的，因为贫苦阶级的存在本身至今仍然只不过是市民社会的一种习惯，而这种习惯在有意识的国家制度范围内还没有找到应有的地位。”［《马克思恩格斯全集》（第1卷·上），人民出版社，2002，第253页］

处理习惯权利和人权关系方面更为棘手的话题。例如作为特权的习惯权利和自由就与作为普遍权利的习惯权利和自由是两码事。两者即使在不同的时空范围、主体实践中能够各自存在，但能否把其共同化约为被抽象化的习惯权利所认可的内容？这确实是很费周章、颇值考量的问题，也是理解习惯权利与人权关系的重要环节。马克思曾讲：

> 没有一个人反对自由，如果有的话，最多也只是反对别人的自由。可见各种自由向来就是存在的，不过有时表现为特权，有时表现为普遍权利而已。[①]

如果说各种不同的自由和权利乃是其实践表达形态的话，那么，只有当这些不同的自由和权利升华为普遍权利时才使其获得了一般性。习惯权利也是如此。那么，这种一般性的重任由谁来担当才合适呢？在我看来，它不应是各种习惯权利本身，而是能够宽容各种习惯权利，但又能避免不同的习惯权利之间张力过大甚至相互冲突的法律。

进而言之，法律并非习惯权利的当然反对者，相反，它是习惯权利的认可者、守护者和更高标准的规范者。说它是更高标准的规范者，并不是说法律在习惯认可和保护方面顾此失彼，不予得兼。恰恰相反，法律必须寻求不同的习惯权利得以共存的条件和前提，这才是对不同习惯权利能够公平保障的基础，同时，也是习惯权利不仅在道德意义上属于人权，同时也在法律意义上属于人权的重要规范依凭。那么，法律如何表达作为人权的习惯权利？这是本文第四部分将要阐述的内容。这里仅就法律如何使习惯权利得以共存略陈管见。

4. 法律如何使习惯权利得以共存？

确实，这是一个相当复杂且困难的问题，毕竟人类历史上的一切纷争，来自人们不同利益和权利的对立及竞争；同时，人类史上所有的法律措施，都不过是应对形形色色的权利要求和利益纷争的。因之，如何在法律上处理习惯权利，规定不同族群、不同地方、不同阶层、不同性别，乃至不同时期相互冲突的习惯权利得以共存的条件，显然需要高度的法律智慧。否则，就可能或顾此失彼，或偏三向四，无以公平地解决冲突

---

① 《马克思恩格斯全集》（第 1 卷），人民出版社，1964，第 63 页。

的习惯权利。

论述至此，笔者不禁想起人们或许并不陌生的马克思的如下论述：

> 在普遍法律占统治地位的情况下，合理的习惯权利不过是一种由法律规定为权利的习惯，因为权利并不因为已被确认为法律而不再是习惯，它不再仅仅是习惯。对于一个守法者，权利成为他自己的习惯；而违法者则被迫守法，纵然权利并不是他的习惯。权利不再取决于偶然性，即不再取决于习惯是否合理；恰恰相反，习惯成为合理的是因为权利已变成法律，习惯已成为国家的习惯。
>
> 因此，习惯权利作为和法定权利同时存在的一个特殊领域，只有在和法律同时并存，而习惯是法定权利的前身的场合才是合理的。因此，根本谈不到特权等级的习惯权利。①

尽管这一论述妥帖且不乏精辟地指出习惯对法定权利的先定性，指出了法律对习惯权利的一般化处理和保护的价值，不过，在这一论述中，把“特权等级的习惯权利”抛除于法律保护之外，其实已经隐含了法律对习惯权利先入为主的审断。因为只要有“特权等级的习惯权利”，必然有与之相对的其他阶级的习惯权利。法律不能先入为主地强调只有后者才是合理的习惯权利，需要法律保护，而前者压根儿不能成为习惯权利，不受法律保护。倘是这样，法律就不但没有消解习惯权利之间的冲突，反而刻意制造了习惯权利之间的紧张；不但无以实现其对习惯权利的公平保护，而且法律自身成为不公的渊薮。

所以，反思不同习惯权利得以共存的法律条件，不仅是消解习惯权利相互冲突的必要条件，是法律公平保护习惯权利的逻辑前提，而且是习惯

---

① 《马克思恩格斯全集》（第1卷），人民出版社，1964，第143～144页。需说明的是：和前注一样，这段文字，在该书的最新版本中也不见了“习惯权利”的字样，而被“习惯法”所取代。新译文是：“在实施普通法律的时候，合理的习惯法不过是制定法所认可的习惯，因为法并不因为已被确认为法律而不再是习惯，但是它不再仅仅是习惯。对于一个守法者来说，法已成为他自己的习惯；而违法者则被迫守法，纵然法并不是他的习惯。法不再取决于偶然性，即不再取决于习惯是否合理；恰恰相反，习惯所以成为合理的，是因为法已变成法律，习惯已成为国家的习惯。

因此，习惯法作为与制定法同时存在的一个特殊领域，只有在法和法律并存，而习惯是制定法的预先实现的场合才是合理的。因此，根本谈不上特权等级的习惯法。”［《马克思恩格斯全集》（第1卷·上）人民出版社，2002，第249～250页］。

权利作为人权的法定化、一般化表达。这诚然是不易的事业，但又是一个民治国家所必需的事业。这或许要经过不断的博弈、激烈的对抗、理性的权衡和让渡，但无论如何，不能因此而在立法上对冲突的习惯权利偏三向四。习惯权利在法律上的共存条件，不是把法律作为框，去装置所有零零碎碎的习惯权利，而是通过语言文字，重构习惯权利所存在的条件和基础，在一定意义上，也是重构习惯权利：

> 权利持续的扩张（和收缩）表明了权利的特点是一种逐渐发展起来的语言和法律的结合物。当法律是在建构而不是在限制时，语言就有助于这种发展。通过权利的实施，语言的介入使他者存在显而易见：权利是一种符号，有助于解释并强调主体与世界之间的同一性。权利要达到这一点就必须赋予人们他者认可的外观形式，这个他者就是其他人和大他，法律，语言，权力结构和制度，一句话，是一种政体的象征界。①

如果把他者理解为一个相互性概念（事实上它就是表达主体交往相互性的概念），那么，每个自我都是他人的他者，同样，每位他人也都是自我的他者。因此，通过法律语言所表达的人权，无论是法律所认可的习惯权利，还是法律所创制的人权，都要获得“法律的他者”之相互认可，即要在人们的交往行为中有利于相互合作，而不是破坏此种合作。在实践层面，这种相互认可的基本标准和原则就是人们都耳熟能详的“权利推定”命题：凡法律未禁止者皆可推定为权利。② 一种习惯权利，只要不与法律的禁止性规定或强制性规定相抵触，就应被推定为具有法律效力且受法律保护的权利，从而习惯权利在法律权利的空间内获得了包容。这样，经由法律使习

---

① 〔美〕科斯塔斯·杜兹纳：《人权的终结》，郭春发译，江苏人民出版社，2002，第 333 页。

② 值得一提的是，这一原则，既引起我国法学界的关注［如郭道晖《论权利推定》，《中国社会科学》1991 年第 4 期；夏勇《人权的推定与推行——米尔恩人权观点评述》，《中国法学》1992 年第 1 期；霍宏霞《权利推定概念的解析》，《河北工业大学学报》（社会科学版）2009 年第 3 期；霍宏霞《权利推定——概念梳理与概念重塑》，《燕山大学学报》（哲学社会科学版）2011 年第 2 期等］，也引发我国政府和一些领导人的关注（如李克强总理就曾强调：“我们要努力做到让市场主体‘法无禁止即可为’，让政府部门‘法无授权不可为’”，载 http：//bj. people. com. cn/n/2014/0313/c233086 - 20767326. html，2016 年 4 月 12 日访问）。

惯权利共存的条件庶几可以得见，习惯权利作为人权的法定化才有基础，对习惯权利在法律上的公平保护方有可能。

三　习惯权利和法定权利之比较

至此，我们可以进而探究习惯权利和法定权利之间的区别及关联，以更进一步说明习惯权利与人权的逻辑关联。尽管只有法律化的习惯权利，才能获得可靠的保障，但这并不意味着习惯权利总是会被法律化，很多时候，习惯权利不但得不到法律保护，还因为不符合所谓时代潮流而被取缔、禁止。例如我国曾经在正式制度上明确禁止了一些传统习惯权利，如祭祖权、节庆权、私产权等的存在。但即使如此，这些权利在国家制度之外，还顽强地生存着。因此，对习惯权利和法定权利之比较，就不因“合理的习惯权利不过是一种由法律规定为权利的习惯”这样的判断而失效，反而比较两者的关系，无论对寻求习惯权利的法定化而言，还是对借助法律公正地保障作为人权的习惯权利而言，皆有必要。

1. 源起之比较：自发性和自觉性

作为人权的习惯权利，在源起上主要是一种自发性权利。自发性权利，和前述习惯权利的“形成的”具有相同处，只是论域不同。在这里，自发性权利是指它的形成是在人们的交往行为中自然长成的，这也决定了习惯权利的内生性特征。任何一个社群、族群、宗族、宗教和阶层，在其主体间的交往行为中，都会自发性地形成人们交往的习惯权利。即使在原始先民中，这种习惯权利也会存在，在此意义上，“有社会便有权利”：

> 自从有了人类社会，就有了权利义务关系。是否存在权利义务关系，是人类社会区别于动物群体的一大标志。①

说其是自发性权利，并不意味着习惯权利没有经历人类心智的灌注，相反，习惯权利的自发性发展，本身是人类心智和行为长期博弈、磨合与

① 夏勇：《人权概念起源》，中国政法大学出版社，1992，第5页。

抉择的结果。它是人们生活和交往智慧的直接规范，同时，它在人们的生活和交往中也须接受智慧的淘洗：

> 习俗只是行为和交易关系的反复、重复和变化。没有一次反复和它的前身完全相同，没有一种重复跟那和它同时存在的东西完全相同。因此，在前后相继的时期以及同一时期，总有一种习俗的变化性。历史过程中的这些变化引进新习俗，作为以前的或同时的习俗的变化物或替代物；向来总有旧习俗或者竞争的习俗衰微下去，甚至被剧烈地消除掉，让新的或不同的习俗来替代。这样，总有一种继续不断的习俗的淘汰在进行着，结果是，适合于变化的经济情况以及变化的政治和经济优势的一些习俗才得以留存下来……这是由于人类意志的作用而发生的……①

这里对人类意志与习俗关系的论述自然适用于解释人类智慧之于习惯权利发展的作用。习惯权利既是琐碎性的，但又具有整体性，即只要有主体生活和交往，就有习惯权利影响其中。没有抛开权利和义务的“关系性交往和生活”，无论这种权利义务是习惯性的还是法定性的。这一判断，本身就表明习惯权利的智慧因素，因为权利归根结底是划分清楚多元交往中主体们的“群己权界”，表达清楚在交往行为中什么是你的，什么是我的。这种你我关系及其物质—精神归属的界定，看似是人的本能，但恰恰从这里出发，人类引申和发展了辉煌灿烂的文明秩序——自生自发的人类文明秩序：

> 我们把“增长的秩序”称为一种自我生成的或源于内部的秩序……这种秩序最为合适的英语称谓则是自生自发秩序；
>
> 自生自发秩序未必都是复杂的，但是与刻意的人为的安排不同，它们却有可能达致任何一种复杂程度……那种含括了远远多于人脑所能探明或操纵的特定事实的极为复杂的秩序，只有通过那些能够导使自生自发秩序得以型构的力量的推进，才可能实现。②

---

① 〔美〕康芒斯：《制度经济学》（上册），于树生译，商务印书馆，1983，第 58 页。

② 〔英〕弗里德里希·冯·哈耶克：《法律、立法与自由》（第一卷），邓正来等译，中国大百科全书出版社，2000，第 55、57～58 页。

和习惯权利相比较，作为人权的法定权利却是自觉的或创制的权利，它通过国家有意识的程序行为或者对习惯权利予以认可，或者根据社会需要进行创制，因此，倘若说习惯权利根据进化论的原理生成的话，那么，法定权利尽管不能说全部根据建构论的原理生成，但毫无疑问，其更具有建构性因素。就法定权利的内容看，对习惯权利的认可部分，可以看成是法定权利对进化理性的吸纳；而由立法者根据社会需要所做的创制部分，则可以看成是法定权利对建构理性的眷顾。这两者作为立法中权利体系的共同组成内容，都是人类自觉地安排权利的活动。在这个意义上，它超越了习惯权利的自发性，突出了权利生成的建构性。

就不同类型的法律制度而言，众所周知，英美判例法体系能够更为方便地汲取习惯权利的内容，并通过司法方便地把习惯权利结构到国家立法中。因此，即便判例法毫无疑问是一种自觉行为，因判例法而导生的法定权利也是一种自觉行为，但它已经经过了法官的理性加工和逻辑建构。只是这种理性加工和逻辑建构的强度和成文法相比较弱一些而已。欧陆成文法体系尽管不排斥甚至还很重视对习惯法及习惯权利的认可和吸收，但这种认可与吸收一旦在程序上确定，很难因地、因时而异地把多样的、变迁中的习惯权利纳入国家法律体系。因此，其建构强度更强一些，甚至有时候过度的建构强度可能会架空、否定自发的习惯权利。

与此同时，还不难发现，具有自觉性的法定权利，其实内含两个方面：其一是法定的习惯权利，以区别于法外的、经由法律推定的习惯权利；其二是法定的创制权利。在严格的法治条件下，习惯权利即便没有法律明令的认可，也能通过法律权利本身的开放空间推定为合法权利。在此，法无明文禁止皆可推定为权利的“权利推定原则”，提供了习惯权利被自动地纳入法律权利空间的机制。在此意义上，如下分析是值得嘉许的：

> 每一种风俗习惯总有一个时候它还不是风俗习惯，我们现在所有的第一个前例，当它开始的时候是没有前例的；凡是一个习俗开始时，总有一种习俗以外的东西使得它合法，否则一切习俗的起源都是不合法的了。习俗最初成为合法，完全由于有一个在上者命令或是同意它

们的开始……①

这样看来，似乎习惯权利和法定权利间实现了某种统一，即它们都统一于法律。但即使在这种法律统合地实施治理的背景下，并不能否定习惯权利源起的自发性和法定权利源起的自觉性，也不能否定习惯权利作为人权的自发性特征，从而也不能否认它在源起上与法定权利的基本区别。

2. 表现之比较：多样性和齐一性

习惯权利总是和不同地方、族群、信仰、社区甚至家族相关联，因此，必然捎带着具有这些因素所导致的分割和细碎。这种情形，和它的自发性源起具有必然的联系。习惯权利奠定在对个体主体性的肯定上，而个体主体性不仅以个人为单位，而且在不同的场合与语境下，有其不同的主体相貌。譬如地方主体、社群主体、族群主体、社区主体、宗族主体、社团主体等等，它们也表现和表达着其独特的主体性。这样一来，附着于不同主体要求之上的习惯权利，其细碎、分散和个体化特征怎么能够避免呢？这些特征应是习惯权利的本来面貌！

尽管习惯权利的自发性以及其所依赖的主体的多元性必然会带来它的细碎、分散和个体化，甚至也可能因此导致其是"少数人的权利"，但并不尽然。习惯权利确与少数人权利有叠合性，但即使在这里，它也以细碎、分散和个体性的方式表现着其普遍性和一般性，即它所呈现的就是前述"族群－地方性的普适性"——它表明：习惯权利尽管在不同主体间各有不同，但也被不同主体所分别享有。没有人不享有其独自的，特别的，和其社群、族群、宗族、宗教、社团、地方相关的习惯权利。目下一些学人们有一种习惯性误解，似乎论及习惯权利，就一定或者是少数族裔的，或者是偏远村落的，因此，一定是不入主流的"少数人权利"。这显然是不求甚解、人云亦云之表现。因为少数人权利意味着：

> 作为国际人权体系中的一部分的少数人权利只是在国际人权法的基础上强化和明晰化少数人成员的权利，它是对现有普遍人权标准的补充，而不是修改。由于实施普遍人权有助于少数人的权利保护，因

① 费尔默语。转引自〔美〕康芒斯《制度经济学》（上册），于树生译，商务印书馆，1983，第 56 页。

> 此，少数人权利在任何时候不得被解释为是为任何人设立特权，它的实施必须在尊重普遍人权的基础之上。少数人权利的实施不得妨害一切个人享受普遍公认的人权和基本自由。各国所采取的确保少数人权利的措施不得违反普遍人权中的平等和非歧视原则。其结果，少数人权利的享有必须不会对少数人群体成员或非少数人群体成员享有普遍人权产生任何不利的影响。[①]

可见，习惯权利与少数人权利具有明显的区别。在我看来，习惯权利一定能够被普遍化，从而成为一般权利，因为任何主体都会拥有和其职业、身份、族群、信仰、家族等相关的习惯权利。但少数人权利却未必一定如此。少数人权利的普遍化，只有在一种情形下才有可能，那便是在“人人都可能沦为少数人”这一假设前提下才有可能。

与此相关，习惯权利虽然也可能成为“弱者权利”，如马克思在《关于林木盗窃法的辩论》中所阐述的那样。事实上，无论一位主体的强或者弱，都有资格享有习惯权利。所以，把习惯权利想当然地视为弱者权利，就与实情不合。弱者权利是“经济贫困”和“权利贫困”[②] 的产物，在实质上，它要求权力出面予以救济，因此，是一项救济型权利，如获得救助权、社会福利权、退休保障权等。在现代社会，这种权利应坚持“弱者优先”的原则予以救济[③]。“弱者权利”与习惯权利一样，也可以在法律上被普遍化，其基本根据在于任何人都可能成为社会弱者，故“弱者优先”的法律救济原则，对任何可能沦为弱者的人具有一般预期性。

但是和作为人权的习惯权利的上述特点相比较，法定权利却一定会寻求某种齐一性。法律和法治的重要特征之一，就是统一地安排人们的行为。对此，商鞅早就指出：

> 圣人之为国也，壹赏，壹刑，壹教。壹赏则兵无敌，壹刑则令行，壹教则下听上。夫明赏不费，明刑不戮，明教不变，而民知于民务，

① 周勇：《少数人权利的法理》，社会科学文献出版社，2002，第 39～40 页。

② 余少祥：《弱者的权利——社会弱势群体保护的法理研究》，社会科学文献出版社，2008，第 3～11 页。

③ 谢晖等：《论当代中国的利益分化及其法律调控》，《法学》1997 年第 1 期。

国无异俗。①

商鞅的这些论述，诚然充斥着“国家主义”观念，但同时也表明了国家对个人、对社会的义务。例如“壹赏”，在表明国家对社会的义务之同时，也自然隐含着有功于社会和国家的人，有权从国家那里获得奖励的权利。所以，这些论述，不仅表明法律在义务方面的统一性追求，也表明在权利方面的齐一性追求。事实上，只要人们关注西方历史上国家和法律的统一化进程，就可以发现其实质上是用统一法律来吸收、改造和统一那些分散的、多元的习惯法或“民俗法”的过程，这一过程直到 16 世纪到 20 世纪才渐次完成。

> 在 11 世纪后期和 12 世纪早期以前的这个阶段，西欧各国法律秩序中被使用的法律规则和程序，在很大程度上与社会习惯、政治制度和宗教制度并无差别。没有人试图将当时的法律和法律制度组成一种独特的结构。法律极少是成文的。没有专门的司法制度，没有职业的法律家阶层，也没有专门的法律著作。法律没有被自觉地加以系统化……
>
> 11 世纪后期和 12 世纪早期，上述状况发生了梅兰特所谓“不可思议的突发”变化。专职法院、立法机构、法律职业、法律著作和“法律科学”，在西欧各国纷纷产生。这种发展的主要动力在于主张教皇在整个西欧教会中的至上权威和主张教会独立于世俗统治……
>
> 在随后的世纪里，欧洲各民族的民俗法几乎消失得无影无踪。新的、复杂的法律体系——教会法、城市法、王室法、商法、封建法和庄园法——先后为教会、世俗政治体所创立。终于，在 16 世纪和 20 世纪这个阶段，一系列伟大的革命……改变了西方的法律传统，把它的日耳曼“背景”远远地抛在后面。②

我不厌其烦地引用这些论述，是想证明前述的结论：法定权利不但创制人权，而且也每每对作为人权的习惯权利做着统一化的工作，因此，可以视为在法律上对它所做的自觉的加工，从而其不过是对习惯权利之普遍

① 《商君书·赏刑》。
② 〔美〕伯尔曼：《法律与革命——西方传统法律的形成》，贺卫方等译，中国大百科全书出版社，1993，第 58 页。

性和一般性的法律认可和加工而已。特别是普通法，更是以习惯法及其权利义务为基础而成长起来的①。在这个意义上，法定权利和习惯权利相去并未多远，法定权利只是为习惯权利找到一种普遍化和一般化的表现或表达形式。经由这一表现或表达形式，人们可以更方便地把习惯推定为权利。

3. **运行之比较：道义强制性和法律强制性**

习惯权利作为人权，既可以直接被法律认可，从而获得法律权利的资格，也可以通过权利推定被结构在法律权利的空间中。但即便如此，作为人权的习惯权利，更多地具有道德权利的特征。如果说人权是一种道德权利的话，那么，作为人权的习惯权利无论在存在形式上，还是内容上，更有道德权利的禀性。这也就决定了在运行方面，尽管不排除由专门的人员甚至机构负责，但习惯权利更多地依赖于主体间的道义督促和舆论强制来实现。梁治平在论及包括习惯法在内的民间法时曾说道：

> 民间法具有极其多样的形态，它们可以是家族的，也可以是民族的；可能形诸文字，也可能口耳相传；它们或是人为创造，或是自然生成，相沿成习；或有明确的规则，或更多表现为富有弹性的规范；其实施可能由特定的一些人负责，也可能依靠公众舆论和一些微妙的心理机制……其效力小至一村一镇，大至一县一省。②

尽管这段文字所表达的内容极为丰富，但其对民间法实施方式的论述尤为切要。民间法的实施和运行状况，自然也包括了习惯权利的实施和运行状况。众所周知，任何规则，无论国家规则，抑或民间规则，也无论权利规则，抑或义务规则，虽然主要依靠人们自觉的规则意识和对规则的道德感去实施并运行，但这种“观念信赖”和“道德信赖”并不总是可靠的。在很多时候，甚至是很不可靠的。在可靠的情形下，规则的实施和运行方

---

① 有人正确地指出了这一点，并阐明了习惯法成长为普通法的方式和功能：“在习惯法基础上发展起来的普通法体系加上衡平法的补充，使英国建立了一套完善的法治的制度保障体系。这样，英国的法律变革采取的仍然是一种对原有法律体系进行修补的办法，而这种办法，在通常情况下，也许正是与法治的要求最相符合的在社会生活中实现正义的途径。”（唐士其：《习惯法与法治的制度起源》，《国际政治研究》2005 年第 1 期；另可参见〔英〕拉努尔夫·德·格兰维尔《论英格兰王国的法律和习惯》，吴训祥等译，中国政法大学出版社，2015，第 1 ~ 204 页）。

② 梁治平：《清代习惯法：社会与国家》，中国政法大学出版社，1996，第 36 页。

式既不为人们所关注，也无须人们去特别关注，因为它已习惯成自然。

所以，关键的问题是在规则不能按照既有的习惯运行时如何通过外在力量以确保其运行，这是一种“权力信赖”。如果说“观念信赖”和“道德信赖”是规则运行的内在动力的话，那么，“权力信赖”是规则运行的外在动力。外在动力的匮乏无力意味着人人都可以拿规则不当回事，人人都可以无视习惯权利。因此，这里有关两类权利运行机制的比较，主要着眼于其运行的外在压力机制。

正是如上所述，导致纯粹的习惯权利之运行完全不同于法定权利之运行。前者尽管主要靠人们习以为常的观念和人们的内在道德感来运行，但一旦这些运行机制失灵，从而习惯权利在遭遇运行障碍后，也须借助外在化的强制手段来确保实施。这种外在化的强制手段，就是把习以为常的观念和人们对习惯权利之内在道德感外化为舆论强制或具体主体的强制。

例如：某村村民向来信奉某宗教之老教，两位年轻人外出打工时，接受了新教，并带领全家人接受了新教，这引起村庄的信仰危机和行为混乱，严重影响该村村民既有的信仰习惯，也在一定意义上影响着其他村民的信仰权利。这种行为，一方面遭到村民普遍的舆论谴责，另一方面，村中有威望的相关人士出面，和教职人员一起，决定该家人要么搬出该村，要么放弃影响其他村民习惯权利的信仰内容。在强大压力下，结果，该家人搬出该村庄。

再如：某村寨对违反村寨规则的一位寨民根据村寨习惯予以处罚。该寨民不服，诉诸县法院。法院多次到寨中了解情况，一方面，寨民对受罚者的起诉行为普遍不解，并强调其行为影响了村寨习惯，妨害了其他村民的习惯权利。另一方面，寨老们对法院多次就此事来寨上“找事”很是不满，强调“如果法院一定要对这事做处理，以后寨子里的任何纠纷，我们就不管了”。此后，法院经权衡利弊，反而动员受罚者撤诉。受罚者撤诉后，寨老召集村民会议，一致决定对受罚者根据习惯再处罚：三年之内全体村民不许和其在公开场合说话。

这两个例证，尽管和国家法对公民权利的保护有一定出入，不过任何人，不仅生活在国家法律的大框架下，而且更日常地生活在习惯法的小框架下。只要习惯法的小框架不与国家法的大框架有实质性冲突，并且只要在习惯法小框架中生活的人们接受了相关习惯及其权利和义务，就必然意味着：一方面，国家法默许了习惯法小框架；另一方面，生活在其中的公民服从了习惯法小框架。因此，这两例处理，都在该村庄或村寨具有“可接受性”①。但是，也正是在此，我们可以清楚地发现习惯权利实施的外在保障，是来自一种道义的强制性。这种道义的强制性一旦转化为舆论压力和评价，就从内部性溢出，获得了外部强制的效果。

但众所周知，法律权利一旦遭遇运行障碍，保障其实施的外在机制在平时乃是国家执法和司法机关依法所享有的强制力；在战时或大动乱时，甚至是军事武力。即便是已经被法律认可的习惯权利，其运行的外在保障机制也有此种特征。在这层意义上，如果说习惯权利运行的外在保障力是一种基于道德的保障体系的话，那么，法定权利运行的外在保障力则是一种基于法律的保障体系。前者在形式上是一种“弱强制力”，尽管其实际效果未必一定弱；后者在形式上是一种“强强制力”，尽管其实际效果未必一定强。

当然，如果按照昂格尔关于法律的三分法——习惯法、官僚法、严格法（法律秩序或法律制度）②，则即便在法律的世界，法定权利实施的强制保障方式也会有所不同。习惯法的强制保障方式虽然与前述习惯权利的强制保障方式有一定相似处，可一旦其获得了国家意义的普遍性，就必须基于法律规定而获得道德感觉之外的另一种强制保障。而官僚法及其法律权利的强制保障方式，如果借用诺内特等人有关压制性法的概念，则必须在法律中预备强制机器，并因法律本身的道德主义特征而预示着法律的惩罚性。至于严格法，我想，大致可以类似于诺内特等人笔下的自治型法③。它尽管也需要强制，但人们对强制的服从要建立在合法性权威基础之上。可见，无论如何，法定权利的运行，都需要依赖法律确定其强制基础。尽管

---

① 不仅如此，如果按照布莱克的结论——“在其他社会控制比较弱的地方，法律相对强大”，“法律的变化与其他社会控制成反比。”（〔美〕布莱克：《法律的运作行为》，唐越等译，中国政法大学出版社，1994，第125页），则必然意味着，在其他社会控制比较强的地方，法律则相对要弱。所以，对民间的相关看似出格的处理，法律通过权利的开放和包容，就会既有利于维持组织稳健的秩序，也有利于节约法律之成本。

② 〔巴〕昂格尔：《现代社会中的法律》，吴玉章等译，中国政法大学出版社，1994，第42～52页。

③ 〔美〕诺内特、塞尔茨尼克：《转变中的社会与法律》，张志铭译，中国政法大学出版社，1994，第31～80页。

不同法律类型的强制保障程度和方式有所不同，但其基于法律而生成的事实，并无二致。

四 习惯权利的法治保护略诠

之所以强调对作为人权的习惯权利之法治保护，是因为和法定的人权相比较，习惯权利在事实上总处于弱势。不过这并不是刻意请求国家出面来保护习惯权利。其实，法治作为一种社会和国家治理方式，不仅强调国家主义的“垂法而治”，因为倘若仅仅停留于此，“法治”就不过是“官僚法”或“压制性法”的外力治理，而且要坚守社会主义的自由参与，只有这样，才能既表现法治的主体性原则，也表达法治必要的外在强制性，让法治迈向“自治—回应型”。在此意义上，我把法治治理三分为自治、互治和他治[①]。这样，法治对习惯权利的保护，就不仅是出自国家的强制或仁慈，而且也指人们自觉地享受习惯权利或者运用习惯权利交往的活动。可见，习惯权利的法治保护，既可凭借人们自治地、互治地享有、运用它来实现，当然，也可依赖国家他治的方式出面保护来实现。

1. 权利代入与习惯权利的自治性保护

按照本文有关“法律叙事视角转换”的逻辑，法律叙事必须从国家命令、公民服从的义务叙事转向法律规定、公民选择的权利叙事。权利叙事和权利的基本特征相关，那就是权利总是给享有它的主体提供一种选择的空间。这一选择的边界不是其他，只能是法定的义务。只要不触及法定的义务界限，那么，权利的空间就总是向主体所有的行为开放的。自然也向主体运用习惯权利自治或合作开放。我把这种情形，称为习惯权利的“权利代入”，即把习惯权利结构在法定权利所包容的空间内。从而把根据习惯权利的自治既作为法治秩序的重要内容，也作为习惯权利的重要法治保障方式，因为：

> 人类秩序自来就奠定在个体自治的原子基址上——它才是社会秩序构造的逻辑起点。因之，无视或鄙视个体自治，即是对人类秩序形

---

① 谢晖：《自治、互治和他治》，载谢晖《法意与表达》，法律出版社，2014，第 125 ~ 129 页。

成方式的无视与鄙视。[①]

这种法律的权利叙事，既是打开法定权利知识宝库的钥匙，也是理解习惯权利代入法定权利中时合法性和有效性问题的捷径。众所周知，习惯权利的法律化并不否定在法律之外仍有大量的习惯权利存在。尽管一些习惯权利法律化后取得了法定权利的地位，但大量的在法律之外存在的习惯权利，既是法定权利的活水源头，也需要法定权利反过来确保这一源头能活力永续。否则，不但习惯权利会遭受损伤，而且法定权利也会源枯流竭。这种情形，可谓习惯与法律间的良性互动，相互成长。在判例法国家中，这点做得尤好：

> 习惯是法律的另一渊源。法院有时采纳某些规则，不是因为某些制定法要求如此，不是因为已决案件报告中的先例指向了这些规则，不是因为法院发现法学家著作中的理论要求发布这些规则，也不是因为这些规则在其道德意义上的自我举荐，而是因为法院发现这些规则在社会成员的相互交往中被大范围遵守，或是被局部遵守。[②]

不过这里想进一步强调的是主体自治地运用习惯权利时，本身对习惯权利的保护问题。法治不同于官僚法的特点之一是，所有主体在法律的空间里，都可以自治地处理其需求，表达其权利。因此，只要法律给公民开放了权利空间，且无论这一空间是法律明示的，还是根据法律的权利明示而类推的，都提供给人们自主选择的条件。因此，公民也罢，法人也罢，非法人团体也罢，只要获得了法律上的主体身份，也就获得了在法律范围内自治地处理其事务的权利资格。这表明，人们不是被动地接受法律的治理，而是自治地、自主地参与法律的治理。法治中最具能动性且最能够节约成本的治理方式，就是法律权利空间对主体自治地处理其事务的首肯。所以，主体自治对于法治秩序而言，既是基本的，也是根本的。说其是基本的，因为自治表明主体对法治的接受和参与；说其是根本的，则因为没有全体主体自觉自愿的参与，如果仅仅靠国家暴力维系，法治不但成本高

---

① 谢晖：《自治的秩序》，《甘肃政法学院学报》2015 年第 6 期。

② 〔美〕约翰·奇普曼·格雷：《法律的性质与渊源》，马驰译，中国政法大学出版社，2012，第 242 页。

昂，而且其秩序产出也会甚微。

在主体自治地运用权利中，习惯权利的运用具有特殊性。一方面，这里所讲的习惯权利是尚未被法律所明示认可的那种，另一方面，尽管法律未明示认可，但只要其未明示禁止，就可以被推定为权利。主体自治地对习惯权利的运用，就是在推定意义上的运用。即使这些习惯权利在国家法律上尚没有明确授权，但只要主体能够自觉地运用它，就意味着他以自治方式在确保习惯权利的运行。

例如我国法定的全民节日有元旦、春节、清明节、劳动节、端午节、中秋节、国庆节。这其中有四个节日属于我国人民世代坚守的传统节庆习惯。尽管这些节庆习惯被法定化了，但众所周知，还有诸多的至少在汉族地区适用的传统节庆习惯并未被法定化，如重阳节、七夕节等。可这些节日虽未被法定化，但并不影响公民们按照这些节日的意蕴，在休息时间里自觉地安排其活动。显然，这是习惯权利，但理应是法定权利可以宽容也必须宽容的习惯权利，因此，它是在法定权利空间内能够推定的权利。正是公民们对这些习惯权利的坚守，使该权利尽管在法定权利之外，但同时也能得到公民自觉、自治地运用的保障。可见，公民自治地运用习惯权利，不但使习惯权利通过“权利推定”获得合法形式，而且在不断地发展和壮大习惯权利。或许正是如此，这些习惯权利有朝一日可能会获致法定化，变成法定权利。因此，在这里有必要用到萨维尼的如下名言：

> 对于法律来说，一如语言，并无决然断裂的时刻；如同民族之存在和性格中的其他一般性取向一般，法律亦同样受制于此运动和发展。此种发展，如同其最为始初的情形，循随同一内在必然性规律。法律随着民族的成长而成长，随着民族的壮大而壮大，最后，随着民族对于其民族性……的丧失而消亡。①

而我更要在此基础上强调，所谓“法律随着民族的成长而成长，随着民族的壮大而壮大”这一结论，首先体现在习惯和习惯法的成长壮大上。

---

① 〔德〕弗里德里希·卡尔·冯·萨维尼：《论立法与法学的当代使命》，许章润译，中国法制出版社，2001，第 9 页。舒国滢根据德文对这段论述的翻译也颇精彩，且与这段翻译间多少有些出入，可参见〔奥〕欧根·埃利希《法社会学原理》，舒国滢译，中国大百科全书出版社，2009，第 490 页。

如果习惯和习惯法不能在一个民族中成长壮大，相应地，如果人们的习惯权利和习惯义务不能在一个民族中发展壮大，那么，这一结论反倒容易被证伪。特别是在现代全球化背景下，即使民族还存在，但多数民族因循其传统的能力却大大降低。国家之间、族群之间的相互影响日盛一日，即便一个民族成长和壮大起来，也更多地会参照国际法律体系而为。日本近代以来的崛起可为典型。其原因在于民族的新习惯和习惯法并没有随之成长起来。这一反思性论证，是想进一步说明主体自治地对习惯权利的运用和坚守，乃是习惯权利被代入法定权利的“宽容空间”后，获得法治之“自治性”保障的必然路径。否则，习惯权利皮之不存，何来对它的自治性保障？

2. 契约沟通与习惯权利的互治性保护

人既是个体存在的动物，也是交往行为的动物。所以，人既有其个体性、自治性的一面，也有其社会性、合作性的一面。并且人的社会性、合作性本源自其个体性和自治性。在两千多年前，荀况就生动地阐述了人的个体自治与社会合作的这种相互依赖关系：

> 人……力不若牛，走不若马，而牛马为用，何也？曰：人能群，彼不能群也。人何以能群？曰：分；
>
> 故无分者，人之大害也；有分者，天下之本利也。[①]

人的个体自治必须依赖社会合作，甚至只有在社会合作中才能彰显个体自治的价值所在。为何这么讲？因为不与他人交往合作，自治的生活和行为便无以完成。人不仅有需求，而且其需求与任何其他动物相较，有两大特点：其一是纵向上的无限性，所谓“人心不足蛇吞象”；其二是横向上的全方位性，举凡一切物质的、精神的需求，人皆有之。显然，无论无限的需求还是全方位的需求，自治个体无法通过纯粹自治而满足。在“鸡犬之声相闻，民至老死不相往来”的境界中，人们所能满足的，只能是最原始、最简单的需要，和无限需求、全方位需求皆不搭界。那么，可能满足人们无限需求和全方位需求的条件是什么？那便

---

① 《荀子·王制》，《荀子·富国》。这里的“分”字，尽管可以解释为“名分”，但即使“名分”，也是一个明显具有个体身份性的概念，在我看来，它所强调的就是个体性和自治性。

是社会合作。

社会合作建立的前提是主体分工或社会分工。如果自治主体是同质性的，他们所从事的也是没有分工、无所区别的同质性劳动，那么，社会合作就无所凭借，也没有意义。

> 劳动分工的最大作用，并不在于功能以这种分化方式提高了生产率，而在于这些功能彼此紧密的结合……分工的作用不仅限于改变和完善现有的社会，而是使社会成为可能，也就是说，没有这些功能，社会就不可能存在……总之，只有分工才能使人们牢固地结合起来形成一种联系，这种功能不止是在暂时的互让互助中发挥作用，它的影响范围是很广泛的。①

可见，正是社会分工提供的异质性劳动成果，经由人们之间的合作、交换而在各个自治主体之间各取所需，取长补短，以满足自治主体自力无以实现的无限的和全方位的需要。然而，仅仅有合作和交易还很不够，还必须有保障合作与交易的信用机制。这种信用机制，大则谓之社会契约，即以国家法律这种契约形式为信用凭据，以保障社会合作的永续；小则为民事契约，即私人之间通过签订契约的方式，以保障个体间合作的信用。所以，在这个社会分工越多越复杂的时代，社会的合作与法律控制也愈多，饶有兴味的是，人们自治的空间并不因此减少，反而也在与此正相关地、正比例地成长着：

> 法律机制的活动范围非但没有减少，反而不断增加，不断复杂了。一种法律越是原始的，它的规模就越小；反之，一种法律越是现代的，它的规模就越大。当然，法律规模的扩大并不意味着个人活动领域的缩小。实际上，我们应该记住：在社会生活所受的规定越来越多的同时，它的范围也扩大了……如果说压制性法正在丧失自己的基础，那么起初不曾存在的恢复法却在逐步发展壮大。如果说社会已经不再强迫每个人去实施某种一致性的规则，但它却确定和规定了不同社会职能之间的特殊关系，那么社会的干预并不因为换了一种性质，就变成

① 〔法〕埃米尔·涂尔干：《社会分工论》，渠东译，三联书店，2000，第 24 页。

软弱无力的了。[①]

我这么不惜笔墨地强调个体自治与社会合作的关系，强调社会分工与契约互助的关系，对于习惯权利的法治保障究竟有何意义？在我看来，其基本意义在于：其一，说明人们日常生活中的交往合作，并不仅是依靠法定的规范完成的，在很多情形下，反倒是根据社会习惯和其他社会规范完成的；其二，人们在社会合作交往中对社会习惯的运用，本身包含了对习惯权利的运用和习惯义务的遵循；其三，这种对习惯的运用和遵循，本质上是一种契约关系，只要不明显违背国家法律的禁止性规定，就可以整体地推定为是人们的权利。

主体的交往行为需要遵循国家法律，这是工商社会中人们交往的基本要求。但诚如前述，法律并不是一个完全密闭的空间，反而往往是一个开放的空间，特别是法律权利，自来就是一种开放的、弹性的规范机制。这样，自治主体间的社会合作行为，尽管完全可以按照国家法律的规定亦步亦趋，但也可以根据社会习惯交往合作，甚至有时候还必须按照社会习惯交往合作。譬如回汉民族成员之间的交往合作，汉民必须尊重回民族的风俗习惯和习惯权利，只有这样，才可能达成合作。当然，回民要和汉民和谐相处，交往互助，也不能不尊重汉民的风俗习惯和习惯权利。这就不难理解历史上何以一些穆斯林学者会“以儒释伊”了。这样的例证还可以不断举下去。

凡此种种无不表明，只要自治主体的交往合作需要借助契约这种方式，并且只要自治主体可以以习惯等民间规范为据，达成交往行为的契约，且法律并不以为忤，那么，自治主体间的合作契约就不但是合法的，而且借此有效地把习惯权利纳入法律和法治的保障体系中。这种保障方式，就是参与契约交往的主体，通过相互间的合作与互助，不但在物质上或精神上取长补短，而且客观上保护了习惯权利这种非正式制度。因为，其一，这是契约主体们相互运用民族或地方习惯、乡规民约、社区公约、社团纪律、宗教仪规甚至家法族规等民间规范的结果，因此，这种对习惯权利的保护，我愿意名之为“互治性保护”；其二，人们这种运用习惯权利的行为，并不

---

① 〔法〕埃米尔·涂尔干：《社会分工论》，渠东译，三联书店，2000，第163～164页。

与法律相忤，因此，自然可以将其纳入通过法治框架来保护习惯权利的一种样式。此种法治对习惯权利的保护样式，和前述习惯权利的自治性保护样式一道，在法治对习惯权利的保护上，起着日常的、自觉意义上相辅相成之保护效果。

3. 权力强制与习惯权利的他治性保护

法治秩序尽管必须以主体的个体自治和交往互治作为其日常形态，但与此同时，它从来都把外在强制作为秩序最重要的保障方式。众所周知，在当代西方法理学中，法律的强制力观念越来越受到人们的质疑，甚至因此越来越式微：

> 虽然“强制力”的观念在西方法理学中长期占据着支柱性的位置，但在理论上，这种观念毕竟未能对复杂纷然的法律现象做出令人信服的诠释说明。在大多数当代西方法理学家看来，这一观念不能圆满地解释法律内容、法律作用、法律活动和法律适用范围的多样性和复杂性，它具有牵强附会的人为因素，实际上，它是对法律某些现象（甚至病态现象）的过度关注与夸大的结果。于是，在 20 世纪 50 年代末 60 年代初，法律“强制力”的观念终于遭到法学家的全方位的严厉发难，其主导地位终于飘浮动摇。而这一影响深远的全方位发难肇始于英国新分析法学家哈特（H. Hart）和美国新自然法学家富勒（L. Fuller）。①

但是，这种对法律强制力观念的质疑，一方面，并不否定法律必要的强制力要素，另一方面，它在强调法治中人性力量对其自觉与合作的支持之同时，也不适当地扩大了这种人性中自觉与合作的一面。毕竟从古至今，法律和法治既是一种事前的预设机制，也是一种事中的导向机制，还是一种事后的奖惩机制。可见，和惩戒相关的强制力就根本无法被法律所抛弃，否则，法律便成为没有牙齿的老虎，成为“不发光的灯，不燃烧的火”②；同时在理论上它也不能完美地解释法律为什么有力量。法律的力量，既来自人们对它的自觉，也来自在自觉基础上法律所应有的强制力，哪怕这种

---

① 刘星：《法律“强制力”观念的弱化——当代西方法理学的本体论》，《外国法译评》1995 年第 3 期。

② 〔美〕罗·庞德：《通过法律的社会控制、法律的任务》，沈宗灵等译，商务印书馆，1984，第 17 页。

强制力在人们对法律的自觉面前仅仅是备而不用的。因此，所谓法治对习惯权利的保护，除了前述自治性保护和互治性保护之外，还不可能拒绝强制性保护。对此，我曾强调：

> 自治秩序并不拒绝必要的、外加的强制秩序，甚至对一个大型社会和复杂多族群国家的治理而言，一定的外加强制因素，是保持其有序运行的必要手段，也是实现其和谐繁荣的重要前提。[①]

在对习惯权利的强制保护上，既有国际法的保护机制，也有内国法的保护机制。无论国际法，还是内国法，都会延展到立法保护、行政保护和司法保护等诸多方面。这里仅以国际法为例粗浅地说明之。在国际法上，对习惯和习惯权利的强制性保护规定可谓多见，例如《联合国土著人民权利宣言》、《在民族或族裔、宗教和语言上属于少数群体的人的权利宣言》、《消除一切形式种族歧视国际公约》、《防止及惩治灭绝种族罪公约》、《国际劳工组织土著和部落民族公约》、《欧洲保护少数民族框架公约》、《非洲人权和民族权宪章》等等[②]。这些国际法律的规定，一旦被缔约国所接受，就不仅通过国际司法组织的有关安排予以强制保障，而且通过内国法上的有关行政机制和司法机制予以强制保障（即在行政和司法中，运用在内国法上的强制力，保障国际法所规定的习惯权利得以落实）。

之所以对习惯权利的法治保护在自治性保护和互治性保护之外，还需要强制性保护，在于前两种保护尚不能自足地防止人们对自治主体的可能侵犯，矫正对契约交往的肆意破坏。这时，必须请出法定的凌驾于任何个人和任何交往主体之上，又被权利个体和交往主体所接受的权威主体——

---

① 谢晖：《自治的秩序》，《甘肃政法学院学报》2015 年第 6 期。

② 从表面看，笔者在这里所引述的文献中，都主要涉及少数族群或少数人的权利，因而，似乎有将习惯权利等同于少数人权利的迹象，但其实不然。因为：一方面，所有人都拥有的权利（包括习惯权利）在其他国际人权法，如《世界人权宣言》、《公民权利与政治权利国际公约》等文件中都得到表达；另一方面，即使这里引述的文件，在一个全球性人际交流的时代，可能会适用于每个人，因为人人都可能成为文件中所指的“少数人”。“少数人”自身是个开放性、变化性概念。例如一位在中国占“多数人”的汉民，移民加拿大，自然就变成少数人。同理，一位在法国占多数人的法兰西人，移民到中国，也变成“少数人”。正是这种情形，才决定了前述“族群—地方性的普适性”或“个体性的普适性”这些命题的价值。

公共权力及其强制性来处理相关问题。所以，涂尔干再三强调：

> 凡是契约存在的地方，都必须服从一种支配力量，这种力量只属于社会，绝不属于个人；它越来越变得强大而又繁杂；
>
> 从原则上讲，社会所以为契约赋予一种强制力量，因为它是双方个人意志的妥协……因此，在任何情况下，社会的作用不仅在于这些契约表面上的执行，还在于确定这些契约得以实行的条件，如果有必要的话，就应该把它们恢复为原来的正常状态。如果契约本身是不公平的，即使当事人双方意见一致，也不能使它变得公平。同样，公正的法规必须避免社会公正受到侵害，即使与此相关的当事人已经达成共识。①

涂尔干所谓的社会，其实质就是这里所讲的立于个体之上的强制组织和强制权力。当私人无以清除或救济其自主地运用习惯权利自治或协商地运用习惯权利交往所受到的妨碍和侵害时，他总要寻求既经济又可靠还有效的第三方出面予以解决。国家及其组织机构就是法律对交往中的公民和法人所预设的权威的第三方主体。其所拥有的权力就是用来强制性地排解社会矛盾、恢复社会正义、维护社会秩序、保护包括习惯权利在内的所有公民和其他社会主体的权利的。因此，如果把强制性保障排除于习惯权利的保护机制之外，必然意味着法治对习惯权利的保障不但可能会失灵，而且只要习惯权利受到妨碍或侵害，也就失去了基本的排除、救济和矫正渠道。正是在此意义上，我愿意引用庞德的结论说明强制性保障在法治保护习惯权利中的应有作用，并借此结束本文：

> 法律包含强力。调整和安排必须最终地依靠强力，纵使它们之所以有可能，除了对一种反社会的残余必须加以强制，主要是由于所有的人都有服从的习惯。其实，服从的习惯在不小的程度上是依靠聪明人意识到如果他们坚持作为反社会的残余，那么强力就会适用于他们。②

---

① 〔法〕埃米尔·涂尔干：《社会分工论》，渠东译，三联书店，2000，第 169、173～174 页。

② 〔美〕罗·庞德：《通过法律的社会控制、法律的任务》，沈宗灵等译，商务印书馆，1984，第 17 页。

城镇化背景下少数民族流动人口城市融入政策法制建构研究*

王 飞**

摘要： 少数民族流动人口不断进入城市是时代发展趋势，相关政策法制构建应当对少数民族流动人口城市融入问题给予有力的促进。少数民族流动人口城市融入政策法制建设需要借助制度归因理论，从城市政治融入政策法制、城市经济融入政策法制、城市社会融入政策法制和城市文化融入政策法制四个维度展开，并重点突出城市少数民族流动人口权益保障。

关键词： 少数民族流动人口　城市融入　政策法制

一　城镇化背景下少数民族流动人口进城趋势分析

改革开放以来，我国进入了各民族跨区域大流动的活跃期，进入城市的少数民族流动人口数量规模呈现持续增加趋势，促进少数民族流动人口融入城市的工作越来越重要。

（一）当前我国正处于各民族跨区域大流动的活跃期

尽管目前还没有国家权威部门发布关于全国的全面调查统计数据，但是仍旧可以根据一些公开报道和部分地区有关部门统计情况来透视少数民族流动人口迅猛增加的趋势和状态。比如，2010 年 9 月 30 日的《中国政协

---

* 本文系 2012 年度国家哲学社会科学基金西部项目“少数民族流动人口城市融入的政策与法制研究”（项目批准号：12XMZ087）成果之一。

** 王飞，男，贵州省社会科学院法律研究所所长、研究员，主要研究方向为法律人类学等。

报》报道，据统计，其时我国每年有少数民族流动人口约 1000 万人，大部分以进城务工经商为主。[①] 2014 年 6 月 27 日的《中国民族报》报道，据统计，其时少数民族流动人口大约 2000 万，占到全国流动人口的 7.7%。[②] 有的学者推断，我国城市少数民族流动人口已经超过 3000 万。[③] 东部很多省市少数民族流动人口以每年 20% 的速度递增，有的甚至超过了本地常住少数民族数量。比如上海市，2010 年到沪少数民族流动人口就已经达到 27.6 万人，增长率为 165.4%。[④] 再如，浙江省 2010 年的 121.5 万少数民族人口中，来自省外的就有 96.1 万人。[⑤] 又如，广东省 2012 年少数民族人口达到 300 多万人，而少数民族流动人口就接近 250 万人，远超省内 60 万少数民族户籍人口。其中，广州市少数民族人口中 90% 是流动人口，东莞市少数民族人口中 95% 是流动人口。[⑥]

（二）新型城镇化建设将进一步促进少数民族人口流动进城

从少数民族人口流动趋势看，有统计分析表明，从 2000 年到 2010 年，全国少数民族人口城镇化率从 23.36% 增长到 32.84%，提高了 9.48 个百分点，但仍低于当时全国平均水平 16.84 个百分点。[⑦] 由此，对少数民族发展而言，新型城镇化下一步的目标显然要大力推动少数民族人口迁移进城，以助推少数民族经济社会快速发展，这是一个不可逆转的趋势。有关研究对第六次全国人口普查统计数据进行分析，结果显示，农、牧区少数民族人口向城市“上行”流动，西部地区少数民族人口向东部城市“东行”流动已成为现实中人口流动的重要特点，并且这种流动所涉及的人口数量越

① 杨桦：《让少数民族流动人口真正融入城市》，《中国政协报》2010 年 9 月 30 日，第 4 版。

② 孙文振：《让少数民族流动人口更好地融入城市扎根城市》，《中国民族报》2014 年 6 月 27 日，第 3 版。

③ 郑信哲：《论少数民族流动人口的城市适应问题》，《兰州学刊》2015 年第 7 期。

④ 高向东等：《少数民族流动人口城市适应研究——基于民族因素与制度因素比较》，《中南民族大学学报》（人文社会科学版）2012 年第 2 期。

⑤ 国家民族事务委员会编《中央民族工作会议精神学习辅导读本》，民族出版社，2015，第 281 页。

⑥ 盘小梅、汪鲸：《城市少数民族流动人口的社会融入进程：以广东珠三角城市为例》，《广西民族大学学报》（哲学社会科学版）2014 年第 1 期。

⑦ 国家民族事务委员会编《中央民族工作会议精神学习辅导读本》，民族出版社，2015，第 281 页。

来越大、流动范围越来越广、流动频率越来越高。随着我国城镇化发展速度的进一步提升，我国民族人口分布区域将更加广泛，传统的民族聚居地区少数民族人口比例将进一步下降，而中心城市及发达地区少数民族人口比例将进一步提高。[①] 这种态势意味着未来城市中少数民族人口流动将更加频繁和活跃。

二　新形势下需要进一步加强少数民族流动人口城市融入政策法制建设

鉴于少数民族人口不断进入城市是时代发展趋势，相应的少数民族流动人口城市融入问题值得深入研究，相关政策法制构建也应当对少数民族流动人口城市融入问题给予有力的促进。有研究指出，在少数民族人口流动入城的潮流中，少数民族流动人口进入的许多西部城市中汉族人口是城市居民的重要组成部分，进入的东部和中部城市中汉族聚居人口数量更大。[②] 当城市成为少数民族流动人口和本地常住人口的会集地时，各民族群众之间的文化生活差异凸显，各民族之间的经济结构差距显著，城市也容易成为民族矛盾的汇聚地。[③] 一方面，随着少数民族人口在城市的增加，民族之间经济、文化交流增多，少数民族人员与汉族人员出现一些矛盾、摩擦现象在所难免，城市民族关系面临新的问题和挑战，“人口迁移对于族群关系的影响不仅仅是人口规模的变化，人口迁移还会影响族群之间的感情”“外来的移民很可能被本地族群视为‘闯入者’而在感情上产生排斥心理”[④]。另一方面，少数民族流动人口数量在城市不断呈上升趋势，也容易在城市管理、治安、公共资源占有、就业、权益保障等方面出现矛盾和问题，成为城市民族关系问题新的爆发点。有关统计资料显示，广东、上海、江苏、浙江、湖南几个省市从2000年至2006年，所发生的影

① 田烨：《城镇化进程中民族人口分布变化趋势及其影响探讨》，《成都大学学报》（社会科学版）2014年第5期。

② 马胜春：《中国城市少数民族流动人口的生活适应性研究》，中国财政经济出版社，2012，第10页。

③ 王云芳：《轨迹与趋势：城市民族工作越来越重要——三届全国城市民族工作座谈会回眸》，《民族论坛》2016年第1期。

④ 马戎：《族群关系变迁影响因素的分析》，《西北民族研究》2003年第4期。

响民族关系和社会治安的大小事件，80% 涉及少数民族流动人口。[①] 上海市从 2001 年至 2009 年底，累计发生涉及少数民族的矛盾和纠纷 400 余起，其中 330 多起涉及外来少数民族，影响城市民族关系的事件逐步增加且保持高发态势。[②] 2008 年“3 · 14”事件和 2009 年“7 · 5”事件的冲击与震荡，传统民族地区与城市之间的联动效应更加凸显出来。[③] 这些情况说明，城市中少数民族流动人口成为影响城市乃至全国民族关系良性发展的一个重要因素。应对城市少数民族流动人口增多带来的挑战，需要构建完善的少数民族流动人口城市融入政策法制。这对推动城市民族关系健康发展，构建我国以民族平等、民族团结、民族共同繁荣为核心主题的和谐民族关系，巩固我国各民族的大团结，维护祖国统一具有重要意义。

三　少数民族流动人口城市融入政策法制构建需要关注的理论、维度和重点

（一）少数民族流动人口城市融入政策法制构建需要借助制度归因理论

在国外移民社会融合研究中，制度归因理论始终坚持，移民融入问题在本质上就是一个公共政策法制的问题，流入地国家移民融入政策、制度是移民能否有效实现融入的决定性影响因素。根据有关学者的研究介绍，制度归因理论认为，移民的社会融入与流入地国家在移民就业、社会福利与保障、社会救助、住房、子女教育、社会歧视、宗教信仰、政治权利等多个方面的制度安排紧密相关。这些制度安排集中体现在公民权（citizenship）的对待上，主要包括三个内涵：一是，政治或立法意义上的公民权，即移民是否被看成政治社会群体中完全参与的正式成员；二是，社

① 陈乐齐：《我国城市民族关系问题及其对策研究》，《中南民族大学学报》（人文社会科学版）2006 年第 5 期。

② 李吉和：《中、东部地区城市民族关系研究》，民族出版社，2013，第 94 页。

③ 王云芳：《轨迹与趋势：城市民族工作越来越重要——三届全国城市民族工作座谈会回眸》，《民族论坛》2016 年第 1 期。

会经济方面的公民权，即移民是否享有在工业生产体系中的权利以及社会经济领域内与各种制度化设施相关的权利；三是，文化与宗教信仰方面的权利，即移民是否有权自我组织，展现自我文化、本民族、本宗教的权利等。制度归因理论强调，上述三方面的实现，既是从国家政府到地方政府的移民融入政策法制需要达到的目标，也是检验移民融入政策法制属性（促进融合还是产生排斥）的一个标尺。那种排斥性的移民融入政策如就业政策、教育制度等从根本上剥夺了移民群体提高自身素质、增加社会资本的可能性，为移民的社会融入制造了不可逾越的障碍。①

比较国外相对成熟的移民社会融合制度研究，国内对包括少数民族人口在内的流动人口（其中主要为农民工）社会融合制度研究起步较晚，尚未形成系统的流动人口制度归因理论。可喜的是，新近的一些社会融合研究不断强调国家政策法制对流动人口社会融合的重要作用。这类观点主要有：社会融合从宏观政策层面意味着更为公平和公正的公共资源和机会的分配与共享，除族群差别外，中国户籍管理制度使得多数流动人口面临城乡二元制度的隔离和排斥，流动人口的社会融合不仅是文化融合问题，而且也涉及体制机制、公共政策的调整与改革。② 移民和城市社会融合的本质问题，不是本地人口和外地人口的利益关系问题，而是城市如何能够提供更好的以发展为核心的公共政策，使得移民和本地人口的教育机会得到提高、发展机会得到创造。③ 在中国这个有着城乡区隔、内外之别的现实环境中，政策层面的融合显得尤为重要。政策融合就是要为流动人口创造一个公平、良好的工作和生活环境，解决他们在就业收入、社会保障、权益保护、生活环境等方面的紧迫问题，使他们获得公平的生存和发展机会，享受均等化的公共资源和社会福利，生存于包容接纳和友好共生的社会环境中。④ 这些主张，虽然不能断言是国内社会融合制度归因理论即将兴盛的表征，但将其视为国内流动人口社会融合研究中政策法制因素得到重视的体

① 梁波、王海英：《国外移民社会融入研究综述》，《甘肃行政学院学报》2010 年第 2 期。

② 杨菊华：《论社会融合》，《江苏行政学院学报》2016 年第 6 期。

③ 任远等：《重构“土客”关系：流动人口的社会融合与发展性社会政策》，《复旦大学学报》（社会科学版）2016 年第 2 期。

④ 张春生、杨菊华：《应重视解决流动人口的社会融合问题》，《中国党政干部论坛》2012 年第 11 期。

现应当并不为过。

我们赞同，制度归因理论为构建少数民族流动人口城市融入政策法制提供了一个可以参考的认知框架和建设路径。客观而言，我国城市少数民族流动人口所处的政治、经济、社会和文化背景与国际移民所处的背景确有较大差异，但国内城市少数民族流动人口与国际移民在流入地的弱势地位是相似的，他们在城市融入过程中也面临着和国际移民类似的当地融入问题，许多类似的困难同样需要政策法制等制度改进来解决。比如，少数民族流动人口在城市社会屡屡遭遇的社会排斥、难以真正实现城市融入等问题，制度性机制的影响同样是存在的。制度性滞后、政策性排斥以及政策法制实施不够到位等等因素客观地阻碍了少数民族流动人口的人力资本提升和社会资本积累，而受人力资本、社会资本和政策法制等因素所构织的循环网络的交互影响与交互强化，又从根本上阻碍了少数民族流动人口的城市融入。[①] 因此，非常有必要借助制度归因理论，切实考察少数民族流动人口城市融入政策法制等制度实践，不断完善相关政策法制来促进少数民族流动人口的城市融入。

（二）少数民族流动人口城市融入政策法制建设需要关照融入维度划分

少数民族流动人口城市融入的实质是特殊人群（少数民族流动人口）在特殊地点（城市）的一种社会融合。我们赞同，城市融入是指特殊情境下的社会群体，能够正常获取城市的政治、经济、社会、文化等资源的动态过程或状态。城市融入的核心在于流动人口能够获取城市社会资源，享受到城市基本公共均等化服务，从而逐步适应城市。这样，少数民族流动人口城市融入，就是指少数民族流动人口通过城市政策法制保障与主体自我适应调整，享有城市就业社保、社会服务、文化生活等方面的广泛的社会权利与平等参与的机会，从而逐步融入城市主流社会。[②]

---

① 梁波、王海英：《国外移民社会融入研究综述》，《甘肃行政学院学报》2010 年第 2 期。

② 李吉和等：《流动、调适与融入：城市少数民族流动人口调查》，华中科技大学出版社，2016，第 2 页。

在少数民族流动人口城市融入类型划分上，学者们提出了诸多分类。综合而言，主要可以分为二维类型、三维类型、四维类型和五维类型等。持二维类型观点的学者认为，少数民族流动人口城市融入包括两个线性过程：一是社会整合，包括经济适合、社会接纳、文化认可、心里归属四个维度之间的相互作用；二是文化整合，包括民族文化多元化、少数民族文化与主体文化协调、多元文化一体化。[①] 流动人口社会融入的影响因素总体分为两种类型，即主观性融入因素和客观性融入因素。主观性融入因素包括城市认同、身份认同、文化交融等方面，客观性融入因素包括经济融入、政治融入、公共服务、社会保障、社区参与等方面。[②] 持三维类型观点的学者认为，少数民族流动人口的城市适应性问题包括三个方面的适应过程，其中经济层面的适应主要是职业的转换，社会层面的适应主要是社会交往范围的扩大导致的生活方式、价值观念和行为举止方面的逐步市民化，心理层面上的适应则是自我认同的改变和心理归属的变化。[③] 流动人口的城市融入包括经济融入、社会融入和心理融入，相应地流动人口的生活适应性也就有经济适应性、社会适应性和心理适应性三个方面内容。经济适应性是流动人口在城市的吃穿住行方面的情况；社会适应性由流动人口的社会交往、社会参与决定；心理适应性反映在当不同文化发生碰撞时，流动人口的心理表现和心理调试的能力。[④] 持四维类型观点的学者认为，社会融合的维度，可粗略概括为结构性融合（即经济整合）、文化融合（即语言、身份融合等）、社会融合（即社会网络与适应）和政治融合（即政治参与与权力）四个维度。[⑤] 流动人口的社会融合从经济融入、文化接纳、行为适应、心理融入等四个维度进行测量较为合理。[⑥] 持五维类型观点的学者认为，可从以下五个方面来考量少数民族流动人口的社会融合：第一，经济融入，

---

① 高向东：《少数民族流动人口城市融入过程中遇到的问题及对策》，《中国民族报》2016 年 4 月 1 日，第 6 版。

② 夏琳：《城市少数民族流动人口社会融入影响因素的法治评价》，《法制博览》2015 年第 2 期。

③ 李伟梁：《论少数民族流动人口的城市融入》，《黑龙江民族丛刊》2010 年第 2 期。

④ 马胜春：《中国城市少数民族流动人口的生活适应性研究》，中国财政经济出版社，2012，第 11 页。

⑤ 杨菊华：《论社会融合》，《江苏行政学院学报》2016 年第 6 期。

⑥ 马冬梅、李吉和：《城市少数民族流动人口社会融合的障碍与对策》，《广西民族研究》2013 年第 2 期。

包括就业市场、收入与消费水平、职业地位、社会福利与社会保障等内容；第二，社会融入，包括社会交往、朋辈群体、社会组织、支持网络、婚姻选择等内容；第三，政治融入，合法的市民身份、政治参与等内容；第四，文化融入，包括对城市社会规范的习得、城市语言的学习、城市文化的认同、理解等内容；第五，市民社会与少数民族流动人口之间相互接纳、认同的程度等。①

在我们看来，根据不同的划分标准，城市融入就有不同的分类。因此，上述学者分类应该说各有依据。我们认为，从少数民族流动人口城市融入领域上看，宜分为城市政治融入、城市经济融入、城市社会融入和城市文化融入四个方面为妥。在少数民族流动人口城市融入制度层面，与全国流动人口面临的问题相比，有的是相同的，如户籍制度对流动人口的制度障碍等；有的是不同的，如文化宗教需求。有学者通过数据定量分析的实证研究表明，在城市适应的影响因素中，只有民族类型和本地交流语言两类民族因素对少数民族流动人口城市适应产生显著影响，而制度因素中包括是否办理居住证、是否参加城镇社会养老保险、就业是否受到歧视等与城市适应度都呈现显著正相关性，特别是参加城镇社会养老保险和办理居住证的相关度最高。② 鉴于此，在少数民族流动人口城市融入政策法制建设中，城市政治融入需要侧重于户籍（居住证）、经济融入需要侧重于就业和社保、社会融入需要突出居住和交往、文化融入需要突出民族宗教。以往的研究一般把住房放到经济融入中，不过在我们看来，基于少数民族流动人口城市融入的独特性，从助建各民族相互嵌入式的社会结构和社区环境以加强民族交往交流交融的角度看，宜把住房放到社会融入中。

这样，综合上面的分析，对于少数民族流动人口城市融入政策法制构建，我们认为可以从城市政治融入政策法制、城市经济融入政策法制、城市社会融入政策法制和城市文化融入政策法制四个维度展开。其中，城市政治融入政策法制包括户籍制度、选举制度等，城市经济融入

---

① 李林凤：《从“候鸟”到“留鸟”——论城市少数民族流动人口的社会融合》，《贵州民族研究》2011 年第 1 期。

② 高向东等：《少数民族流动人口城市适应研究——基于民族因素与制度因素比较》，《中南民族大学学报》（人文社会科学版）2012 年第 2 期。

政策法制包括就业制度、社保制度等，城市社会融入政策法制包括住房制度、社区制度等，城市文化融入政策法制包括文化制度、教育制度（子女）等。

（三）少数民族流动人口城市融入政策法制建设需要突出权益保障重点

正如学者所言，少数民族流动人口是一个在语言、宗教信仰和风俗习惯等方面与城市市民以及普通流动人口有一定差异的文化携带者，他们流入城市将面临更加严峻的生活适应性问题。[①] 少数民族流动人口离开家乡，步入城市，面对社会差距，很容易产生文化震撼和不适应。在适应新的城市生活与文化过程中，由于自身的文化素质、宗教信仰、生活习惯与流入地城市的主流文化存在差异，相较于汉族流动人口，城市少数民族流动人口面临更多的困扰。

有研究以2013年5月国家卫生计划生育委员会对全国31个省、自治区和直辖市以及新疆生产建设兵团的流动人口调查数据为基本数据，以2013年国家卫生计划生育委员会全国流动人口动态监测对上海、江苏、湖南、湖北、陕西、福建6省市的松江区、苏州市、无锡市、长沙市、武汉市、西安市以及泉州市等7个市区2000份调查样本为社会融合数据，统计分析显示，少数民族流动人口相对于汉族流动人口以及本地户籍人口在经济就业、行为模式、制度保障以及主观认同方面存在不同程度的社会融入差异。以社会保障为例，少数民族流动人口社会保障以及劳动关系保障覆盖率均低于汉族流动人口以及户籍人口。其中，少数民族流动人口综合参保率只有11.0%，低于汉族流动人口的12.7%以及户籍人口的33.0%。少数民族流动人口参加城镇养老保险、城镇职工医保、城镇居民医保、失业保险、生育保险、住房公积金的比例均为最低。[②] 调查数据表明，少数民族流动人口在制度保障方面并没有得到公平对待，在社会保障以及劳动保障等权益方面都处于弱势地位。

---

① 马胜春：《中国城市少数民族流动人口的生活适应性研究》，中国财政经济出版社，2012，第10页。

② 肖昕茹：《我国少数民族流动人口社会融合现状研究》，《云南民族大学学报》（哲学社会科学版）2015年第1期。

因此，做好城市少数民族流动人口的服务和管理工作，充分保障他们的各项合法权益，既是城市管理工作的重要任务之一，也是城市民族工作中一项亟待解决的课题。制度方面的权益保障水平越高，越有利于少数民族流动人口的城市适应。[①] 所以，少数民族流动人口城市融入政策法制建设关注的重点，应当是建立健全保障其合法权益的政策与法制。

① 高向东等：《少数民族流动人口城市适应研究——基于民族因素与制度因素比较》，《中南民族大学学报》（人文社会科学版）2012 年第 2 期。

新型城镇化建设背景下传统村落保护发展的法治化问题探析*

文永辉　文新宇**

摘要： 传统村落维系着中华文明的根，在国家新型城镇化加速发展的情况下，传统村落的保护极为迫切。依靠政策和规范性文件保护传统村落，存在着法律定位不明、保护对象混乱、保护手段受限等问题。有必要由全国人大制定一部传统村落保护的基本法，解决传统村落的法律定位、保护和发展的关系、规划、资金筹集、投入、使用、各参与主体责权利等基本问题，为国家的传统村落保护制定长效机制。同时，应当鼓励地方立法保护传统村落，改变传统村落富集地区的城镇化考核方式，对传统村落进行分类保护、制定地方传统村落的保护标准等。

关键词： 新型城镇化　传统村落　法治保护　长效机制

城镇化是现代化的必由之路，《国家新型城镇化规划（2014～2020）》和《国务院关于深入推进新型城镇化建设的若干意见》提出，坚持走“以人为本、四化同步、优化布局、生态文明、文化传承的中国特色新型城镇化道路”。国家的新型城镇化战略对城市和乡村都带来了深刻的巨变，但新型城镇化不是以农村全面城市化或者牺牲乡村为代价，相反，在新型城镇化背景下，乡土特色和民俗文化的保留尤其显得重要。传统村落蕴藏着丰

---

* 本文系国家哲学社会科学基金一般项目“少数民族传统社会资源与乡村治理创新研究”（项目批准号：14BSH056）的阶段性研究成果。

** 文永辉，男，贵州瓮安人，贵州师范大学法学院副院长，教授，法学博士，主要研究方向为法律人类学、民商法。文新宇，男，贵州雷山人，贵州省社会科学院副研究员，主要研究方向为民族法学、法律人类学、民族文化。

富的历史信息和文化景观，是乡村、历史、文化、自然遗产的“活化石”和“博物馆”，记载着中华民族的历史记忆、生产生活智慧、文化艺术结晶、民族地域特色，维系着中华文明的根，更寄托着中华儿女的美丽乡愁，值得我们永续保存。然而，在新型城镇化推进过程中，传统村落的保护出现了不少问题。

在城镇化快速发展的情况下，中国传统村落的保护有着急迫的刚性需求，急需建立一定的长效机制，但目前国内没有一部能够完全适应和涵盖传统村落保护的法律。学界不乏对传统村落提供法治化保护的声音。[①] 在此背景下，笔者写作本文旨在探讨对传统村落进行法治化保护的必要性、可行性问题。

一　我国村落保护和发展的政策、立法现状

近些年来，对于需要保护的村落，其称谓几经变迁。习惯上，对于有保护价值的村落，学界多以“古村落”称之，此外，还有国家历史文化名村、中国少数民族特色村寨、传统村落等称谓。国家各级机关和部门对于村落保护制定了不少的法规、规章和规范性文件。

2006 年，中共中央、国务院发布《关于推进社会主义新农村建设若干意见》，突出强调要保护有地方特色的优秀文化，保护有历史文化价值的古村落和古民宅。2008 年 7 月，国务院发布《历史文化名城名镇名村保护条例》，将具备以下条件的村落列为“历史文化名村”加以保护：一是保存文物特别丰富；二是历史建筑集中成片；三是保留着传统格局和历史风貌；四是历史上曾经作为政治、经济、文化、交通中心或者军事要地，或者发生过重要历史事件，或者其传统产业、历史上建设的重大工程对本地区的发展产生过重要影响，或者能够集中反映本地区建筑的文化特色、民族特色。该条例详细规定了历史文化名村的报批、保护规划、保护措施、法律

---

① 参见周乾松《新型城镇化过程中加强传统村落保护与发展的思考》，《长白学刊》2013 年第 5 期；郑承庆、罗萍萍、吴声怡《城镇化进程中乡村文化保护与开发的困境与出路》，《重庆工商大学学报（西部论坛）》2008 年第 3 期；“加快公共服务体系建设研究”课题组：《城镇化进程中传统村落的保护和发展研究——基于中西部五省的实证调查》，《社会主义研究》2013 年第 4 期。

责任等问题。住建部分别于2003年、2005年、2007年、2008年、2010年、2014年分六批公布了216个中国历史文化名村。

2009年，国家民委与财政部开始实施少数民族特色村寨保护与发展项目，在全国28个省区市370个村寨开展试点。2012年，国家民委发布了《少数民族特色村寨保护与发展规划纲要（2011～2015）》，将少数民族特色村寨定义为"少数民族人口相对聚居，且比例较高，生产生活功能较为完备，少数民族文化特征及其聚落特征明显的自然村或行政村"。该规划对少数民族特色村寨的生产生活条件改善、发展特色产业、民居保护与建设、民族文化保护与传承、民族团结等方面进行了规划。2013年12月16日，国家民委发布《关于印发开展中国少数民族特色村寨命名挂牌工作意见的通知》，提出"为进一步发挥少数民族特色村寨的品牌效应，促进全国少数民族特色村寨的保护发展"，开展少数民族特色村寨命名挂牌工作。该通知将中国少数民族特色村寨定义为："民族特色突出、产业支撑有力、民族文化浓郁、人居环境优美、民族关系和谐"的少数民族村寨。2014年9月，全国共有340个村寨被作为首批"中国少数民族特色村寨"，由国家民委予以命名挂牌。

2012年9月，经传统村落保护和发展专家委员会第一次会议决定，将习惯称谓"古村落"改为"传统村落"。2012年12月31日，《中共中央国务院关于加快发展现代农业进一步增强农村发展活力的若干意见》强调："制订专门规划，启动专项工程，加大力度保护有历史文化价值和民族、地域元素的传统村落和民居"，这是传统村落这一词语第一次出现在党和国家的重要文件中。2014年4月25日，住建部、文化部、国家文物局、财政部四部（局）联合发布了《关于切实加强中国传统村落保护的指导意见》，较为系统明确地阐明了传统村落保护的主要目标、主要任务、基本要求、保护措施、组织领导和监督管理，以及中央补助资金申请、核定与拨付等。同时，国家大规模开展了传统村落的摸底排查、建档立卷和名录完善工作，目前，1602个村落被列入第四批中国传统村落名录，加之前三批的2555个，中国传统村落将达到4157个。

此外，也有针对传统村落的一些专项保护规范，如2015年7月3日，住建部、国土资源部和公安部联合下发了《关于坚决制止异地迁建传统建筑和依法打击盗卖构件行为的紧急通知》，向偷盗、拆解贩卖传统古建筑等违法行为亮出了红牌。《通知》强调凡已认定的传统建筑必须实施原地、原址保护，不得以任何借口实施异地拆迁；任何单位和个人不得擅自拆除已经认定的传统建筑，否则将撤销传统建筑所在村落的“中国传统村落”等荣誉称号。

除了上述国家层面的规范性文件之外，不少地方也制定了其村落保护规范。2015 年 7 月 3 日，北京市颁发了《北京市传统村落修缮技术指导意见》，明确将已经认定的历史风貌保存完整的、但尚未纳入文物保护单位和保护范畴的所有传统村落以及民居院落纳入保护对象。该《意见》禁止在传统村落的修缮过程中随意修建仿古建筑，如在古井上面加建井亭、在古碑边上加建碑亭、在著名路口边上修建牌坊、在传统院落门外修建影壁等，尤其禁止以保护和利用古旧建筑的名义将原住民迁移出去。2015 年 4 月 29 日，贵州省人民政府发布了《关于加强传统村落保护发展的指导意见》，强调传统村落保护发展的重点任务在于：一是实施文化遗产保护工程。注重传统村落的完整性，防止人为分割肢解村落整体、盲目塑造特定时期风貌、片面追求经济价值；二是实施生态环境建设保护工程；三是实施基础设施建设工程；四是实施农村消防改造工程；五是实施特色产业培育工程。该《意见》确定传统村落保护发展的主要政策措施有：完善保护名录；编制保护发展规划；加强建设管理；强化政策保障；加强组织领导等。贵州省黔东南州苗族侗族自治州有大量精美的传统村落，近年来，该自治州相继出台了《黔东南苗族侗族自治州民族文化村寨保护条例》、《黔东南苗族侗族自治州传统村落保护实施办法（试行）》等单行条例、法规和规范性文件，以加强对民族传统村落的保护。其中，2008 年 5 月，经贵州省人大批准的《黔东南苗族侗族自治州民族文化村寨保护条例》，较为全面地对民族文化村寨的认定、规划、建筑、文化、环境等进行了全面规范，对破坏民族文化村寨的行为制定了一些处罚措施。此外，如福建省三明市于 2015 年 6 月出台了《三明市市级历史文化名村（传统村落、红色文化村落）管理暂行办法》，规定要维护村落传统风貌，继承历史文化遗产，保护范围内禁止开山、采石、开矿和占用园林绿化等。该《办法》还规定历史文化名村实施整体保护，既要保持传统格局、历史风貌和空间尺度，又不得改变与其相互依存的自然景观和周边环境。对于在历史文化名村保护范围内从事建设和开发利用的活动，必须符合保护规划的要求，不得对其传统格局和历史风貌造成破坏性影响。

二 我国传统村落保护立法存在的问题

可以看出，经过近些年的努力，我国已经形成了一些村落保护的政策、法律和规范，对于防止近些年来村落的大规模破坏和开发起到了必要的作用，传统村落的保护取得了阶段性和区域性的成果。不过，纵观从中央到地方的政策、法律和规范，其也存在很多明显的不足。

（一）传统村落的法律定位不明

传统村落是具有一定地域或民族特色的整体空间风貌，包括村落的格局和形态；富有特色的建筑或遗址；独特的文化与风物；特有的山川形貌、土地水系、物种和动植物；一定的生活方式、语言文字、精神信仰与习俗等，这些都是村落不可分割的部分。现有的行政、民事、刑事法律规范，均是针对特定的人身、物、行为以及精神财富而展开，不能涵盖村落这种既有有形物质又有精神文化的综合存在。《文物保护法》保护的是通过特定机构认定和公布的移动文物和不可移动文物。受到保护的村落中可能有部分建筑、遗址、石刻、壁画等是国家认定的文物，但整个村落被认定为文物保护单位的情况并不多见。因此，《文物保护法》也远不能对数量庞大的传统村落加以保护。

那么，村落这样一种形态何以成为法律的保护对象？显然，不是所有的村落都需要保护，哪些村落需要保护，保护的边界如何限定等，这就需要适度位阶的法律来加以拟制。然而，从中央立法到地方立法，这一问题还远未形成统一的规范。从本文梳理的相关政策、法律、规范来看，作为保护对象的村落有以下多种称谓：古村落、国家历史文化名村、中国少数民族特色村寨、民族文化村寨、传统村落等。笔者在黔东南的很多村落看到，进出村寨的寨门上挂满了不同部门授予的牌子，当地老百姓完全不知道这些牌子有什么实质性的意义，除了觉得是一种荣誉称号外，不会将其与一定的法律地位挂钩。这些不同的称谓，可能是不同的部门、在不同的历史时期、基于村落的不同特点、筹措投入不同的资金、对村落采取不同的保护措施，反映了对村落保护的逐步深化的认识。如果只是投入资金对村落加以保护，谁挂牌谁投入，这些法律边界不明的称谓可能也不会造成不良影响，最多只是造成一些认识上的混乱。但在城镇化飞速发展过程中，如出现了大规模破坏有保护价值的村落时，除了“国家历史文化名村”有一定的保护措施外，其他类型的村落由于称谓上的混乱、法律定位上的不明，对其保护或制止破坏的行为将没有任何法律上的依据。

笔者认为，经过学界和政府多年来认识的逐步深化，宜于将“传统村落”这一称谓作为村落保护的法律定位来加以保护，舍弃其他称谓。其原因在于：一是国家对有保护价值的传统村落的摸底基本完成；二是在各部门认定挂牌的各种类型村落中，传统村落的数量最为庞大，住建部前三批认定的国家级传统村落总数达到 2555 个；三是之前认定的国家历史文化名村、中国少数民族特色村寨等，绝大多数都被涵盖在了中国传统村落之中。因此，“传统村落”这一称谓可以作为各种类型村落保护的最大公约数，宜于赋予其明确的法律定义和定位。

（二）法（政）出多门，层级较低，保护方法和手段有限

从本文梳理的情况来看，参与制定传统村落保护政策、法律规范的部门较多，除了《中国历史文化名城名镇名村保护条例》是由国务院制定之外，中共中央、住建部、国家民委、文化部、国家文物局、财政部等都参与制定了一些规范。在地方，既有地方人大制定的地方法规，也有地方党委政府发布的一些政策和规章。总体上，村落保护政策和规范政出多门，缺少协调，导致传统村落保护缺少统一的规划和指导思想。在有的传统村落，这个部门来一笔资金修下路，那个部门来一笔钱整修一下房屋和水电，翻来覆去把村落的整体风貌弄丢了。有的地方，由于村民对资金来历并不清楚，反复折腾而引起了村民反感或抵触；有的村民认为可能有很多资金被村干部或政府部门侵吞，在村落整修时不配合甚至故意将自家房屋弄成与村落整体风格不协调的样式，而地方政府也莫可奈何。

此外，这些政策和法规层级普遍较低，导致其能够采取的保护方法和手段有限。除了国务院制定的《历史文化名城名镇名村保护条例》作为行政法规，规定了行政处分、罚款、代履行等法律责任以外，其他政策性规范如《关于切实加强中国传统村落保护的指导意见》，只能做一些宣示性的倡导，对于破坏传统村落的行为则无能为力；一些地方性法规或政府规章，囿于其立法权限，基本只能将罚款作为唯一的处罚手段，很难采用其他更

强有力的制裁措施来应对破坏传统村落的行为。

因此，宜于制定一部适用中国传统村落保护的国家（而非部门）专门性法律，作为传统村落保护的“纲”，赋予“传统村落”像文物、非物质文化遗产等类似的独特法律地位，逐步淘汰“历史文化名村”、“少数民特色村寨”等称谓和废止相关政策法规，建立专门的保护监督监察机构专管此事，形成传统村落保护的永久长效机制。

（三）保护对象和内容混乱

传统村落是有形建筑和无形文化的结合，学界一般强调除了保护有形的建筑和环境之外，还要保护无形的活态文化。[①] 不过，在现行的政策法规中，保护的侧重点则有所不同，国务院《历史文化名城名镇名村保护条例》设定的保护规划和保护措施，主要针对历史文化名村的外围环境和有形的“历史建筑”（应是经城市、县人民政府确定公布的具有一定保护价值，能够反映历史风貌和地方特色，未公布为文物保护单位，也未登记为不可移动文物的建筑物、构筑物，不包括传统村落的一般建筑）；住建部、文化部、国家文物局等发布的《关于切实加强中国传统村落保护的指导意见》除了强调保护村落建筑本身外，也保护村落周边的环境和设施，还强调要挖掘文化遗产的经济价值，发展传统特色产业和旅游，合理利用文化遗产。住建部等部门发布的《传统村落评价认定指标体系（试行）》中，包含了村落传统建筑评价指标体系、村落选址和格局评价指标体系、村落承载的非物质文化遗产评价指标体系三个分项指标体系，表明在国家层面，对传统村落的保护是从建筑、环境、文化三个方面进行综合评价的。国家民委发布的《少数民族特色村寨保护与发展规划纲要（2011~2015）》中，强调的是少数民族特色村寨的生活条件、特色产业、民居保护与建设、民族文化保护与传承、民族团结几个方面，遵循的是一条立足发展、保护利用的道路。《黔东南州民族文化村寨保护条例》走的也是建筑、环境、文化综合保护的道路。

可以看出，对于传统村落的保护对象和内容，现行政策和规范并不一致，是建筑、环境、文化的综合保护还是重点强调有形建筑的保护，传统村落所有的建筑都需要保护还是只有历史建筑才值得保护，周边环境和风

---

① 胡彬彬：《中国传统村落保护的立法建议》，《人民论坛》2015 年第 9 期。

物的保护界限如何设定，等等问题，现行政策和规范并未厘清。

三 新型城镇化背景下传统村落中央立法保护的重点问题

毋庸讳言，新型城镇化对于传统村落的保护既是机遇又是挑战。一方面，大量的传统村落特别是城市近郊的村落，在城镇化的大潮中迅速消亡；大量的乡村人口特别是青壮年涌向城市，使传统村落变成“空心村”、“老人村”，乡村传统文化的传承难以为继；另一方面，新型城镇化是强调“以人为本”、“文化传承”的城镇化，农耕文明是中华文化的根，传统村落是农耕文明的载体，城市要摆脱千篇一律的面貌发展自己的特色魅力，必须在传统村落中寻找城市的文化之根。《国家新型城镇化工作规划（2014 ~ 2020）》中强调，“要注重在旧城改造中保护历史文化遗产、民族文化风格和传统风貌”，要“加强历史文化名城名镇、历史文化街区、民族风情小镇文化资源挖掘和文化生态的保护”。也就是说，随着城市的发展，城市在寻找文化之根的过程中，会逐渐反哺乡村，为传统村落的保护提供足够的资金、技术和理念的支持。

新型城镇化进程中，我国城市与乡村建设日新月异，城镇化率以每年近 2 个百分点的比例提升，每年都有大量的村落消失。在此大背景下，制定一部能涵盖和适应传统村落保护的法律，遏制传统村落频遭破坏的现象，制止对传统村落的无度无序开发，显得十分迫切。笔者认为，要制定我国传统村落保护的基本法律，需要厘清一些重点问题，处理好以下关系。

（一）正确处理好传统村落的保护和发展问题

一般情况下，保护好传统村落是为了更好地发展，而发展好传统村落是最好的保护，传统村落的保护和发展看起来是一种辩证的关系，不存在根本矛盾。著名传统村落保护专家冯骥才也认为：“传统村落不是文物保护单位，而是生产和生活的基地，是社会构成最基层的单位，是农村社区，与人们的日常生活息息相关，因此保护必须与发展相结合。”① 不过，现实

① 冯骥才：《传统村落的困境与出路——兼谈传统村落是另一类文化遗产》，《传统村落》2013 年第 1 期。

情况下，传统村落的保护和发展并不总是如此协调，大量的地方将发展作为首要任务，而保护退居其次，在传统村落规划还不具体明确的情况下，一切以能吸引人流、发展旅游为出发点，以发展的名义无序开发，大拆大建、大挖大填，传统村落的风貌荡然无存，带来了对传统村落不可逆转的破坏。特别是在一些西部地区，传统村落富集但其他资源困乏，一旦有开发的机会，发展的冲动不可遏制。

因此，尽管传统村落的保护和发展不存在根本矛盾，但从现实来看，立法的侧重点必须有所取舍。笔者在贵州省黔东南苗族侗族自治州的传统村落调研过程中，当地干部群众对此意见突出。大家普遍认为，当下最紧迫的还是传统村落的保护问题。只有首先将传统村落的建筑、文化、环境保护起来，防止无序建设、自然损毁和开发性破坏，才谈得上进一步发展、利用的问题。如果对传统村落立法，应当毫不迟疑地将侧重点落在保护而不是发展上，重点应当是通过一定的强制性手段为传统村落的保护树规立矩，而传统村落的发展是政策、资金、人力等综合因素着力的结果，更多地依靠政策来加以解决。因此，传统村落的立法应当重在保护，虽然可以提及发展，但篇幅应当适当减少。

（二）关于传统村落的有形建筑、环境与无形文化保护的次序问题

理想状态下，传统村落的保护，除了保护村庄的有形建筑之外，还应当保障村民的生产生活方式和非物质文化遗产的延续和传承，同时，传统村落周边的自然生态环境与村庄融为一体，也是保护的对象。绝大多专家都呼吁在传统村落保护中，不能仅关注有形建筑的保护，还应当注重村落文化的发展，否则“即便把它们精心地圈起来予以保护，也无非只是一个个没有升级的‘博物馆’而已。”①

但是，对传统村落有形财富和无形财富的保护，其手段和方法完全不同。对村落建筑物、构筑物、周边环境应当更多采取强制性手段进行保护，设定明确的禁止性规范，明确违反法律的责任，使破坏传统村落的行为付

① 宋才发：《民族地区新型城镇化建设进程中传统村落保护的法治思考》，《湖北民族学院学报》（哲学社会科学版）2015 年第 5 期。

出必要的代价，而对于文化的保护，则更多地利用授权性规范和任意性规范，采取一些补偿、鼓励措施，保障传统村落的活态传承。在我国，对无形文化的保护，已经形成了以《中华人民共和国非物质文化遗产法》为龙头的系列文化遗产保护法律法规体系。因此，在传统村落保护立法中，虽然可以涉及相关内容，但由于有形建筑、环境的保护与无形文化的保护在方法上存在较大差异，而且无形文化保护已经形成了其独特的法律体系，没必要再在传统村落保护中另起炉灶。尽管传统村落确实不能是没有人气的“博物馆”，但类似于年轻人大量进城、乡村文化后继乏人这样的传统村落中存在的问题，不是简单用立法手段可以解决的。只有制止了乱开发、乱修建等行为，将传统村落中有形的建筑、环境保护好了，为其留下未来发展的根本，再辅以一定的产业支撑，流落异乡的年轻人才可能逐渐回来。人回来了，文化的传承自然就不再是问题。因此，传统村落的立法不能够过于理想化，而应当拣其当下最迫切的问题，先为有形建筑、环境的保护树规立矩，才谈得上后续发展和文化传承的问题。

（三）关于传统村落规划的问题

在传统村落保护中，规划特别重要，因为一般情况下，传统村落既不是文物，也不是作为物权保护对象的“物”，其保护和发展的边界，只能依照规划来确定。

《国务院关于深入推进新型城镇化建设的若干意见》指出：“坚持实用、简洁、绿色、美观方针，提升规划水平，增强城市规划的科学性和权威性，促进‘多规合一’。”传统村落的规划虽然有《城乡规划法》和《传统村落保护发展规划编制基本要求》（建村〔2013〕130 号）来加以规范，但属于乡村规划范畴，国务院发布的《村庄和集镇规划建设管理条例》第六条规定：“村庄、集镇规划由乡级人民政府负责组织编制，并监督实施。”但从国家级传统村落的分别情况来看，越是经济社会发展较为滞后的地区，传统村落保护得相对更好，如在国家公布的前三批 2555 个传统村落中，云南有 502 个，占全国的 20%；贵州有 426 个，占全国的 16.7%，仅贵州黔东南一地，就有 276 个村落被列入中国传统村落名录，占全国的 10.8%。而这些落后地区的乡级人民政府，高水平的规划专业技术人员数量较少，其中对传统村落及其文化价值有深入理解的专业人员更少。另外，来自乡级人民政府的规划在规划体系里面是级别最低的，规划的权威性不高。因此，现行传统村落的规划科学性和权威性均存疑。有必要将传统村落（特别是国家级的传统村落）的编制定位提高，由市（州）级人民政府编制，规划审批前通过住建部、文化部、国家文物局、财政部组织的技术审查，再由省级人民政府审批，以保障规划的科学性和权威性。

（四）关于资金筹集、投入、使用的问题

目前，无论在多么偏僻的传统村落，经过多年市场化的冲击和自然的剥蚀，传统村落的保护都需要大量的资金投入。传统村落保护资金缺口比较大，有必要进行一定的制度创新，盘活农村土地、房屋等资产，创造灵活的惠益分享机制，引进社会资金，鼓励多渠道筹措传统村落保护基金。《国务院关于深入推进新型城镇化建设的若干意见》第二十三条指出："加快推进农村土地确权颁证工作，鼓励地方建立健全农村产权流转市场体系，探索农户对土地承包权、宅基地使用权、集体收益分配权的自愿有偿退出机制，支持引导其依法自愿有偿转让上述权益，提高资源利用效率，防止闲置和浪费。深入推进农村土地征收、集体经营性建设用地入市、宅基地制度改革试点，稳步开展农村承包土地的经营权和农民住房财产权抵押贷款试点。"这为农村土地、房产成为经营性资产提供了政策保障，有必要在传统村落中先行先试，并通过传统村落的立法来为其提供法律保障。

各方对于社会力量、社会资本投入传统村落保护虽有一定共识，但保护资金的供求矛盾依然突出。传统村落产权关系复杂，加上受现行农村产权制度所限，社会资本投入积极性严重受损。由于传统村落保护背后的发展动力还没有形成，村民缺乏自筹资金对自己民居保护、修缮等意识和行动。针对包括中央财政、地方财政、社会资本、原住民等各方力量还未形成多元化传统村落保护资金投入机制的情况，在中央财政支持下，应加强省、市、县、镇四级政府保护机制建设，设立专项配套资金并落实到位，设立传统村落保护基金，向社会、企事业单位和个人募集基金，由政府牵头建立荣誉档案，授予贡献者荣誉村民或冠名权，探索建立民营资本投融资机制。

在传统村落的资金使用方面，由于传统村落保护资金来源多样、涉及的部门较多，难免存在资金使用碎片化的问题，部门扯皮较多，对此，建

议通过设定一定的条款，在不改变资金归口管理的前提下，对资金进行整合、统筹使用。同时，要建立有效的资金使用监管机制，防止宝贵的保护资金被挪用、滥用。

（五）从“以人为本”理念出发推进传统村落的生态补偿

“以人为本”是中国特色新型城镇化道路的核心理念之一。从理论上讲，传统村落的保护发展与村民的根本利益没有矛盾，但在特定的时期内，其与部分村民利益存在冲突是完全有可能的。如在贵州西江苗寨和肇兴侗寨等传统村落的开发过程中，部分沿街村民获得了村寨旅游开发带来的巨额利益，而大量住在山上的居民获得开发带来的利益较少，反而要承受村落拥挤、物价巨幅上升、房屋不能随意改建等代价，某种程度上造成了社区的撕裂。传统村落保护和发展过程中，虽然未必都会大规模地旅游开发，但整体利益和局部利益的冲突却是客观存在的。例如，一些列入传统村落保护的古民居，成为文物，村民无权自行对其维修，地方政府由于资金匮乏也无力对其进行修缮，导致农村村民只能任其破败或坍塌；[①] 村民盖该房又受《土地管理法》“一户村民只能拥有一处宅基地”的限制，严重限制了村民保护古村落、古建筑的积极性，导致传统村落陷入挂牌保护和保护虚置的尴尬境地。[②] 此外，村落周边的土地由于列入保护用地，客观上限制了村民对其处置的权利。

在传统村落保护中，生态补偿制度作为利益差别的整合器，可以调节成本收益的时空、动态关系，可以惩治破坏传统村落的行为，激励维护传统村落生态系统的行为。[③] 可以从以下几个方面确定传统村落的生态补偿制度：一是借鉴美国、日本、意大利等国家的制度，对确定为文化遗产的建筑实现双重权利制度，建筑物外部结构的所有权归政府，房主享有该建筑内部的所有权和使用权。政府对房屋的外部结构享有权利的同时，有修缮

---

① 胡彬彬：《当前传统村落演变态势堪忧——来自农村一线的调查与回访》，《人民论坛》2015年第6期。

② 李军红：《传统村落生态补偿机制研究》，《思想战线》2015年第5期。

③ Pablo Martinez de Anuita, Maria Angeles Martin, AbbieClare," Environmental Subsidiarity as a Guiding Principle for Forestry Governance: Application to payment for Ecosystem Services and REED + Architecture", Agric Environ Ethics, no. 27. 2014, pp. 617 - 631.

的义务；同时由于房主让渡了外部结构的权利，政府有适当义务改善房主内部居住条件的义务。二是如果为维护村落的整体风貌而使村落土地权利受到限制，国家应当给予适当的补偿；如果有外部旅游企业或下游地区、企业从中受益的，应当由下游地区政府和企业进行补偿；三是在村落内部建立适当的生态补偿机制。例如在传统村落开发过程中，如果受益主体的收益严重不均，而未受益或受益较少的主体也为传统村落的整体风貌做出了贡献，应当通过适当的方式得到补偿。

（六）积极探索传统村落保护的产权制度改革，建立责、权、利一致的保护机制

通过法律来调整和保障传统村落的保护、发展，其核心问题涉及传统村落保护、发展中利益主体的利益平衡和兼顾问题，因此，需要从法律上建立责、权、利一致的保护机制，以法律制度促成传统村落保护、发展的产权制度的改革。完善有关传统村落保护、发展的法律制度，加快村落房产、土地确权步伐。探索传统村落中私人住宅所有权和经营权分离，支持投资者租赁经营。健全传统村落的认领保护制度，有关社会力量通过签订认领协议，严格遵循保护规划，在承担保护修缮义务的基础上享有古民居的居住权、使用权或经营权。尝试通过股份合作制度适度利用传统村落，引入混合所有制，构建“政府 + 社会力量 + 村社主体 + 村民”的保护利用共同体。兼顾各个利益主体利益的法律制度，是全面有效推动传统村落的保护、发展的保障，这一点应成为当前迫切需要的共识。

四　新型城镇化背景下加强传统村落的地方立法

考虑到我国地域广阔，传统村落类型多样，要保护好数量庞大的传统村落，除了中央层面的立法外，还需要结合地方实际，发挥地方的积极性和主动性。中央立法主要解决传统村落保护中具有共性的问题，为传统村落保护提供基本的长效机制，而地方立法则解决具有地方特色的传统村落保护问题。在新型城镇化背景下，各省、市（州）的地方立法要解决以下一些问题。

（一）在传统村落富集的地区，改革城镇化考核的指标

从国家公布的几批传统村落名录来看，传统村落分布呈现较强的地域集中性，如云南、贵州的传统村落分别列全国第一、二位，两省传统村落的数量占比接近全国的 40%，而两省内的传统村落又集中在大理、红河、楚雄、黔东南等少数民族地区。此外，闽南、赣南、皖南等地也是如此，集中了大量的传统村落。这些地方特别是云贵两省的少数民族地区，城镇化率远低于全国平均水平，如 2014 年全国平均城镇化率为 54.77%，而贵州的黔东南、黔南、黔西南三个少数民族自治州的城镇化率分别为 39.57%、36.37%、35.34%。与经济发达地区的都市相比，这些地方很难吸引外来人口，要提高其城镇化率，只有大规模地将本地农村居民城镇化，这样，传统村落“空心化”的趋势势必难以阻挡。因此，在传统村落富集地区，应当改变城镇化的考核方式，改变片面以城镇化率来考核地方政府的模式，使地方政府能够将更多资源、精力用于传统村落保护之中，或者用在一些特色产业或者旅游开发、发展较好的传统村落，如贵州西江苗寨、肇兴侗寨等，如果能够吸引村民回流就业，就应当将这样的村落纳入城镇指标。只有这样的导向，才能避免单纯的农村城市化现象。

（二）对传统村落进行分类立法、重点保护

目前，我国对传统村落只有纵向的分类，而没有横向的分类。例如，在贵州，各级政府比较重视传统村落保护，将传统村落划分国家、省、市（州）、县四级，并且对各级政府设定了一些强制性的责任。但是，由于传统村落保护所需资金较大，传统村落又往往集中在一些财力薄弱的地方，市（州）、县政府可能根本没有专项资金保障的能力，如果保护范围过宽，资金过度稀释反而达不到保护的目的。因此，宜于采取重点保护的原则，不宜贪大求全，重点保护好国家级传统村落，适当保护省级传统村落，市（州）、县一级的传统村落保护下放给市、县政府自行决定，立法上不做强制性要求。

横向上，我国对传统村落没有保护类型的划分。有学者认为传统村落可以分为几种类型，如名人故居、特色建筑、重大历史意义村落、科举人

才、特色产业。[①] 这种划分未必严谨，但从全国的情况来看，各地传统村落类型多样，需要采取的保护措施也各不相同，如黔东南苗族侗族自治州的传统村落基本是木质建筑，多数单个的建筑并没有悠久的历史或极大的价值，这样的传统村落，其保护重在整体风貌的保存，不应当限制单个建筑的修缮。而皖南、赣南等地区的传统村落内，单个建筑历史悠久，文化、历史价值重大，其保护方式显然与黔东南不一样。此外，如黔东南的木质建筑对防火要求更高，在相关立法中应当在加强消防、防止滑坡等方面提出一些有针对性、切实可行的措施。因此，必须通过地方立法加大对传统村落的分类保护，制定特定地区村落保护的地方标准，便于各部门统一遵照执行。

（三）加大传统村落普查的力度

要保护好传统村落，应当首先对传统村落进行摸底普查，做到心中有数，才能制定出好的保护措施。传统村落正在快速消失，国家虽然加大了力度，但在进行的四批次传统村落申报中，由于地方重视程度不同，有的地方可能存在漏报的现象，从而使一些具有保护价值的传统村落没有进入保护名录之中。因此，各地应当通过立法对传统村落进行一次大的普查，摸清各地传统村落的家底。对于一些没有纳入国家级保护、具有保护价值的传统村落，应当将其纳入省、市（州）级保护。

（四）创新社会、社区参与和惠益分享机制

村民是传统村落的主人，但在很多传统村落的开发特别是旅游开发过程中，村民的主体权利和责任不明确，参与利益分享的渠道不畅通，机制不灵活。地方政府、旅游企业、外来经营商户、传统社区之间由于利益诉求不同引发了各种矛盾冲突，有的地方甚至出现了激烈的群体性事件。此外，诸如相邻村落、同一社区不同居民、社区居民与外来经营户、非遗传承人与普通文化传承者等不同主体之间的利益诉求差异也非常大，需要对多样化利益相关者的关系作进一步深入研究。笔者认为，在已有的基于传

---

① 逄翠玉：《新型城镇化背景下传统村落的保护和发展研究》，天津理工大学硕士论文，2015。

统村落保护、开发、发展中相关主体利益博弈的现实而提出建立“利益共同体”的调研成果基础上，继续从机制甚至法律层面研究如何厘清和明确各个参与主体的责权利，只有兼顾到各方的惠益分享，明确法律层面上的责权利，才是持续、有效地推动传统村落保护、发展的明智之选和根本之策。传统村落开发过程中的社会、社区参与和惠益分享问题，具有明显的地方性和民间性，只能通过地方立法来解决。在尊重地方传统和习惯的基础上，各地可以就此制定一些基本规则，提出社会、社区各个主体参与机制、惠益分享合同、公司治理章程的参考范本，引导传统村落开发中形成科学、合理的社会、社区参与和惠益分享机制，减少矛盾纠纷，促进传统村落的可持续发展。

（五）民族自治地方要用足地方自治立法权，制定具有民族特色的关于传统村落保护、发展的单行条例、地方性法规和规范性文件

据统计，国家级的中国传统村落目录主要集中在我国的民族自治地方，比如云南、贵州的中国传统村落数量分别列全国第一、二位，两省传统村落的数量占比接近全国的40%，而两省内的传统村落又集中在大理、红河、楚雄、黔东南等少数民族地区。这反映了这些民族自治地方对传统村落保护的重视，以及把传统村落作为一种特色资源加以利用以实现发展的愿望和行动。甚至有的民族自治地方通过积极主动制定单行条例、法规和规范性文件，来加强引导和推动传统村落的保护、发展，变成了积极主动利用法律形式保障自我发展的一种需求和行动。比如，贵州省黔东南州苗族侗族自治州近年来相继出台了《黔东南苗族侗族自治州民族文化村寨保护条例》、《黔东南苗族侗族自治州传统村落保护实施办法（试行）》等单行条例、法规和规范性文件，以加强对民族传统村落的保护，就体现了民族自治地方用足地方自治立法权、制定具有民族特色的关于传统村落保护、发展的单行条例、法规和规范性文件的地方立法实践和探索。其中，2008 年 5 月，经贵州省人大批准的《黔东南苗族侗族自治州民族文化村寨保护条例》，较为全面地对民族文化村寨的认定、规划、建筑、文化、环境等进行了全面规范，对破坏民族文化村寨的行为制定了一些处罚措施。

五 结语

在国家新型城镇化快速发展过程中，传统村落的保护被提升到“留住中华民族的根”这样一种高度，以政策和多部门规范性文件来保护传统村落的做法，不足以为传统村落的建筑、环境和文化提供长效的保护机制。在依法治国的大背景下，法律在传统村落的保护中不应缺位，应当尽快由全国人大制定传统村落保护的基本法，为传统村落的开发和保护制定基本的规则，划出红线。同时鼓励地方立法，针对地方传统村落实际，对传统村落进行分类保护，制定出地方传统村落保护的标准，限制那些不顾区域、民族特色，通过行政命令，强制公路、铁路沿线和旅游村寨统一按照某种模式进行美化等不当行为。立法中，应避免大而全，追求简单易行，使我国传统村落保护这一百年大计能进入法治化的轨道。

田野调查在法人类学研究中的运用[*]

黄孝慧　黄　俐[**]

摘要："田野调查"，即"fieldwork"，是人类学的基本方法论，是人类学家的"成年礼"，在人类学研究中占据着重要地位。在以人类学来研究法律的法人类学学科里，田野调查固然也是法人类学的基本方法论。它的学科性质决定了田野调查是其生命线，贯穿于法人类学研究始终。作为一门动态的研究学科，在一个波澜起伏的复杂社会背景下，应不断反思总结，为田野调查在法人类学中的研究道路开辟宽敞明亮的前景。

关键词：田野调查　法人类学　运用　民族习惯法

田野调查，作为一门有着悠久历史的研究方法，在我国最先开启于社会学、民族学、人类学等学科的研究中。自20世纪80年代以来，从国外引入的一门新兴学科——法人类学在我国得到高度重视和蓬勃发展。在法人类学中如何有效贯彻田野调查这一基本方法论具有重要探讨意义。

一　田野调查：法人类学的基本方法论

（一）田野调查的定义

田野调查（fieldwork），亦称田野作业，是法人类学学科研究的生命线。

---

*　本文系2014年度国家哲学社会科学基金重大招标项目"建设社会主义民族法治体系、维护民族大团结研究"（项目批准号：14ZDC025），2014年全国文化名家暨"四个一批"理论人才资助项目（中宣办发〔2015〕49号）的阶段性研究成果。

**　黄孝慧，女，汉族，云南大学2015级民族法学博士研究生，研究方向为民族法学、法人类学。黄俐，女，汉族，贵州民族大学2016级经济法学硕士研究生。

美国传统辞典定义为："The collecting of sociological or anthropological data in the field." *Macmillan Dictionary of Anthropology* 的解释是："田野调查是人类学家、民族志学家、社会学家在特定民族地区或社区所从事的研究。现在人类学下的民族地区不限于传统的部落或农业社区，它还包括被人类学家选作集中研究的都市、发达或其他环境等。"① 通过对学者们理论的比较分析，笔者认为，田野调查是一种研究方法论，它贯穿于人类学、社会学、民族学乃至法人类学等社会科学研究的始终。它主张多元视角、文化比较，把动态的活性的社会当成研究的实验根据地，直观性、多元性、跨学科性、长期性和参与性是其最基本的特点。它通常包括以下活动：访谈、直接观察、参与群体生活、集体讨论、个案分析等，以定性研究为主，定量为辅。田野调查常采用此种"小规模""大传统"的实证调查研究，这具有较大的客观性和科学性。

（二）田野调查的发展

田野调查源于西方人类学家，19 世纪末 20 世纪初，由美国人类学家摩尔根等学者引入。② 19 世纪 50 年代后期，摩尔根经过对亲属关系多年的比较研究，构建了一种宽宏的人类社会的进化理论，把人类的文化进化进程分为蒙昧、野蛮和文明三个阶段，强调对不同文化差异的系统研究。③ 随后博厄斯等学者批评了进化论不符合文化实体的发展体系，为了证明进化论思想不符合客观事实，须行至世界角落去搜集人类社会行为多元化的文献材料。为了保证文献搜集过程科学严谨，他们还建立了文化人类学的典型研究方法（民族志）的根本标准。④ 自此以后，田野调查日益成为文化人类学的核心内容和界定标识。19 世纪末 20 世纪初，马林诺夫斯基通过长期在原始部落田野调查，展开"功能主义"研究，为田野调查方法的系统化、法人类学的成型奠定了基

---

① Charlotte Seymour - Smith, *Macmillan Dictionary of Anthropology*, The Macmillan Press Ltd. London and Basingstoke, 1986, p. 117.

② 〔美〕路易斯·亨利·摩尔根：《古代社会》，杨东莼等译，商务印书馆，1995。

③ John M. Conley, "William M. O' Barr. Legal Anthropology Comes Home: A Brief History of the Ethnographic Study of Law," *Loyola of Los Angeles Law Review* 27, 1993, pp. 41 - 43.

④ John M. Conley, "William M. O' Barr. Legal Anthropology Comes Home: A Brief History of the Ethnographic Study of Law," *Loyola of Los Angeles Law Review* 27, 1993, p. 44.

础[①]；同时期的拉德克利夫·布朗强调社会的“功能”、“结构”与“形式”三位一体，重视文化在社会整体系统中的价值研究，主张异文化研究。[②] 他认为，社会功能一定程度上维系了社会的结构。国际环境影响下，田野调查方法理论在我国老一辈人类学家林惠祥、凌纯声、费孝通等学者的铺垫下，也得到系统性发展。20 世纪 20 ~ 30 年代，林惠祥先生以“历史与民族志”研究对台湾与大陆史前族群和文化的渊源进行实地考证，融历史性与共时性研究、文献与田野考察为一体，取得了一批有重大影响的成果。20 世纪 30 ~ 40 年代，费孝通先生基于“文化平等”研究视角，强调社会观察式理论成果的来源，重视田野调查，强调微观研究在宏观研究中的价值，主张立场平等下的文化多元，强调多元文化的价值功能。费孝通先生 80 年代在社会学领域方面的建树都离不开田野调查的路径，为田野调查在今天社会科学领域的兴盛奠定了坚实基础。

自从人类学田野调查兴起以来，很多实务工作者对法律产生了很大的兴趣。大家认为，法律是人类学应予研究的一个核心的文化成分，这有助于使法律成为人类学家感兴趣的大量主题的最前沿部分，法律不应孤立地进行研究，相反应作为复合型的文化环境中的一个要素来加以研究，[③] 即进行法人类学的研究实乃科学的研究进路。

（三）法人类学概念、发展与研究方法

1. 法人类学的概念

法人类学是社科领域的一门新兴学科。它起源于 18 世纪后半期，并作为一个自我发展的自治性领域，其间大量的学者和调查者们探讨的主题主要围绕人类的特征、人类社会的性质和人类社会的起源等方面。法人类学是在跨文化视角下不同学科壁垒在渐进式突破的背景下产生的，是以人类学、法学、民族学、社会学等多层社会学科对社会中法律现象进行观察、

① 〔英〕马林诺夫斯基：《原始社会的犯罪与习俗》，原江译，法律出版社，2007；〔英〕马林诺夫斯基：《西太平洋上的航海者》（全四册），张云江译，九州出版社，2007。

② 〔英〕A. R. 拉德克利夫·布朗：《原始社会的结构与功能》（西方学术经典译丛），丁国勇译，中国社会科学出版社，2009。

③ John M. Conley, “William M. O’ Barr. Legal Anthropology Comes Home: A Brief History of the Ethnographic Study of Law,” *Loyola of Los Angeles Law Review* 27, 1993, p. 41.

提炼、解读和分析的一门重要学科。它处于法律学与人类学的交汇处，是一门交叉性的分支学科。日本学者千叶正士采用多学科视角，对法人类学做了界定[①]。

2. 法人类学的发展

法人类学起源于1861年巴霍芬的《母权论》和梅因的《古代法》。梅因将进化论方法引入法人类学[②]。摩尔根1877年著《古代社会》、恩格斯1884年著《家庭、私有制和国家的起源》，是法人类学领域的开创性著作。这些文献为法人类学的成型与发展奠定了根本性基础。1926年马林诺夫斯基的法人类学标志性著作《原始社会的犯罪与习俗》，强调民族志、田野调查式研究，为法人类学成型奠定了根基。其后著名人类学家拉德克利夫·布朗通过研究纠纷来发现规则，这标志着法人类学从民族志等描述性研究走向了纠纷过程研究。20世纪40~50年代，霍贝尔以事物发展的渐进过程为基础，重现了进化模式的法人类学研究。20世纪50~60年代，格鲁克曼和博汉南就英美法律分类应用到非西方社会这一问题产生争论。20世纪70年代，实体研究让位于程序研究，程序研究得到很大的发展。20世纪80年代至今，多元文化式的跨学科研究渐渐走向法人类学舞台，并得到足够的重视和蓬勃的发展。

3. 法人类学的研究方法

关于法人类学的研究方法，前文有所论述，仁者见仁，智者见智，方法种类数量较多。笔者认为，法人类学的研究方法主要有以下几种。

第一，参与观察法。“参与观察”，指一个人在持有中立立场的前提下，走出书斋、走进乡土或社区，融入当地民众，在生活中观察和体验，进行动态性的长期田野调查。法人类学家对特定地区的人们的生活、生产、法律、文化、思想等社会现象进行观察与探析，最常用的调研方法是参与观察法。没有具体研究的理论则是空洞的，理论不是源于单一的思辨，而是来源于对社会现象的实证观察，来源于第一手新鲜出炉的社会材料，通过活态的社会现象观察，才能成为考察社会现象的积淀要素。

---

① 〔日〕千叶正士：《法律多元——从日本法律文化迈向一般理论》，强世功等译，中国政法大学出版社，1997。

② 〔英〕梅因：《古代法》，沈景一译，商务印书馆，1959。

第二，定量与定性研究法。法人类学，甚至整个社会科学领域的研究都离不开定性研究和定量研究。一方面，定性研究是基于现象的实质所做的分析和探究，区别不同社会现象需要定性研究。另一方面，在对社会现象进行分析研究，得出科学合理的结论时，定性研究是不够充分的，须有定量研究作为辅助。因为定量研究善于捕捉宏观中的精细和量化成分，从中提炼重要信息和重要数据，有助于我们对纷繁复杂的社会现象进行梳理和比较，从而得出较为科学合理的理论结果。当前，定量研究在社会学领域用得很广，国外如美国的法律学科中也大量使用定量分析法，我国法人类学研究可以倡导这种方法。

第三，重视民间纠纷解决规范。20 世纪 60～70 年代以来，纠纷式研究成为学者关注的重心。法人类学已从过去对原始法、部落法、习惯法的历史材料收集、现象描述，发展到注重纠纷解决的功能主义研究。霍贝尔曾强调，“法人类学研究须遵循一定的原则：一是要身处他者的部落中直接观察和体验，得到描述性材料；二是从观察材料中、从当地人的社会活动中总结理论规则，使之理论化和系统化；三是重视当地人社会关系中的纠纷和争执事件的研究，强调纠纷解决机制。”① 美国著名法学家穆尔研究纠纷时，坚持将历史和宏观的社会环境纳入纠纷研究框架，把视角投向纠纷处理结果与更广泛的社会历史背景关系。②

第四，抽样对比。基于不同地域、不同民族的独特性，从中选择典型性的研究场域，进行抽样对比分析，对个案内部进行比较研究，对个案之间进行比较研究，结合微观与宏观对比分析。这是法人类学常见的一个研究方法。法人类学的最终目的在于对脱域的、不同的民族、民间社会现象进行系统分析和阐释。法人类学是一门比较学科，它需要一种概念的工具来对文化进行比较。③ “若要用理论解释世界，首先要知道世界是怎样的”④。“若要理解真实的法律世界，就要研究‘行动中的法律文本’——

① 〔美〕霍贝尔著《初民的法律》，周勇译，中国社会科学出版社，1993，第 68 页。

② 李婉琳：《社会变迁中的法律——穆尔法人类学思想研究》，中国人民公安大学出版社，2011，第 179 页。

③ Franz Von Benda—Beckmann, *Anthropology and Comparative Law*, Anthropology of Law in the Netherlands, 1986, p. 90.

④ 张五常：《五常学经济》，中信出版社，2010，第 166 页。

也就是日常人际互动、组织运作、结构行动中的法律”。“不管是对‘行动中的法律文本’的发现，还是某种真知灼见的获得，都不会来自空洞的思辨或注释，它来自于对我们所生活的世界的认知，来自于经验研究。”[①]“好的理论只有与正在进行的经验研究计划保持系统的关联，才能做到这一点。”[②]

第五，过程研究。随着研究视角从重视日常纠纷解决的规则到注重各个社会或社区成员用维持社会稳定的系统过程的转变，法人类学视角由马林诺夫斯基等学者开创的静态平衡理论研究转向社会结构、社会过程的动态研究。法律是随着社会政治、经济、文化等领域的发展而前行的，呈现一个动态持续过程。如穆尔[③]、波斯皮斯尔[④]等的研究。在这样一个复杂的社会里，社会成员用以解决纠纷、控制行为、维护社会稳定的方式多元化，可能诉诸法律，抑或是信仰、文化、习俗等。我们要综合利用静态与动态、宏观与微观相结合的研究方法，方能形成科学的、客观的、可信的研究成果。

二　田野调查在法人类学中的应用

随着田野调查被引入法人类学，学者们紧随时代步伐，走出书斋，来到民间田野，不辞劳苦，用心挖掘民间“文化富矿”，去粗取精、积极引进、吸纳国内外先进的学术理念，并取得了丰硕的成果。《广西民族大学学报》、《甘肃政法学院学报》、《原生态民族文化学刊》、《贵州社会科学》、《贵州民族研究》等期刊设有《民族习惯法·民间法》、《民族法学与法律人类学》等专栏，为法人类学研究创造了宽广平台。法人类学这门边缘学科，已逐渐找回自信，找到自己所处位置，这些丰硕成果可就视角倾向作如下呈现。

---

① 王启梁、张剑源：《法律的经验研究：方法与应用》（代序），北京大学出版社，2014，第3～4页。

② 〔英〕布赖恩·特纳：《BLACKWELL社会理论指南》（第2版），李康译，上海人民出版社，2003，第25页。

③ Moore, Sally Falk, *Law as Process: an Anthropological Approach*, Routledge & Kegan Paul Ltd. 1978. Moore, Sally Falk, ed., *Law and Anthropology: A Reader*, Blackwell, 2004.

④ Pospisil. L., *Anthropology of Law: a Comparative Theory*, New York: Harper & Row, 1971.

（一）民族习惯法方面

学者们纷纷从社会边缘出发，以人类学、社会学、文化学、民族学乃至历史学的视角，展开对少数民族习惯法的研究。采用田野调查法，并取得了丰硕的研究成果。部分著作如表 1 所示。

表 1　对少数民族习惯法研究的部分成果

年份	作者	著　作	出版社
1990	夏之乾	《神判》	团结出版社
1990	范宏贵	《少数民族习惯法》	吉林教育出版社
1991	邓敏文	《神判论》	贵州人民出版社
1993	张济民	《青海藏区部落习惯法资料集》	青海人民出版社
1994	宋全	《少数民族民间禁忌》	中央民族大学出版社
1994	张晓辉	《中国法律在少数民族地区的实施》	云南大学出版社
1995	邓敏文等	《没有国王的王国：侗款研究》	中国社会科学出版社
1995	高其才	《中国习惯法论》	湖南出版社
1998	张晓辉等	《少数民族习惯法研究》	云南大学出版社
1998	王学辉	《从禁忌习惯到法起源运动》	法律出版社
2000	俞荣根	《羌族习惯法》	重庆出版社
2000	徐晓光等	《苗族习惯法研究》	华夏文化艺术出版社
2001	张晓辉	《云南 25 个民族村寨社会调查》之《曼刚傣族寨社会调查》	云南大学出版社
2002	张济民	《藏族部落习惯法研究丛书》	青海人民出版社
2003	高其才	《中国少数民族习惯法研究》	清华大学出版社
2004	张晓辉等	《仡佬族——贵州大方县红丰村调查》（中国民族村寨调查丛书）	云南大学出版社
2004	张晓辉等	《中国民族法学》	法律出版社
2005	胡平仁	《宪政语境下的习惯法与地方自治：萨摩亚方式的法社会学研究》	法律出版社
2005	杜宇	《重拾一种被放逐的知识传统：刑法视域中“习惯法”的初步考察》	北京大学出版社
2006	周相卿	《黔东南雷山县三村苗族习惯法研究》	贵州人民出版社
2006	文新宇等	《法律多元视角下的苗族习惯法——来自黔东南的田野调查》	贵州民族出版社

续表

年份	作者	著　　作	出版社
2008	高其才	《中国习惯法论》	法制出版社
2008	高其才	《瑶族习惯法》	清华大学出版社
2008	李鸣	《碉楼与议话坪——羌族习惯法的田野调查》	中国法制出版社
2008	陈金全	《西南少数民族习惯法研究》	法律出版社
2010	历尽国	《法治视野中的习惯法理论与实践》	中国政法大学出版社
2010	姜歆	《中国穆斯林习惯法研究》	宁夏人民出版社
2010	高晋康等	《习惯与法制的冲突与整合——以西部地区的调查分析为进路》	法律出版社
2010	周世中等	《西南少数民族民间法的变迁与现实作用——以黔贵瑶族、侗族、苗族民间法为例》	法律出版社
2011	游志能	《民族习惯法的经济分析》	中央民族大学出版社
2011	郭凤鸣	《秩序中的生长——少数民族习惯法的教育人类学解读》	四川大学出版社
2012	吴大华等	《侗族习惯法研究》	北京大学出版社
2012	叶英萍	《黎族习惯法——从自治秩序到统一法律秩序》	社会科学文献出版社
2012	徐晓光	《款约法——黔东南侗族习惯法的历史人类学考察》	厦门大学出版社
2012	胡卫东	《黔东南苗族山林保护习惯法研究》	西南交通大学出版社
2012	高其才	《当代中国婚姻家庭习惯法》	法律出版社
2012	陈国光等	《凉山彝族习惯法调解纠纷现实案例》	中央民族大学出版社
2013	周世中	《广西瑶族习惯法和瑶族聚居地和谐社会的建设》	广西师范大学出版社
2013	常丽霞	《藏族牧区生态习惯法文化的传承与变迁研究：以拉卜楞地区为中心》	民族出版社
2014	邹渊	《贵州少数民族习惯法调查与研究》	中央民族大学出版社
2014	吴大华	《中国少数民族习惯法通论》	知识产权出版社
2014	高其才	《当代中国分家析产习惯法》	中国政法大学出版社
2014	周相卿	《黔东南雷公山地区苗族习惯法与国家法关系研究》	民族出版社
2014	吕志祥	《藏族习惯法及其转型研究》	中央民族大学出版社
2014	尚海涛	《当代乡村社会中的习惯法——基于H村的调研》	厦门大学出版社
2014	淡乐蓉	《藏族“赔命价”习惯法研究》	中国政法大学出版社
2015	马旭东	《回族民商事习惯法研究》	宁夏人民出版社
2015	韩立收	《不落夫家：黎族传统亲属习惯法》	法律出版社

续表

年份	作者	著　作	出版社
2015	高其才	《习惯法的当代传承与弘扬》	中国人民大学出版社
2015	周世中	《民族习惯法在西南民族地区司法审判中的适用研究》	法律出版社
2016	龚卫东等	《西部少数民族民事习惯法治化问题研究》	法律出版社
2016	袁翔珠	《广西少数民族互助习惯研究及其在构建农村社会保障机制中的运用》	北京大学出版社
2016	黄娅琴	《惩罚性赔偿研究：国家制定法与民族习惯法双重视角下的考察》	法律出版社

（二）民族志史方面

部分学者以纵向视角把握民族法律制度的发展历程，以实证调查为核心，以历史文献为主，以理论分析为辅，对少数民族的优秀法制文化积淀进行了搜集、整理和概括分析，汇集成一批民族志史等重要著作，如表 2 所示。

表 2　民族志史部分重要著作

年份	作　者	著　作	出版社
1985	方慧	《试论从蒲人到崩龙族的历史演变》	云南大学出版社
1986	索南次仁	《藏族历代法典》	民族出版社
1988	杨锡光	《侗款》	岳麓书社
1988	李范文	《西夏法典》	宁夏大学
1993	云南少数民族古籍	《瑶族石刻录》	云南民族出版社
1994	周润年	《西藏古代法典选编》	中央民族学院出版社
1994	杨怀英	《凉山彝族奴隶社会法律制度研究》	四川民族出版社
1996	梁治平	《清代习惯法：社会与国家》	中国政法大学出版社
1998	海乃拉莫	《凉山彝族习惯法案例集成》	云南人民出版社
1999	奇格	《古代蒙古法制史》	辽宁民族出版社
2001	方慧	《云南民族村寨调查蒙古族：通海兴蒙乡》	云南大学出版社
2001	徐晓光	《藏族法制史研究》	法律出版社
2002	杨一凡	《中国珍稀法律典籍续编》	黑龙江人民出版社

续表

年份	作　　者	著　　作	出版社
2002	张冠梓	《论法的成长——来自中国南方山地民族法律民族志的诠释》	社会科学文献出版社
2002	徐晓光	《中国少数民族法制史》	贵州民族出版社
2004	方慧	《中国历代民族法律典籍》	民族出版社
2004	杨仕宏	《藏族传统法律文化研究》	甘肃人民出版社
2005	胡兴东	《生存范式：理性与传统——元明清时期南方民族法律变迁研究》	中国社会科学出版社
2005	张晓辉等	《彝族法律文化研究》	民族出版社
2006	龙耀宏等	《侗族——贵州黎平县九龙村调查》	云南大学出版社
2008	李鸣	《羌族法制的历程》	中国政法大学出版社
2008	李鸣	《中国民族法制史》	中央民族大学出版社
2008	李鸣	《中国近代民族自治法制研究》	中央民族大学出版社
2008	曾代伟	《巴楚民族文化圈研究：以法律文化的视角》	法律出版社
2008	佴澎	《从冲突到和谐——元清明时期西南少数民族纠纷解决机制研究》	人民出版社
2010	潘志成	《西南民族传统法文化的历史与现状考察》	民族出版社
2012	何小平	《清代习惯法：墓地所有权研究》	人民出版社
2013	白京兰	《一体与多元：清代新疆法律研究（1759～1911年）》	中国政法大学出版社
2013	马珺	《清末民初民事习惯法对社会的控制》	法律出版社
2013	袁翔珠	《清政府对苗疆生态环境的保护》	社会科学文献出版社
2015	梁治平	《清代习惯法》	广西师范大学出版社
2015	刘广安	《清代民族立法研究》	中国政法大学出版社

（三）民族法律文化、法人类学方面

有学者突破传统研究视角，结合时代前沿问题，对民族法律文化、法人类学学科体系展开动态研究。为了更好地推进法人类学研究，2011 年中国民族学人类学专业委员会批准成立了法律人类学专业委员会，该委员会是从事法人类学研究与实践的学术团体，到 2016 年 10 月已陆续举办了 6 期论坛，分别出版了 4 卷《法律人类学论丛》（年刊），以此作为国内法人类

学研究与交流的学术阵地。该领域部分著作如表 3 所示。

表 3　民族法律文化、法人类学部分著作

年份	作者	著　作	出版社
1986	严景耀	《中国的犯罪问题与社会变迁》	北京大学出版社
1999	吴大华	《民族与法律》	民族出版社
1999	刘作翔	《法律与文化理论》（第一版）	商务印书馆
2002	方慧	《云南少数民族传统文化的法律保护》	民族出版社
2002	梁治平	《法治在中国：制度话语与实践》	中国政法大学出版社
2004	吴大华	《民族法律文化散论》	民族出版社
2005	张晓辉等	《彝族法律文化研究》	民族出版社
2005	吴大华	《侗学研究（七）——纪念民族区域自治法颁布实施 20 周年学术研讨会》	民族法学评论
2007	孙伶伶	《彝族法文化——构建和谐社会的新视角》	中国人民大学出版社
2008	朱晓阳等	《法律与人类学：中国读本》	北京大学出版社
2008	曾代伟	《巴楚民族文化圈研究：以法律文化为视角》	法律出版社
2009	吴大华	《中国民族法学研究概览》	贵州民族出版社
2009	张永和	《武侯陪审：透过法社会学与法人类学的观察》	法律出版社
2009	周相卿	《法人类学理论问题研究》	民族出版社
2010	吴大华	《民族法学前沿问题研究》	法律出版社
2010	徐晓光	《原生的法——黔东南苗族侗族地区的法人类学调查》	中国政法大学出版社
2011	张冠梓	《法律人类学：名家与名著》	山东人民出版社
2011	赵旭东	《法律与文化——法律人类学研究与中国经验》	北京大学出版社
2011	张晓辉	《多民族社会中的法律与文化》	法律出版社
2011	张永和等	《大邑调解：透过法社会学与法人类学的观察》	法律出版社
2011	李婉琳	《社会变迁中的法律——穆尔法人类学思想研究》	中国人民公安大学出版社
2011	王鑫	《纠纷与秩序：对石林县纠纷解决的法人类学研究》	法律出版社
2012	吴大华	《中国民族法治发展报告》	中央民族大学出版社
2012	张冠梓	《国际人类学民族学联合会第 16 届大会文集：文化多元与法律多元》	知识产权出版社
2012	王飞	《民族文化背景下的犯罪与矫正：对两所监狱少数民族服刑人员的法律人类学考察》	中央民族大学出版社
2012	张冠梓	《多向度的法——与当代法律人类学家对话》	法律出版社

续表

年份	作者	著　　作	出版社
2013	梁治平	《寻求自然秩序中的和谐——中国传统法律文化研究》	商务印书馆
2013	梁治平	《新民说：法律后面的故事》	广西师范大学出版社
2013	吴大华	《民族法学》	法律出版社
2013	罗洪洋	《法人类学的理论与实践》	中国政法大学出版社
2014	邓敏文等	《中国侗族生态文化研究》	中国林业出版社
2014	杨士宏	《蒙藏传统法律文化比较研究》	中国社会科学出版社
2014	何志辉	《华洋共处与法律多元：文化视角下的澳门法变迁》	法律出版社
2015	梁治平	《法辨：法律文化论集》	广西师范大学出版社
2015	张洪林等	《潮汕法律文化研究》	华南理工大学出版社
2015	吴大华	《中国少数民族犯罪及其对策研究——以贵州省世居少数民族为视角》	经济管理出版社

（四）民间法方面

近年来，随着我国法人类学的不断发展和完善，学者逐渐突破民族习惯法这一狭窄领域，采用多学科视角，如民族学、人类学等，逐步深入对民族民间法的探讨，竭力挖掘民族文化之本土资源，对基层乡村社区规范展开研究，涌现出一批优秀著作。该领域部分著作见表4。

表4　民间法研究优秀著作

年份	作者	著　　作	出版社
1996	朱苏力	《法治及其本土资源》	中国政法大学出版社
1997	王铭铭等	《乡土社会的秩序、公正与权威》	中国政法大学出版社
1997	王铭铭	《村落视野中的文化与权力》	三联书店
2000	朱苏力	《送法下乡——中国基层司法制度研究》	中国政法大学出版社
2003	赵旭东	《权力与公正——乡土社会的纠纷解决与权威多元》	天津古籍出版社
2005	田成有	《乡土社会中的民间法》	法律出版社
2008	严军兴	《多元化的农村纠纷处理机制研究》	法律出版社
2010	王启梁	《迈向深嵌在社会与文化中的法律》	中国法制出版社
2011	陈柏峰	《乡村江湖：两湖平原“混混”研究》	中国政法大学出版社
2011	朱晓阳	《小村故事：罪过与惩罚（1931～1997）》	法律出版社

续表

年份	作者	著　作	出版社
2011	赵旭东	《法律与文化：法律人类学研究与中国经验》	北京大学出版社
2012	徐晓光	《锦屏乡土社会的法与民间纠纷解决》	民族出版社
2015	张青	《“乱象”中的公正与秩序：鄂西南锦镇人民法庭的实践逻辑》	法律出版社

以上仅为部分优秀著作，在各类报刊发表的近千篇有关法人类学的论文，这里限于篇幅，不再列举。从学者们的研究成果可归纳出几个特点：一是研究倾向于民族习惯法和法律文化，民族志史稍显薄弱；二是锁定某一视角，形成不同学术流派，研究成果丰硕；三是重视田野作业的应用；四是注重多学科交叉展开法人类学研究。

三　法人类学研究存在的问题与前瞻

（一）法人类学研究中存在的问题

自 20 世纪 80 年代以来，法人类学在我国得到一定发展，学者们纷纷走向田野，结合跨学科视角研究取得了一系列可喜的研究成果。但是，与西方法人类学研究的质和量相比，我国法人类学研究仍存在一定局限，譬如，法人类学研究方法不尽完善、研究视角狭窄。[①] 主要体现在以下方面。

第一，方法论不完善，缺乏精品高质的民族志等研究成果。中国拥有法人类学发展的独特而丰富的民族资源。但像马林诺夫斯基的《原始社会的犯罪与习俗》、拉德克利夫－布朗的《安达曼岛人》、埃文斯·普理查德的《努尔人》等精品力作，在中国极为匮乏。一方面，由于学者的田野调查意识不够，缺乏田野调查的奉献精神；另一方面，我国目前对这种研究的支持无论在经费上还是项目数量上都相对较少，从而导致一些学者更习

① 法律人类学是一个开放性的理论体系，法人类学随着时代变迁而不断融入新的研究成果，探索新的理论疆域。进行法律的田野调查的研究者，需要在调查中随时注意反思自己的调查：自己是否真正了解调查对象？获得的资料是否为道听途说的？调查是否具有客观性和科学性？调查对于法学理论的创新或修正是否有价值？参见王启梁《从书斋的冥想中出走——人类学田野调查方法在法学研究中的运用浅述》，《贵州民族学院学报》（哲学社会科学版）2007 年第 3 期。

惯于从书斋中寻求废旧文献资料，丧失了法人类学的活态性和创新性。

第二，研究仍处于埋头苦干型，视野未扩展到国外。在社会转型的今天，全球化是一个必然趋势，其中最重要的体现便是文化壁垒的突破，文化之间的交流与互鉴在此显得尤为重要。国外关于田野调查的许多理论方法非常值得借鉴。随着时代的变迁、社会的发展，跨际文化交流成为必然趋势，我们研究法人类学的目的之一，就是让其走向其本该拥有的镁光灯下，促进学术交流并扩大其学术影响力，而非一直羞答答地在边缘地带黯然神伤。

第三，各研究流派之间缺乏足够互动，未真正实现思想交融，资源共享。正如文中图表所示，各研究分支流派自成体系，形成大批优秀成果，可背后我们仍感到惋惜：各分支流派虽苦心钻研，成果较多，但视角仅限于自己的学术阵地，未积极主动与其他流派之间展开互动、交流，导致助推法人类学发展的力量较为分散，力量不往一处使，致使法律人类学发展进程曲折而缓慢。

第四，法人类学研究成果丰富但较为零散，未系统化。若我们能把这些研究成果，按照一定科学体系予以系统化编辑、收录成册，则对于搭建法人类学术平台、助推法人类学学科发展，是很有意义的事。这方面，《习惯法·民间法》《法律人类学论丛》《民族法学评论》《法律和社会科学》等集刊的推出，已做了很好的探索。

（二）法人类学研究的前瞻

1.“本位观察”与“他位观察”的结合

20世纪60年代初，诞生于美国人类学领域的“本位观察”与“他位观察”两种研究方法，借用了语音学中的音素分析法和语音分析法，即“emic”和“etic”方法。① “本位观察”利于克服族际差异所带来的弊端，客观忠实地反映事实本来的真相；“他位观察”则可以突破内部结构的约束，有利于把握事物的规律性。两者不可分离，兼具互补作用。

① “本位观察”，指站在被调查对象的角度，用他们自身的视角和观点去解释他们的文化。“他位观察”，指站在中立的或局外的立场，用调查者所持有的一般观点去解释所观察到的文化。

2. **使田野调查方法系统化、缜密化**

“什么是人类学的田野工作？实际上很简单，那就是你要在现场，这是人类学的一个基本原则，人类学家需要身临其境地参与式观察。”[①] 张晓辉教授强调，“田野调查时研究者应进行长时期的深入调查，结合社会变迁视角，认真选择调查地点和研究对象。小地方、大问题，研究者须考量研究问题是否具有普遍性及调查点能否为问题的解决提供充分经验材料。”[②] 赵旭东教授以亲身感受归纳出“田野八式”：心存异趣、扎实描记、留心古旧、知微知彰、知柔知刚、神游冥想、克己宽容以及文字天下[③]。分别从心、知、行、观、感等方面，围绕不同场景、不同步骤对田野调查做了提炼和概括，并对“田野八式”进一步拓展，总结出“点线结合、特征追溯、线面统一、微观聚焦”16 字真经。这些宝贵经验对我们开展田野调查颇具启发性。

3. **“宏观调查”与“微观调查”的结合**[④]

田野调查，对于法人类学研究来说，同样分为宏观调查和微观调查两类。研究者根据自己的研究目的来确定采取宏观调查或微观调查，而两种调查又各有利弊，这就使得研究者往往采取宏观调查与微观调查相结合的方法。这与调查研究的“点”“面”结合有相似之处。微观调查的量积累多了，就达到了宏观调查的结果，田野调查研究就具有了一定的宏观性和代表性。

4. **强调跨文化的研究方法**

法人类学研究是一门新兴的学科，涉及人类学、民族学、社会学、历史学、文化学等多个学科，属于法学的一个分支学科。借鉴这些较为成熟的相关学科的研究方法，有助于拓展我们法人类学的研究视野，有利于把握法律的本质和规律，人类社会中法律与文化、习俗、社会生活中的交融、互动的现象，势必需要跨文化、多学科交叉的法人类学学科来进行研

---

① 王启梁、张剑源：《法律的经验研究：方法与应用》，北京大学出版社，2014，第 37 页。

② 张晓辉：《多民族社会中的法律与文化》，法律出版社，2011，第 340 页。

③ 王启梁、张剑源：《法律的经验研究：方法与应用》，北京大学出版社，2014，第 38 页。

④ “宏观调查”（Macroscopic Observation），指对一个较为广阔的民族自治地方或跨地区的大范围进行研究。“微观调查”（Microscopic Observation），也称“微型调查”，是指主体为少数的调查者在民族自治地方，或在小型的民族村寨或社区进行的直接观察。参见黄聪《论田野调查在民族传统体育研究中的应用》，《中国体育科技》2006 年第 3 期。

究。而在不同族群、不同文化中，对“法律”是有多种理解的。它们之间体现了“实然”和“应然”，体现了“规范性”和“实在性”的融合。[①]重视实证研究与田野调查，重视不同族群、不同国家民族文化比较，使研究成果更为“灵动”，更贴近民族民间现实生活，这正是法人类学的学科特点和专长。

5. 创造民间法与国家法互动的牵引力

民间法，是在乡民长期的生活与劳作过程中逐渐形成的，它被用来分配乡民之间的权利、义务，调节他们之间的利益冲突，并且主要在一套关系网络中被实施。它是在与包括国家法在内的其他知识传统和社会制度的长期相互作用中逐渐形成的。民间法、习惯法与国家法之间存在渗透配合又抵触冲突的复杂关系。[②] 民间法，是特定地区的各民族群众在长期生产、生活实践活动中，不断总结和锤炼出来的调整人与人之间社会关系的法律规范。内生性、规范性、实效性是其基本特点。它是民族智慧的结晶，是强有力的多元法律规范中的一员，具有裁判、教育、调节、评价和宣传等功能价值。它集民族内心信赖、精神文化信仰、社会价值理念于一体，是一种“内源性”法律，较有力地维护了少数民族地区的社会秩序。而人类自从跨出所属群体的文化和空间疆域，便被不同的文化纽带“绑在一起”。国家因此必须处理的是建构出超越某个具体地点和时间的具有普适性的规范，即国家法律。[③] 国家法，是以外在强制力作为保障手段的，调整人们社会行为的规范，存在笼统性、强制性、机械性。因此，我们会发现国家法与习惯法冲突的情形。

为缓解二者冲突，笔者认为，首先要在田野中探索民间法、村规民约，这些基于协商、共识产生的内生性规范极大地降低了国家正式社会控制运作的成本，这对于在国家正式社会控制资源紧缺，身处边疆地区的农村社会、民族地方显得尤为重要，它是创建和谐稳定社会的重要力量[④]。透过研究把民间法的光芒折射到社会中并扩展之。国家法主动吸纳民间法中的精华，增强人民对法律的信赖，成为民众信仰的“内源性”法律，这利于增

---

① 张冠梓：《多向度的法：与当代法律人类学家对话》，法律出版社，2012，第 97 页。

② 梁治平：《清代习惯法：社会与国家》，中国政法大学出版社，1996，第 1 页。

③ 王启梁：《迈向深嵌在社会与文化中的法律》，中国法制出版社，2010，第 238 页。

④ 王启梁：《迈向深嵌在社会与文化中的法律》，中国法制出版社，2010，第 238 页。

强法制的实施力度和降低立法成本。

6. 重视都市法人类学的研究

法人类学既往的研究多限制在初民的法律、习惯法等上面，对于现代都市社区的规范则缺乏研究。早在 20 世纪 20 ~ 30 年代，位于美国芝加哥大学的社会学系学者们便采用人类学的方法研究该地的违法犯罪问题，并形成著名的芝加哥法人类学派。20 世纪 80 年代美国学者 Sally Engle Merry 对马萨诸塞州塞伦、剑桥两个城镇进行了民族志研究。[①] 作者使用民族志、历史分析、抽样访谈、跟踪观察等法人类学方法对都市社区进行了深入研究。随着我国城镇化进程的加剧，城市社会关系日趋复杂和微妙化，独特的环境下如何以法人类学的视角来研究这一新型社会现象，发掘城市社区的社会规范和秩序，具有重要的社会意义。应重视都市法人类学研究、深化民间规范研究，在正式法律规范与民间规范之间寻求一个合理的调适度，否则，此时的法律成了经过高度选择和带有偏见的一套规则和制度化程序，[②] 不利于法人类学创建独立而系统的学科体系。

四　结语

走出书斋，走向田野，是费孝通先生一生从事社会学、人类学研究的经验和方法。走出书斋，迈向田野，才能感受到一个活态的社会实验室，切身观察和体味民间的社会图景。法人类学研究离不开田野调查，仅对着文献材料进行分析和推敲这种“拍脑袋”策略，属于理论的单一思辨，无法获取真实的社会信息，难以获得创新性和高品质研究成果，难以实现法治的社会价值。唯有观察、分析、研究“行动中的文本”，才能正确地观察和阐释民间社会规范。场域性、多元性、民族性、历史性、现实性、实践性及探索性等特征是进行法人类学研究的行动考证。

---

① 〔美〕萨利·安格尔·梅丽：《诉讼的话语——生活在美国社会底层人的法律意识》，郭星华等译，北京大学出版社，2007。

② 〔美〕安·塞得曼、罗伯特·B. 塞得曼：《法律秩序与社会改革》，时宜人译，中国政法大学出版社，1992，第 14 页。

第二篇

民族法治建设

民族立法现状调查及对策研究*

——基于浙江省的实证分析

黄元姗　朱宗侠**

摘要：“世居少数民族与流动少数民族相互交融”“18个畲族乡（镇）发展参差不齐”“景宁畲族自治县虽然一枝独秀，但缺乏综合竞争力”是浙江省民族问题的主要特征。浙江省在贯彻实施《民族区域自治法》过程中取得的主要成就，主要是靠政府规章和部门规章完成的，因此应尽快制定“浙江省贯彻实施《民族区域自治法》若干问题办法”，完善《浙江省少数民族权益保障条例》，“改变三个主体用一个条例加以规范的格局”；景宁自治立法权行使得既不完整也不完善，景宁自治县应充分行使自治权，科学进行立法项目规划，完善自治立法体系，全面深化法治浙江建设。

关键词：浙江　少数民族　景宁　立法

“闯关东”“走西口”“下南洋”，堪称中国历史上三次规模宏大的人口大迁移。人口的流动，带动了文化的传播、社会的繁荣，也导致社会治理方式的变革。中华人民共和国成立初期，由于严格的“城乡二元”管理体制，人口流动受到严格限制。改革开放后，随着国家政策的调整，社会经济的发展，人口大规模流动成为常态。第六次全国人口普查数据表明：2010年流动人口（全部人户分离人口减去本地人户分离人口）为221430000人，

---

* 本文系国家哲学社会科学基金项目“自治州自治县自治条例功能与作用的实证比较研究”（项目编号：14BMZ012）的阶段性研究成果。

** 黄元姗，女，土家族，丽水学院教授，法学博士，中南民族大学硕士研究生导师，主要研究方向为民族区域治理、基层公共治理。朱宗侠，丽水学院讲师，主要研究方向为民族伦理、基层公共治理。

比 2000 年增加了 1.17 倍，流动人口占全国总人口的比例为 16.35%。[①] 浙江省作为外来人口流入较多的发达地区省份，流动人口也呈现不断上升的态势，第六次人口普查时，常住人口每五人中就有一人来自外地。流动人口中，少数民族人口也在不断增加。同时，浙江省还辖有景宁畲族自治县，以及 18 个畲族乡。“世居少数民族与流动少数民族相互交融”“18 个畲族乡（镇）发展参差不齐”“景宁畲族自治县虽然一枝独秀，但缺乏综合竞争力”是浙江省民族问题的主要特征。为此，用法治思维和法治方式加强对少数民族流动人口的管理，充分履行上级国家机关职责，让景宁畲族自治县充分行使自治权，是浙江省民族立法当务之急。

一 浙江省民族问题特征

（一）世居少数民族与流动少数民族相互交融

浙江省属少数民族散杂居省份，少数民族人口总量不多，但民族成分较多。据 2013 年 1 月浙江省统计局统计，浙江有流动人口 2403 万，少数民族流动人口 209.5 万人（其中儿童 23 万），占本省流动人口的 8.72%。流动少数民族人口涵盖了 55 个少数民族。流动少数民族人口 10 万以上的城市有 7 个，如表 1 所示。

表 1 2013 年浙江省流动少数民族人口分布

地 域	总人口（万人）	流动人口（万人）	流动人口所占比例（%）	少数民族流动人口（万人）	少数民族流动人口所占比例（%）
温州市	919.7	284.22	31.16	44.0	15.49
杭州市	884.4	538.2248	60.86	21.0	3.90
宁波市	766.3	459.8843	59.92	41.0	8.93
台州市	603.8	229.6681	37.98	26.0	11.35
金华市	542.8	345.7688	63.65	26.0	7.53
绍兴市	494.9	191.5145	38.66	19.5	10.21
嘉兴市	455.8	265.9012	58.24	14.7	50.55

资料来源：浙江省统计局《2013 年浙江省人口变动抽样调查主要数据公报》。

---

① 国家统计局：《2010 年第六次全国人口普查主要数据公报》，http://www.gmw.cn。

浙江省的世居少数民族，畲族最多，主要集中在丽水、温州等地的农村，与全国少数民族分布一样，具有大分散、小聚居的特点。2010 年全省畲族常住人口为 16.6 万人，比 2000 年的 17.1 万减少 0.5 万人。2014 年畲族户籍人口为 22.3 万人，占全省总户籍人口 4845.77 万人的 0.4%。浙江回族主要分布在杭州、宁波、嘉兴、衢州、丽水等市的回民多居城镇，农村甚少，目前只有 6 个回族聚居集中的村落，全部分布在温州，分别是瑞安市马屿镇后姜村、瑞安市曹村镇丁凤村、洞头县东屏镇寮顶回族村、苍南县桥墩镇后隆村、官南村、马站镇霞关库下村。杭州回民原多居住在凤凰寺所在羊坝头一带，嘉兴回民集中在清真寺周围的城区东门街道，后来随城市发展变迁，变为分散居住。浙江回民的分布呈现小聚居大分散、城镇多农村少的特点。

（二）景宁畲族自治县一枝独秀，但缺乏综合竞争力

景宁畲族自治县于 1984 年设立，这是全国畲族唯一的自治地方，也是华东地区唯一的民族自治地方。县域面积 1950 平方公里，现辖 2 个街道 4 个镇 16 个乡，总人口 17.31 万，其中畲族人口 1.91 万，占全县总人口的 11%，并有藏族、苗族、侗族等 29 个少数民族。自治县自成立以来，经过全体人民的共同努力，在上级国家机关的帮助下，社会经济状况发生了根本性转变。“十二五”末，其综合实力在 120 个自治县中排在第 9 位。但由于地处发达地区的欠发达地区，与省内其他县市相比，城市化率低，经济结构也不合理，缺乏综合竞争力。

1. 城市人口占总人口比重偏低

城市人口比重是一个地区城市化率高低的重要标志，景宁与相关区域城镇人口比较见表 2。

表 2　景宁与相关区域城镇人口比较一览

<table>
<tr><th colspan="2">行政区</th><th>总人口（人）</th><th>城市人口（人）</th><th>城市人口比重（%）</th></tr>
<tr><td rowspan="3">丽水市</td><td>景宁县</td><td>107100</td><td>43200</td><td>40.36</td></tr>
<tr><td>云和县</td><td>111600</td><td>64800</td><td>58.07</td></tr>
<tr><td>莲都区</td><td>451400</td><td>294000</td><td>65.12</td></tr>
<tr><td colspan="2">丽水市</td><td>2117000</td><td>1024700</td><td>48.40</td></tr>
<tr><td colspan="2">浙江省</td><td>54426900</td><td>33540600</td><td>61.62</td></tr>
</table>

资料来源：各地 2010 年底第六次人口普查主要数据公报。

2. 居民收入较低

居民收入与全省其他地区相比有较大差距，人们生活水平偏低，见表 3。

表 3 景宁与相关区域常住居民生活水平比较

行政区域	常住居民人均可支配收入（元）	城镇居民可支配收入（元）	农村常住居民人均可支配收入（元）
景宁县	18502	26152	12432
云和县	22605	28726	12789
莲都区	27719	32327	17601
丽水市	22426	30413	13635
浙江省	32658	40393	19373

资料来源：各地 2014 年国民经济和社会发展统计公报。

3. 经济内部结构失衡

三次产业结构，是国民经济中产业结构问题的核心问题。目前，景宁自治县表现出第一产业偏重，产业结构层次偏低，与其他相关行政区域差距较大。内部结构也不尽合理，亟待优化提升，见表 4。

表 4 各地三次产业对照表

行政区域	2012 年	2013 年	2014 年
景宁县	16.5：36.9：46.6	16.1：37.2：46.7	15.3：32：52.7
云和县	9.0：54.0：37.0	8.8：54.2：37.0	8.9：53.0：38.1
莲都区	6.7：43.4：49.9	6.5：42.0：51.5	6.5：40.5：53.0
丽水市	8.9：50.3：40.8	8.6：50.6：40.8	8.4：48.5：43.1
浙江省	4.8：50.0：45.2	4.7：47.8：47.5	4.4：47.7：47.9

资料来源：各地 2012 年、2013 年、2014 年国民经济和社会发展统计公报。

（三）18 个畲族乡（镇）社会经济发展参差不齐

民族乡是民族区域自治制度的一种必要补充形式，也是我国特有的、少数民族自己管理自己内部事务、依法行使当家做主权力的一种基层政权形式，是解决我国散杂居少数民族问题的一种较好的政治形式。浙江省下辖 18 个畲族乡（镇）。18 个畲族乡（镇）社会经济发展差异较大。其行政隶属关系及经济状况见表5。

表5 浙江省18个畲族乡（镇）行政隶属关系及经济状况

市	县（市、区）	乡镇	乡镇总人口（人）	乡镇人均收入（元）	乡镇少数民族人口（人）	少数民族人口人均收入（元）
杭州市	桐庐县	莪山畲族乡	9098	14996	2457	13990
温州市	平阳县	青街畲族乡	10671	7874	2504	7831
	苍南县	凤阳畲族乡	5902	9510	3095	9510
		岱岭畲族乡	6818	9508	2591	8820
	泰顺县	司前畲族镇	18571	9604	5914	7442
		竹里畲族乡	2998	8600	1102	7320
	文成县	周山畲族乡	5189	8985	1789	7875
		西坑畲族镇	21520	8565	3358	7050
金华市	武义县	柳城畲族镇	29910	8620	3605	8400
	兰溪市	水亭畲族乡	21542	9765	3080	9409
衢州市	龙游县	沐尘畲族乡	11690	10307	2960	7180
丽水市	莲都区	老竹畲族镇	16020	11629	3310	9879
		丽新畲族乡	10439	12195	2014	10075
	云和县	雾溪畲族乡	2157	12102	549	11080
		安溪畲族乡	2372	12405	721	11500
	遂昌县	三仁畲族乡	8469	12060	283	12060
	龙泉市	竹垟畲族乡	7806	10826	2415	10660
	松阳县	板桥畲族乡	4954	11450	1431	9567

资料来源：浙江省相关民族乡（镇）农村居民收入经济统计。

二 浙江省民族立法现状

我国是一个多元民族的国家共同体。在中国历史上迄今为止还从来没有出现纯粹的单一民族建立的国家政权。在漫长的历史进程中，无论是汉族或少数民族统治者建立的统一政权，还是汉族与少数民族统治者建立的割据政权，无一例外都是多个民族构成的多元民族国家共同体。因此，如何处理国内民族问题，始终是历代王朝在建立之初就面临的重要问题。民族区域自治制度是我国的基本政治制度，是中国共产党经过长期的革命实践，在认真比较“民族自治权”与“联邦制度”的基础上建立起来的，用以解决国内民族关系的基本政治制度，是建设中国特色社会主义民主政治的重要内容。浙江省作为发达的省份之一，无论经济领域还是政治领域的变化，在全国都有一种示范作用。在世居少数民族与流动少数民族相互交融，少数民族人口大规模迁入，下辖 18 个畲族乡（镇）发展参差不齐，景宁畲族自治县欠发达的背景下，民族立法取得如下成就。

（一）法规与规章

1.《浙江省少数民族权益保障条例》

《浙江省少数民族权益保障条例》于 2002 年 12 月 20 日浙江省第九届人民代表大会常务委员会第四十次会议通过，2002 年 12 月 20 日浙江省第九届人民代表大会常务委员会公告第八十一号公布，自 2003 年 2 月 1 日起施行。条例共 20 条，规范了三类主体，一是散居少数民族，二是民族自治地方——景宁自治县，三是作为民族自治地方补充形式的民族乡。这些主体的法律地位以及它们与上级国家机关的关系是完全不同的，因此将三类主体用一个条例来规范显然不妥，既不能概全也不便操作。

2. 规章

浙江贯彻实施《民族区域自治法》取得的主要成就，主要是靠政府规章和部门规章完成的，主要有：（1）2005 年省委、省政府出台了《关于进一步加强民族工作加快少数民族和民族地区经济社会发展的意见》（浙委〔2005〕21 号）；（2）《浙江省人民政府关于进一步加快欠发达乡镇奔小康的若干意见》（浙政发〔2005〕36 号）；（3）为推动景宁畲族自治县加快发展，2008 年省委、省政府出台了《关于扶持景宁畲族自治县加快发展的若干意见》（浙委〔2008〕53 号），明确提出到 2012 年使景宁县经济综合实力进入全国 120 个民族自治县的前 10 位；（4）2008 年省政府办公厅下发了《关于贯彻落实国务院办公厅严格执行党和国家民族政策有关问题的意见》（浙政办发明电〔2008〕114 号）；（5）2009 年出台了《浙江省人民政府关于进一步繁荣发展少数民族文化事业的实施意见》（浙政发〔2009〕73 号）；（6）《浙江省少数民族事业发展“十二五”规划的通知》（浙发改规划〔2011〕1509号）；（7）浙委〔2012〕115号《关于加大力度继续支持景宁畲族自治县加快发展的若干意见》文件，明确提出了要帮助景宁“到2017年综合实力在全国120个民族自治县继续向前移位，率先实现全面小康社会”的目标；（8）《关于进一步加强新形势下民族工作的若干意见》（浙委发〔2015〕4号）。

（二）景宁自治立法权行使现状

1. 自治条例

《景宁畲族自治县自治条例》于1989年4月15日景宁畲族自治县第二届人民代表大会第四次会议通过，1989年7月1日浙江省第七届人大常委会第十次会议批准，1989年9月1日起施行。根据1995年4月29日浙江省第八届人大常委会第十八次会议批准《景宁畲族自治县人民代表大会大关于修改〈浙江省景宁畲族自治县自治条例〉的决定》的决定第一次修正。根据2007年5月25日浙江省第十届人大常委会第三十二次会议关于批准《景宁畲族自治县人民代表大会关于修改〈浙江省景宁畲族自治县自治条例〉的决定》的决定第二次修正。

《景宁畲族自治县自治条例》共63条，采用文本结构设计的基本逻辑思路是：总则→自治机关、人民法院和人民检察院→经济建设→社会事业建设→人才队伍建设→财政管理→民族关系→附则。这一结构设计的主要基本思路是《民族区域自治法》的文本结构样式及《民族区域自治法》中关于自治权的条款内容，就文本而言，无论是从文本反映出的立法技术，还是文本设计的一些具体条款，与其他自治机关制定的自治条例一样，都有着进一步斟酌和商榷的空间。[①]《景宁畲族自治县自治条例》主要有如下缺陷。

（1）重复上位法的条款较多

从自治条例的文本来看，总则基本是模仿《民族区域自治法》的总则，甚至是将一些条文直接移植过来。总则的第四条、第五条、第六条，内容基本上与《民族区域自治法》相同，只是表述有异，加上了“自治县”三

① 黄元姗：《民族区域自治制度的发展与完善：自治州自治条例研究》，中国社会科学出版社，2014，第2页。

字定语，没有本质的区别。

（2）立法意图不明确并且不具有操作性

第七条第二款的内容直接来自《中华人民共和国民族区域自治法》的第七条、第八条和第二十条。“上级国家机关的决议、决定、命令和指示，如有不适合民族自治地方实际情况的，自治机关可以报经该上级国家机关批准，变通执行或者停止执行；该上级国家机关应当在收到报告之日起六十日内给予答复”。《民族区域自治法》中“第三章自治机关的自治权”明确规定这是自治机关自治权，但景宁自治条例把这一内容作为总则的条款，将一项具体的权力变为一项原则性的规定，这样就把自治县自治机关一项法定的自治权给虚置化了。

（3）违反上位法和越权立法的情况比较突出

一是“第十一条：自治县人民代表大会常务委员会的组成人员中，畲族公民应占适当比例……”这样的规定是与上位法相抵触的。自治县人大常委会是自治县人民代表大会的常设机构，是由本级人民代表大会从人民代表中选举产生，对自治县人民代表大会负责并报告工作，行使法律规定的职权和人民代表大会授予的其他职权。从这个意义上说，自治县人大常委会委员选举的第一要义不是它的代表性而是它的工作性。所以，无论是《民族区域自治法》，还是《中华人民共和国地方各级人民代表大会和地方各级人民政府组织法》，都没对自治县人民代表大会常务委员会的成员做限制性的规定。《中华人民共和国地方各级人民代表大会和地方各级人民政府组织法》第 41 条①只是规定自治县常务委员会组成人员的名额是十五人至二十七人，最多不能超过三十五人。自治县人民代表大会常务委员会组成人员的名额是由省级人民代表大会常务委员会来确定的，并不是自治县自治条例所能规范的内容。

二是越权规范了上级国家机关职责。自治条例不能规范上级国家机关行为是由我国单一制国家结构形式之下级服从上级的特点决定的。突出表

① 《中华人民共和国地方各级人民代表大会和地方各级人民政府组织法》第 41 条：“县、自治县、不设区的市、市辖区十五人至二十七人，人口超过一百万的县、自治县、不设区的市、市辖区不超过三十五人。……自治州、县、自治县、市、市辖区每届人民代表大会常务委员会组成人员的名额，由省、自治区、直辖市的人民代表大会常务委员会依照前款规定，按人口多少确定。”

现在第 15 条、第 26 条第 3 款、第 36 条上。如第 36 条规定："在各级招生主管部门的监督下，高等院校和中等专业技术学校在招收新生时，自治县考生享有降分录取的照顾。"这不是自治县自治条例规范的内容，这是上级国家机关的义务。所以自治机关有权规范的对象只能是其所辖的有关学校。

三是授权解释违法。《景宁畲族自治县自治条例》第 63 条规定："本条例的解释权属于自治县人民代表大会常务委员会。"根据《立法法》的规定，立法解释的主体和程序与法的制定与修改的主体和程序相同，贯彻"谁立法，谁解释"的基本原则，因此，《景宁畲族自治县自治条例》的解释权属于景宁自治县人民代表大会，景宁自治县人民代表大会对相关条款解释后要生效还必须要一个前置程序：报浙江省人大常委会批准，景宁自治县人大常委会对条例是没有解释权的。

2. 单行条例

从立法权限上看，单行条例既可以对国家的有关法律、法规做出变通或者补充，又可以对民族自治地方出现的新的社会关系或新的社会问题，在国家没有立法的情况下以单行条例的形式加以规范。可见，单行条例是自治权的一种有效扩充，具有较强的生命力和灵活性，其涵盖内容非常广泛。但景宁自治县自治机关，对这一权力的行使并不充分，目前仅两件，[①]并且从现有单行条例的文本上看，也存在着诸如"重复立法严重""自我设权""立法语言模棱两可"等缺陷。

3. 制定变通、补充规定权力行使现状

单一制国家中法制统一的要求很难满足中国多元社会结构以及各民族的文化、宗教、社会生活的多元性。因此法律赋予民族自治地方的自治机关对于不适合本民族、本地方实际情况的法律、行政法规、地方性法规有权做出变通或补充规定。从景宁自治县来看，这一权力还没有行使。

4. 停止执行权的行使状况

停止执行权，属于立法自治权的范畴，是法律对民族自治地方的自治

---

① 《景宁畲族自治县民族民间文化保护条例》（2010 年 3 月 23 日景宁畲族自治县第七届人民代表大会　第四次会议通过，2010 年 7 月 30 日浙江省第十一届人民代表大会常务委员会第十九次会议批准）。《景宁畲族自治县水资源管理条例》（2001 年 4 月 12 日景宁畲族自治县第五届人民代表大会第五次会议通过，2001 年 6 月 29 日浙江省第九届人民代表大会常务委员会第二十七次会议批准，2001 年 7 月 9 日起施行）。

机关立法自治权的延伸与扩展，行使该项权利的主体比单纯的自治条例和单行条例的主体广泛得多，既可以是自治地方的人民代表大会，也可以是它的常务委员会，还可以是民族自治地方的人民政府。但迄今为止，全国120 个自治县自治机关对这一权力的行使，基本处于漠视状态，景宁自治县也不例外。

三　对策与措施

为贯彻依法治国方略，浙江省第八届人大常委会于 2006 年 11 月 2 日做出了《关于实行依法治省的决议》。2014 年 12 月，《中共浙江省委关于全面深化法治浙江建设的决定》颁布，其中规定："推进科学立法、民主立法。加强重点领域地方立法。围绕中心、服务大局，及时出台相关法规规章，提高立法质量，切实发挥立法的引领和推动作用"① 2014 年 12 月 3 日至 4 日，浙江省委第十三届第六次全体（扩大）会议在杭州举行，全会决定明确提出："到 2020 年，浙江要力争在社会主义民主政治建设、健全地方法规规章、建设法治政府、推进司法体制机制改革、提升全民法治意识和法律素养、打造一支政治强业务精作风正敢担当的社会主义法治工作队伍等六个方面走在前列"。全面深化法治浙江建设必须立法先行。

（一）制定"浙江省贯彻实施《民族区域自治法》若干问题办法"

上级国家机关依法履行其职责，并充分尊重民族自治地方的自治权是民族自治地方自治机关顺利行使自治权的重要保障。为此《民族区域自治法》从第五十四条至七十二条用列举的方式，明确规定了上级国家机关应当在财政、金融、生态建设、环境保护、资源开发、文化教育、科技等方面依照《民族区域自治法》的规定制定优惠政策，加大对民族自治地方加快经济社会发展的支持力度。我国实行的是三级自治形式，设有自治区、自治州、自治县。根据我国的宪政体制，三级自治地方的上级国家机关是不相同的，对于自治县而言，上级国家机关就是三级人民政府，即设区的市（地区或自治州）人民政府，省（自治区、直辖市）人民政府和国务院。

① 《中共浙江省委关于全面深化法治浙江建设的决定》，《浙江日报》2014 年 12 月 15 日。

具体到景宁，负有法定职责的上级国家机关有丽水市人民政府、浙江省人民政府和国务院。为了《民族区域自治法》的有效实施，国务院在2005年制定《国务院实施〈中华人民共和国民族区域自治法〉若干规定》。虽然浙江省委高度重视景宁社会经济的发展，2008年5月出台关于扶持景宁加快发展的53号文件，专门为扶持景宁畲族自治县发展出台浙委〔2012〕115号《关于加大力度继续支持景宁畲族自治县加快发展的若干意见》文件，明确提出了要帮助景宁“到2017年综合实力在全国120个民族自治县继续向前移位，率先实现全面小康社会”的目标。但是，这只是党的意志，应将党的意志上升为全民意志，这才是“法治浙江”建设的应有之义。因此应尽快制定“浙江省贯彻实施《民族区域自治法》若干问题办法”，将上级国家机关职责纳入法治化轨道。

（二）完善《浙江省少数民族权益保障条例》

随着浙江省民族问题的变化，《浙江省少数民族权益保障条例》的修订工作提上了议事日程。从《〈浙江省少数民族权益保障条例〉修订（草案）征求意见稿》来看，需要进一步完善。

1. 改变“三个主体”用一个条例加以规范的格局

条例中的主体可分为三类：一是散居少数民族，二是民族自治地方——景宁自治县，三是作为民族自治地方补充形式的民族乡。这些主体的法律地位以及它们与上级国家机关的关系是完全不同的，因此将三类主体用一个条例的方式来规范有些不妥，应分别制定“浙江省贯彻实施《民族区域自治法》若干问题办法”“民族乡工作条例”“城市民族工作条例”。

2. 关于“散居少数民族问题”

对于散居少数民族权益的保障，一直是法学、民族理论与民族政策等领域共同关注的一个重要话题，20世纪80年代末至2012年底，先后有各省市颁布了近40件关于散居少数民族权益保障的地方性法规或规章。但从现实的实施情况来看并不尽如人意，大多只有文本意义。为何多省市颁布的散居少数民族权益保障的地方性法规或规章集体失语？究其原因主要在于对“散居少数民族权益”定位不准确。散居少数民族权益应当是一项公民个人权利，即“公民权”，而不是集体权利。同时近年来迁入浙江的不仅仅都是少数民族流动人口，少数民族所遇到的问题和所有农民工、流动人口所遇到的问题是一样的，是一个体制性问题，因此不能因为“民族（种族）”不同而享有特殊的照顾，这与“中华人民共和国公民在法律面前一律平等”的宪法原则相悖。我们要进行的是国家认同基础上的公民教育，作为中华人民共和国公民，享有什么权利承担什么义务，要牢固树立“中华民族共同体意识”。

（三）景宁自治县应充分行使自治权

自治权问题是民族区域自治与《民族区域自治法》的核心问题，自治权是宪法赋予民族自治地方自治机关的法定权力。根据《宪法》和《民族区域自治法》的规定，自治权在我国的概念可以表述为，“自治权是权力与权利的统一，它既是自主地管理本民族内部事务的权利，也是管理本地方事务的权力，是两者的叠加”①。民族区域自治制度是自治权的载体，没有民族区域自治也就没有自治权可言。

1. 科学进行立法项目规划，完善自治立法体系

目前，景宁自治县自治条例已制定，但单行条例数量较少，变通规定和补充规定为零。由于历史、地理及现实原因，景宁自治县社会经济发展还存在许多需要及时解决的问题，但这些问题要得到解决，单纯依靠现行法律制度有一定的难度。如笔者在景宁调研时发现：近年来，该县人才培养人数一直在减少，目前 29 个民族人口占全县总人口的 11% 多一点，但是人才短缺，公务员队伍中年轻人少，能提到副科的人员更少，同时考到外地的学生毕业后又大多不愿意回到景宁。针对这类情况可以单行条例变通的方式来解决。

2. 科学拟定立法草案文本

恩格斯指出：“思想如果离开了利益，也会使自己出丑。”法律以保障和规范利益格局为使命，是利益关系的具体体现。因此立法者必须坚定地反映最广大多数人的最根本利益。景宁自治县自治法规所规范的内容之所以还存在诸缺陷，既有客观原因，也有主观因素。比如：在自治法规起草的过程中，对上位法研究不足，以及对自治条例的立法权限不明确。自治

① 黄元姗：《民族区域自治制度的发展与完善：自治州自治条例研究》，中国社会科学出版社，2014，第 9 页。

条例的立法权限有二：一是规范自治机关的组成，二是规范自治机关的行为。还有在立法过程中，过多地考虑如何方便管理，而没有从具体践行民族区域自治制度等角度来考虑，因此照抄照搬法律的有关条文，将其改头换面后变成自治条例条款就不足为奇。因此景宁自治县立法机关在今后的自治立法中，应广泛征求社会各阶层各民族公民的意见，多走民主立法与专家立法相结合的道路，从立法项目规划到具体文本草拟的过程始终要提高自治法规草案的民意含量。同时，自治机关进行自治立法时不可避免地要涉及对公民权利义务的设定，因此要举行立法听证会，邀请有利害关系的公民代表参与立法过程，认真听取他们的意见，使他们的权益在程序上能够得到切实维护，这也是立法民主化原则的本质要求。

3. **追踪自治法规的实效，为立法机关及时修改自治法规提供法律建议**

创制法律的目的是为主体提供一种行为的模式，立法者立法时的期望就是主体按其提供的行为模式积极行为。但立法者提供的行为模式还只是一种应然的行为规范，并不是行为主体的实际行为。应然的行为规范转化为行为主体的实际行为需要一个中介，这个中介就是法的适用。法的适用正好将这种应然的、期望的行为模式转变为行为主体的具体而又实际的行为。同时通过法的适用，法律的目的、价值等也就由“可能”转变为“现实”，必定在社会生活中产生实效。为了让自治县自治法规产生实效，实现其目的和价值，就应当适时追踪自治法规的实施现状，对于已不适应现实情况或者无法实施的条款及时提出修改意见，以增强自治法规的实效性。

城镇化建设中少数民族餐饮业“行规”对民族法治建设的影响*

尕永强**

摘要： 随着城镇化建设的推进，少数民族从事餐饮业人数逐渐增多，部分少数民族餐饮业“行规”与法律存在冲突，对民族法治建设产生一定影响。在保障少数民族合法权益的基础上，应对弥补法律不足的“行规”予以认可，对明显违背公平竞争原则和扰乱市场经济秩序的“行规”予以取缔，部分经营者强行推行“行规”而造成恶劣社会影响和后果的应承担相应法律责任。通过加强民族法治建设，完善民族事务立法，维护健康的市场环境，推进城镇化建设，才能最终实现各民族共同发展。

关键词： 城镇化建设　餐饮业“行规”　民族法治建设

城镇化建设是实现小康社会和各民族共同富裕的必由之路。近年来，为使少数民族摆脱贫困，各级地方政府对少数民族前往大中城市从事餐饮业提供各种政策上的支持，少数民族从事餐饮行业人数日益增多。随着少数民族从事餐饮业人数增多，从业者为加强团结、保护本行业利益成立了各种协会，通过制定相关“行规”来规范、约束从业者的经营行为。但同时，某些从业者、企业因“行规”的执行而造成干扰正常生产经营秩序的

* 本文系2016年西北民族大学中央高校基本科研业务专项资金项目“西部民族地区公安派出所解决纠纷实务研究——以甘肃省基层警务为例”（项目批准号：31920160015）、国家哲学社会科学基金2013年度项目“甘宁青民族地区法律执行和社会稳定研究”（项目批准号：13BMZ005）的阶段性成果。

** 尕永强，回族，甘肃省平凉人，西北民族大学法学院讲师，主要从事法制史、民族法学的教学和研究工作。

事件时有发生，甚至出现故意伤害致人重伤、死亡等恶性事件，破坏了当地社会安定秩序，造成了恶劣的社会影响，不利于社会稳定和民族团结。

一 少数民族餐饮业部分“行规”违法之表现

市场经济必然存在竞争，只有提高市场竞争力才能在激烈的竞争中脱颖而出。“任何一个团体，为了进行正常的活动以达到各自的目的，都要有一定的规章制度，约束其成员，这就是团体的法律。”① 部分经营者希望通过制定“行规”，限制其他经营者或使其他经营者在遵守“行规”的情形下竞争。若出现违反“行规”行为，则使用非法手段影响其正常营业，甚至出现违法犯罪情形。“行规”违法主要表现为以下两个方面。

一是“行规”使正常经营受阻。《反不正当竞争法》第一条规定：“为保障社会主义市场经济健康发展，鼓励和保护公平竞争，制止不正当竞争行为，保护经营者和消费者的合法权益，制定本法。”但部分行规违反自由竞争之精神和平等之原则，部分经营者以违反行规为由对违反“行规”的其他经营者的店铺、店面招牌、门头、室内装修等进行打砸，甚至装修公司人员也遭受到了人身威胁。部分经营者迫于压力，甚至支付了部分赔偿金。

二是故意伤害致人死亡。因违反“行规”，遭其抵制，部分经营者被故意伤害致死，其他人受到不同程度伤害。此类事件在西安、天津、北京等地发生过。少数民族前往城市从事餐饮业通过制定“行规”维护其利益，但部分“行规”限制自由竞争，属违法行为。强制推行“行规”导致纠纷多发，引发社会不稳定，不利于各民族团结，也对城市民族工作和民族法治建设提出了挑战。

二 “行规”对民族法治建设的影响

（一）将经营纠纷上升为民族矛盾对民族法治建设的影响

习近平总书记指出：“准确把握新形势下民族问题、民族工作的特点和规律，统一思想认识，明确目标任务，坚定信心决心，提高做好民族工作

① 邹永贤等：《现代西方国家学说》，福建人民出版社，1993，第322页。

能力和水平。”[①] 城镇化建设是实现我国经济发展、各民族共同富裕的必由之路，大量少数民族人口进城务工和从事餐饮等行业，这就对城市民族工作提出了新要求，即民族事务工作者必须正确区分和处理一般纠纷和涉及民族事务的纠纷。对少数民族在经营过程中引发的纠纷，应严格按照《民法总则》、《反不正当竞争法》等相关法律法规依法处理，及时化解，做到于法有据。对确属于民族纠纷、涉及民族矛盾的，应按照国家民族事务法律法规依法解决，维护各民族团结。不应将非民族事务上升为民族事务，混淆二者的区别。

（二）“行规”对实现用法律保障民族团结的影响

实现民族事务法治化，用法律保障民族团结，其总目标是建设中国特色社会主义民族法治体系，形成完备的民族法律规范体系、高效的民族法治实施体系、严密的民族法治监督体系、有力的民族法治保障体系，确保民族事务依法治理。因执行少数民族餐饮业“行规”引发的纠纷是市场经济的产物，但部分经营者将其上升为民族问题，使得纠纷处理日益复杂化。少数民族餐饮业“行规”在一定程度上维护了部分经营者的利益，越来越多的少数民族人口从事餐饮业，一定程度上改变了民族地区经济发展落后的局面，提高了少数民族的收入和生活水平。由于该类“行规”无法律上的依据，甚至与相关法律法规相冲突，其执行结果不仅不利于实现各民族团结，往往还导致刑事案件、民事纠纷多发。中央民族工作会议指出：“用法律来保障民族团结，增强各族群众法律意识”[②]，“注重保障各民族合法权益，切实用中央关于民族工作的重大方针统一思想、认识和行动；突出重点领域，千方百计把促进各民族共同繁荣发展的决策部署落到实处；积极稳妥推进，力争使加强民族团结的各项举措取得实实在在的进展。”[③] 在依法治国背景下，必须突出法律在社会生活中的作用，禁止不合理“行规”

① 《中央民族工作会议暨国务院第六次全国民族团结进步表彰大会在京举行》，新华网，http：//news. xinhuanet. com/politics/2014 - 09/29/c_ 1112683008. htm。

② 《中央民族工作会议暨国务院第六次全国民族团结进步表彰大会在京举行》，新华网，http：//news. xinhuanet. com/politics/2014 - 09/29/c_ 1112683008. htm。

③ 《中央民族工作会议暨国务院第六次全国民族团结进步表彰大会在京举行》，新华网，http：//news. xinhuanet. com/politics/2014 - 09/29/c_ 1112683008. htm。

侵犯他人合法权益，影响民族团结。

（三）“行规”扰乱市场经济秩序对民族地区发展的影响

宪法规定：“国家尽一切努力，促进全国各民族的共同繁荣。”“各民族共同繁荣是中国共产党民族政策的根本立场，是社会主义制度的本质要求，也是加强民族团结、巩固国家边防、维护祖国统一的必然要求。”① 这就要求我们“发挥民族地区特殊优势，加大各方面支持力度，提高自我发展能力，释放发展潜力。”② 少数民族餐饮业是少数民族利用自身资源及特色实现自我发展的行业和产业。少数民族群众通过经营少数民族餐饮业，往往能较好地实现脱贫致富，同时还带动了民族地区经济发展，应鼓励更多少数民族从事该行业，促进其发展。但是，有的民族餐饮经营者利用所谓“行规”中某些负面的规定或潜规则，以达到欺行霸市、独家经营的目的，扰乱了市场经济秩序，干扰了正常生产经营活动，侵害了其他经营者的合法权益，给民族地区的其他从业者造成了人身伤害和财产损失，不利于各民族团结，也影响了民族地区的稳定和发展。

（四）“行规”对城市民族工作的影响

习近平总书记指出：“改革开放以来，我国进入了各民族跨区域大流动的活跃期，做好城市民族工作越来越重要。对少数民族流动人口，不能采取‘关门主义’的态度，也不能采取放任自流的态度，关键是要抓住流入地和流出地的两头对接。要把着力点放在社区，推动建立相互嵌入的社会结构和社区环境，注重保障各民族合法权益，坚决纠正和杜绝歧视或变相歧视少数民族群众、伤害民族感情的言行，引导流入城市的少数民族群众自觉遵守国家法律和城市管理规定，让城市更好地接纳少数民族群众，让少数民族群众更好地融入城市。”③ 随着经济发展，西部地区向东部地区，

---

① 国家民族事务委员会编《中央民族工作会议精神学习辅导读本》，民族出版社，2015，第133页。

② 《中央民族工作会议暨国务院第六次全国民族团结进步表彰大会在北京举行》，新华网，http://news.xinhuanet.com/politics/2014-09/29/c_1112683008.htm。

③ 《中央民族工作会议暨国务院第六次全国民族团结进步表彰大会在京举行》，新华网，http://news.xinhuanet.com/politics/2014-09/29/c_1112683008.htm。

内陆地区向沿海地区的人口流动日益频繁，为东部地区提供了劳动力亦促进了少数民族地区的发展，特别是随着城镇化建设的提出，未来一段时间内，城市少数民族流动人口必然呈现上涨趋势，这就使得城市民族工作日益重要。就目前立法状况来看，尚无专门的城市民族工作立法，仅有国务院制定的《城市民族工作条例》，导致针对城市民族工作中所出现问题的处理无法做到有法可依。针对城市民族工作立法的不完善，国务院已提出修改《城市民族工作条例》并向社会广泛征求意见，但仍停留在行政法规完善和行政立法领域。少数民族到城市打工、就业甚至发展，都涉及融入城市的问题，当前的城市民族工作中，对少数民族这方面的工作做得还不够，工作还存在很多不足。而从事少数民族餐饮业，是少数民族到城市打工、就业甚至发展的一个重要的行业、方式和渠道。在没法得到城市民族工作中相应的扶助和关照时，少数民族餐饮经营者、从业者往往自发制定“行规”进行自我保护甚至造成了违法犯罪。针对本来就处于薄弱环节的城市民族工作来说，多地发生的少数民族餐饮因“行规”引发的干扰正常生产经营活动甚至打砸店铺、伤人等违法犯罪事件，对城市民族工作形成了挑战，也对当前的城市民族工作造成了一定影响。若不能做到依法处置，并起到相应的警示作用，此类纠纷仍会发生，并将严重影响各民族的团结。

三　法律对“行规”之规制

“行业协会的治理在当代中国经济与社会运行中已占据越来越重要的地位。行业协会的基本功能包括提供服务、代表利益和自律管理三项，其中自律功能又是其立足之本。自律功能的实现则取决于行业自治规范的制度安排。”[①] “美国学者史普博认为，政府规制是行政机构制定并执行的直接干预市场机制或间接改变企业和消费者供需政策的一般规则或特殊行为。日本学者金泽良雄认为，政府规制是在以市场机制为基础的经济体制下，以矫正、改善市场机制内在问题为目的，政府干预和干涉经济主体活动的行为。”[②] “行规”虽然具有一定的作用，但市场经济是法治经济，对明显不合

---

① 黎军：《基于法治的自治——行业自治规范的实证研究》，《法商研究》2006 年第 4 期。

② 夏大慰、史东辉等：《政府规制：理论、经验与中国的改革》，经济科学出版社，2003。

理的"行规"必须通过立法方式加以规制，维护正常的经济秩序。

（一）"行规"不得违反法律法规的强制性规定

"行规"主要由行业协会制定，"行业协会是由竞争者组成的，在一个广泛而激速扩张的领域，通过相互利益所构成的一个合作性组织；行业协会是一种非营利性组织，它是由商业中的竞争者所构成，其目的在于促进和提高该行业中的一个或多项经济利益或者该领域所覆盖成员的经济利益"①。因此，"行规"主要保护行业内所有经营者的利益，但"行规"的适用亦有其限度和范围。"行规"属自治规范，具有行业属性，在国家法不完善或存在空白的地方，"行规"可作为国家法的重要补充，"行规"在一定程度上弥补了国家法之不足，通过"行规"促进、维护行业内有序竞争，营造良好的竞争环境。但"行规"不得违反国家法的强制性规定。

（二）"行规"不得限制竞争

《反不正当竞争法》第二条规定："经营者在市场交易中，应当遵循自愿、平等、公平、诚实信用的原则，遵守公认的商业道德。本法所称的不正当竞争，是指经营者违反本法规定，损害其他经营者的合法权益，扰乱社会经济秩序的行为。"竞争是市场经济的产物，对消费者是有利的，督促商家提升产品质量和服务水平，提高市场竞争力。为促进市场经济健康有序发展，我国制定了《反垄断法》来确保公平的竞争环境，《反垄断法》第四十六条第三款规定："行业协会违反本法规定，组织本行业的经营者达成垄断协议的，反垄断执法机构可以处以五十万元以下的罚款，情节严重的，社会团体登记管理机关可以依法撤销登记。"因此，少数民族餐饮业"行规"为保护自身利益，通过"行规"限制其他经营者，属限制竞争行为。

（三）"行规"只能作为法律法规之补充而存在

"行规，它是一业之行业规约和经营惯例的集合，是维系行业组织的制度保证，是规范和协调行业行为的重要工具，是行业经营的行为准则，在

---

① 鲁篱：《行业协会经济自治权研究》，法律出版社，2003，第4页。

性质上属于自律规则，对行业成员具有契约上的效力。”[1]“行规”是经济发展到一定阶段的产物，从历史上来看，“行规”存在于经济发展过程中，并未随着商品经济的发展和相关法律法规的完善而消失。“从世界文明发展来看，各个民族和文明社会的成员都遵循一些古已有之的行为模式和习惯传统，从而在他们的行动中表现出了某种常规性的遵循和坚持，实际上就是对牢固确立的习惯传统和稳定的秩序本身的稳定偏好。对秩序和传统的确定依赖和偏好，基于不同区域、民族的社会历史文化发展路径的多样性，主要表现为行规行约、村规民约、风俗习惯、舆论评价、伦理道德、宗教戒律等多种形式，并俨然成为法律活动得以发生和展开的秩序的前提。”[2]“行规”是由行业共同体共同遵守的规范，从适用范围上来看具有一定的局限性。法律作为调整社会行为的最主要的规范，在社会中起主导作用，但法律具有模糊性和滞后性等缺点，导致其在部分调整领域出现空白。在国家法存在空白或不完善的地方，行规作为一种非正式的法律制度，弥补国家法之不足，具有一定的合理性。“再精细的法律规章也不能做到对社会进行完全的涵盖，对市场化过程中的种种交易或者交换活动给以精确的规定，社会结

构存在弹性空间，法律规范存在着‘真空’区域。”[3] 虽然“行规”具有合理性亦可弥补法律之空白，但市场经济是法治经济，在已制定相应法律法规的条件下，“行规”仍在部分领域发挥其作用，但只能作为法律的重要补充而存在，在其与法律规范相冲突的情形下，应当严格遵守法律的强制性规定。“行规”无法律上的强制性，亦不能对违反“行规”的人执行相应的处罚。

（四）取缔违法性“行规”并要求制定者承担相应责任

“行规”的存在一定程度上弥补了法律的缺位，“在吸收行业自治规范的合理因素的同时，国家立法对行业自治规范也进行着必要的约束和限制，以确保其自治不至于偏离法治轨道。因此，行业自治规范的制定必须遵循

---

① 曲彦斌：《行会史》，上海文艺出版社，1999，第 75 页。

② 冯玉军：《法经济学范式的知识基础研究》，《中国人民大学学报》2005 年第 4 期。

③ 田成有：《中国法治进程中的民间法运用》，来源于“吉林大学理论法学研究中心”田成有教授的网上文集，http：//www. legaltheory. com. cn/info. asp? id =9502。

‘国家立法优先’（法律优先）与‘国家立法保留’（法律保留）两项基本原则。法律优先原则要求行业自治规范不得与国家法律和法规相抵触，遵守国家法是行业自治规范发生法律效力的前提”[①]。《反不正当竞争法》第三条规定：“各级人民政府应当采取措施，制止不正当竞争行为，为公平竞争创造良好的环境和条件。县级以上人民政府工商行政管理部门对不正当竞争行为进行监督检查；法律、行政法规规定由其他部门监督检查的，依照其规定。”第四条规定：“国家鼓励、支持和保护一切组织和个人对不正当竞争行为进行社会监督。”因此，对于一些明显违背法律强制性规定，限制自由竞争的“行规”，执法部门应对其予以取缔。在强行推行相应“行规”过程中，出现违法情形的人，应承担刑事责任和民事责任。

四　结语

随着城镇化建设的推进，少数民族从事餐饮业人数逐渐增多，部分少数民族餐饮业“行规”与法律存在冲突，对民族法治建设产生一定影响。在保障少数民族合法权益的基础上，对弥补法律不足的“行规”予以认可，对明显违背公平竞争原则和扰乱市场经济秩序的“行规”应予以取缔，部分经营者强行推行“行规”造成恶劣社会影响和后果的应承担相应法律责任。只有加强民族法治建设，完善民族事务立法，维护健康的市场环境，推进城镇化建设，才能最终实现各民族共同发展。

① 黎军：《基于法治的自治——行业自治规范的实证研究》，《法商研究》2006 年第 4 期。

论民间调解的乡土逻辑及其政策建议*

——甘肃省天水市五个乡村调解个案的调查思考

蓝寿荣　武睿彬**

摘要：甘肃天水农村的民间调解活动，显示出其有效性、合理性，将会在相当长的时期存在，但也出现新的问题，如民间调解依据随意化、调解人面对少数恶势力权威弱化、有村民希望诉讼解决、个别案件调解不当等。乡村村民选择调解的思维惯性是源于传统的“厌讼”心理，但形成村民“厌讼”心理的社会事实是诉讼的不确定性及其高昂的成本，传统熟人社会的人情关系又进一步强化了村民对民间调解的认同，村民选择调解是明智之举也是出于无奈，这就是“乡土逻辑”。我们提出如下政策建议：一是对待民间调解，可以更加宽容，尽量减少行政力量干预；二是积极引导，渐进将国家法传播到广大的农村地区，目前需要做也是急迫做的是加大法治宣传力度，在少数市场经济发达地区，做好国家司法基本上替代民间调解的准备。

关键词：民间调解　乡土社会　小农经济　民间法

调解是指纠纷双方在第三人的斡旋下达成纠纷解决合意的活动。依据调解者的不同，可以将调解分为法院调解、民间调解和行政调解①。在我

---

* 本文系司法部国家法治与法学理论研究项目（09SFB5013）的成果之一，并得到江西省高等学校重点学科建设项目资助。本文的主要观点和内容曾发表于《中南民族大学学报》（哲学社会科学版）2014 年第 6 期。

** 蓝寿荣，男，浙江武义人，南昌大学法学院教授；武睿彬，男，甘肃秦安人，南昌大学法学院经济法硕士研究生。

① 《辞海》：调解是“通过说服教育和劝导协商，在查明事实、分清是非和双方自愿的基础上达成协议，解决纠纷。在我国，是处理民事案件、部分行政案件和轻微刑事案件的一种重要方法”。《中国大百科全书》（法学卷）：“双方或多方当事人之间（转下页注）

国，民间调解主要是指人民调解制度，但也包括其他非正式的调解形式，如家族调解、邻里调解等。① 我们通过对甘肃天水若干个农村的实地调查，揭示乡村村民面临纠纷解决的选择原因，以说明在广大农村目前维持民间调解的必要性，同时加大法治宣传、加强农村法治建设的重要性。

一 民间调解的一个典型样态

乡村调查是解析中国农村问题的一个很好的切入点。这次社会调查，我们选择的是历史悠久、传统厚重的甘肃天水乡村。甘肃天水是中华远古文明发祥地之一，是中国县制初始地，有华夏第一县的美誉。② 散落在天水各县区山梁沟壑中的各个村落，乡土气息浓郁，尽显古老农耕文明的厚重与沧桑，传承着千年历史、先民智慧、生活习俗，以其多彩的形态、古朴的民风、独特的生活形式和深厚的文化底蕴，被称为“传统文化的明珠”。

基于文化传统的考虑，调查选择天水市辖五个行政村进行，分别是秦安县中山乡北庄村、簸箕村、香山村和秦州区太京镇窝驼村、甸子村。秦安县中山乡三个村庄离县城较远，差不多相距三十多公里路，基本上是历

(接上页注①)发生民事权益纠纷，由当事人申请，或者人民法院、群众组织认为有和好可能时，为了减少讼累，经法庭或者群众组织从中排解疏导、说服教育，使当事人互相谅解，争端得以解决，是谓调解”。江伟教授认为，调解是指“在第三方主持下，以国家法律、法规、规章和政策以及社会公德为依据，对纠纷双方进行斡旋、劝说，促进他们互相谅解，进行协商，自愿达成协议，消除纠纷的活动。”（江伟、杨荣新主编《人民调解学概论》，法律出版社，1994，第 1 页）范愉教授认为，“调解是在第三方协助下进行的，当事人自主协商性的纠纷解决活动”。（范愉：《非诉讼纠纷解决机制研究》，中国人民大学出版社，2000，第 176 页）曾宪义教授认为，“所谓调解，是指纠纷发生后，由第三者主持，依据社会共识和一定的规范，进行劝解，促使发生纠纷的人协商解决争端”。（曾宪义：《关于中国传统调解制度的若干问题研究》，《中国法学》2009 年第 4 期，第 28 页）

① 本文探讨的民间调解是指民间自发的调解，而非人民调解委员会的调解。

② 天水位于甘肃东南部，自古是丝绸之路必经之地，辖武山、甘谷、秦安、清水、张家川回族自治县五县和秦州、麦积两区，境内四季分明，气候宜人，物产丰富，素有西北“小江南”之美称。古城天水被誉为“历史古都”，全球华人祭祖圣地，是华夏文明和中华民族的重要发源地，享有羲皇故里、轩辕故里的荣誉。悠久的历史孕育了灿烂的文化，人文传统底蕴十分丰富，集中体现在伏羲文化、轩辕文化、大地湾文化、先秦文化、三国文化、石窟文化。

史形成的自然村，乡土气息浓厚。[①] 秦州区太京镇的两个村庄离城区较近，由于“整村并乡”政策的推动，熟人社会发生微变。调查的重点是了解当地农村对于纠纷的处理手段和运用民间调解机制解决的一些典型案例。由于调查涉及主体和对象较为复杂，采取的调查方式也不同。对于当地农村一些识字的人，采用填写问卷调查的方式，对于纠纷的当事人、不识字的人、年长行动不便者通过对话进行调查，还到相关村委会复印了一些民间调解方面的村规。[②]

根据调查和走访，这五个行政村的大多纠纷属于民事、行政纠纷，刑事案件发生率较低，在一些农村（如北庄村和簸箕村）甚至发现连续好几年都没有一起被提起公诉的刑事案件。其实，刑事案件还是时有发生，只是当地人们没有诉诸公安机关、司法机关。秦安县中山乡北庄村、簸箕村、香山村的纠纷，主要涉及相邻关系、地役权、宅基地、土地非法买卖、婚姻继承、农民工工资以及男女通奸引起的纠纷等，也存在少量的医疗养老保险、子女上学纠纷。秦州区太京镇窝驼村、甸子村纠纷，还存在基层干部克扣、贪污农民补助纠纷和由赌博引起的纠纷，逢年过节时村里赌博现象十分严重，赌博赃款索要和赌资提供往往带来比较复杂的纠纷。纠纷的处理方面，由物权所引起的纠纷一般在本村的村民委员会、村民小组等基层组织和有声望的人（一般是长辈、退休的国家工作人员、教师、医生等）主持下，按照当地多年继承下来的村规、风俗习惯进行调解。这些调解主

① 天水市北部的秦安县，古称成纪，素有“羲里娲乡”之称。在秦安县的陇城镇，还有中国唯一的女娲祠。当地人称，从女娲时的远古传下了好的风气，民风淳朴。传说农历正月十五是女娲的生日，每年元宵节这里都举行纪念女娲诞辰的庆典。秦安蜡花舞是甘肃省非物质文化遗产，形成始于 7～13 世纪，以自娱自乐的方式在民间存在，很少有职业艺人，是典型的“原生态”民间舞蹈形式。离县城约 33 公里的中山乡，辖中山、北庄、簸箕、香山等 28 个行政村。地处黄土高原西部山梁沟壑区，气候半干旱高山润湿，夏无酷暑，冬无严寒。全乡地域辽阔，地形结构主要为高山、陡坡，野生药用植物较多，植被齐全。往北为大地湾遗址，有新石器时代房屋遗迹及灶址、柱基、灰炕、窖穴等，在发现少量炭化的植物种子中，经专家鉴定分析，分别属禾本科的黍（俗称糜子）和十字花科的油菜籽遗存，表明我们的祖先在距今约 8000 年就开始了农作物的种植。出土的骨耒、磨石、磨盘、陶刀、石刀等农业生产工具，进一步证实了农业已经产生，并且超越了刀耕火种的最初阶段。这一事实纠正了通行多年的中国黍源于外国的谬误，进而确立了中国黍源于陇西黄土高原的新说。大地湾文化的诸多发现，说明了这里是我国早期农业的发源地之一。

② 根据惯例，很多文章会将文中涉及的地名、人名都用某村某人或西文字码代替，本文循真实是事实，对于所涉农村的村名如实写明，但所涉人名则以西文字码代替。

持人具有较强的话语权，但在处理赌博引起的纠纷时话语权显得十分微妙。调查中发现，民间调解的执行情况很好。虽然我国法律赋予法院的判决书、裁定书、决定书、行政机关的命令、仲裁机关的裁决等具有司法强制力，没有承认民间调解具有强制执行力，但这丝毫不影响当地民间调解的约束力，在执行效果上民间调解的执行力更加迅速和彻底，鲜出现“打法律白条”的情况。由于当地还是相对完整的熟人社会，当地人相互之间十分熟悉，就连某家丢了一只鸡这等小事几乎全村人都知道，熟人之间为了维系和谐的邻里关系会做出一些妥协。熟人社会形成的乡村舆论约束力对当事人影响相当大，不遵守民间调解协议的后果是受到广大村民的谴责，很可能在以后的生活中失去邻居和村民的帮助，孤零零地一家人生活。

在当地纠纷调解中，最受村民关注的是涉及婚姻关系纠纷，在村民看来绝对是一件大事。由于本村、邻村大多数人都相互熟悉，你会发现在田间地头、街头村尾、男女老少都议论纷纷，有人还亲自给当事人提供意见。对于婚姻关系纠纷的解决依然是民间调解，调解的范围主要是彩礼即债权债务关系、孰对孰错问题即当事人谁存在过错。在第三人调解之前，按照乡俗、习惯，无过错的一方会携自己的亲朋好友，去和有过错一方家理论，当然吵架甚至动手是司空见惯的，这种自然法意义上的乡俗、习惯是符合现代法治理念的。两方当事人在认定事实或和解中存在严重分歧的话，就不得不诉求双方当事人都熟悉和信任的人或组织来主持调解。当地男女缔结婚姻关系，极少选择本村人作为自己的配偶，因此发生婚姻纠纷的双方当事人，多数是有一方是其他村或其他乡镇的。外地人（非本市或本省的）与本村人之间的婚姻纠纷，若其不遵守当地村规、习惯，很可能引起全村人的不满，严重者会被赶走。总的来说，对婚姻纠纷的调解并没有违背我国的法律，基本符合现代法治理念。

香山村甲某（男）与北庄村乙某（女）两人小时候由父母做主，形成“娃娃亲”关系，双方家长约定等孩子成年时举办婚礼。每年过节时，甲某家都给乙某家财物若干，农忙时节甲某的父母和姐姐时不时去乙某家帮忙。后来甲某考上大学，乙某读完初中后就外出打工，甲某毕业后在县城一事业单位上班，甲某读大学时没有谈对象，主要通过电话联系乙某，乙某打工时认识了广东的丙某，两人之间确立了恋爱关系，甲某和乙某家人对此事不知情。之后甲某在县城买了房子供结婚用，去乙某家讨论亲事，乙某在家人的催叫下从广东回家，随即对甲某说出自己已经有了男朋友之事。甲某对此事不能容忍，说耽搁了自己，当时读大学时有女生对他示好他都以自己有女友而拒绝，早知这样也就不会一直单身。乙某家人极力劝解乙某和丙某分手，但都被乙某否决。事后，甲某家和乙某家共同邀请了他们所熟知的丁某主持调解。丁某认为按照之前的村规乡俗应该是父母说了算，而且在农村妇女地位相对很低，一般是“嫁鸡随鸡、嫁狗随狗”。但最近几年新情况的出现，特别是在农村发生“娃娃亲”夫妻离婚率相当高，农村人对婚姻也赋予新的理解，倡导婚姻自由。丁某认定乙某可以不和甲某结婚，应该返还某甲家这些年来的聘礼和付出的劳动。对于此调解行为，甲、乙两家欣然接受。诸如此类的民事纠纷调解，尊重当事人的选择，总体上是比较合适的，不仅花费当事人成本少，而且简单灵活便于适用，在农村地区发挥了积极的作用。

也有少数纠纷是恶性事件，当地的民间调解就有些问题。簸箕村甲某，男性，系一磨坊主，有多种恶习，2013 年 6 月某日强奸同村 13 岁初中女生乙某，事发后乙某的父亲等人找甲某理论，双方发生口角，最后有人建议邀请在该县担任教育局局长的本村人丙某来主持调解。丙某认为此事不能声张，为了保护未成年人的隐私，决定不报案，由甲某负责乙某在医院所花的医疗费用，另外，甲某赔偿乙某 3000 元。此事就这样以民间调解结案。很明显，当地调解的出发点，是为了平息争端恢复秩序而不是为了寻求公正惩治肇事者，与我们今天的法治理念相去甚远。对于此案，我国《刑法》236 条规定：“以暴力、胁迫或其他手段强奸妇女的处三年以上十年以下有期徒刑。奸淫不满十四周岁的幼女的，以强奸罪论，从重处罚……”《刑事诉讼法》第 322 条规定：“下列公诉案件，犯罪嫌疑人真诚悔过，通过向被害人赔偿损失、赔礼道歉等方式获得被害人谅解的，经县级以上公安机关负责人批准，可以作为当事人和解的公诉案件办理：（一）因民间纠纷引起，涉嫌刑法分则第四章、第五章规定的犯罪案件，可能判处三年以下有期徒刑以下刑罚的……”。本案中乙某不满 14 周岁，甲某的行为构成强奸罪的加重情节，法定量刑至少是三年以上有期徒刑，不符合我国《刑事诉讼法》当事人和解情形，属于公诉案件。在当地，调解案件往往民刑不分，除杀人、抢劫等严重暴力案件之外，他们不认为这是一起刑事案件，类似这样的刑事案件大多以私了为结局。有在外读书大学生叙述，假如我生活在这里，没有去读书，我可能也会认为这个事就应该可以这样调解。但是今天，我们很难容忍这样的事情发生，哪怕这极符合当地的习惯、乡俗村规。这种事态蔓延下去势必影响我国法治现代化的进程，法律的权威性逐渐会在民众心中丧失，更会助涨犯罪分子的气势，为社会带来潜在的安全隐患。法治的进程是曲折，把现代法治的理念渗透到各地需要相当一段时间，当前复杂多变的纠纷要求我们探索出创新社会治理的新模式、新路子，积极灵活化解社会矛盾。民间调解对于农村纠纷的解决起到一些积极作用，但也存在一些与现代法治精神相悖的因素。

二　民间调解的有效与“失灵”

从甘肃天水的乡村调查来看，在西部一些农村，民间调解具有相当的适应性、有效性，使用程度高，适用范围广，有着现实的作用。

1. 缓解民间法与国家法的冲突

如同国家和法律的形成一样，民间调解从萌芽到成长离不开人类社会发展的实际需要。一种民间规范、模式的传承与经济社会的变迁需求息息相关，民间调解作为一种农村纠纷的主要救济方式也不例外。天水地区农村法律适用存在国家法与民间法的冲突，私法方面，村民主要选择乡规、交易习惯、道德来约束和调整其生活行为，公法的适用比较少，除非是特别严重的事情，譬如严重的杀人案件、大面积征收农村土地纠纷等才会诉至法院。从法的局限性来说，一个主权国家或地区总有一些地方处于国家法律之边缘，人们之间的纠纷或矛盾总会有一部分不属于法律的调整范围，形成法律的“盲区”。任何时代，哪怕是多么发达和完善的法律体系，也很难穷尽足够广泛和复杂的社会关系。我国各地经济和社会发展的不平衡导致法治水平的不同步，天水地处祖国西北，当地经济发展相对缓慢、农业发展模式粗放、农业现代化水平低、大多数地区处于小农经济阶段，且受客观因素影响社会关注度低，就全国来说较有代表性。在西部广大农村，土生土长的民间调解有其存在的土壤，为村民所接受，体现了情与法的融合，但相对落后的经济条件决定了法律适用的水土不服，一些乡村地区民间法和国家法之间处于紧张的关系。经济发展的不平衡性可能导致当地的民间调解具有一些新特点和新问题，这些是我们调查所关注的。在目前的农村法制建设中，需要仔细权衡当前和今后的利益及秩序，既要顾及法的权威，又要考虑当地实际情况和民情民俗。

2. 节约司法资源

遇到纠纷，求助于司法机关，是公民的权利，但是并非所有的纠纷、矛盾都要动用国家机器，没有人希望看到社会发展成为一个“警察社会”。现阶段我国存在民间调解、人民调解、仲裁、行政调解、诉讼等多元化的纠纷解决机制，这种多元化的纠纷解决机制成为社会转型时期的一大亮点，对处理复杂多变的纠纷和维护社会稳定起着不可替代的作用，显示着法治时代的新气象和传统文化的烙印。民间调解是基层社区尤其是农村对纠纷处理的有效救济手段，是众多纠纷解决机制里最为原始、与传统儒家文化最为接近的机制之一，更是转型时期最为薄弱、最容易受忽视的一环，在建设中国特色社会主义法治的新时期，重视民间调解显得尤为重要。

我国是一个有着十几亿人口的大国，过度运用司法资源，将减缓司法运行的效率，导致法院受理案件数量剧增，一些案件不能及时解决，司法机关和当事人都不能遵守程序法定期间，社会矛盾更加突出。司法机关运行和司法人员的供养都需要国家财政支持，过度扩大司法资源将会加重人民和企业的负担，不利于国家的长治久安。对于当事人来说，诉求于司法机关可能负担必要诉讼费用，加大了他们本来不宽裕的经济压力。在广大农村地区，民间调解适用范围广，包括民事纠纷、行政纠纷、情节轻微的刑事案件，适用率也相当高，就我们所了解的天水一些农村 90% 以上的纠纷都以民间调解结案。农村地区民间调解的增多减轻了司法机关处理案件的压力，积极意义是明显的。

3. 村民接受程度高

案件的处理结果会涉及公正的问题，司法的过程面临处理公正和效率的矛盾的问题。有一种观点认为，公力救济要求严格按照法定的模式和程序进行操作，相信只要程序是合法的，按照这种程序得出的结果是不是事实上的“结果”就显得不那么重要了。这种观点忽视了一个事实，即程序也是人为设置的，无法抹去人思维的主观性。而民间调解看似不注重刻板的程序，不等于其认定的事实不如公力救济认定的事实有客观合理性。恰恰相反，民间调解是一种私力救济，调解主持人一般是本村的人或基层组织，对纠纷了解程度更高，熟知当事人的相关情况，依据的乡规村约是当地人们知晓的，所以民众乐于接受。

与民间调解相比，司法机关的证据大多是所谓的“第二手材料”，有些法律的适用可能和当地的经济水平、文化传统、宗教信仰不大一致，特别是一些地区司法机关的公信力低，政法干警素质不高和习惯的官本位思维，都将导致村民更多选择民间调解。总体上看，我国司法机关及其广大政法工作者认真遵守宪法、法律的规定，树立了比较权威和值得信赖的形象。但在局部上，极少数农村地区由于法律实施不到位，也就是老百姓所说的“山高皇帝远”，存在一小部分司法机关和极少数工作人员收受贿赂、枉法裁判、制造冤假错案等有损司法形象和尊严的行为。① 少数司法机关公信力差、部分司法人员素质不高，是生活在农村的人们更多选择民间调解化解他们之间的纠纷矛盾的原因之一。俗话说“老百姓心中一杆秤”，村民这种民间调解的选择可能不符合法治的旨意，但从成本的角度看，他们却是理性的，因为他们没有时间财力精力去折腾。同时，村民对司法机关信任不够，对司法判决的公正性不理解、不认可，也导致了民间调解是他们的优先选择。

4. 丰富了法律文化

文化是人类活动及其客观存在的形式，法律文化是人类社会法律活动及其客观存在的形式，也包括能够客观显现的主观形式。有研究者认为：“法律文化的研究对象主要是法律现象，而法律现象主要表现为法律意识形态和法律制度、组织结构及派生物（历史、行为、活动）”。② 由此可以理解，民间调解也算是法律文化中灿烂绽放的一支了，极大地繁荣了丰富多彩的法律文化，并将激发广大法律学习者的学习兴趣，为法学理论研究提出了新课题。对关心农村地区发展、建设的人们而言，民间调解使得农村地区的矛盾纠纷得以化解，有助于全面建设小康社会向深层次发展，通过不同法律文化的交流和传递，城乡二元化矛盾也将缓解，人们的幸福认同

---

① 这种情况在其他地方也存在，见韦吉莉《对农村法治建设的思考》：执法不公正在不同领域不同程度地存在着。执法不严，徇情枉法，已经成为法制进程中的毒瘤。个别基层干部“不给好处不办事，给了好处乱办事”。在老百姓看来，“八字衙门大大开，有理无钱莫进来”。这些都直接影响着老百姓的“法治”心理：“上边没人，告也白告”。中国法院网 http：//www. chinacourt. org/article/detail/2009/11/id/381522. shtml，最后访问时间：2013年12月10日。

② 刘作翔：《法律文化理论》，商务印书馆，1999，第28页。

感会进一步加深。

当然，由于市场经济的冲击，传统有效的民间调解方式也面临着挑战，出现了一些新的变化。从甘肃省天水市农村地区的调查情况看，当地民间调解有这样一些特征。

1. 民间调解所依据的规范，由于没有成文的载体，存在随意化趋势

我们所调查的五个村庄，乡村纠纷调解的依据是乡村规约，这些规范都是以口头的形式从上一辈传下来的，没有固定的形式，大多是一些不成文的习惯、风俗等。之前这些不成文的规定较为完整地流传下来，其原因是适应小农经济的发展，在小农经济模式下，农民一般在家种田，很少外出闯荡，年轻人跟着年长者学习耕种、礼节知识，就像这样多年的耳濡目染，使得他们能知晓当地的风俗习惯和熟练运用这些规范去处理他们之间的矛盾。但是，现在小农经济模式逐渐被打破，农民的传统意识也有所改变，年轻人会选择读书、外出务工，有个别人连基本的耕种知识都可能不会，能熟悉当地解决纠纷矛盾的规范就更是奢望了。因此，现阶段要发挥民间调解的积极作用，面临着风俗习惯可能消失的问题，而这正是制约民间调解发展的一个瓶颈。较好的办法就是对这些风俗习惯进行统一收集、整理、编排，将其不违反国家法强制性规定的内容，通过书面的形式保存下来，以成文的形式发放到每村每户。

2. 民间调解的范围过于宽泛，民刑不分，个别案件调解有误导倾向

中国封建社会时期的法律呈现民刑不分的特点，受其影响，民间调解在农村地区的使用范围实在太大，一些具有严重社会危害性的公诉案件也被“调解”了。就像前面我们了解到的强奸幼女案一样，受害人只得到少量赔偿金，犯罪嫌疑人就这样逍遥法外，倘若此地再发生同样的事情，往往因为有先例而同样采取赔礼道歉、赔偿损失等民事救济方式。社会规范具有指引的作用，民间调解先例往往成为所在乡村地区一种对实体权利救济的规范，当然对村民也具有指引作用。人具有生物性和社会性，正常人都具有效仿和从众的心理，大众的行为会影响个人在社会中从事活动。因此，应该严格区分民间调解的范围，对一些民事纠纷、行政纠纷和情节轻微的刑事案件可以调解，而涉及国家、社会整体利益和严重侵害他人权利的案件，应该由司法机关处理，民间调解的范围不宜太大。

3. 由于受到极少数恶势力的威胁，调解人难以形成威信

一个合格的调解人，首先是一个为人正直、主持公道、通晓当地风俗习惯、受人尊敬的人，具有一定的威信和话语权，否则其调解的结果村民无法接受。调查中得知在天水市秦安县中山乡北庄村、簸箕村、香山村，调解人话语权没有受到威胁，究其原因是这三个村子离县城较远、民风淳朴。而天水市秦州区太京镇窝驼村、甸子村，在逢年过节时赌博盛行，赌博引起的纠纷在调解过程中调解人往往受到恶势力威胁，很难做出公正的调解结果。赌博的赌资和索要赃款在法律上一律不承认是合法债务，当事人为了规避我国法律的强制性规定，一般选择民间调解来实现其诉求，在调解过程中这些“债权人”会利用城郊的恶势力对调解人恐吓，使自己成为幕后调解人。要根治这种不良现象，不仅要对恶势力行为进行治理，而且要丰富乡村文化，比如农业科技下乡活动、农家书屋等，使村民在节假日以一种健康有益的休闲娱乐活动取代赌博活动。

4. 民间调解的纠纷解决模式，不如求助新闻媒体管用

根据我们的走访，当问及村民产生纠纷时最想以什么样的途径解决，大多数人的回答是上电视或通过《焦点访谈》、《今日说法》等栏目的报道。我们又问会选择民间调解吗？同样多数人回答会选择，但认为比较复杂和涉及人数众多的纠纷借助媒体的力量更公平或可靠些。这样的回答的确让我们大吃一惊，当地人们似乎在寻找另一种救济途径，可见民间调解的公认度在降低，司法机关的公信力也在降低。新闻媒体利用其强大社会网络，把一些当地人不知晓的案子、纠纷，以超快的速度传递到世界的各个角落。毫无疑问，新闻媒体对一些纠纷、案子报道起到了舆论监督的作用，但另一个问题出来了，当地人们为什么产生纠纷更希望求助新闻媒体？新闻媒体毕竟只是纠纷、案件的采访、报道的平台机构，而不是纠纷、案件的裁判者，裁判者要么是司法机关，要么是民间调解的调解人。从另一角度看，这说明了重新树立司法机关的公信力和依法重塑调解人的权威，已经迫在眉睫。

5. 也有少数村民希望通过诉讼途径解决纠纷

与人口密集的东南沿海乡村相比，天水农村地区大多地广人稀，熟人社会关系的亲密性也不尽相同，有极少数靠近城市的乡村出现陌生人村庄。近年来，甘肃省政府实施的一些政策，如 2006 年甘肃省天水市推进“整村并乡”的步伐，即为了发展本地经济和提高行政效率撤掉一部分小的行政村、乡镇，并入较大的村、乡镇。2012 年初甘肃在全省范围内实行“联村联户，为民富民”的“双联活动”，即由甘肃省委统一部署，相关单位联系和帮助贫困村，有关党政干部联系和帮助贫困户，共同实现甘肃的脱贫致富和经济发展的目标。这些政策的实施加快了当地经济的跨越式发展，涌入的新人口和新的思想动态打破了原有的熟人社会。而传统的民间调解正是建立在熟人社会基础上的，原有熟人社会的些微变化势必影响到民间调解的运用。民间调解是一种私力救济，这种私力救济，人们更多地寻求情感和谐的因素①，也就是人们不愿通过诉讼影响他们的感情，但“整村并乡”等活动使得部分民众和邻里关系变得相对陌生，构建新的熟人社会需要时间，使当地相互不熟悉的村民在发生纠纷时希望通过诉讼途径解决纠纷。

三　村民选择调解的明智与无奈

乡村村民选择调解，显而易见的是村民受传统文化影响，存在“厌讼”心理。中国人历来诉讼意识淡漠，从统治者到老百姓，普遍存在“息讼”、“厌讼”心理②。在论及民间调解时，有很多学者都从多个角度说明了儒家传统文化具有“以和为贵”思想和“息讼”传统，君子之道为大事化小小事化了而不是主张权利追究到底，讲究自身行为礼节、家庭邻里和睦相处，历代传承至今仍然存在相当的影响，不可小视③。按照村民的说法，“冤家宜解不宜结”，“一年官司十年仇”，村里的纠纷，可通过亲友和睦解决，大家不伤感情，那是最好的，或者是由有德长者居间调停，说服教育争议双方自愿达成妥协。不战而屈人之兵，为最高境界。如果有人坚持要到法院诉讼，将会冒着很大的风险，一是可能败诉，从此结上世仇、名声扫地，

① 谢晖：《论民间法与纠纷解决》，《西北政法大学学报》2011 年第 4 期，第 44 页。

② 见张文香、萨其荣桂《传统诉讼观念之怪圈——“无讼”、“息讼”、“厌讼”之内在逻辑》，《河北法学》2004 年第 3 期，第 79 ~ 82 页；陈秀萍：《“无讼”及其对现代法治建设的影响》，《河海大学学报》（哲学社会科学版）2005 年第 4 期，第 9 页。

③ 见何勤华《泛讼与厌讼的历史考察——关于中西方法律传统的一点思考》，《法律科学》1993 年第 3 期，第 10 ~ 15 页；张晋藩：《中国法律的传统与近代转型》，法律出版社，2005，第 279 页；梁治平：《寻求自然秩序中的和谐》，中国政法大学出版社，2002，第 199 ~ 230 页；苏力：《法治及其本土资源》，中国政法大学出版社，1996，第 33、71 页。

或是可能胜诉，但对方不配合，难以执行，无论胜败，乡间舆论压力都会很大。社会上的这种文化，经过世代浸染，影响了乡村村民，遇事首选调解。从乡村管理者来说，纠纷不是光彩的事情，诉讼增多是世风日下的表现，只有刁民才喜欢将小事闹大，主持民间调解也是致力于平息争端，而不是查清缘由、辨明是非、分清责任。由此，对于这种关于纠纷和诉讼的出发点，就不是谁是谁非的问题，而是看谁能高明地化解纠纷平息事态。“无事就是本事”，迅速平息事件，为历来很多官员所乐道。[①] 至于是否正义与公正，他们压根不愿也不会去理会。

但形成村民“厌讼”心理的社会事实，还在于诉讼的不确定性及其高昂的成本。传统的乡村，一般人们会自动遵循习俗，处理好各种事务，但也有极少数时候，发生了一些常理之外的事件，为村民所难以循习俗处理接受。这时，村民希望求助司法得到更好的说法，但是诉讼的不确定性及其高昂的诉讼成本，使他们理性止住。[②] 在古代诉讼过程中，官府是否接受该案件，就需要等上漫长的时间，并且呈状人也不知道确切的回复时间，也就是说没有受理期限。即使官府接受了，接下来是繁杂的诉讼程序，如升堂审理、传唤被告、召集证人等，不仅繁杂，而且没有规定的程序，往往是一个县太爷一个花招。如果要搜罗证据、现场勘验，安排相关官吏随从的往来饮食和住宿花费等，那还不知道要花多少银两。“更有讼棍与公堂的书吏及衙役朋比为奸，经常使许多不幸的家庭和愚昧的村民破产。”[③] 由此形成对封建官吏的不信任是民间调解存在的另一个原因。即使在今天，这个问题也还是或多或少地存在。这是因为在和解、仲裁、诉讼等社会纠纷解决方式中，诉讼是一种最正规最严肃的解决纠纷途径，也是一种最耗时间和精力的解决纠纷的方式。对于处于远离城市的小乡村，很多村民从时间、精力和经费上都会觉得耗不起，并且由于知识的缺乏，对于结果自己无从预期。还有，诉讼解决民事纠纷要想得到好的实现，需要依赖一系列社会条件，如良好的行政

---

① 在“非讼”意识的支配下，古人认为诉讼是一种导致不安定的因素，因而千方百计予以平息。中国古代司法官吏最惯常使用的几种息讼之术，即拖延、拒绝、感化以及设置“教唆词讼”罪等。见马作武《古代息讼之术探讨》，《武汉大学学报》（哲学社会科学版）1998 年第 2 期，第 47 ~ 51 页。

② 蓝寿荣、胡圣知：《略论乡村民事纠纷解决的有效性与经济性》，《湖北第二师范学院学报》2011 年第 3 期。

③ 刘露瑶：《传统中国社会的民间纠纷调解机制》，《黑龙江史志》2009 年第 4 期。

体制、良好的法律和法律体系、高素质的法律职业群体、良好的法治氛围以及良好的物质条件。[①] 目前有的地方的司法人员在判案水平和个人素质上存在不齐，也限制了村民选择诉讼的积极性。

对于村民来说，调解解决纠纷有利于维护传统熟人社会的相互利益关系。中国社会是一个熟人社会。在熟人社会里，熟人圈就是一个社会共同体，是所有人生活的依托和表现场所。每一个熟人社会，都会有相沿成习的习俗规则，是每个成员所必须遵守的。[②] 如果出现纠纷，首要的是采用一定的方式来解决以维持秩序的继续和乡村的稳定，一般都是通过调解，依据就是习俗。这种习俗，在我国表现为礼俗。[③] 有了这些礼俗，调解人在纠纷调解中也就有了说理的依据。在比较缓和的劝说下使纠纷双方接受和解，可以互相照顾彼此的"面子"，维护人情关系，同时又不会互相"揭短"，即"家丑不可外扬"，容易挽回面子和修复关系，容易被熟人圈子里的人所接受。在这样的文化熏陶下，乡村的村民在面对纠纷时，首先想到的是是

① 张文显：《法理学》，高等教育出版社、北京大学出版社，2011。

② 这种习俗的社会秩序功能，为很多学者所关注。如卢梭认为，它形成了国家的真正宪法；它每天都在获得新的力量；当其他的法律衰老或消亡的时候，它可以复活那些法律或代替那些法律，它可以保持一个民族的创制精神，却可以不知不觉地以习惯的力量代替权威的力量。（〔法〕卢梭：《社会契约论》，商务印书馆，1980，第 73 页）孟德斯鸠认为，法律应当和国家的自然状态有关……和居民的宗教、财富、人口、贸易、风俗、习惯相适用。（〔法〕孟德斯鸠：《论法的精神》，商务印书馆，1961，第 7 页）梅因认为，"罗马法典"只是把罗马人的现存习惯表述于文字中。（〔英〕梅因：《古代法》，沈景一译，商务印书馆，1959，第 11 页）韦伯认为，法律、习惯和惯例属于同一个连续统一体，即他们之间的演变难以察觉。（〔德〕马克斯·韦伯：《经济与社会中的法律》，张乃根译，中国大百科全书出版社，1998，第 20 页）

③ 费孝通在《乡土中国　生育制度》一书中对于传统乡土社会的秩序维持，做出了一个基本的判断，乡土社会是一个"礼治社会"，"礼治就是对于传统规则的服膺。生活的各方面，人和人的关系，都有着一定的规则。行为者对于这些规则从小就熟习，不问理由而认为是当然。"（费孝通：《乡土中国　生育制度》，北京大学出版社，1998，第 55 页）在这样一个礼治社会里，士绅、长老居于乡土社会的权力核心。乡村社会的纠纷调解不仅在于平息矛盾，而且也是士绅、长老主持下的社会教化过程（费孝通：《乡土中国　生育制度》，北京大学出版社，1998，第 56 ~ 68 页）。梁治平也认为，礼和法在传统中国的司法过程中往往具有非常密切的关联，甚至在一定时期，礼对于司法过程的影响可能超越法律的拘束力。其原因可以归结为礼与中国传统社会的和谐观念具有同一性，所以从秩序自理的手段而言，司法过程必须首先兼顾礼的价值取向。他认为，"广义上的礼，一套有着深远历史渊源的道德原则。它解决纷争的着眼点并不在确定或维护什么人的权利，而是要辨明善恶，平息纷争，重新恢复理想的和谐：一种按照道德原则组织起来的秩序"。（梁治平：《寻求自然秩序的和谐》，中国政法大学出版社，1997，第 230 页）

否违反了既有的习惯、礼俗而不是是否违法，寻求解决的主体也是本地的乡绅、本族的长者，而不是诉之于官府。可见，基于传统熟人社会的人情关系，又进一步强化了村民对民间调解的认同。①

中国乡村社会的民间调解和司法诉讼，构成了纠纷解决的两种主流方式。民间调解是从乡村社会村民长期生活生产的实践经验中演化而来，是过去经历中有用有益知识的累积，是以协调为主惩罚为辅的方式维护既有的习俗、规则。长期以来，人们遵守历史上调解形成的"案例"，自觉遵守，就很少会有违反既有习俗或规则的行为发生，也就说在这个过程中，人们觉得遵循习俗或规则、服从调解是划算的。在这样的情况下，乡村村民选择调解，也是一种别无选择的选择。只有这样，最有效、最经济，最符合社会的认同，所以村民选择调解也是无奈的明智选择。

四　引导民间调解的政策建议

熟人社会的存在，是因为有传统的小农经济基础。自给自足的小农经济是传统调解得以形成的最深厚的社会土壤。小农经济是以个体家庭为生产和生活单位的经济形态，形象地说就是男耕女织自给自足，在很长时间中，我国的农村村民对外界有依赖的主要是食用盐，还有就是铁。这一经济特点，决定了农民足不出户就可以运行，久而久之形成万事不求人、安土重迁、知足常乐的思想意识。加上我国的乡村社会除了基于自给自足经

① 关于人情关系，研究者甚多。如"熟人社会中的'人情'体现为感情、关系、规范和机制等层面。在人情的作用下，熟人社会成了一张微观权力关系网，因此也被整合为对内纷争较少、对外团结一致的亲密社群。在熟人社会中，人们的行为围绕着人情关系展开，行为准则是人情规范。"［陈柏峰：《熟人社会：村庄秩序机制的理想型探究》，《社会》2011 年第 1 期，第 223 页］"人情因其特殊的功能，在熟人社会再生产中具有极为重要的作用，尤其是在原子化程度比较高的中部分散型村庄，正是凭借人情循环与往来，而使原子化的分散的村民变成自己人，使熟人社会成为遵循乡土逻辑的熟人社会，而不是相互利用和相互算计的关系。"（贺雪峰：《论熟人社会的人情》，《南京师范大学学报》（社会科学版）2011 年第 4 期，第 27 页）在乡民看来，一切纠纷都可以在生活中找到解决的依据，且这种解决的依据相对固定化，是一种生活的传统规则，一种"人情正义"。（田成有、李懿雄：《乡土社会民间法与基层法官解决纠纷的策略》，《现代法学》2002 年第 1 期，第 120～124 页）"'情理'之于中国人，不仅是一种行为模式，而且是一种正义观。"（吴英姿：《"乡下锣鼓乡下敲"——中国农村基层法官在法与情理之间的沟通策略》，《南京大学学报》（哲学·人文科学·社会科学版）2005 年第 2 期，第 60～68 页）

济的地缘性外，还具有血缘亲属性。建立在小农经济及其生活方式上的儒家文化和宗法思想，很好地支撑了民间调解机制有效运行。与国家法诉讼制度的显性相比，民间调解规则则隐性存在，根植于传统的乡村生活方式、习惯、规范，注重衡量当事人的面子和可接受程度，操作简单方便，可行性较强，在解决农村纠纷中游刃有余，使其在农村广泛存在。很多学者的调查研究都表明，无论在广大的内地乡村还是少数民族地区的乡村，都广泛存在着有效的民间调解及其依据的习惯法①。

改革开放以来，我国社会经济高速增长，经济模式发生剧变，商品经济运行方式正在冲击着每一个角落。随着社会变革的深化，市场机制正在发挥着更加主导的作用，市场经济体系已经基本形成，这带来了社会形态的变化，在原来强大的政权政治和乡村社会中，出现了市民社会，形成社会三元结构。这样的一种社会三元结构，估计会持续相当长一段时期，因为我国的政治优势很明显，市场经济不可逆转，小农经济很难彻底瓦解。在部分农村地区，特别是受传统文化影响很深的地区，那里的小农经济将

① 如谢晖教授提出，“在汉族乡村地区，尽管国家法的作用要大得多，但乡民日常生活和交往的准则，仍主要由习惯法来调整。”“但遗憾的是：从民国时期到现在，中国特别是汉族地区人们的交往行为习惯已经发生了巨大的变化，对于这些变化了的习惯和习惯法，人们几乎没有认真地涉及和研究之”。（谢晖：《当代中国的乡民社会、乡规民约及其遭遇》，《东岳论丛》2004 年第 4 期。）蓝寿荣提出，“在湘、鄂、渝、黔边区生活的土家族社会中，土家族习惯法客观存在并有自己的特征，土家族习惯法包含有禁忌习惯法、宗族习惯法、村寨习惯法、生产习惯法、婚姻家庭习惯法等丰富的内容，在其嬗变过程中受到中央政权政治法律制度的影响，但始终未被取代，在最广泛的土家族人民社会生活中发挥着作用”。（蓝寿荣：《关于土家族习惯法的社会调查与初步分析》，《民间法》2004 年第 3 卷）于语和、于浩龙认为，“民间习惯作为另一套规则植根于现实，有着确立的行为预期，维护个体间合作，捍卫群体价值和信念等重要功能。乡民们在日常生活中都认同这些民间习惯，并且根据习惯的预期安排自己的行为。在这种模式下民间习惯必然在纠纷解决中发挥特定的作用，而这种效果是制定法不能够实现的”。（于语和、于浩龙：《试论民间习惯在民间纠纷调解中的作用——以河北省某村的实地调查为个案》，《法学家》2005 年第 3 期）付冬梅认为，“在实际中起重要作用的区域习惯，特别是在经济相对落后的少数民族地区、乡土社会，民族习惯、传统、文化对民事纠纷处理的影响甚至超过了现有的制定法。可持续发展离不开民风、民俗，应当在人民调解、法院调解中加大区域风俗、习惯、传统文化的作用力度。”［付冬梅：《论区域习惯在多元民事纠纷处理机制中的有效运行》，《内蒙古大学学报》（人文社会科学版）2006 年第 3 期］这种现象不仅在作为不发达国家的中国的乡土社会中普遍存在，在发达国家如美国也同样存在，“邻人运用的是一些非正式规范，而不是一些正式的法律规则，来解决他们当中出现的大多数争议”，详见美国学者罗伯特·C. 埃里克森《无需法律的秩序——邻人如何解决纠纷》，苏力译，中国政法大学出版社，2003。

会在很长时间里以各种方式顽固存在，即使小农经济模式完全瓦解，但小农经济下的思想意识也不会一下子消失。可见，民间调解传承着千年文化传统，有着现实的作用，还将会长时期存在。

有鉴于此，我们提出对待民间调解的第一个建议就是：可以更多地宽容，尽量减少行政力量干预。一个合理的社会运行机制，一定是内生的，有效而节约的，那种高成本而低效率的制度不可能取代既有的低成本高效率的制度，即使强制推行也不可能长久。民间调解之所以能产生作用，其根本原因是民间法源于我国农村的生活生产实际，长期以来依据既成的习俗或规则，协调各种关系，维护农村的社会秩序。[①] 在很多农村，因为乡村纠纷调解具有根植于当地生活的合理性，得到村民对它的认同和认可。“中国传统社会下生成了自给自足的小农经济，人们相互间的商品交换很少发生，乡民们并不关注经济利益是否平衡、有没有等价交换。这种价值偏差导致的直接后果是制定法在乡土社会中没有适用的基础和空间。”[②] 在历史上，民间调解不仅有效地解决村民纠纷，也还是社区道德教化和维持社会秩序的一种社会机制，这就不难理解为什么会在封建社会各个朝代的统治者都会支持乡村自治式的调解[③]。在目前的情况下，对于农村地区的任何纠纷，还不宜强制性地动用国家司法力量。

但这样说，并不是认为民间调解就是十全十美了，相反，我们在调查中看到听到的问题不少，主要就是村民的无奈。村民在面对某些纠纷时，尤其是估计到调解结果对自己很不利或者感到精神很受伤害时，很想诉之

① 如张卫平教授认为，“追溯遥远的历史，可以发现民间调解在解决争议方面一直发挥着十分重要的作用，而这一传统由于契合了中国人特有的心理和行为方式，从而延续下来，并被吸收进司法制度中，成为中国司法解决争议的一种重要方法和手段”。（张卫平：《诉讼调解：时下势态的分析与思考》，《法学》2007 年第 5 期，第 19 页）王学辉教授认为，“就民间秩序而言，立法的局限还在于即使有国家的强制力作为后盾，它并不能彻底废除任何一种流行于乡土社会中的习惯性秩序”。（王学辉：《双向建构：国家法与民间法的对话与思考》，《现代法学》1999 年第 1 期，第 58 页）

② 于语和、于浩龙：《试论民间习惯在民间纠纷调解中的作用——以河北省某村的实地调查为个案》，《法学家》2005 年第 3 期。

③ 有研究表明，在传统中国的基层纠纷解决过程中，基层官员对民间习惯的运用实际上表现为两条路径：一是直接援引习惯进行裁决，这种情况在古代判例资料中并不常见；另一种是“参酌援引”，即地方官员裁决纠纷过程中对民俗民风和“情”与“理”的理解和运用。见张镭《传统中国基层民事纠纷解决中的习惯与法律》，《学习与探索》2009 年第 1 期，第 110 ~ 114 页。

于司法，到法院打官司，但鉴于对判决不确定的预期和造成影响不确定的结果，不得不放弃。我们这次调查选择了传统文化底蕴深厚的甘肃天水五个行政村，其中秦安县的三个农村距县城较远，民间调解的乡土味更浓，秦州区的两个农村则离城市较近，充满着商业化气息，当地民间调解明显出现了一些新问题，如：民间调解所依据的规范，由于没有成文的载体，存在随意化趋势；调解人的权威，面对少数恶势力而无能为力；民间调解的纠纷解决模式，不如求助新闻媒体管用；民间调解的范围过于宽泛，个别案件调解结果很不公正，甚至调解有误导倾向；有的村民在纠纷发生后有明显的诉讼愿望等。这些问题出现在这个可以说是最有传统气息的乡村，原因是社会进步、商品经济发展引起人们思想意识发生变化，传统的民间调解有瓦解的趋势，那么在广大的中部地区、东部发达地区，情况应该更为明显。从发展趋势来看，现代市场经济模式及其文明已席卷每个乡村，城市化文明更是改变了乡村年轻人的价值观。中国的乡村正经受历史上从来没有过的社会激荡，表现为乡村生活出现城市化趋势，开始有电视、冰箱、洗衣机、机动车，从市场购买衣服、鞋袜、粮食、肉食、蔬菜，除了老人和孩子，大部分人外出打工，或者开办小型工厂、种植基地，赚钱多少成了许多乡村村民成功与否的评判标准，原有的经济模式及其价值观念正在改变。民间调解来自源远流长的传统文化，受到现代文明与法治的冲击，又遭遇国家法与市场经济的重创，估计在某些地方处于狭小的生存缝隙。推测民间调解将会在变革部分形式和内容后继续存在，在这个过程中，需要的是引导。有很多学者的观点是要支持民间调解在新时期发展，我们的看法正好相反，国家制定的成文法，基于现代社会的人民意志和价值取向，与民间调解基于传统小农经济方式的运行机制相比有着明显的进步。国家法的统一是必然的趋势，只是这个步骤一定要和缓，将来民间调解也要在法律的框架下运行，服务于公正秩序的建立。所以，我们提出对待民间调解的第二个政策建议就是：积极引导，渐进将国家法渗透到广大的农村地区，目前需要做也是急迫做的是加大法治宣传力度，并且在某些市场经济发达地区的乡村，做好国家司法基本上替代民间调解的准备。

让农民活得更快乐，更有尊严，是我们研究的宗旨。中国是农业大国，农村、农民问题始终是中国革命和建设中的一个大的命题。研究农村问题，需要调查分析的方法、实事求是的精神，更需要对农民的人文关怀。有长期从事农村研究的学者说过，“中国农村不仅区域差异很大，而且变动迅速。在乡村关系研究中，如果不慎，可能会犯下很多错误。”[①] 如何对待民间调解，我们需要运用朴实的眼光、负责的态度，不能简单地肯定或否定。

① 贺雪峰、苏明华：《乡村关系研究的视角与进路》，《社会科学研究》2006 年第 1 期。

2012年以来民族自治地区依法行政的进展*

胡长兵**

摘要： 2012年以来，民族自治地区法治行政处于稳步推进中。总的方略指引上，国务院颁行了《法治政府建设实施纲要（2015～2020年）》、《关于加强和改进新形势下民族工作的意见》等文件。民族自治地方依法行政方面，各民族省份在完善行政制度体系、科学民主决策、严格行政执法、健全权力监督和制约、加强社会矛盾纠纷化解、提升法治思维与依法行政能力等领域积极行动，出台了诸多重要举措，取得了显著的治理业绩。

关键词： 民族自治区　依法行政　法治

新千年伊始，依法行政、营造法治政府成为社会主义法治中国建设中带动性、实施性的中心环节。在此进程中，国务院先后颁行了《关于全面推进依法行政的决定》（1999）、《全面推进依法行政实施纲要》（2004）、《关于加强市县政府依法行政的决定》（2008）和《关于加强法治政府建设的意见》（2010）等指导性文件。

一　国务院关于依法行政的政策指引

2012年以来，依法行政方略处于稳步推进中。在总体规划上，

---

* 本文系2014年度国家哲学社会科学基金重大项目“建设社会主义民族法治体系、维护民族大团结研究”（项目批准号：14ZDC025）、2016年黔南州中级人民法院委托课题“2012年以来民族自治地区依法行政进展研究”的研究成果，并得到贵州省社会科学院“贵州省法治研究与评估中心”项目资助。

** 胡长兵，博士，贵州省社会科学院副研究员。

2015 年 12 月，国务院发布《法治政府建设实施纲要（2015～2020年）》。《纲要》列举了未来五年政府工作法治化的七项主要任务：依法全面履行政府职能、完善依法行政制度体系、推进行政决策科学化民主化法治化、坚持严格规范公正文明执法、强化对行政权力的制约和监督、依法有效化解社会矛盾纠纷、全面提高政府工作人员法治思维和依法行政能力。

在民族地方依法行政的政策指导方面：2014 年 12 月，国务院出台《关于加强和改进新形势下民族工作的意见》。针对提高依法管理民族事务能力等问题，《意见》指出，要加强民族工作法律法规建设，切实贯彻落实民族区域自治法，修订完善有关民族工作的法规条例，推进城市和散居地区民族工作制度化、规范化、精细化，坚持在法律范围内、法治轨道上妥善处理涉及民族因素的问题。

遵循以上的中央决策，五年来各省级民族自治地方积极行动，依法行政工作取得了比较显著的进步。以下综述之。文中数据和法规信息均采集自政府网站，不另一一注明。

二　各民族自治地区依法行政的进展

根据近年来全面深化改革的新形势，广西、宁夏、内蒙古、新疆、西藏五个自治区政府在管理中主动进取、依法履职，深入行政审批体制改革，推行权责清单制度，优化部门组织结构。2014 年，新疆成立推进丝绸之路经济带核心区建设工作领导小组，这是全国第一家地方性“一带一路”建设领导小组。同年，内蒙古清理 249 个区政府一级议事协调机构，裁撤了其中的 49 个。

依法行政方面：新疆先后印发了《关于进一步推进依法行政加强法治政府建设的通知》（2012）和《全面推进依法行政加快建设法治政府重大任务实施要点（2015～2020）》（2014）；2015 年，西藏、宁夏、广西则分别制定了《关于深入推进依法行政加快建设法治政府的意见》、《法治政府建设指标体系（试行）》、《关于深入推进依法行政加快建设法治政府的实施意见》。实践中，2012 年，广西出台《关于开展依法行政示范点创建活动的意见》。此后，连续启动四批自治区级依法行政示范点创建活动，充分发挥了示范、引领作用。

简政放权方面：各自治区着力转变政府职能，提升公共服务能力。2013年，新疆清理各类行政审批事项 1294 项，取消和调整 481 项，幅度超过区本级过去 10 年压减审批数的总和，于全国率先实现在现有基础上减缩 30% 的目标。2014 年，内蒙古是全国对行政许可项目进行梳理和公示的 8 省区之一；同年，宁夏对区保留的 494 项行政审批事项进行流程优化，减要件、减环节，承诺办理期限比法定期限减少 9266 个工作日，整体压缩率为 55%。2015 年，广西 64 个部门梳理现有权力事项 5942 项，清理 3569 项，精减比例达 60%；西藏全区保留行政审批项目 397 项，较 2013 年精简 398 项，降幅达 50%。

权责清单方面：2015 年，新疆、宁夏、广西、内蒙古各区本级政府部门权力清单、责任清单都已向社会公布；西藏区本级权力清单也已公开。

（一）完善行政制度体系

十八大报告指出，“法治是治国理政的基本方式”。为此，首要的是切实推进政府立法体制机制建设，如宁夏 2015 年《关于加强和改进政府立法工作的实施意见》要求，“政府立法规划和立法计划制定科学，立改废释并举，立法质量稳步提高；政府立法制度完善，公众参与政府立法机制完备；地方性法规议案和政府规章的及时性、系统性、针对性、有效性显著增强”。2014 年，新疆为完善立法工作机制和程序，制定了《政府规章立法调研论证工作规范》《政府规章立法后评估工作规范》，修改了《立法调研制度》《立法草案预审会议制度》等。

1. 加强重点领域政府立法

除了急需的常规性经济、社会立法，各自治区均强调、突出其区情亮点和特色，法制构建旨趣各异。新疆将促进民族团结宗教和谐、遏制宗教极端势力等视作重点。作为全国水资源最匮乏的省区之一，宁夏制定了《节水型社会建设管理办法》，这是国内首部节约用水地方规章。广西则以立法促“民族文化强区建设”，颁行了《左江岩画保护办法》《传统工艺美术保护办法》等。具体重点领域政府立法详见表 1。

表 1　各自治区近年重点领域政府立法

	年份	规章与规范性文件
新　疆	2012	《对部分器具实施管制的暂行办法》《草原禁牧和草畜平衡监督管理办法》《霍尔果斯国际边境合作中心中方区管理暂行办法》
	2013	《地方病防治"十二五"规划》《边民互市贸易管理办法》《关于进一步依法治理非法宗教活动遏制宗教极端思想渗透工作的若干指导意见（试行）》《关于扶持和促进中医民族医药事业发展的意见》
	2014	《关于推进新疆丝绸之路经济带核心区建设的实施意见》《公共安全视频信息系统管理办法》
西　藏	2012	《关于严禁出境参加达赖集团"法会"等分裂破坏活动的规定》《大型宗教活动管理办法》《关于加快推进现代农牧种业发展的意见》《农牧区医疗管理办法》
	2013	《生态环境保护监督管理办法》《关于依法加强采集、运输、加工、经营利用重点保护野生植物及其产品管理的通知》《关于依法加强猎捕、出售、收购、运输、经营利用陆生野生动物及其产品管理的通知》《地方病防治"十二五"规划》
	2015	《关于金融服务"三农"发展的实施意见》
内蒙古	2012	《公益林管理办法》
	2013	《生态脆弱地区移民扶贫资金管理办法》
	2014	《毛绒纤维质量监督管理办法》《关于加快推进品牌农牧业发展的意见》《关于金融服务"三农三牧"发展的实施意见》
	2015	《禁牧和草畜平衡监督管理办法》《森林草原防火工作责任追究办法》《草原生态保护监测评估制度》
宁　夏	2012	《节水型社会建设管理办法》
	2013	《宗教事务若干规定》《银川综合保税区管理试行办法》
	2014	《宗教活动安全管理暂行办法》《进出口清真食品监督管理暂行办法》《农村饮水工程管理办法》
	2015	《艾依河管理办法》
广　西	2012	《落实〈人口较少民族发展规划（2011～2015 年）〉实施意见》《左江岩画保护办法》《公安边防管理办法》
	2013	《传统工艺美术保护办法》《灵渠保护办法》
	2014	《少数民族习惯节日放假办法》《中国－马来西亚钦州产业园区管理办法》《药用野生植物资源保护办法》
	2015	《广西参与建设丝绸之路经济带和 21 世纪海上丝绸之路实施方案》《边境地区人员出境入境管理办法》

2. 提高立法公众参与度

各自治区坚持开门立法、广纳民智，通过听证会、立法论证会、座谈会等多种形式，增强政府立法的科学性、民主性。为扩展公众参与途径，2012 年，新疆实行政府立法草案在互联网上征求意见；2013 年，首次在网络面向社会征集立法项目建议。2013 年，内蒙古开通网上法规规章草案征求意见系统。2014 年，宁夏就《农村饮水工程管理办法》等制定时收集到各界社会意见和建议 1000 余条。

3. 加强规范性文件监督管理

2012 年，内蒙古修订《规范性文件制定和备案监督办法》；2014 年，又下发《关于公布自治区本级规范性文件制定主体的通告》，明确指出：除本通告公布的制定主体之外的自治区其他单位、机构（包括各类临时机构、议事协调机构，部门的内设机构、派出机构，部门管理的二级单位，受委托的行政执法机构）不得以本单位、本机构名义制发规范性文件。

2015 年，西藏修订《规范性文件制定和备案规定》。实际执行工作中，2012 年至今，备案审查各地市、区直各部门规范性文件 168 件，纠正违法或不当文件 12 件。

4. 建立规范性文件清理长效机制

根据改革发展需要，各自治区及时清理有关行政规章、规范性文件，维护法制统一和政令畅通。2015 年，西藏、宁夏、内蒙古对现行有效的规章与规范性文件进行了全面清理，各自修改、废止了 108 件、131 件（不含修订数）、164 件。前此，2012 年，宁夏对现行 218 部政府规章、5620 余件规范性文件和其他文件进行了全盘审查；2013 年，内蒙古废黜了规范性文件 371 件。

（二）科学、民主决策

各自治区加快依法决策机制建设，完善重大行政决策程序制度。2013 年，内蒙古修订的《政府工作规则》第 21 条规定：“自治区人民政府及各部门要完善行政决策程序规则，把公众参与、专家论证、风险评估、合法性审查和集体讨论决定作为重大决策的必经程序，增强公共政策制定透明度和公众参与度。”以行政机关内部重大决策合法性审查机制为例，2013 年、2014 年，新疆法制办分别依法审查行政决策、审核规范性文件以及办理重大涉法事务等 44 件、35 件。

1. 重大决策程序制度

2013 年，广西修订了《行政机关重大决策程序规定》，进一步明确重大行政决策的范围，规定重大决策事项涉及群众切身利益的，应采取公示、调查、座谈、听证等方式公开征求意见。为规范重大决策行为、提高决策水平，2015 年，宁夏、内蒙古两区各自制发了《重大行政决策规则》《重大行政决策程序规定》。据其规定，2015 年 9 月，宁夏为确保区级单位行政职权清理问题依规合法、符合实际、便于企业和群众办事，向社会各界征询了对《自治区政府部门行政权力事项清理调整意见》的意见和建议。

2. 决策咨询与法律顾问制度

2013 年，宁夏组建了第二届法律咨询委员会，下发了《委员会工作细则》，组织委员对政府重大决策、重要法律文书等涉法事务提供咨询服务，发挥参谋助手作用。2015 年，西藏、广西和内蒙古都出台了政府法律顾问工作规则或制度，内蒙古下发的《普遍建立政府法律顾问制度实施方案》更做要求——2015 年底前旗县级以上政府都应设立法律顾问机构。

（三）严格行政执法

各自治区建立健全权责统一、权威高效的行政执法体制，在实施行政许可、行政处罚、行政收费、行政征收等执法活动中，坚持规范公正文明执法。2014 年，内蒙古《关于加强和规范行政执法工作的意见》指出，“以建设法治政府为目标，以规范行政执法程序、完善行政执法体制机制、创新行政执法方式、提高行政执法能力、严格落实行政执法责任制为着力点，进一步优化发展环境，为经济社会持续健康发展提供有力的法治保障和良好的法治环境。”

1. 改革执法体制

2014 年，新疆推进综合执法，在文化、新闻出版广电、体育、农林牧、语言文字等领域拓展了相对集中的行政处罚权。2015 年，宁夏探索便民利企服务新途径，创新了“王”字形审批模式，即以自治区、市、县横向同级并联审批（“三横”）、纵向不同层级联审联办（“一竖”）模式，办理多部门、跨行政层级的审批事项。

2. 完善执法程序

典型的如宁夏。2012 年，宁夏制定了《规范行政裁量权办法》《行政裁量公开公示制度》《行政裁量说明理由制度》《重大裁量事项集体讨论制度》《行政裁量权责任追究制度》等一系列配套措施，从制度层面规范行政执法。2015 年，宁夏在全国率先出台《重大行政执法决定法制审核办法》，确定了法制审核的内容、原则和范围，确保重大执法的公正公平合法适当。

3. 创新执法方式

2014 年，内蒙古法制办和内蒙古广播电视台签订“建立推进依法行政工作联系机制的协议”，保障各行政执法单位的信息通过广电平台及时传递，在观众和执法单位间架起了一座沟通的桥梁。同年，宁夏颁布了《进出口清真食品监督管理暂行办法》，建立清真食品监管联席会议制度，民委、卫生等多部门合力监督，并与四川、河南等省订立共同做好清真食品管理协议书，从源头保障外来流入的清真食品安全。

4. 落实执法责任制

2012 年，新疆印发《关于进一步规范行政许可行为的通知》，强调“谁许可、谁负责”原则，严格责任追究，年内对 10 余起涉及违法设定行政许可、行政不作为等案件给予了严肃处理。为加强行政处罚的执法监督，2015 年，内蒙古修改了《重大行政处罚备案监督办法》，宁夏印发了《行政处罚案卷文书评查标准及细则》。

5. 健全人员管理制度

2012 年，新疆修正《行政执法证件管理办法》，启用《行政执法人员资格证件管理系统》，完成了全区 25000 名行政执法人员的网上信息录入；推行执法人员通用法律知识网上测试，13 个州市、38 个厅局近 5000 人参加了测评。2014 年，新疆组织全疆 3 万余人进行了执法培训考核。在西藏，2012 年以来，举办行政执法培训班 58 期，对符合条件的 10110 名执法人员颁发了执法证件，并建立了执法人员基本信息数据库。

（四）健全行政权力的制约和监督

各自治区加强权力运行的约束体系，坚持用制度管权管事管人，做到内、外部监督形成合力。在自觉接受司法监督、完善社会监督方面，2015

年，宁夏制定了《企业投诉处理服务暂行办法》，广西出台了《行政机关负责人出庭应诉工作规则》，年终考评缺席一次扣一分。据后者，当年计有 25 名副市长出庭应诉“民告官”，囊括了 14 个地级市。

1. 加强行政层级监督

2013 年，宁夏制定《严禁党政领导干部违规插手干预公共资源交易和工程建设领域行为的规定》，强化公共资金、国有资源等领域内管理秩序，防范权力滥用与谋私。2014 年，内蒙古下发《关于加强行政检察与行政执法监督衔接配合的意见》，重点对群众最关心、反映问题最集中的行政执法领域实施监督；2015 年，又制定更加全面的《行政权力监督管理办法》，覆盖了行政许可、行政处罚、行政强制措施、行政强制执行、行政确认、行政给付、行政奖励、行政征收、行政监督检查以及其他行政权力。

2. 完善纠错问责机制

2012 年，宁夏加大行政问责规范化、制度化建设，印发了《公职人员“慵懒散软”行为问责暂行办法》、《损害群众利益行为问责暂行办法》、《损害投资发展环境行为问责办法》，坚决纠正、惩处失职渎职等乱象。2014 年，新疆制发《实施〈党政机关厉行节约反对浪费条例〉办法》，年内查处违规行为 1099 件，处理违规人员 1686 人，给予行政处分 199 人。

3. 全面推进政务公开

2012 年，内蒙古首次公开 2011 年度区本级财政总决算，涵盖了全部政府性收支；宁夏制定《政府信息公开工作考核办法》，将考核依据、内容、流程、等次等内容逐一细化，增强了实用性和可操作性。2013 年，内蒙古、宁夏各自印发了《关于进一步加强和规范政府信息公开工作的意见》、《关于进一步加强政府信息公开回应社会关切提升政府公信力的实施意见》。2015 年，西藏发布了《政府信息公开办法》，内蒙古修订了《政府信息依申请公开办法》。

在改进组织机构方面：2012 年，广西下发《关于深化政务公开加强政务服务的实施意见》，将“政务服务中心管理办公室”更名为“政务服务管理办公室”，增设政务公开处，负责推进、指导、监督全区政务和政府信息公开事务。2015 年，宁夏成立政务公开办公室，主持政府信息与政务公开日常工作。

为提高政府工作透明度，促进依法行政，保障群众的知情权、参与权、表达权和监督权，2012～2015 年，各自治区都在政府官网上公布了各年份的《政府信息公开年度报告》。各自治区近年来依申请公开政府信息情况，详见表 2。

表 2　各自治区近年依申请公开政府信息情况

	年份	依申请政府信息公开	因申请引致的行政复议与行政诉讼
新疆	2012	区本级收到申请 41 件	无复议、诉讼情形
	2013	区本级收到申请 49 件	无复议、诉讼情形
	2014	区本级收到申请 40 件	无复议、诉讼情形
	2015	区本级收到申请 26 件	无复议、诉讼情形
西藏	2012	全区共收到申请 31418 件	全区收到信息公开复议案件 21 件、诉讼 10 件
	2013	全区共收到申请 22070 件	全区收到信息公开复议案件 5 件、诉讼 6 件
	2014	全区共受理申请 1724 件。其中，区本级受理 103 件	全区收到信息公开复议案件 35 件，无诉讼情形
	2015	全区共收到申请 1414 件	全区收到信息公开复议案件 21 件，无诉讼情形
内蒙古	2012	全区共收到申请 246 件。其中，区本级收到 90 件	全区受理信息公开复议案件 20 件、诉讼 10 件
	2013	全区共受理申请 831 件。其中，区本级受理 258 件	全区受理信息公开复议案件 60 件、诉讼 24 件
	2014	全区共受理申请 1007 件。其中，区本级受理 324 件	全区受理信息公开复议案件 65 件、诉讼 12 件
	2015	全区共受理申请 1452 件。其中，区本级受理 291 件	全区受理信息公开行政复议案件 56 件、诉讼 17 件
宁夏	2012	区本级受理申请 2031 件	区本级受理信息公开复议案件 1 件，无诉讼情形
	2013	区本级受理申请 2257 件	无复议、诉讼情形
	2014	区本级受理申请 13617 件	无复议、诉讼情形
	2015	全区共受理申请 680 件。其中，区本级受理 99 件	全区受理信息公开复议案件 18 件、诉讼 14 件

续表

	年份	依申请政府信息公开	因申请引致的行政复议与行政诉讼
广西	2012	全区共受理申请 1998 件。其中，区本级受理 379 件	全区受理信息公开复议案件 47 件、诉讼 22 件。其中，区本级为 16 件、2 件
	2013	全区共受理申请 1498 件。其中，区本级受理 273 件	全区受理信息公开复议案件 208 件、诉讼 34 件。其中，区本级为 46 件、1 件
广西	2014	全区共受理申请 3024 件。其中，区本级受理 1311 件	全区受理信息公开复议案件 235 件、诉讼 47 件。其中，区本级 163 件（复议）
	2015	全区共受理申请 4724 件。其中，区本级受理 864 件	全区受理信息公开复议案件 355 件、诉讼 187 件。其中，区本级 179 件（复议）

注：1. 各区年度报告统计口径不甚一致，仅供参考。譬如既有全区总数的，也有仅列自治区本级数的。“收到”和“受理”也存在差别，后者小于前者。2. 依申请公开工作中，按规定可以收取检索、复制、邮寄等成本费用。但各区多作优惠减免，以方便群众获取政府信息。2012～2015 年，新疆、宁夏未作任何收费；2013～2015 年，广西未作任何收费；2014～2015 年，西藏、内蒙古亦未作任何收费。

（五）加强社会矛盾纠纷化解

各自治区加速构建多元化纠纷解决体系，健全社会矛盾预警、利益表达、协商沟通与救济救助等机制，引导和支持群众依法表达诉求、维护权益。例如，2015 年，内蒙古印发《关于完善法律援助制度的实施意见》，推进法律援助工作，为维护社会稳定发挥了重要作用。当前，全区已建法律援助工作站 2336 个、联络点 10491 个，覆盖率分别为 99.42% 和 87%，形成了“城镇半小时、农村一小时、牧区半天”法律援助服务圈。

1. 完善行政调解

2012 年，新疆下发了《关于进一步加大矛盾纠纷大排查大调解工作的通知》，年内排查矛盾纠纷 37003 次，预防纠纷 24746 件，调解各类纠纷 222682 件，成功率 98.56%；制定了《行政调解工作部门联席会议制度》、

《行政调解工作信息报送制度》；出台了《诉讼调解衔接工作的实施意见》，联合区高院开展“诉调对接”工作，建立驻法院（法庭）调解室 158 个；颁布了《人民调解、司法调解、行政调解联动机制实施意见》，全力推动人民调解与行政调解、司法调解联动工作体系，加速行业性、专业性人民调解组织建设，试点医疗纠纷、物业纠纷调解等。迄今，新疆共计调处各类矛盾纠纷 95 万余件，成功率达 98%。

2014 年，广西制定《关于完善行政调解工作机制的实施方案》，就推进行政复议规范化建设、加强行政调解工作进行具体部署。对涉及人数较多、社会影响较大、可能影响社会稳定的纠纷，应主动介入，建立完善预防、调处、应急等机制体制，充分发挥人民调解、行政调解和司法调解的整体合力，把矛盾化解在初始状态。

2. 加强行政复议

2012 年，内蒙古印发了《关于做好行政复议委员会试点工作的意见》，决定在呼和浩特等 4 个盟市开展行政复议委员会试点工作；2013 年，区高院、区法制办联合召开“行政复议联动协作工作机制启动会议”，从“信息沟通与共享、工作交流调研协调、规范行政应诉、重大案件联动协调、发挥司法建议作用、联席会议制度”等方面具体设定了联协机制的内容和措施，突出了规范化、制度化。2015 年，内蒙古继而制定了《行政复议案件办理程序规定》。其他如宁夏于 2012 年下发了《关于进一步加强行政复议工作规范化建设的实施意见》；新疆在 2014 年对全区贯彻执行《行政复议法》14 年来的情况进行抽检督察，并配合完成了全国人大常委会对《行政复议法》的执法检查工作。各自治区近年来行政复议、行政诉讼情况详见表 3。

表 3 各自治区近年行政复议情况

	年份	行政复议	相关行政诉讼
新疆	2013	区政府受理行政复议案件 215 件	
	2014	区政府收到行政复议案件 190 件，受理 104 件	
西藏	2012 ~ 2015	全区 4 年间总计收到行政复议案件 206 件，受理 197 件	区政府行政应诉案件 0 件
内蒙古	2013	区政府处理行政复议案件 117 件	区政府行政应诉案件 12 件

续表

	年份	行政复议	相关行政诉讼
宁夏	2012	区政府收到行政复议案件 58 件，受理 33 件	
	2013	区政府收到行政复议案件 161 件，受理 111 件	区政府行政应诉案件 4 件
	2014	区政府收到行政复议案件 146 件	
	2015	区政府办理行政复议案件 56 件	区政府行政应诉案件 7 件
广西	2013	区本级受理行政复议案件 127 件	区本级行政应诉案件 10 件
	2014	全区共收到行政复议案件 3416 件，受理 3143 件。其中，区本级收到 237 件，受理 182 件	全区行政应诉案件 2039 件，其中，区本级 23 件

注：各区相关资料统计口径不一，数据零散，仅作概览。

3. 改革信访制度

2012 年，新疆出台《信访事项听证办法（试行）》，在重要信访事务处理中引入听证规则。2015 年，西藏、广西两区“网上信访信息系统”先后上线运行，为群众提供了足不出户的网上一站式在线服务。目前，广西全区已有 6585 个工作机构、8024 个工作岗位接入该系统，基本实现了“四可”和“三个全覆盖”，即信访事项办理过程和结果可查询、可跟踪、可督办、可评价，和对信访形式、工作过程、工作范围的全覆盖。

（六）提升工作人员法治思维和依法行政能力

十八大报告要求，“提高领导干部运用法治思维和法治方式深化改革、推动发展、化解矛盾、维护稳定能力”。各自治区在贯彻落实此一精神中，树立重视法治素养与法治能力的用人导向，强化对政府工作人员的法治教育和培训。就前者而言，2015 年，广西制定《实施宪法宣誓制度办法》，规定“本自治区各级人民代表大会及县级以上人民代表大会常务委员会选举或者决定任命的国家工作人员，以及各级人民政府、人民法院、人民检察院任命的国家工作人员，在就职时应当公开进行宪法宣誓”，借此彰显宪法权威，激励和教育公职人员忠于宪法、遵守宪法、维护宪法。

1. 完善法治知识宣教与考查

2012 年以来，新疆连续编印了《新疆：依法行政工作白皮书（2009～2012）》、《依法行政白皮书（2013～2014）》，数次修订了《行政执法人员基本法律知识培训手册》，着力宣传依法行政和行政执法工作的基础理论、实践经验和先进做法，对指导基层开展工作起到积极作用。此外，2013 年 4 月，作为自治区第十个“宪法法律宣传月”活动之一，新疆依法治区办首次实行公职人员学法闭卷考试，全疆共有 30 万余名公职人员参加了学法考试。

2. 加强依法行政能力培训

2015 年，新疆制定的《全面推进依法行政加快建设法治政府重大任务实施要点（2015～2020）》规定，推进行政机关工作人员学法用法制度，行政学院、社会主义学院安排的各类干部进修、培训，法治课时要占总课时的10%～15%。2015 年，内蒙古在全区统一安排，运用多种形式开展以增强法治意识、提高依法行政能力为目标的培训工作。结合政府工作实际，培训班按照领导干部、法制工作人员及行政执法人员等分批次举办。近年来各自治区法治教育培训详见表 4。

表 4　各自治区近年法治教育培训

	年份	名　　称	内　　容
内蒙古	2013	依法行政专题培训班	
	2014	“提高依法行政能力暨深化行政执法体制改革”专题培训班	
	2015	（1）“增强法治意识、提高依法行政能力”专题培训班； （2）新《行政诉讼法》专题培训班； （3）责任清单工作和政府法律顾问业务培训班	（1）全面推进依法治国基本方略、法治政府建设的重点任务、《行政复议法》修订及行政赔偿实务操作典型案例、政府诉讼风险防范等
宁夏	2014	行政复议委员会试点现场观摩会暨行政复议培训班	观摩中卫市行政复议委员会复议案件审理会与听证会、复议实务培训等
	2015	政府法制系统政府立法和行政应诉培训班	
广西	2012	（1）政务公开处级领导干部专题培训班； （2）政府立法人员培训班	
	2014	政府信息公开业务培训班	
	2015	（1）设区的市政府立法工作专题培训班； （2）政府法制系统行政应诉专题培训班	（1）地方性法规立法应注意的问题、政府立法理念、立法程序、立法语言及技巧、设区的市政府立法经验等； （2）《行政诉讼法》的修改背景、主要内容、主要影响，行政应诉要点以及当前行政复议工作存在的问题与对策等

三 当前民族自治地方依法行政的若干不足以及未来展望

按本文题名，所谓依法行政，重在前面“依法”二字。2011 年，当吴邦国委员长于全国人大常委会的工作报告中，明确指出中国特色社会主义法律体系已基本建成，这意味着法治的关键已轮转至行政部门的执行——执法。诚如奥托·迈耶很早前所言，“从其性质而言，在行政中并不存在对于法律规定的渴望。”[①] 现今，不管是“有法可依，有法必依、执法必严、违法必究”的老话，抑或“科学立法、严格执法、公正司法、全民守法”的新语，其中的第二项最为紧要。

目前，各民族自治地区依法行政工作中仍然留存着许多的不满或缺失。兹试列一二。

其一，西藏自治区政府法制办、司法厅等尚无自身网站，其日常工作绩效如何，公众很难便捷知晓。其二，稍次一些的政务错漏则如：新疆自治区政府办公厅制发的《2012 年度政府信息公开工作报告》写道：“在资金管理方面公开了社会关注的 2011 年自治区财政预算执行情况和 2012 年自治区财政预算草案情况”；接着其下年度的《2013 年度政府信息公开工作报告》也写道：“在资金管理方面公开了社会关注的 2011 年自治区财政预算执行情况和 2012 年自治区财政预算草案情况”。两份年报语句相同，当是利用同一文档模板进行一些数据更新。做法本无可厚非，但过于失之仓促草率。类似的，广西司法厅在《关于政务服务政务公开政府信息公开 2013 年度工作总结及 2014 年工作计划》、《关于 2014 年政务－服务两公开工作总结及 2015 年工作计划》里，除了将“2013 年以来”改作“2014 年以来”，以及起始一段略为变动外，两文的数据和文字全盘雷同复制，显见敷衍了事。

当今的民族地方依法管理中，业已收获的成绩及其依旧遗留的问题各自详略如上。那么，依法行政之未来如何？限于篇幅，这里不拟讨论某些具体的对策建议，一种乐观的基本心态或许不无相当的助益。

---

① 〔德〕奥托·迈耶：《德国行政法》，刘飞译，商务印书馆，2004，第 92 页。

在考察前现代法治的起源与发展时，布雷恩·塔玛纳哈谈道：“主权者和政府官员自称他们自己受法律约束。即使最初发表这种声明是出于机会主义的考量，但在若干世纪的重申之后，这种声明也具有真正的意义。他们感到法律在约束他们，他们就受法律约束。”前景远眺，理想与实践间的这一辩证是“使法治得以运作的神秘品质”。[①]

① 〔美〕布雷恩·塔玛纳哈：《论法治》，李桂林译，武汉大学出版社，2010，第 149，178 页。

第三篇

民族地区基层治理

新型城镇化进程中西南民族地区乡村治理的法治化困境*

——基于独山县基长镇的调研与思考

王莺桦　吴大华**

摘要： 新型城镇化是人的城镇化，是经济发展方式、生活方式、空间、社会、生态环境的城镇化与现代化。法律之治的实现是城镇化最终取得成功的关键。但地理位置相对封闭，经济社会发展相对滞后，历史形成的民族性因素及治理惯习等多方面的原因，加大了西南民族地区乡村治理法治化的难度系数，也对西南民族地区乡村治理法治化实现提出了多重挑战。本文研究指出，必须深入探讨如何在探寻现代形式理性法治方向的同时，一定程度上保留传统法治文化中的合理因素，从而更好地推进形式法治与实质公平的有效实现，以推动新型城镇化法治化发展。

关键词： 新型城镇化　法治化　西南民族地区　乡村治理

2012年中央经济工作会议指出，要积极稳妥推进城镇化，着力提高城镇化质量。城镇化发展从注重量的提升进入更要注重质的提升阶段。2014

* 本文系2014年度国家哲学社会科学基金重大项目“建设社会主义民族法治体系、维护民族大团结研究”（项目批准号为：14ZDC025），2014年全国文化名家暨“四个一批”理论人才、国家“万人计划”哲学社会科学领军人才资助项目（中宣部［2015］49号），2015年教育部哲学社会科学西部与边疆课题“撤乡并镇背景下西南民族地区乡村治理法治化问题研究”（项目批准号：15XJA820003）的阶段性研究成果。

** 王莺桦，贵州民族大学副教授、民族地区社会管理法治化方向博士研究生。吴大华，侗族，湖南新晃人，贵州省社会科学院院长、研究员、博士生导师，研究方向为民族法学、法律人类学。

年十二届全国人大二次会议上，李克强总理在《政府工作报告》中指出，要推进以人为核心的新型城镇化；并指出，今后一个时期，着重解决好“三个 1 亿人”的问题，促进约 1 亿农业转移人口落户城镇，改造约 1 亿人居住的城镇棚户区和城中村，引导约 1 亿人在中西部地区就近城镇化。

基于此，以人为核心的新型城镇化成为中西部地区经济社会发展的核心目标，但中西部地区，尤其是西南民族地区如何实现就近就地城镇化？如何在新型城镇化持续推进的过程中，实现经济社会的长足发展、民族文化的传承与保护，以及现代法律之治的有效融合？如何在新型城镇化中推进法律之治的同时，融合西南民族地区传统治理优势，从而实现当地经济社会稳定有序发展，村庄公序良俗有效形成？如此等等，诸多问题有待深入探讨。

一 新型城镇化的法治之需

根据《大英百科全书》，城镇化是指人口向城镇集中的过程。这个过程表现为两个方面，一方面是城镇数目的增多，另一方面是城市人口规模不断扩大。伴随着城镇数目的增多、人口规模的扩大，更为重要的是人的城镇化，是经济发展方式、生活方式、空间、社会、生态环境的城镇化[①]，是城乡一体化统筹发展的城镇化，而并非“去农村化”[②] 的城镇化。这便是新型城镇化。新型城镇化以民生、可持续发展和质量为内涵，以追求平等、幸福、转型、绿色、健康和集约为核心目标，以实现区域统筹与协调、产业升级与低碳转型、生态文明与集约高效、制度改革和体制创新为重点内容的过程。[③]

事实上，新型城镇化的发展过程，同时也是我国社会结构调整、产业结构转型升级的过程。李克强总理在 2014 年夏季达沃斯论坛开幕式上指出，

① 王新越、秦素贞、吴宁宁：《新型城镇化的内涵、测度及其区域差异研究》，《地域研究与开发》2014 年第 4 期，第 69～75 页。

② 单卓然、黄亚平：《“新型城镇化”概念内涵、目标内容、规划策略及认知误区解析》，《城市规划学刊》2013 年第 2 期，第 16～22 页。

③ 单卓然、黄亚平：《“新型城镇化”概念内涵、目标内容、规划策略及认知误区解析》，《城市规划学刊》2013 年第 2 期，第 16～22 页。

中国城乡和区域发展还很不平衡，差距大、潜力也大。推进以人为核心的新型城镇化，是最大的结构调整。① 这个最大的结构调整对中国农村经济社会发展提出了巨大的挑战，对经济社会发展相对滞后的西南民族地区提出了巨大的挑战。

同时，“城镇化成功与否在很大程度上取决于采取什么样的治理模式，而国外比较成功的城镇化经验表明，在城镇化治理模式的选择上，法律治理是普遍选择”。② 换句话说，在一定程度上，法律之治的实现是城镇化最终取得成功的关键。

但中国传统治理不同于西方现代法治，即便改革开放30多年来，我国法治化进程取得了长足发展，但新型城镇化仍对中国治理传统提出了巨大的挑战。西南民族地区乡村地理位置相对封闭，经济社会发展相对滞后，历史上形成的治理惯习和自我治理传承得到一定程度的沿袭等，新型城镇化这一最大的结构调整增加了其乡村治理法治化的难度系数。

二　新型城镇化背景下西南民族地区乡村治理的实践逻辑及其法治化困境：以基长镇为例

有研究表明，东部地区新型城镇化发展优势明显，中部地区新型城镇化发展相对滞后，西部地区新型城镇化发展水平呈现梯度分布。传统意义上的西南民族地区为云贵川三省，其中，四川和云南新型城镇化水平低于全国平均水平10%～30%，贵州则与甘肃成为31个省区中新型城镇化总体水平最低的地区。③ 基于此，有研究者认为，“这两个省份需要以经济城镇化为抓手，推动社会城镇化和生活方式的城镇化的实现，贵州尤其需要加强城镇化的创新与研发能力。”④

---

① 《李克强：推进新型城镇化是最大的结构调整》，凤凰财经网，http://finance.ifeng.com/a/20140910/13092718_0.shtml，访问时间：2016年8月18日。

② 张玉磊：《新型城镇化的法治视角：从政策之治到法治之治》，《长白学刊》2016年第3期，第56～62页。

③ 王新越、秦素贞、吴宁宁：《新型城镇化的内涵、测度及其区域差异研究》，《地域研究与开发》2014年第4期，第69～75页。

④ 王新越、秦素贞、吴宁宁：《新型城镇化的内涵、测度及其区域差异研究》，《地域研究与开发》2014年第4期，第69～75页。

因而，其新型城镇化实现难度较其他省份更大，贵州尤甚。如何实现“后发赶超”成为当下贵州经济社会发展的现实问题。

为推动新型城镇化发展，2013年3月贵州省独山县在西南民族地区较早展开新一轮的撤乡并镇，以期通过产业集聚，使当地村民就地就近就业，逐步实现生活方式的城镇化，从而推动新型城镇化发展。基于独山县35万人口的现实，考虑经济社会、历史文化传承、新型城镇化发展所需等多方面原因，将所辖18个乡镇撤并为8个乡镇，并结合产业园区建设，深入推进“区镇合一”和“镇园合一”，最终形成了独山县“一城六区”（独山大学城、贵州独山经济开发区、麻尾工业园区、独山高新技术产业园区、独山基长新区、独山文化旅游产业园区、独山城乡统筹改革实验区）的发展格局。

2013年，独山县行政区划调整中，撤销原基长镇、水岩乡建制，设置新的基长镇。2015年2月，原独山现代农业示范园区正式更名为基长新区（由于区镇合一，仍可称之为基长镇）。现独山县基长新区（基长镇）位于独山县城东南面，距离县城百泉镇19公里，辖8个行政村、1个居委会、150个村民小组，12432户55182人，土地面积279平方公里，耕地面积6.2万亩，荒山荒坡10万余亩。主体民族包括布依族、水族、苗族、汉族等，其中汉族占大约22%，布依族占约37%，水族占25%，苗族占7%，其他民族占9%。[①] 可以看出，基长镇为农业型乡镇，距离县城较近，区位优势明显，是一个多民族杂居并以少数民族杂居为主的乡镇。同时，基长镇地势平缓，土地肥沃，是贵州少有的农业发展基础较好的乡镇之一。

2015年11月15～20日，笔者与3名社会学专业研究生到基长社区（镇）进行了为期5天的调研，对基长镇镇政府相关领导、工作人员，派出法庭、司法所、派出所工作人员，基长镇所属水岩社区、基长社区、水岩村、阳地村相关负责人，以及当地部分村民等进行访谈，以期对基长新区新型城镇化过程中的法治之需对乡村治理的现实挑战进行深入探讨。

（一）“天晴也慌，下雨也慌”的乡镇及其工作人员

在对基长镇党委书记的访谈中，书记两次提到“天晴也慌，下雨也

---

① 资料来源：独山县基长镇政府2016年8月提供的基长新区（基长镇）简介。

慌”。第一次是在讨论基长镇发展基金的时候。

W：我们镇里面的发展资金大概一年有多少？

书记：这个不好说。我们今年有点不好。所以现在就是靠招商引资。我们在下面做的工作就是部门压力大，乡镇压力也大。在部门是责任大，在乡镇是压力大。乡镇的压力大就是管的事务太多太杂，部门相对单一。像我在住建（书记原为住建局长）时每年的三月份到十月份是最忙的，过后就相对好点。像我们在乡镇就很忙，天晴你也慌，下雨你也慌。天晴是火烧山，下雨是地质灾害。

第二次是在探讨乡镇撤并放权及新型城镇化的压力时：

W：放权倒是上面只管放，确实也有很多问题。放得挺多的。

书记：放得挺多的。比如文化部门这一块，对广电的监控还是没有执法权，像我们维护中心两个人。要省人民政府的法制办发出来的执法证才是规范的，才有资格，要不然你去执法就是违法。

W：但你还是要去做。

书记：一旦出事还是找你基长镇的镇长。所以刚刚讲“天晴也慌，下雨也慌”。

“天晴也慌，下雨也慌”，究其原因，主要在于如下几个方面：一是山区农业乡镇靠天吃饭的现实；二是山区农村经济社会发展上的压力，各种问责机制；三是民族地区社会转型期社会稳定的实现难度增大；四是经济社会发展的同时，生态环境保护压力的叠加；五是编制不满、抽调任用、专业人才留不住等多种因素导致乡镇在岗人员不足，服务能力不足，各类行政日常事务繁杂、细致、重重加压。多重压力下的乡镇工作者，向上对接各个部门，向下对接村民组织甚至村民；也就是平常所说“上面千条线，下面一根针”，乡镇政府就是这“一根针”。

这便是乡镇政府及其工作人员实践行为选择的思想根源。事实上，除此之外，让乡镇及其工作人员“天晴也慌，下雨也慌”的还有乡镇政府如何引进并留住专业人才，公务人员如何更好地深入群众工作等等。最简单的，民族地区乡镇工作人员必须懂得当地民族语言，懂得当地风俗习惯，必须学会群众语言，否则工作无法开展。

> 社区 X 主任：但是现在到我们乡下去，他们讲的话你们听不懂的，他们讲的是布依话。
>
> 书记：乡镇工作没有多少技术含量。关键是你要懂群众语言，不同的人差异很大。如果你没有群众语言，你用机关的作风是做不下去的。

这一实践治理状态，对民族地区治理主体提出了更高要求。依法治理，西南民族地区乡村工作需要得到更多制度上的保障与支持。如何调动工作人员积极性，如何实施具体工作，如何监管国家权力在西南民族地区的有效行使等问题，成为西南民族地区乡村治理法治化的挑战之一。

（二）无钱投入与政绩实现缝隙中的西南民族地区乡村发展

在关于乡镇撤并后财权下放的问题探讨中，书记认为最为关键的是发展资金的问题。

> 书记：老百姓这块问题不是很大，关键是资金这块。
>
> 书记：我们镇上的一块是按县里面给我们的人头经费，大概在 100 万左右的运转资金，负责所有的吃喝拉撒。第二块发展的话，县里面是没有钱的，靠自己去通过招商引资和融资两块。
>
> W：这个融资怎样融？
>
> 书记：就是把我们镇里面的资产，一个是地产，一个是房产办好证以后到商业部门进行融资抵押。只有走这种模式，不可能你到哪个地方当书记和镇长，县里面就给你多少。这是不可能的。

就同一问题，副镇长 L 对于发展资金的筹集也犯难。

> L：现在都打电话喊拿抵押物。现在基本上在贵州来说开展的基础设施建设都是负债运行。
>
> ……
>
> L：财政转移的资金只能是保工资。我们主打的产业是农业，不管

是水果、蔬菜都是农业。农业来讲基本都是富老百姓，穷政府。

……

L：纯农业的乡镇，税收也没有。

事实上，靠近县城的农业型乡镇，税收较少，工业突破也有相当难度，想要通过小城镇建设中商业地产开发赢得发展资金也很难。在基长镇，曾有阳地新村（一个商业开发项目）建设。集中开发的新村一期由于诸多原因销量无法保障，即便售出也因年轻人大多外出务工而闲置。笔者在新村走访后，只有零星两三家老人带着孩子在小区玩耍，大多楼前荒草满满。

但是发展资金如何解决？新任领导可以考虑的路径无非包括如下方面。一是整合乡镇资产抵押贷款。但抵押贷款这一任领导可以操作，下一任是否还可行呢？且整合资产进行抵押时又该如何监管？二是整合扶贫项目资金的同时，积极引进大型农业企业，以项目带动资金筹集。但这一操作也容易出现企业与基层政府合谋，各类监管漏洞也为权力寻租带来机会。因而，关键的是项目资金如何整合，如何监管。三是国家基础设施建设资金中，地方配套实践操作中的难题。实践中，国家基础设施建设资金大都需要地方有配套，没有发展资金的乡镇往往通过东挪西借筹集配套资金，先“对付”申报要求，项目下来后，资金迅速归还。实际配套无法实现，项目建设质量大打折扣。四是离县城较远的乡镇还可以发展小城镇建设，引进房地产开发企业，从而获得县级返还资金用于当地发展。为筹集发展资金，各乡镇各部门各显神通。

同时，各类项目申报要求不同，为能成功申报，各级政府各相关部门往往想办法提前做好相关工作。在对交通局、运管局等相关部门的访谈中，受访领导也谈到他们目前的资金困境。

W：在农村公路的建设中，你们遇到的最大的问题和困难是什么？

乙：最大的（困难）就是资金。今年我是管公路实施建设的，今年的资金很少。

W：像乡村公路的建设，上面会配套一部分？

乙：上面会配套。像今年我们的 300 多公里全部是提前实施的。那我们交通这边就要先去融资垫付，今年出了点问题，就很不好，不然就搞完了。

W：是融资哪里出问题？

乙：以前是由州局来融资。去年我们搞了 280 多公里，融资了 1.4 亿。今年仍然由州局融资，仍然给我们 1.4 个亿，但是今年那 1.4 个亿就拿去还去年的了。就是州里面统一出证明，我们去银行融资。

W：这就等于没有新的资金融入。

乙：对。

……

W：虽然提前实施了，但是指标要在后面几年才拿到。

乙：对。

事实上，项目制下，先行垫付启动资金以争取得到项目，得到项目后资金用于偿还前期贷款或填补前期投入，由此造成了资金上的恶性循环是各级政府的实践选择的结果。大家都知道这当中存在多重风险，但地方政府要推动地方经济发展；为官一任，总要造福一方，也为自身发展奠定坚实基础；同时，西南民族地区本就基础薄弱，各地之间竞争激烈，如不提前谋划，获取项目的难度加大，如此等等。只要不踩红线，基层政府就会做出各种尝试。

这实际上形成了各级政府及其工作人员实践选择的现实根源，也对西南民族地区新型城镇化发展进程中的基层政府行为规范有效、依法行政提出挑战。

（三）经济能人治理下的村庄及其行为逻辑

在村干部的选任上，因为经济发展的需要，以及城镇化建设的推动，经济状况往往成为乡镇政府考虑的首要因素。

W：你们选村干是怎样选的？可能还是会有一个倾向性？有没有标准和要求？

书记：标准和要求是有的：一个是年龄；第二个是文化，最起码你要会讲和写；还有就是在村里面要有一定的经济实力。你要带老百姓致富，你不可能穿补丁裤。这样说话没有威信。像我们秀峰村的支书是种树的，它有几万棵树，这就是他的实体。他自己也有一个团队，有活也可以接。……还有一个就是在群众中有一定的号召力，要敢讲真话，一是对老百姓讲真话，一是对党委政府要负责。尤其是支书是最关键的，政府里面的各种事情你要传达下去。

事实上，书记所说的这样一些条件中，最为重要的是“你要带老百姓致富，你不可能穿补丁裤”。经济状况是村干部选任最为重要的参考因素。基长镇9个村居，基本都是村里的经济能人（相对于当地经济发展而言）担任村支两委主要干部。但各村具体情况不同，经济社会发展差异也较大，经济能人相互之间，在经济状况、个人能力、可利用的资源等诸多方面也存在差异。因而，各村实际发展中路径选择差异较大。

1. “跟着镇里面”的实践逻辑

村支两委并非一级国家机关，村常务干部每个人仅有800~1200元不等的工作补助。其工作动力来自何处呢？

有工作人员这样推测：“有些群众觉得在家能进入个组织，经常跟着镇（政府）里面，有些人喜欢这种组织。”

在这里，“跟着镇（政府）里面”有几层含义：一是跟着镇里面是一件有面子的事，这是最直观的认知；二是镇政府是一个平台，也是村里精英个人成长最好的平台；三是为镇里面做好工作，也能在一定程度上谋取自身发展；四是跟着镇里面，引进更多项目，也能推动村庄发展，从而树立个人在村庄的权威。因而，在讨论到村支两委选举的时候，问及村委会选举是否顺利时，经营着多家公司，并作为该村首富的T支书甚为自信。

T支书：顺利的。你这个人在当地的威望，你这种品德行为人家老百姓是有目共睹的。该选哪个他心里面有杆秤，对吧？他有谱。

当地村民也认为，村干部能力很重要。

村民丙：随着社会的发展，像我们的村干部以后能力不适应的我们就不选。

W：要有能力的嘛？

村民丙：嗯。要有一定的能力。

2. 经济发展压力下的村庄及其行为选择

新型城镇化持续推进的背景下，村庄治理中除基本的日常运转、纠纷解决与民生事务落实外，如何引进资源？如何招商引资？如何整合国家项目资源？资源引进后如何实施？如何监管？如此等等。经济社会发展的现实对村支两委提出了更高要求。

大集体时代结束后，农村土地大多下放到各家各户；2003 年后，全国逐步取消农业税后，村集体经济陷入全面停滞。西南民族地区大量空壳村的存在，在一定程度上制约了经济社会进一步发展。如何解决村集体可持续性发展资金的问题，成了当前村支两委面临的重大问题。

区位较好、外出务工青壮年人员相对较少、发展基础较好的村子基本能脱离“空壳村”①，但发展资金却无从着手。引进企业后，如何实现企业成长与税收的增长，也成为当地政府与村支两委不得不面对的大问题。

> G：你们有没有集体资金？
>
> T 支书：我们这点啊，我们集体资金就是靠每年的那些以前的老城的办公室出租嘛。
>
> G：像这种（固定资产出租）一年大概有多少（钱）？
>
> T 支书：可能就两万左右。出租那个办公（场地），这是第一个。第二个主要的来源是发展入驻产业，镇上基本给我们奖励。（因为龙头企业发展好）去年（奖励）给五万，去年政府拨给我们五万，今年给的是六万。

离城镇较远的偏僻山村大量青壮年外出务工，缺发展理念、缺资金、缺基本的公共配套，村庄发展成为当地村支两委的极大负担。

> S 支书：我们已经去镇里面下命令，下军令状了，我们要在 2016 年把这个“空壳村”脱了。
>
> ……
>
> 龚：那像你们村里面现在有没有什么扶贫项目下来呢？
>
> S 支书：有一些的，譬如种蕨根。但是群众有热心的还是太少了。

---

① 依据《现代汉语新词语词典》，空壳村指集体经济薄弱、财政亏空的村子。

这几百块钱，等你现在出去这些物价又高，没人愿意做。

龚：就是觉得收入少了？

S支书：产业嘛，就是村民有自己的产业，自己发展自己的，他自己去找产业。

龚：哦，他们宁愿自己去搞？

S支书：搞项目，有项目就搞项目。国家搞的项目，只要他搞得了就行。像我们自己发展，我们不需要国家的，不需要整国家的。那现在喊我要我都不一定跟你做。

龚：那为哪样呢？

S支书：不是说是担心项目搞下来得不了的。城里的东西，他不像我们群众。我们群众的是市场经济，你必须要他的市场；你和他（国家的申报要求）不合，得了还要和他做；我还不如做我自己的。

缺人、缺资金、缺理念、缺公共配套现状下，西南民族地区偏僻乡村即便在政府主导下，在经济能人推动下，仍处于发展动力缺乏状态。

S支书：太恼火了，我们活路多（即事情多，工作多），多得不得了。现在我们都没在做了。

缺乏发展动力的情况下，村支两委的工作也就处于疲于应付的状态。常规工作难以维系的情况下，项目监管等问题更无力顾及。

3. 被动发展的村民行为选择

20世纪90年代以来的打工潮发展至今，西南民族地区乡村的留守现象愈加突出。一方面基层政府引进各类企业，争取各种项目，努力创造条件推动发展，力争实现基础薄弱的情况下村民就近就地就业较难，另一方面村民基于现实生计的需要，基于外出务工收入更高的考虑，或较少参与当地项目，或不愿在当地就业。在基长镇距离县城较近、经济发展基础较好、区位优势明显、交通发展相对靠前的前提下，基长镇户籍人口为5.4万余人，外出务工的约为1.5万人左右，除去老人、孩子，青壮年无论男女大多以外出务工为主。在经济社会发展中，被动发展的村民有其自身的认知与计算。

首先，在家庭经济发展上，村民更愿意外出务工。现实的生存状况，以及外出务工与在家做农业产业项目的收入差，两相比较，村民做出了最务实的选择。诚如 S 支书所言，“这几百块钱等你，等你现在出去这些物价又高，没人愿意做（农业产业项目）”。

在对一对从外村搬至镇上目前经营一家乡村旅社的夫妻的访谈中，老板娘表达了她的看法。

> 老板娘：你不出去打工，在家里，才有一个人种土地，四五个人够没够，根本都不够。
>
> W：你们有好多地嘛？
>
> 老板娘：一个人有一亩地、一亩田，这还是多的。

人多地少，当地务工收入低，或没有务工的地方。因现实生活所需，不得不外出务工，赚钱后回来在镇上人口相对集中的地方买宅基地建房，有一定稳定收入后，回归正常生活。这一过程中，偏远山村更多村民迁出，小城镇得到迅速成长。

这便是村民务实选择的实践逻辑。这一务实选择也成为小城镇持续发展的根源所在。

其次，村庄治理中，存在着“敢和干部对着干”的实践逻辑。

> 派出所 Y 所长：在农村就是这样，你敢和干部对着干，别人就佩服你，人家都会说这个人惹不得。就想通过这种（方式）来提高在寨子里的威信。

不得不说，Y 所长提出了一个现实，即：权威失落，正式权威受到挑战；村庄自组织能力不足；村民有一定权利意识后，非常规性寻求权利实现出口；村庄自治实现难。在一定程度上，阳地“3・12”案（见后边案例分析部分）原初便与这一“敢和干部对着干”思想有一定程度的关联。

再次，家族发展、民族文化传承中的利弊共存。

在阳地布依族文化村，可以看到保留完好且翻修一新的廖氏祠堂。祠堂出来不远处即是家族知名人士捐修的亭台。这是其成为县里打造民族文化新村的根源。来自外省的人大 T 主席对基长的民族文化传统及其发展潜力颇为肯定。

T主席：基长是一个非常有空间有潜力的地方。这边原来是个集散地，有经商的传统，还有民族艺术种种文化，很有文化底蕴，是非常具有优势的。这边的群众也很讲理，在经济发展这块是很有空间的。相对周边来说还是比较突出的。

每个村都有花灯队，基长每四年搞一次音乐活动，还有正月十五搞的耍龙活动，我个人觉得在黔南这些地方是非常有名气的，每年都有几万人来看。所以每个寨子都有花灯队。

当地村民认同其民族文化，在多个少数民族杂居的背景下，许多人会几种少数民族语言。

W：你们也是少数民族吗？

村民甲：我们是啊。

W：布依族啊，你们现在会说布依话不？

村民甲：会一点，还会一点水族的。

新型城镇化背景下，家族传统、民族文化得以很好地保留，一方面，有利于促进乡村社区自组织的培育与发展，有利于提高农村社区自我治理能力，有利于团结力量共同推进经济社会发展；另一方面也带来了民族文化冲突、宗教势力、农村灰色力量等不可控的风险性因素的介入，在一定程度上增加了城镇化发展进程中冲突协调难度，甚至因此而引发各类纠纷，影响当地社会秩序与稳定。阳地“3·12”案在一定意义上也是多重负面因素作用下，多种利益碰撞下的产物。

村民发展上的务实选择，提出了法律对村民基本权利保障的要求；“敢和干部对着干”的逻辑与家族发展、民族文化传承的利益对比，使得以下问题值得思考：自治应是怎样的自治？法律如何界定自治？在加强社区自组织能力的同时，如何有效推进法治进程？法治当如何保障自治？等等。

（四）现代化冲击下的西南民族地区乡村纠纷及其解决的实践逻辑与困境

郑永流对国家法、自然法、民间法有效性及其有效运行进行了深入探讨，并认为权威的失落是影响当代中国各种法不被实际遵从必须优先考虑的因素。但权威为何失落？他认为，权威在中国的失落，在根本上源于中国正在进行的应激型现代化运动。① 就此，亨廷顿亦认为，落后国家不稳定原因不在于落后，而在于现代化。②

事实上，现代化隐含着经济社会发展方式的全面变革，隐含着人们生活习惯、行为方式的极大改变。

李克强总理认为，"从一定意义上讲，现代化是由工业革命引发和带来的，现代化的过程是工业化、城镇化的过程"，而"城镇化是现代化应有之义和基本之策"。③

现代化与城镇化持续推进背景下，西南民族地区乡村一方面面临着传统权威受到极大的冲击与瓦解，但在部分偏远乡村仍能在一定程度上发挥其作用；另一方面国家法持续推进，并试图重构权威，但困境重重。在纠纷及其解决上主要体现如下。

1. 大量青壮年人口外出务工背景下，纠纷集中化，政府维稳压力集中化

就政府管理层面而言，大量青壮年外出务工带来了大量老人、孩子留守现象，也使得乡村纠纷与社会稳定呈现时间上的集中化特征。春节期间大量青壮年返家，带回来务工期间收入的同时，也带回来诸多情绪。有了钱的村民春节回家期间相约赌博、相约喝酒，一较高下的情绪下，一些平时积累的小矛盾集中爆发，由此也带来了乡村纠纷与当地社会稳定压力的集中化。

> 司法所 C 所长：那些打工的年轻人过年回来，每年过年是我们最紧张的时候。家里面的人回来，父母就会有点冲，再加上情绪激动，一喝点酒就容易出问题。
>
> 派出所 Y 所长：现在的老百姓都在外面打工，留在家的都是老弱病残。我们的维稳压力基本上是在过年的时候。年轻人回家听到家里有什么事情，然后就会去闹事，其他就没有了。

---

① 郑永流：《法的有效性与有效的法》，《转型中国的实践法律观——法社会学论文集》，中国法制出版社，2009，第 85 ~ 123 页。

② 〔美〕塞缪尔·亨廷顿：《变革社会的政治秩序》，李盛平等译，华夏出版社，1998，第 42 页。

③ 李克强：《协调推进城镇化是实现现代化的重大战略选择》，《行政管理改革》2012 年第 11 期，第 4 ~ 10 页。

但面对这一纠纷与社会稳定压力集中化的境况，基层政府除加强防备，及时化解矛盾，防止事态扩大之外，也较难采取其他有效措施，法治化难度大。

2. 多民族杂居场域下的乡村纠纷与社会稳定

布迪厄说：“从分析的角度来看，一个场域可以被定义为在各种位置之间存在的客观关系的一个网络，或一个构架。”① 基于基长镇多民族杂居的现实，考虑当地的民族、宗族、家族治理传统及文化传承等多重影响因素，其乡村纠纷与社会稳定也难免带有民族性、地方性特点。这一点在当地发生的阳地“3·12”案中即有所体现（后文作为案例将进行深入分析）。除此而外，诸多日常纠纷也往往或多或少掺杂了民族性、地方性因素。

> X主任：目前这个地方偷牛盗马也还比较严重。
>
> W：现在还有偷牛盗马啊？
>
> X主任：偷牛盗马在我们整个基长镇我们这两个村（水岩村和江寨河村）比较严重。我们这两个村跟三都接壤，三都原来是合江（镇）的（现在并给大河了）。这边的这个三都塘州原来是一个乡，和这边是接壤的，他们那边的水族一到过端节就到我们这个地方搞小偷小摸。
>
> W：端节来搞小偷小摸啊？
>
> X主任：来偷牛到它那个地方去杀。
>
> W：我们一年要着（被）偷好多呢？
>
> X主任：一年多则几十头，少则十把头，我们这个地方长期是受灾区。

访谈中所说到的这样一个端节偷牛盗马的纠纷便是在这种特定场域中发生的事件。基长镇水岩片区紧邻三都水族自治县，主体民族为水族、布依族。三都水族过端节期间一般会杀牛，但端节可以长达49天，时间长，需要的相关物资较多。水族村民或因养牛不足，或经济困难，无钱购买，但过端是必须要进行的，因而也便出现了X主任所说的情况了。

---

① 〔法〕皮埃尔·布迪厄、〔美〕华康德：《实践与反思：反思社会学导引》，李猛、李康译，中央编译出版社，1998，第133～134页。

3. 纠纷解决方式上，寨老等民间力量仍在一定范围内发挥作用；但越靠近城镇，民间力量的影响就越小

因为乡镇撤并，距离县城较远的水岩乡合并进入基长镇。水岩片区公共基础设施相对较差，除外出务工，村民对外接触较少。一方面其治理传统相对保留较好，社会自组织能力较强，通过寨老等民间权威力量的发挥，邻里纠纷能得到及时解决。因而，X 主任说，“我们这里虽然是少数民族，但是打架斗殴的事件很少。”另一方面，传统治理规则一定程度得到保留。

> W：好像我们这里原来除了一些村规民约之外，还会有一些内部的……我不知道这边布依族叫什么？
>
> X 主任：也就是一个家规、族规，也有，过后演变成一个祠堂，现祠堂不存在以后呢，就形成一个自然寨，就立成一个条约，拿石头刻成一个碑，每个寨都不一样，其他地方就用书写的格式。

镇政法 L 书记为原水岩乡的派出所所长，很了解水岩片区情况，对水岩片区寨老力量的积极作用也很认同，认为这是一种正能量，在乡村和社区纠纷解决与社会稳定中有很重要的作用，因而当地政府在进行诸多纠纷调解时，也会邀请寨老参加。

> L 书记：（乡镇和村庄）撤并之后纠纷少了，老百姓有一种心理。我拿水岩举例，以前是一个乡，以前六个村合成两个村，以前的时候纠纷也比较多，现在合并以后，那边的纠纷少了，现在有小的纠纷，政府也远，难跑，包括寨老和家属大家在一起讲好就行。
>
> 王：现在还有寨老？
>
> L 书记：有的。就是一些很有权威的人，他们是正能量。包括我们调解的时候也要把一些人列入。我们下去的时候还要经常和他们接触，叫他们帮忙处理纠纷。他们主要是用情感来处理。因为他们是双方都能相信的。比如在处理邻里纠纷的时候他们说一句话讲好就行了，讲好以后在一起吃个饭喝点酒就好了。

但一直在基长镇工作的司法所 C 所长认为，村里纠纷找寨老的比较少。

同时，寨老不是村里调解委员会的成员，也不便于管理。

> W：有没有遇到过这种案子，村里面协调不下来，然后去找寨老出面解决？
>
> C所长：找寨老的少。一个是寨老年纪大了，一个是有热心调解的。像我们这里就有一个热心调解的老人家，寨子里和周边有什么事情他就会去调解，但是他不是寨子里调解委员会的。

新型城镇化进程中，在现代化冲击下，民族地区乡村治理出现了权威失落、传统治理维权难等问题。如何推进民间自组织能力的培育与发展？如何协调发挥正式权威与非正式权威的作用？如何尊重民间力量，充分发挥乡土资源的作用？民间权威如何参与纠纷调处？对这些问题的探讨，则是解决问题应对之策。

4. 村支两委、调解委员会等的调解往往法律支撑不足，司法所、派出所、派出法庭等正式权威作用的发挥得到极大提高，但人少事多，法律服务持续跟进难

村支两委、村调解委员会的组成人员以当地政治经济发展精英为主，他们在当地有丰富的经济社会发展经验，他们了解当地村民，对当地民族文化、风俗习惯、历史沿袭等有深入的认识。但他们并未经过专门的法律培训，在纠纷调处中更多仍采用当地传统方式，或从情理方面进行疏导，或借助国家权力进行压制。但随着城镇化、现代化的持续发展，当地村民法律意识、权利意识增强，村干部的调解受到极大的挑战。

> C所长：我们经过接触发现，村里面的干部调解，不是他们能力不行，而是他们缺乏一些法律知识，你知道法律了你才知道怎样去做两边当事人的工作，这是第一个。第二就是涉及村里面的人，偶尔和当事人是很熟悉的朋友或亲戚，这样要想调解成功的话，调解人必须公正，不能偏，如果有偏的话要想调解成功就比较难。还有就是有时候他们的观点也对，但是和当事人不知道怎么讲。

随着城镇化的持续推进，法律意识和权利意识的增强，乡村纠纷最终进入司法所、综治办、派出所、派出法庭的比例极大提高。2015年1月至

11月，镇政法委大致统计的纠纷量为270余件，但大多在村里就化解了；司法所调解的纠纷有登记结案的每年最少为30多件，多时达70余件；派出法庭M庭长个人结案量截至11月达到115件。就此，乡镇主要的法律工作者普遍认为，村民法律意识增强，纠纷量上升。

W：你工作应该有20年了？你觉得农村的纠纷发展有没有一种趋向性的特点？它是往哪个方面发展？

C所长：对，20年了。农民的法律意识是觉得比以前好，但是纠纷量绝对是上升的。因为我2000年开始转司法，我在乡镇上时基本没有什么纠纷，以前很少看到哪家叫调解纠纷，现在纠纷太多。老百姓的维权意识是越来越高，但是法律水平维持在比以前高一点点的水平。

在纠纷的处理中，正式权威在更大范围内得到认同，其作用发挥得到极大的提高。

C所长：每个纠纷两边都不是百分之百的对，我们都是分开给他们讲。我们镇里面稍微有点大的纠纷，只要我们法庭、派出所、司法三家在的话基本上都能调解成功。

但实践中，基长镇5.4万人，司法所工作人员为2人，派出所民警为18人（其中包括交通警察2人），派出法庭工作人员为2人（该派出法庭服务的乡镇除基长镇外，还包括玉水镇），开庭的时候，除简易程序案件外，开庭还需从其他派出法庭借人才能完成。

由于专门法律工作者不足，乡村其他工作人员法律专业知识缺乏，村支两委未接受专门法律知识培训，因而，镇政法L书记说，“我在这个岗位上分管安全生产、社会治安、综合治理、信访维稳。就是哪里急抓哪里。”人少事多，法律服务跟进难。

三 案例分析

案情简介：

2014年3月12日，基长镇阳地村阳地组、打浪组两个村民小组之间因为修筑水坝发生纠纷，由于双方不能正确进行处理，引发了四五百名村民的大规模群体性事件，阳地组村民400余人头戴安全帽，手持农具、铁棒、木棒等工具，佩戴白布条，对打浪组的村民、房屋实施打砸和伤害，事件导致1人死亡、多人受伤及20余间房屋受损的严重后果，社会影响恶劣，涉案的12名被告人分别涉嫌故意伤害罪和聚众斗殴罪被提起公诉，接受公开开庭审判。①

从这一则当地政府门户网站报道中摘取出来的案情简介，我们看到案件界定为大规模群体性事件，检察院以故意伤害罪和聚众斗殴罪对12名被告提起公诉。但发生这一大规模群体性事件的背景原因不明。基于调研所需，笔者了解了案件具体情况。

阳地村位于独山县基长镇，为布依族民族文化村，全村900余户，4000多人。村中阳地组（也称阳地寨）为廖姓，打浪组为陆姓。村中有一条黑石头河，黑石头河流经打浪组和阳地组，打浪组在河的上游，阳地组在河的下游。20世纪50年代，为用水便利，阳地组在寨门口筑了水坝，控制了用水。打浪组因此与阳地组因用水问题常起争端，即在黑石头河上游筑坝。阳地组则认为打浪组搞坝中坝，破坏了阳地组风水，要炸毁打浪组筑起的水坝。争端就此而起。

工作人员A回忆：（2014年）3月9号就开始有这个苗头的。那天早上七点过就接到镇里面的电话说是有事情。那天阳地的已经去打浪修水库的那里并且双方已经发生了冲突，有两个人已经受伤了，党委政府很重视这个事情。……9号镇里面就成立了工作组，我们两边都去做工作。这几天的协调会双方都参加的。县里面的说对于水坝该不该起由县里面水电部门现场看了再说，请两边先冷静下来，等待政府来处理。（虽然政府）都已经说了，但是阳地组是个大寨子，并且阳地在那一带人多势众，所以他们觉得那个水坝一定要炸；阳地的有点欺人，打浪的人说水多的时候他们就堵水我们被淹，水少的时候他们就放水我们没有

① 案件回顾来源自独山政府门户网站“花灯之乡·独山网”新闻报道，《独山县人民法院公开开庭审理基长镇阳地村“3·12”群体性事件》，http：//sjj. dushan. gov. cn/Item/43226. aspx；访问时间：2016年8月18日。

水用，水过我们这里我们想用都被你掌控。所以打浪想修水库。阳地的就说你打浪的在我上游修坝，想搞一个坝中坝，这是在坏我的风水。他们就不同意搞水坝，政府协调也不听，就说政府偏心打浪。

他们就说他们一定要把在外打工的喊回来，他们在外打工的就在 11 号全部回来了。当时做工作叫他们不要喊，他们不听。所以在 11 号他们在外打工的 400 左右人就回来了。在打工的回来之前，每一家都同意出钱买黄色的安全帽，买了一些木棒。所以一到就强行冲打浪，就出现了 12 号早上的“3·12”事件。这个其实就是宗族观念的事件，现在我也无法考证阳地确实是有一些文化底蕴的村寨，具体我也只是听说，最大的官就是当时张作霖的一个副官，至于他们宗族的荣耀我也没去考证，只是听说。所以他们这个寨子在那一带都是这个作风。他们一个组出去打工的就有 400 多人。

访谈人员 L 与村民甲和村民乙的对话：

L：我们今天去看了那个阳地新村，没有好多人住噻？

村民甲：那个（阳地新村）是政府修在阳地村的。阳地（组）的人有点霸道，政府的也有点烦了。那次打了一次群架，别人不敢骂他们。

L：他们那里修的房子好像没有人买呢？

村民乙：有人去那里买房子的时候，去那条河里洗衣服、吃水都不给。

村民甲：他们不给（买）。

L：他们那个寨子有寨老没有呢？

村民乙：听人家讲，他们那个寨子打群架了之后，如果你娘家在那边有事情都不准去看，如果你是那个寨子的人，打群架你不去就会遭排挤。之前有人去那里买房子嘛，去那儿吃水、洗衣服都不给，所以那里的房子卖不去嘛。

但对于案件宗族势力的认识，司法所 C 所长有不同意见：

C 所长：实际像阳地来讲上升到宗族势力的这种概念太高了。因为阳地会出现这种情况是因为打造他们那里的民族文化村，给他们投入很多基础设施建设，所以就给他们那里的人形成一种没有阳地基长镇就发展不下去的想法。就是给得多了就有点膨胀了。他们寨子提出过规矩，寨子上有什么事情你不来，到时你家有什么事情我们也不帮忙。实际很多人都知道是不对，但是就是迫于寨子里不成文的内部规定，所以你讲上升到宗族，我觉得高了。

由此可见，出现阳地“3·12”案的关键性因素还包括如下方面。一是由于县里考虑到阳地寨民族文化保护较好，决定以此为基础打造阳地布依族民族文化村，以推动基长小城镇建设。其认为镇里发展离不开阳地，心理优势明显。二是阳地组廖家历史上有不少大人物，当下也有许多人在州县上班，且人丁兴旺，有较强优越感。三是阳地组廖家宗族祠堂仍在，族内凝聚力较强，寨内 50 多岁的老人仍具有较强号召力。四是在镇政府主持的多次协调会上，其认为政府偏心打浪组。五是作为大族，族内认为其权威受到挑衅，面子上过不去。在综合考虑多方面的因素后，阳地老组长与组内几位有权威的老人遂决定召集在外打工的寨里人回家，争取共同的利益。

在一定意义上，这是一场法治与传统社会关系的较量，是一场多方利益博弈，也是一次传统地方治理模式与现代法治要求的正面激烈的冲突，同时这也是一次掺杂了民族因素、家族因素的地方治理中的大事件。虽然国家强制力在这场较量中取得了胜利，但村民最终为此付出了生命、自由、利益等巨大代价。

所幸案件得到及时处理，事态得到及时控制，最终经由法院通过公开宣判等方式对当地村民进行了深度法治教育。但这也提出了新型城镇化背景下，转型期民族地区乡村如何实现秩序的稳定，如何实现法治化治理，如何实现民族文化传承、经济社会发展与现代法治实践的有效融合，现代法治实践在尊重民族文化传承的同时，如何实现对民族文化资源的扬弃等这样一些实践中存在的问题。

四　结论

韦伯将法律制度分为四类：一是形式理性的；二是实质理性的；三是

实质非理性的；四是形式非理性的。在对传统意义上的中国法的讨论基础上，韦伯认为中国法是实质非理性的。他指出，在中国，裁判的非理性，是家产制的结果。①

当下新型城镇化的法治之需，是现代法治之需。即便西方现代法治引进中国的整个过程，根据中国社会治理的实际情况进行了较大调整，但其形式理性的本质并未改变。但现有的法治化治理实践表明，形式理性的现代法治不能否定中国传统法文化实质公平的需求。

事实上，经济社会发展实践中，西南民族地区由于经济社会发展相对封闭，市场经济与现代化大潮的冲击没有那么猛烈，其治理传统以及传统法治文化得以一定程度地保留。虽然由于西南民族地区保留乡村治理传统，当地乡村干部法治知识储备及法治实践能力的不足，以及往往生长于当地的实际等多方面的原因，基层政府依法治理难免受到传统法治文化的影响甚或挑战，乡村纠纷解决与社会稳定的实现难免会受到民族、家族及其治理传统的影响。但这并不能否定其在社会治理中的重要作用。在探寻现代形式理性法治方向的同时，如何一定程度上保留传统法治文化中的合理因素，有利于更好地推进形式法治与实质公平的有效实现，是新型城镇化实现的重要保障。但其具体实现路径仍有待深入探讨。

---

① 〔德〕马克斯·韦伯：《法律社会学：非正当性的支配》，康乐、简惠美译，广西师范大学出版社，2014，第 218～255 页。

乡镇司法所纠纷解决的实践与表达

——以滇中桂乡司法所为例的分析

牟　军　牛文欢*

摘要： 社会转型时期的现实状况需要我们冷静观察乡村司法实践中纠纷解决与正义表达的方式，司法所作为国家统一法制与规则变迁中处于法治实践“权力末梢”的司法行政派出机构，对于深刻理解与把握乡村司法实践与表达的策略、纠纷解决的行动逻辑具有学术研究的典型性。就纠纷解决而言，传统纠纷解决方式正在淡出人们的视线。法院、政府、司法所等现代纠纷解决组织正全面介入乡村解纷机制之中并扮演重要角色。传统与现代的碰撞、博弈，使得司法所的纠纷解决成为多种文化、多种组织、多种手段交织在一起的复杂过程。

关键词： 乡村司法　纠纷解决　司法所

在当代中国法治思维中，对于法治改革的目标主要体现在，希望借助于西方法治理论、技术和方法，力图从法律制度上尽快推动国家的法治进程。① 在此逻辑下，中国开始了法治化进程，在依法治国方略的指引下，法律在其治理的疆域内被看成是普适的、无例外的和划一的，国家正式的法律制度开始实际进入乡村社会。然而，法律并没有因为国家自上而下的推动得到有效实施，乡村社会对国家法治化建设似乎持一种“无关痛痒”的态度。由此也直接促使“乡村司法学”成为一门显学。“乡村司法”这个词普遍被法学、法律社会学、法律人类学学者们使用。然而，在此背景之下，

---

* 牟军，云南大学法学院教授、博士生导师；牛文欢，云南省委政法委员会干部。

① 陈柏峰：《乡村法制研究的现状与前瞻》，法律出版社，2010，第57页。

基层法院及其派出机构等司法机关明显受到较多关注，[①] 对司法所等法治其他实践场域的研究仍然匮乏。对“乡村司法”的理解如果只限于基层人民法院及其派出机构在乡村的“司法”可能有失偏颇。因为中国乡村这一基本社会单元的纠纷本身具有特殊性，而在少数民族聚居的地区，纠纷的情况则更具复杂化的色彩。从纠纷解决的角度出发，由基层人民法院及其派出机构运用正式司法手段解决的纠纷仅是乡村纠纷解决的一部分。

司法所与基层人民法庭、派出所共同构成我国乡镇一级的政法体系，均是我国基层司法体制的重要组成部分，纠纷解决也是司法所的职能之一，在转型时期的中国乡村纠纷解决机制中具有不可替代的重要地位。作为国家权力实施的末梢机构，司法所在乡村司法背景下生存的实际样态和纠纷解决中的实践与表达值得关注与探究。本文选取了滇中彝族地区聚居的桂乡司法所作为“小问题、大视野”研究的基础，通过对司法所以调解为中心的纠纷解决行动逻辑进行分析，最终回到我国乡镇司法所纠纷解决制度问题的探讨。

一　桂乡司法所所处的社会场域

布迪厄认为，“场域是以各种社会关系联结起来的表现形式多样的社会场合或社会领域，虽然场域中有社会行动者、团体机构、制度和规则等因素存在，但是场域的本质是这些社会构成要素之间的关系”。[②] 以具体社会机构实践活动所产生的联系为标准，场域则是社会结构与个体实践之间动态相互联系的载体。乡镇司法所这一特定的解纷机构无不与其所处的社会场域相联系，它在推动这一场域发生某种改变的同时，其行动逻辑也深受这一场域的影响。

（一）桂乡及桂乡司法所简况

彝州屋脊百草岭东麓，坐落着一个彝族聚居的山乡，由于满山桂树，

---

① 如苏力《送法下乡——中国基层司法制度研究》，中国政法大学出版社，2000；王亚新等：《法律程序运作的实证分析》，法律出版社，2005；赵晓力：《通过法律的治理：农村基层法院研究》，北京大学博士论文，1999；丁卫：《乡村法治的政法逻辑——秦窑人民法庭的司法运作》，华中科技大学中国乡村治理研究中心博士论文，2007；侯猛：《中国最高人民法院研究》，法律出版社，2007 年等。

② 〔法〕布迪厄：《实践与反思——反思社会学导引》，李猛、李康译，中央编译出版社，1998，第 21 页。

八月金秋之时，桂花盛开，因而得名桂乡。桂乡位于S县境东北部，大百草岭山系东部。这里气候冬少严寒，夏无酷暑，雨热同季，干湿分明，立体气候明显。辖区内有丰富的水电资源和铜矿资源，林地和草地面积广阔。桂乡有75%的人口是彝族，是一个典型的山区少数民族聚居乡。

桂乡司法所正式成立于1996年6月。2002年1月，桂乡司法所划归S县司法局管辖，作为S县司法局的派出机构，实行县司法局和乡党委政府双重领导（以司法局领导为主）的管理体制。桂乡司法所现有编制2人，一名所长，一名司法助理员。得益于"司法所规范化建设"的要求，该所于2009年建成一处办公用房，面积约200平方米，设置专门的调解室等办公区域，实现了与乡政府的"分离"。但空间距离的形成并未影响桂乡司法所所处社会场域的变化，从社会关系的角度看，其与乡其他机构仍处于分而不离的状态之中。

（二）桂乡司法所与乡党政、人民法庭、派出所的关系

1. 与乡党委政府的关系

从桂乡司法所的实际情况看，其身处的权力结构网络主要来自基层政权机构。虽然桂乡司法所受县司法局和乡党委政府的双重领导，但在实际工作中更多是受乡党委政府的管理和指导。从涉及与乡党委政府的关系来看，桂乡司法所开展的具体工作主要有以下若干方面：（1）代表乡人民政府处理纠纷；（2）组织开展普法宣传和法制教育工作；（3）组织开展对刑满释放和解除劳教人员的过渡性安置和帮教工作；（4）参与社会治安综合治理工作；（5）完成上级司法行政机关和乡党委政府交办的其他工作等。司法所的上述工作职能以乡政府的法治治理工作的大局为中心，与国家对司法所的要求比较一致，① 基本属于司法所应担负的司法行政工作职能范

① 根据司法部司发〔2009〕7号文件的规定，乡镇司法所主要有以下职能：
（1）指导管理人民调解工作，参与调解疑难、复杂民间纠纷；
（2）承担社区矫正日常工作，组织开展对社区服刑人员的管理、教育和帮助；
（3）指导管理基层法律服务工作；
（4）协调有关部门和单位开展对刑释解教人员的安置帮教工作；
（5）组织开展法制宣传教育工作；
（6）协助基层政府处理社会矛盾纠纷；
（7）参与社会治安综合治理工作。

畴。而从笔者观察到的桂乡司法所开展的日常工作和台账记录来看，桂乡司法所的工作往往偏离正常轨道，以完成乡党委政府交办的各类工作为主要任务。如协助乡政府开展依法治理和行政执法监督的各项检查工作，制定修改依法治理工作计划，协助乡政府依法处理本辖区的各项经济社会事务，开展对本乡治安隐患和不安定因素的排查治理和防范，协助对外来流动人口的管理工作，组织开展创建“治安模范村”等活动。司法所实际已成为乡党委政府基层社会治理的一枚重要棋子，其近乎全能的工作与应有的纠纷解决、法治基础建设等行政司法职能的定位有所偏离。

乡镇司法所是在司法助理员的基础上建立起来的，伴随中国的法治化进程，逐渐由一种不确定的身份演变成为一级司法行政组织。虽然桂乡司法所受县司法局和乡党委政府的双重领导，既有“娘家”（县司法局）也有“婆家”（乡党委政府），但实际上，司法所的工作是围绕乡党委政府的中心工作而展开，司法所的职能也离不开乡镇区域这个载体。与乡村法治化运动相伴的是基层政府机构权力呈现惰性的一面，司法所并没有按照其自身职能特性有重点地开展工作，而往往成为基层政府摆脱麻烦、责任下移的一个重要工具。

2. 与人民法庭、派出所的关系

德国历史法学家萨维尼认为，“每个个人的存在和活动，若要获得安全且自由的领域，须确立某种看不见的界线，然而此界线的确立又须依凭某种规则，这种规则便是法律。”① 面对当代中国社会法治化的基本趋势，处于乡村社会的人民法庭在纠纷解决中承载着“规则之治”的基本职能。然而，现实中的传统乡村社会对制度存在固有的排斥倾向，制度“虚无化”现象严重，主要表现为大量的制度失效，即制度的表达与实践相互分离。②乡镇人民法庭对纠纷的解决，实际上大量运用的是更为灵活的调解手段，法官在很大程度上主导案件的处理，对调解过程也有极强的控制力。在调解中，法官似乎应该是黑面铁心的判官，很多时候却更像邻家的大哥，表现出对生活世界深厚和练达的理解。③ 这表明乡村社会及其纠纷呈现的复杂

① 转引自〔英〕哈耶克《自由秩序原理》，邓正来译，三联书店，1997，第183页。

② 刘世定、孙立平等：《作为制度运作和制度变迁方式的变通》，《中国社会科学季刊》（香港）1997年冬季卷。

③ 王启梁、张熙娴：《法官如何调解？》，《当代法学》2005年第5期。

情况，也决定了乡村司法方式本身的复杂性。

由于桂乡地处偏远山区，县法院并没有在这里设立派出法庭。然而，与桂乡相邻的Y镇人民法庭则按规定管辖桂乡所发生的民商事纠纷及刑事案件。根据该人民法庭负责人介绍，该庭近年来年均结案约100件，且案件高发基本集中在每年春季和秋季，案件处理方式多为调解结案。如果调解不了则通过裁判了结，或者提交州的调解中心解决。但实际上Y镇人民法庭未经手而直接由上级法院或其他机构处理的纠纷还有很多。虽然桂乡司法所与县法院及其派出法庭在地理位置上相距较远，但职能管辖的隶属关系以及法律业务上的密切联系，使得县法院及其派出法庭纠纷的调解传统及具体处理方式对桂乡司法所的纠纷解决方式和特征产生了一种自然的影响。

我国基层公安派出所主要担负治安防控、刑事案件侦查和户籍管理等多种职能。然而，在具体案件或纠纷处理中，公安派出所除了采用行政处罚、决定和命令措施外，也大量运用具有行政化的调解手段，在构建和谐社会、创新社会治理方面发挥着越来越重要的作用。有学者指出，派出所的纠纷解决具有若干优势：一是可以帮助双方当事人就近解决纠纷，缩短纠纷解决的时间，节省诉讼成本；二是可以将矛盾有效化解在基层，防止或缓减矛盾的激化升级；三是可以充分运用公安机关的自由裁量权，提高调解的成功率；四是可以充分发挥警务职能作用，调查事实，收集材料，为纠纷解决提供条件。[①] 从乡镇派出所的职能属性、工作方式以及与乡镇其他机构的物理距离来看，其与乡镇司法所有着更为密切的关系。这不仅体现在工作职能上的交叉或重叠，也表现在工作方式上的雷同。通过对桂乡派出所的调研发现，以2012年为例，该派出所有调解笔录存档的数量有近40件，转交司法所处理的有近15件，与村委会共同口头调解的共有30件。从中可见，随着经济社会的不断发展，矛盾纠纷的形式和内容不断变化，房屋、土地和消费等纠纷不断涌现，加之法律规定不够完善、民警专业知识水平不高等因素，派出所解决纠纷的难度不断加大。司法所逐渐成为公安派出所移转案件或纠纷调处以缓解自身压力或矛盾的主要替代机构。

① 左卫民：《变革时代的纠纷解决及其研究进路》，《四川大学学报》（哲学社会科学版）2007年第2期。

在广大乡村社会，由于村民的生活方式仍旧与现代国家的理想模式相差很远，尽管国家的政治权力已经在很长时间里渗透到社会的底层，乡村社会也不再是自给自足的封闭体系，但是乡村的社会活动仍然更多的是发生在熟人之间。人们之间的交往规则、乡村社会的纠纷解决机制，仍然呈现出另外一种与现代城市有很大差别的图景。[①] 事实上，国家所要强力实施的现代法治秩序并没有完全在乡村社会落地生根。司法所“建立—发展—萎缩—再发展”的历程体现出国家权力通过法制作为载体渗透乡村社会的过程，作为政府主导下乡村纠纷解决的力量，司法所处于国家司法行政结构和乡村社会的场域中，具有国家权力与乡村社会因素的双重烙印。

二　纠纷的类型与桂乡司法所的解纷方式

（一）纠纷的主要类型

桂乡地处山区，经济作物以核桃、花椒为主，在生活方式上既有传统的民族特征，又有随经济社会发展呈现的现代化成分。近年来，桂乡发生的纠纷主要有以下三种类型：一是婚姻家庭纠纷；二是林权及用地权纠纷；三是邻里矛盾及轻微治安性质的纠纷。以上三种类型的纠纷约占桂乡纠纷总数的90%。此外，由于当地新建了一座铜矿，村民与企业间因征地拆迁的纠纷时有发生。

上述三种类型纠纷的产生既有普遍性，又有特殊性。在婚姻家庭纠纷方面，由于当地村寨依然按照民俗进行婚配嫁娶，容易产生婚姻纠纷。如未满婚龄的男女双方同居并生子，形成既成婚姻事实。因双方不符合法定条件也未履行婚姻登记手续，双方或一方外出打工，时隔数年返乡，此时一方已有了合法配偶或不愿再与对方继续生活，另一方依民族习惯要求对方承认既成事实，由此引发婚姻纠纷甚至家族间的冲突。在林权及用地权纠纷方面，近年来核桃的市场价格较高，甚至逐渐成为农户的主要家庭收入来源，由此产生核桃权属纠纷。在邻里矛盾及轻微治安性质的纠纷方面，由于桂乡民风淳朴，酒风盛行，平时邻里累积的矛盾容易在酒后爆发，产生邻里熟人间的打斗、滋事和轻伤等案件。2011年至2013年的三个年度

① 于建嵘：《岳村政治：转型期中国乡村政治结构的变迁》，商务印书馆，2001，第218页。

中，由桂乡司法所处理且留有正式记录的纠纷案件如下：婚姻家庭纠纷方面，分别为34件、38件和49件；邻里纠纷方面，分别为26件、23件和19件；林权、地权纠纷方面，分别为22件、19件和30件；赔偿纠纷方面，分别为9件、6件和4件。从上述纠纷统计数据看，婚姻家庭纠纷仍是桂乡调处纠纷的重点，而且这类纠纷呈逐年上升之势；而邻里纠纷和赔偿纠纷虽属日常纠纷形态，但随着“送法下乡”、基层法治宣传教育的持续加强以及基层政权治理路径的调整，这类纠纷的发生有逐年减少之势。但林权、地权涉及乡民的核心利益，因林权、地权产生的纠纷则出现较为复杂的变化情况。

（二）桂乡司法所纠纷解决的方式及特点

“在有些社会里，和平与安静可能比其他任何事情都更受推崇，但还有些社会里，争吵可能得到公开的珍视”。[①] 虽然历经三十多年的改革开放，但中国乡村社会结构并未发生根本改变，与中国西部大多数乡镇的情况类似，桂乡仍处于相对封闭、传统和保守的状态之中。传统的社会形态属于熟人构建的社会网络，强调人与人的和谐相处和矛盾的和平化解，在桂乡的纠纷解决中调解自然是主要。桂乡司法所不是国家的审判机关，它的纠纷解决方式当然也主要是调解。社会学研究结果表明，乡村社会的纠纷调解与国家正式审判机构的裁判甚或其采用的调解方式存在明显差别。乡村社会的纠纷调解具有很强的乡村性，而并非普通意义上的规则之治。正是这种以治理而非以贯彻程序为目的的司法传统对纠纷的有效解决以及对基层的稳定起到至关重要的作用。[②] 然而，笔者注意到，这种以治理化而非法治化为基本特征的乡村社会纠纷调解方式在桂乡司法所的调解中并未得到完全印证，桂乡司法所的调解与诸如桂乡村民调解委员会等基层组织的调解仍存在明显不同。

一是更加注重调解的程序性。近年来，桂乡司法所纠纷解决的一个显著变化在于，其调解方式趋于正式化。在这种正式调解中，司法所除做好登记备案和格式化的调解笔录之外，司法助理员不断模仿人民法庭的开庭

---

① 〔英〕西蒙·罗伯特：《秩序与争议——法律人类学导论》，沈伟、张铮译，上海交通大学出版社，2012，第18～19页。

② 苏力：《送法下乡——中国基层司法制度研究》，中国政法大学出版社，2000，第233页。

审判方式，用语也较规范。具体而言，在开始调解之前，司法助理员询问纠纷当事人是否申请回避，告知其权利义务，宣布调解规则、查明纠纷当事人身份、纠纷案由；当事人依规陈述事实和理由，在司法助理员的主持下双方当事人进行充分的自由辩论。应当说，除了缺少律师的参与，其他的程序与法庭审判相差无几。那种类似电影《被告山杠爷》中的罚放电影、游村、关祠堂等方式已不会出现在纠纷解决的方式中。笔者调查访谈发现，桂乡司法所这种调解方式的转变，主要在于各种司法行政报表的格式化要求，上级检查和参照执法规范化的明确工作要求；每调解成功一起案件不再有补贴，解决纠纷的途径多变等制度性和现实性的原因。

然而，纠纷调解机制的程序化取向，带给基层社会的负面影响也不容忽视。有学者认为，这种调解方式可能导致一些矛盾纠纷积压或者升级，加剧农村基层信访治理的严峻形势，违背基层政府和民众的期待与要求。①例如，近年来S县发生的几起群体性上访事件和医疗纠纷中，桂乡的纠纷当事人便是因为纠纷在乡里始终无法得到解决，不得已选择上访。在这样的纠纷中，由于司法所并不是对纠纷起因可以解决的职能部门，纠纷一旦进入司法所，通常会造成纠纷根本无法解决，或司法所的纠纷解决方案因无法得到一些行政职能部门认可，而难以顺利执行。

二是调解运行的社会学逻辑依然具备“地方性知识”和“权力性符号”相结合的特征。由于桂乡司法所面对的是彝族乡村社会的特定环境，民俗、民风自成一体，其社会生活也有自身的特定秩序。“法律是地方性知识，而不是与地方性无关的原则，并且法律对社会生活来说是建设性的，而不是反映性的，或者无论如何不只是反映性的。”② 社会学的研究结果也表明，“即使在一些国家权力难以到达的乡村社会，那里也没有陷入混乱不堪的局面而是秩序井然”。③ 深植于乡土社会的已然秩序正是乡村纠纷解决中所要面对的地方性知识。从现实情况看，桂乡司法所始终游弋于乡村的特定社会环境和国家治理的大环境之间，虽然我们看到的司法所并不是一个有着任何实际权力的机构，而更像是一个孱弱的服务机构

---

① 田先红：《乡镇司法所应以解决实际问题为旨归》，《中国社会科学报》2012年第6期。

② 〔美〕克利福德·吉尔兹：《地方性知识》，王海龙、张家瑄译，中央编译出版社，2004，第277页。

③ 费孝通：《乡土中国 生育制度》，北京大学出版社，1998，第65页。

和咨询机构。一方面，其行为和角色需符合规范化、制度化和公共化的运作规则；另一方面，在缺乏权威的条件下其又要解决具体问题，取得具体成效。在现实的生存压力之下，司法所往往倾向于穷尽制度性和非制度性的力量以寻求生存所需的资源。例如，通过积极主动向政府汇报工作获得经费支持，通过主动参与各种综合治理活动获得认可。但同时又要承受原本无法承受的科层制压力，去面对具有浓郁地方和区域特色的乡村社会，国家赋予的纠纷解决职能的具体运行在理想与现实之间显得十分尴尬。

三是在纠纷解决中当事人与司法所对地方性知识运用所表现的“合意性”。桂乡纠纷解决的实践表明，村民通常根据拥有的资源和所处的环境，选择可预期的纠纷解决方式。而这一纠纷解决方式显然是建立在“地方性知识”基础上的，它可以帮助纠纷当事人准确地估计可能的结果，又能控制自身的经济支出和节约相应的成本，因而当事人对“用地方性知识解决地方问题”的方式“情有独钟”。由于司法助理员拥有各种独特的“地方性知识”，加上“国家官员”的身份符号资源，可以充分运用政治性与习惯性规则，影响村民纠纷解决行为的选择，并对地方性司法实践产生重大影响。正如美国学者庞德所言：“没有任何社会制度是其中一个原因的产物。每一种制度都是多种原因的结果。分歧只是由于观察者们强调的重点不同而已。但是其中任何一种原因都不可忽视。”① 乡村解纷运行的实践逻辑与制度基础本身是值得深思的问题。

从桂乡司法所的实践来看，植根于乡土社会的乡镇司法行政机构面对乡村特有社会结构、地方性知识和乡民传统，对纠纷的调解表现出传统治理化倾向的同时，由于其公权力的象征性符号和内涵以及多年来改革开放使乡村固守的社会结构和传统产生松动，正式的法治理念和送法下乡运动的逐步推行，乡村司法所的调解方式又具有一定的法治化特征。为此可以将当代乡镇司法所的调解称为一种混合属性的调解。只是这种调解中的法治化因素并非内生性和自发的，而是外部力量和政策性因素共同作用产生的结果，因而其象征性意义大于其实际价值。

---

① 转引自丁卫《乡村法治的政法逻辑——秦窑人民法庭的司法运作》，华中科技大学博士学位论文，2007。

三 桂乡司法所纠纷解决的行动策略及存在的突出问题

虽然桂乡这样的“小传统”社会相对封闭，也不缺乏少数民族习惯在纠纷解决中的适用，但乡村自主解决纠纷的内生机制不足也是不争的事实。随着宗族力量、风俗惯习、伦常秩序等传统基础弱化，需要采用多种途径介入乡村社会的人际关系网络，调动各种资源促进纠纷当事人之间达成合意，在解决纠纷的同时符合国家治理的导向和满足当地政府的实际需求。这也意味着，司法所纠纷解决的行动策略有着独特性。

（一）赢得纠纷当事人的信任

信任是相信某人的行为或者周围的秩序符合自己愿望的一种态度。[①] 在乡村人情社会中，人们交往的一项重要准则无疑是相互间的信任。相对于冰冷的法律而言，对主持公道者的信任成为纠纷解决的重要基础。根据笔者观察，桂乡司法所人员为了取得纠纷当事人的信任通常走亲民路线，以尊重纠纷当事人为行动策略。在调处纠纷中放低身段，不以权威者的身份示人，对双方各自的看法表达一定程度的尊重和耐心，当事人由此得到“面子”上的照顾和情感上的体谅。司法所顾及和尊重当事人的面子，在一定程度上降低了自身在纠纷解决中的主动性，当事人基于情理和对等的因素考虑，也会还司法所人员一个“面子”，其对司法所的信任感得到增强。台湾学者黄光国指出，对方之所以愿意接受个人的影响，也是因为他预期这样做能带给他某种报酬，或帮助他避开其所嫌恶的某种惩罚。[②] 因此，尊重 - 信任的行动策略开启了司法所与纠纷当事人之间互动关系良性循环的第一步。同时，这种相互给“面子”有助于增强纠纷当事人对司法所解决纠纷的信心。

（二）以恰当“话语”重构事实和法律

以事实为根据、以法律为准绳仍是当代中国基层司法的基本原则，但

① 郑也夫：《信任论》，中国广播电视出版社，2006，第 137 页。

② 黄光国：《人情与面子：中国人的权力游戏》，载黄光国等《人情与面子：中国人的权力游戏》，中国人民大学出版社，2011，第 4 页。

乡镇司法所解决纠纷的重点在于说理和法律解释的层面。即使属于事实与法律问题交错的情形，在厘清事实和情节的前提下，纠纷的解决仍在于讲明道理和适用依据。在桂乡司法所纠纷解决实践中，工作人员不断转换话语，根据解决纠纷的需要重构事实和法律。这里以一例纠纷加以说明：

> 李某某（男，61岁，丧偶）和申某某（女，58岁，丧偶）系同村人，2003年起，李某某和申某某自愿同居生活。在此期间，两人多次发生争吵，双方子女也参与其中甚至发生斗殴。2012年3月，李某某家人口头向乡、村人民调解委员会提出申请解决，该纠纷后转交司法所处理。司法所人员在调解中对双方说道："严格说来，你们这种行为是没有办结婚证的行为，既然没有办证，我们就是不认的，也是可以不管的……"这一话语并非在于司法所人员为纠纷双方当事人的同居行为进行定性，而是暗含双方当事人存在不合法律规定的行为。随后司法所人员对该纠纷处理提出意见："你们好好考虑一下，要是还可以和好继续住在一起，我们也不管；如果要是觉得好不了，分开也没有那么难，也不需要办什么手续，你们想好了，签个协议也就可以了，我们也不收钱……"最终通过双方当事人与各自子女商量沟通之后，双方同意解除同居关系；对双方同居期间产生的经济负担问题及以后双方与子女相处做出了适当处理。

在上述案例中，虽然司法所人员根据解决纠纷的需要对事实和法律进行了一定重构，但这一做法并非是司法所人员不懂法律的无意而为，或与当事人一方有利益关系等原因的有意为之，相反属于乡村调解实践者积累的经验和心得的惯常做法。他们所进行的话语转换、事实重构和根据需要"误读"法律的做法，是对纠纷解决采取不同行动策略的体现。当事人从这一话语中不仅知晓其纠纷的现状、法律的"无情"，也感受到司法所人员的良苦用心，从而纠纷得以在不伤和气的条件下合理解决。

（三）情与理交织的教化

在中国乡土社会中，通情与达理是维系人际交往的主要纽带，"摆事实""讲道理""谴责""教育""劝说"等方法成为司法所重要的解纷术。而支撑乡土社会的情与理则是熟人社会的"面子"和"人情"。有学者认为，关系和人情作为一种可以交易的资源，对中国人的行为模式有很大的影响，通过这些社会机制，人们可以改变别人的行为动机和态度，使其顺从于自己的意志。[①] 在解决纠纷中，司法所通常首先运用这些日常解纷技术和“面子”“人情”等传统文化中的地方性知识，以此迅速融入当事人纷争的现实生活场景，使其工作方式和内容能为当事人理解，纠纷的调解也较顺畅。

同样以上述纠纷为例，司法所调解中除对纠纷事实和法律进行重构外，也熟练运用了情与理的教化方法。如调解人员一开始以极富乡土气息的话语说道：“你们二老整天打什么，让不在的人[②]看笑话，你们好意思……”然后对双方子女加以“教育”：“你们要是觉得他们合不来就接回去，要是合得来就好好把老人认下来，好好相处……”司法所人员借用已去世老人的“在天有灵”使争执双方进入类似一种“羞愧”状态。进而对当事人双方的子女晓之以理，动之以情，让其感受到司法所人员提出的解决方案入情入理。这表明，在正式法律制度权威性不足的情况下，遵从现实的场景条件和环境需要，借助道德论证等非强制性的规范的彼此整合，可以让司法所的解纷机制披上乡土逻辑的“外衣”而得以适用。[③]

由上可见，在追求“以和为贵”的桂乡“熟人社会”中，乡民的处事更加适应“议事式”而非“纠问式”；在纠纷解决中，乡民心理上更能接受的是“评理”而不是“裁判”。纠纷当事人之所以向各种纠纷解决机制或主体寻求解决纠纷，更多是追求一种情理考量下类似“秋菊”所要的“说法”。日本有学者认为，中国之所以采用这种方式解决纠纷，是由纠纷的解决者缺乏资质、司法者与当事人力量不足以及民事纠纷自身的特点和解决纠纷的机制本身所决定的。[④] 从这个层面来说，桂乡司法所提出解决方案并说服当事人接受的方式显然也是协商性理念的体现。

然而，需要指出的是，无论是在制度层面还是价值层面，司法所进行的纠纷解决并不具有优越性，更多是因为司法所可以“及时出现在那里，

---

① 黄光国：《人情与面子：中国人的权力游戏》，载黄光国等《人情与面子：中国人的权力游戏》，中国人民大学出版社，2011，第 45 页。

② 指已经去世的各自原配偶。

③ 张学文：《乡村司法策略的日常运作和现实考量》，《政法论坛》2012 年第 6 期。

④ 〔日〕高见泽磨：《现代中国的纠纷与法》，何勤华等译，法律出版社，2003，第 57 页。

并恰好解决了问题"。对于纠纷当事人而言，司法所及其指导下的人民调解员往往是当事人伸手就可以触及的唯一解纷人选。也正是因为如此，司法所解决纠纷中法治因素的欠缺而导致的"失范"应该引起我们的关注。

第一，纠纷解决的程序性"失范"。从桂乡司法所实践来看，在处理土地、水权、核桃等权属纠纷中普遍存在的程序性"失范"在于主动要求调解和在调解过程中非完全自愿的和解。从公私双方的实际需要和情理因素来看这一做法并无不妥，但与"依法、依程序调解"的精神相悖。这种"失范"的表现通常是以依法调解之名运用所谓的道德教化技巧引导当事人的"合意"，在调解过程中忽视当事人依法享有的可预期权利，如故意歪曲法律使当事人降低预期从而接受调解方案等。由于这一调解具有"合法"的外部形式，即使调解失败或结果不公也可作为向政府和上级交代的充分依据，以实现"矛盾上交"。因此，这种"失范"不仅见怪不惊，而且为司法所解决纠纷提供了一种"正当性"支持，甚至成为"调解员经验丰富"的表现。

第二，纠纷解决过程中权威运用产生的"失范"。"权力是某些人对他人产生预期效果的能力。"① 对他人产生预期效果实际上是对他人所产生的一种控制、支配甚至使他人服从的能力。尽管乡镇司法所属于我国政权神经的末梢，但仍以一种特有的权力运作方式对纠纷处理产生重要的影响。苏力将这种权力运作理解为"一种关于权威和证据的辨认，一种对人的训练，一种关于说话的口气、语词、态度、场合、方式等的指教，一种新的生命和人格的操练，一种单兵教练式的规训"。② 实际上，纠纷双方一旦决定接受司法所的调解，也就意味着承认其权威的存在。从桂乡司法所实践来看，虽然对纠纷当事人以说理和道德教化方式为主，纠纷的最终解决尊重当事人双方的意愿，但司法所在纠纷解决过程中的主导地位明显。其在规劝和说理中体现出乡村政权机构的一种特有权威。如调解人使用的语气、语调，以及对法律的"合理"解释。同时这种权威还来自体制性因素的影响，因为司法所对纠纷的处理需与乡政府和上级司法行政机关的意见保持一致。在多元利益和价值权衡中，司法所纠纷解决也可能导致"失范"。

第三，超越自身职能出现的"失范"。作为基层司法行政机构，司法所

---

① 〔美〕丹尼斯朗：《权力论》，陆震纶、郑明哲译，中国社会科学出版社，2001，第 3 页。

② 苏力：《送法下乡——中国基层司法制度研究》，中国政法大学出版社，2000，第 311 页。

处理纠纷涉及的法律、政策和事实认定问题仍有特定的权属和界限，这决定了司法所需要在职能和权限范围内行事。从桂乡实践来看，对于诸如核桃树权属等纠纷的处理，司法所往往超越职能，未依法商请林业行政主管部门对权属予以确认，而是擅自提出调解方案；对不属或不宜自身解决的纠纷或争议，不是告知当事人向乡政府申请行政裁决，而是越权做出决定。由于司法所处于我国乡村特定的社会场域，乡土的社会结构、地方性知识和政权运作方式使得司法所的运行不讲规矩而重实质成为其日常纠纷处理的一种常态。

司法所处于国家法律规则之治和乡村生活习惯之治融合的场域中，在双向压力下进行的司法行政实践影响了中国乡村治理。① 然而，对于处于社会转型时期的中国来说，理性而规范的制度又是解决中国社会各种问题的关键。乡村治理实践固然有自身的运行逻辑，也受外在因素的影响，但都很难成为乡村政权机构纠纷解决游离于规则之治以外的客观理由。对于乡镇司法所而言，问题的关键仍在于探索出一条纠纷解决的适当路径。

四　乡镇司法所纠纷解决机理的应然表达

乡镇司法所的纠纷解决属于我国整个乡村多元纠纷解决机制中的一个重要环节，但长期以来，这一环节并未受到应有重视，乡镇司法所处于代表国家公权力的人民法庭和派出所的夹缝之中。有效发挥乡镇司法所在乡镇各类纠纷化解中的作用，并成为整个乡镇法治化治理中的一个支点，实际上需对乡镇司法所的职能、独特的法治化解纷机制以及与乡村各类纠纷解决机制的相互衔接等机理因素的表达进行重新整合和准确把握。

（一）重新界定乡镇司法所职能

在官方正式文件规定和乡村的治理实践中，司法所均是各种职能糅合在一起的机构，由于实际工作中处于不断的角色转换中，加之为多种职能所拖累，其解纷职能虽未被忽视，但始终不属于司法所的中心职能，其解

① 陈柏峰、董明磊：《治理论还是法治论——当代中国乡村司法的理论建构》，《法学研究》2010 年第 5 期。

纷的专业化和职业化程度不高，上述司法所纠纷解决中的“失范”现象也与此有关。所以，乡镇司法所要有效发挥基础性职能还在于对其职能的重新界定。从乡镇司法所的固有属性和实践行为来看，将非诉纠纷解决作为其主要职能是有其独特优势的。首先，纠纷解决的综合优势。乡村纠纷种类繁多，既有涉及经济利益等实体利益层面的纠纷，也有如秋菊“要一个说法”等精神文化层面的纷争，且纠纷起因也呈现错综复杂的情况。从实践来看，司法所能够解决的纠纷涉及面广，解决纠纷的手段和办法较多，其可将传统的道德教化手段、官方权威手段和法治手段加以协调运用，以有效突破诉讼与非诉纠纷解决机制的限制。因而相对于其他乡村纠纷解决机制，司法所对纠纷的解决更具灵活、及时、有效和经济等综合优势。其次，解纷与预防纠纷相结合。由于自身具有的司法行政职能属性，司法所可做到早介入，通过发挥依法治理、法制宣传等职能，促进村民法律素养的提高和形成依法解决纠纷的习惯。通过法制宣传将法治理念融入法治实践，促使村民守法，预防纠纷的发生。再次，为司法解纷提供支持。司法所作为政法系统的重要组成部分，可以充分发挥职能优势，为司法机关公正有效地处理纠纷提供阶段性、程序性的配合与支持。对于可能进入司法程序的纠纷可通过司法所的先期调解加以必要的铺垫和疏导，以保证诉讼活动的顺利进行。而司法所的法律援助工作使得律师能够具体参与诉讼过程，为当事人维护自身合法权益提供法律帮助，促进纠纷妥善解决而不留隐患。

（二）司法所中间调解机制的确立

纠纷解决是一项系统工程，包含一系列的管理与衔接机制。而现行的纠纷解决机制多局限于对具体纠纷的临时性协调和解决，缺乏科学规范的长效管理机制，导致现行纠纷解决机制功能的虚化。[①] 要形成解决乡村纠纷的科学、有序的长效管理机制，关键在于建立一个相互协调、层次递进的纠纷解决组织体系。在乡村纠纷调解组织体系中，乡镇司法所可作为一个中间调解机构而存在。具体而言，以乡镇司法所为轴心，将人民法庭作为司法所的上位调解机构，而将村民调解委员会作为其下位的调解机构，从

① 于语和主编《中国农村纠纷解决机制研究》，中国法制出版社，2013，第235页。

而形成乡村社会三位一体的调解组织体系。对这一组织体系的纠纷解决可做以下安排。其一，适当划分三机构管辖和调处的纠纷。考虑到村民调解委员会所处的实际环境和所具备的能力，其调解的纠纷可以婚姻家庭纠纷为主，并包括一部分的民间财产纠纷；司法所属于国家政权神经的末梢，可以对一般性林权、经济作物和治安性案件等需要运用一定公权力调处的纠纷加以解决；而人民法庭作为司法调解机构，应侧重于对土地、水资源、林权纠纷或不动产等具有较大经济利益或重要社会影响的纠纷加以处理。其二，发挥司法所对纠纷调解承上启下的作用。司法所作为乡村社会纠纷解决的中间机构，一方面可以对村民调解委员会难以调解或经调解难以达成协议的纠纷接手进行调解，以强化作为中间机构的解纷职能并分担人民法庭的一部分责任。另一方面对于那些应由其调解，但自身调解困难或调解协议无法执行的纠纷，也可将纠纷及时提交人民法庭通过司法调解或审判处理，从而通过司法所这一中间环节的调节作用保证纠纷得到顺利、及时和有效处理。

（三）司法所与其他调解机制的统合和协调

由于中国乡村治理在人、财、物等资源上相对有限，乡村治理结构又未完全处于国家主导、规范运作的体系之中，乡镇司法所与村民调解委员会及其他调解机构的统合与协调不仅是必要的，也是可能的。它们之间的统合和协调可以采用两种方式。一种是司法所的介入模式。由于村民调解委员会属于村民的自治组织，其调解的权威性和约束力有限，但其植根于基层，对乡土社会的了解及所拥有的地方性知识又是其他调解机构无法取代的，因而发挥这一基层组织调解作用的有效途径在于，由代表基层政权组织的司法所实际介入村民调解组织中，给予必要的指导、协助和实际参与，可以增强调解的组织协调性和运行的有序性，取得更好的调解效果。另一种是司法所的整合模式。即将村民调解委员会的调解机制整合到司法所的调解机制之中，由司法所主导并在人民调解员参与之下解决乡村纠纷。这一模式属于较高层次的解纷机制。它是由司法所对乡村调解资源在组织体制上的重组和整合，以期充分、有效利用乡村调解资源。从桂乡司法所实践来看，有相当一部分的纠纷是在司法所统一主持下，村民调解委员会参与对纠纷进行处理的，说明司法所在组织体制上已开始对基层调解自治组织进行整合，以弥补自身调解资源和手段的不足，这对于提高调解效率、降低调解运行成本是有利的。

（四）司法所调解程序和方式“失范”的治理

桂乡司法所调解实践出现的上述失范现象实际上在我国大多数乡镇司法所中都普遍存在，对于这一失范的治理主要在于引导司法所调解逐渐走向一种规范化和法治化的道路。一是调解坚持以自愿为原则。尽管调解是解决多数乡村社会纠纷的有效方式，但运用调解手段需要以双方当事人自愿为原则，且最终的调解协议也需在双方自愿基础之上达成。这既符合乡村社会的情理，也符合人民调解法的规定。司法所因主动或强制调解而阻止当事人依法通过仲裁、行政、司法等途径解决纠纷的行为应当得到纠正。二是司法所调解的手段和方式。从桂乡司法所调解实践来看，对乡村纠纷的处理多以权威和地方性知识为手段，呈现所谓“恩威并施”的效果。法律手段虽未被束之高阁，但被司法所人员“加工”甚至曲解，“送法下乡”的效果并不理想。所以，乡镇司法所的纠纷解决除权威和地方性知识等手段的运用外，所谓的规则之治也是对其的一项重要要求。司法所人员须有必要的法治信仰和法律意识，具备相应的法律知识和技能，从而合理运用法律资源，在纠纷处理中真正做到明法析理，主持公道。三是司法所调解权限的界定。针对司法所调解中涉及的需由行政职能部门加以认定的权属性质或由上级部门对法规、政策解释的权限，司法所需做到既不越权，也不擅权，维护乡村社会正常的调解秩序，保证司法所调解的权威性和公信力。

与其他基层国家机构主要奉上级意志和命令行事的权力运作倾向不同，乡镇司法所既属于国家权力神经的末梢，又是根植于乡土社会的组织，这一现状决定了它所代表和反映的并非是单纯的上级机构和基层政权的意志，也有来自乡村社会的民意和利益。作为乡村社会纠纷处理的一个中间环节，在规则之治与传统治理相统一的原则之下，乡镇司法所仍有必要保持一定的自主空间和活动的张力。因为“法治并非单纯的形式，而是适合着特定价值选择的形式……它不仅是法律的，而且还是政治的、社会的和文化的”。[①] 国家法治可以融入乡村传统治理之中，在这一过程中乡镇司法所可以而且能够扮演重要角色，在乡村社会纠纷解决中发挥其独特作用。

---

① 梁治平：《法辨》，中国政法大学出版社，2002，第 242 页。

法治化治理[*]

——乡村司法理论之反思与重构

张　青[**]

摘要： 从本源意义上看，乡村司法应为乡村人民法庭之司法。历经多年发展，乡村人民法庭日益现代化、规范化，法官办案方式亦由“马锡武审判方式”逐渐转向形式化的司法方式，然其结果却近乎一种两不是的草率判决。这表明我国乡村司法已陷入“内卷化”困境。囿于各自研究进路的限制，乡村司法既有的“法治论”和“治理论”均无法对此提出有效的解决方案。而这从根本上看又是由法学视角和社会学视角的对立造成的，二者实际体现出的是价值与事实的紧张与对立。因此，欲走出困局，在乡村司法的研究中须将社会学视角与法学视角统一起来，加强两种进路的对话与合作。在此基础上对当代中国乡村司法理论予以建构，进而对乡村司法制度予以最低限度的改造。

关键词： 乡村司法　法治论　治理论　法治化治理

“乡村司法”这一术语在有关基层司法的学术研究中被广泛使用，然其内涵在学界却并无定论，表现出一定的任意性。部分学者以基层法院（法庭）为中心展开分析；有学者将乡村干部的司法视为乡村司法；[①] 亦有论者采用了更为宽泛的定义，认为乡村司法的主体不仅包括基层人民法院（法

---

* 本文系国家哲学社会科学基金青年项目“治理方式转型中的乡村人民法庭司法研究”（项目批准号：14CFX067）的阶段性研究成果。曾发表于《人大法律评论》2015 年第一辑。

** 张青，湖北建始人，云南大学法学院副教授。研究方向为刑事诉讼法学与民族地方司法制度。

① 喻中：《乡土中国的司法图景》，中国法制出版社，2007，第 18 页。

庭），还包括司法所、法律服务所、人民调解处等单位，[①] 还有学者甚至将上述机关以外的派出所、信访办、综治办等部门亦囊括进来。[②] 笔者认为适当保持概念的开放性和灵活性，以问题为中心而非纠缠于概念、语词的细微差异，固然便于摆脱枷锁更为彻底地揭示和理解问题，然术语与概念边界的过分模糊化则有妨碍沟通和交流之有效性以及损害理论之严谨性与系统性之虞。霍布斯曾极富情感地表达了概念之重要意义，他将清晰的定义和语词讴歌为“人类的心灵之光”，而将“隐喻、无意义和含混不清的语词”斥为导致谬种流传的“鬼火”。[③] 哈贝马斯亦指出统一而清晰的定义是彼此间就世界上某物达成理解澄清误解的前提。[④] 因此，在对乡村司法理论予以梳理、评价和重构之前，有必要对其概念和内涵予以澄清。

从本源意义上看，司法在权力制衡理论中系与立法权和行政相对应的一种国家权力之一。孟德斯鸠将司法界定为国家“惩罚犯罪和裁决私人讼争”的权力。[⑤] 而且此种权力应由从人民阶层中选举出来的法官行使。[⑥] 英国《布莱克威尔政治学百科全书》亦将其定义为：“法院或者法庭将法律规则适用于具体案件或争议”。[⑦] 此种定义一方面表达出运用独立的司法权对抗、制约立法权和行政权之政治理想，另一方面凸显以法院和法官为主体的司法权之权威性与神圣性，二者共同构成西方法治理想的核心支撑。我国社会主义之国家属性决定了特殊的政治架构，因此在司法权之属性问题上争议颇多。然争论的焦点多为人民检察院之属性问题，公安机关、政府有关职能部门等不属于司法机关，学界大概是能够达成一致的。故在乡村司法之定义上，广义的乡村司法概念明显不符合“司法”之规范含义，混淆了司法与其他行政性甚或民间纠纷解决方式之区别，既不利于树立司法权威，亦不利于理论之提炼、沟通和对话。下文将表明，我国乡村司法理

---

① 范愉：《纠纷解决的理论与实践》，清华大学出版社，2007，第 389 页。

② 陈柏峰、董磊明：《治理论还是法治论——当代中国乡村司法的理论建构》，《法学研究》2010 年第 5 期。

③ 〔英〕霍布斯：《利维坦》，黎思复、黎廷弼译，商务印书馆，1986，第 34 页。

④ 〔德〕哈贝马斯：《在事实与规范之间》，童世骏译，三联书店，2003，第 24 页。

⑤ 〔法〕孟德斯鸠：《论法的精神》（上册），张雁深译，商务印书馆，1995，第 155 页。

⑥ 〔法〕孟德斯鸠：《论法的精神》（上册），张雁深译，商务印书馆，1995，第 157 页。

⑦ 〔英〕戴维·米勒、韦农·波格丹诺编《布莱克威尔政治学百科全书》，邓正来译，中国政法大学出版社，1992，第 6 页。

论中的二元对立很大程度上乃是由此造成。故为顺应新时期乡村社会治理方式法治化转型，发挥乡村人民法庭作为农村法治堡垒的作用，有必要在概念上正本清源，树立一种狭义的乡村司法理念，即指乡村人民法庭之司法。唯其如此，我们对乡村司法实践方能有更加清醒的认识，乡村司法的理论建构亦方能更具沟通性和建设性。

一 实践困境：乡村司法“内卷化”

“内卷化”（involution）这一术语最初源自吉尔兹对爪哇殖民地和后殖民地时代的水稻农业所做的一项研究。它被用来描述当地劳动力填充型重复简单农业生产面临的困境，即尽管这种农业模式并没有导致人均收入的明显降低，但它阻止了经济的发展，人均产值长期徘徊不前。[①] 此后这一概念被广泛用于分析特定国家和地区社会变迁与政治经济文化发展问题，其内涵因此得以逐步确定。根据杜赞奇的定义，“内卷化”是指一种社会或文化模式在某一发展阶段达到一种确定的形式后，便停滞不前或无法转化为另一种高级模式的现象。[②] 乡村司法的“内卷化”突出表现为两大方面：一方面，乡村人民法庭经过多年发展渐趋现代化、正规化，其运作方式亦趋于形式化；另一方面，乡村司法的结果却近乎一种两不是的草率判决，乡村人民法庭本身亦发展为一种机会主义的运作单位。

（一）人民法庭及其运作方式之转变

当代中国有关乡村司法的研究始于 20 世纪 90 年代初，[③] 然其真正作为一个法学命题而为学界所关注，则得益于苏力教授于 20 世纪中后期所做的研究。在这些研究中，我们往往能够发现同一幅乡村人民法庭的司法图景：法官们似乎总是“携卷下乡”“炕上开庭”，[④] 甚至一度还出现了“马背上

---

① Clifford Geertz, *Agricultural Involution: The Process of Ecological Change in Indonesia*, Berkeley CA: University of California Press, 1963, p80.

② 〔美〕杜赞奇：《文化、权力与国家——1900～1942 年的华北农村》，江苏人民出版社，2003，第 51 页。

③ 郑永流、马协华、高其才等：《农民法律意识与农村法律发展——来自湖北农村的实证研究》，中国政法大学出版社，2004。

④ 苏力：《送法下乡》，中国政法大学出版社，2000，第 30～31 页。

的法庭”这样的艺术形象；法官日常活动受法律实用主义乃至机会主义主导，[①] 法律程序在乡村司法中成为可有可无的装饰，在某些情况下甚至成为纠纷解决的障碍；[②] 而在法庭人员配置及办公条件方面则多表现为人力不足、文化水平偏低，办公条件简陋，等等。[③]

应当承认，上述司法图景的确较为贴切地反映了20世纪90年代中后期及21世纪初的经验事实。然如今距苏力教授等对基层司法的研究已然过去十年有余，人民法庭自身建设在此期间取得了显著的成效，其设施、经费、法官素养及办案方式等方面均有较大改观。不少法庭兴建了现代化的办公大楼，警车、电脑、打字复印机等办案设施日益完善，如漯河市近年开始全面推进人民法庭基础设施建设，并取得较为显著的成效，实现了“一庭一台车”“一人一台电脑”。[④] 随着越来越多的年轻大学生通过公务员考试进入基层法院系统，法庭人员结构、学历层次等均有一定提高。高其才教授通过对全国32个先进人民法庭的人员学历构成进行考察后发现，注明学历的99名法官中有31名（约占99人的31.3%）已获得法律专业学历。其中本科学历居多，为21人，占67.7%；其次为法律专科学历，共6人，占19.4%；取得法律、法学硕士研究生学历的分别为1人、3人，占3.2%、9.7%。[⑤] 与此同时，各地法庭还开展了日常管理及办案方式的规范化建设，严格内部管理及流程管理。[⑥]

人民法庭的这些转变成为促使乡村司法之运作方式发生变迁的重要因素。从戈夫曼的社会行动理论出发，乡村人民法庭办公条件和法官待遇的改善，人员学历、法律素养和身份地位的提高等，为乡村司法这一特殊的

---

① 赵晓力：《基层司法的反司法理论？——评苏力〈送法下乡〉》，《社会学研究》2005年第2期。

② 对待程序的此种消极态度，如苏力《法治及其本土资源》，中国政法大学出版社，1996，第87~88页、第151~152页。

③ 类似的文献报道与相关实证研究颇多，故在此不予一一列举。

④ 宋庆党：《漯河法院破解人民法官为人民命题“方程式”》，法制网，http://www.legaldaily.com.cn/bm/content/2009-11/01/content_1174764.htm，最后访问日期：2014年9月28日。

⑤ 高其才等：《基层司法》，法律出版社，2009，第12页。

⑥ 此类报道如莫卫修《人民法庭如何继续巩固规范化建设成果》，广西法院网，http://gxfy.chinacourt.org/public/detail.php?id=9924，最后访问日期：2014年9月28日；胡继锋：《开江法院“四举措”推进人民法庭规范化建设》，四川法制网，http://www.scfzw.net/zfxwmk/html/86-18/18614.htm，最后访问日期：2014年9月28日。

社会“表演”提供了一种有别于“马锡五审判方式”的全新的“前台”，其一经形成便构成一种独立于具体司法活动的“集体表象”或“独立事实”，并在很大程度上决定了“表演者”的行动。[①] 亦即随着乡村司法的表演“前台”趋于程序化、规范化，作为“表演者”的法官不得不在司法方式上做出调整以便同“前台”相协调。因此官方在新时期虽依然不遗余力地倡导便民司法、巡回办案，然“马锡五审判方式”在乡村司法实践中已非一种常态的解纷方式，越来越多的案件开始采用“坐堂问案”的方式予以处理。所谓“送法下乡”即使偶有出现，亦是政治宣示意义大于纠纷解决的实质意义。对此，笔者在锦镇人民法庭的实证调查结果亦得到印证。据副庭长介绍，除送达诉讼文书及个别特殊案件以外，锦镇人民法庭的法官们如今已很少下乡办案。而且，审判案件基本不用下乡开始成为法官们眼中近年来法庭工作方式与过去相比最大的区别。[②]

（二）“自主”空间之形成与“两不是”的草率判决

上述变化似乎预示着乡村司法正向着法治化迈进，以纠纷解决为导向的司法活动似乎正为规则之治所替代。然而事实却远非如此。伴随人民法庭物质条件与运作方式的转型，传统实质性司法模式背后的支撑系统亦出现动摇和消解，[③] 原本加诸法官身上的各种规制和约束逐渐丧失其效力，法官在获得“松绑”的同时，与新司法形式相应的制度性规制却付之阙如，加之我国司法管理的高度行政化[④]和单位制的固有缺陷，[⑤] 乡村人民法庭日益成为一个相对自主的实体。正如张静在研究乡村基层政权时所发现的那

① 〔美〕戈夫曼：《日常生活中的自我呈现》，黄爱华、冯钢译，浙江人民出版社，1989，第 21～27 页。

② 关于法庭办案方式的变化及其原因，可以参阅张青《转变中的乡村人民法庭》，《中国农业大学学报》（社会科学版）2012 年第 4 期。

③ 如政法系统内部频繁进行的整风、审干、反旧法、司法干部改造等有效控制司法的政治运动及与之相应的一整套考评机制在新时期正趋于淡化。

④ 高度行政化的管理包括案件的绩效考评机制、错案追究机制等，在近乎苛刻的压力型体制下，法官们可能为了自我保护，会努力形成“攻守同盟”以对抗上级考核和管理。

⑤ 在单位制下，高度的制度化并不能够导致权力自上而下的彻底贯彻，由于机会主义的存在，使得上下级之间出现信息不对称的现象，从而为单位的“实质”自主性提供了条件。参见李猛、周飞舟等《单位：制度化组织的内部机制》，谢立中主编《结构－制度分析，还是过程－事件分析？》，社会科学文献出版社，2010，第 38～40 页。

样，人民法庭在某种程度上也成功地营造了“相当的（非法律权利意义上的）‘自主’活动空间”。[①] 在这一自主空间中，由于法官们在其中拥有制度性的个人利益，即法院内部纯数字化的绩效考核、管理方式的强行政化等使得法官同案件之处理形成了一种诉讼回避制度无法解决的利益纽带，因此其司法活动既非完全服务于官方的正式制度目标及其利益，亦非纯粹以社会利益为导向，而是以个人和法庭集体利益为核心。

仍以笔者所调查的锦镇法庭为例，县法院出台的2011年案件质量评估指标显示，县法院主要依据“三项指标”对人民法庭进行考核，一是质量指标，二是效率指标，三是效果指标。在质量指标中，上诉改判和发回重审率以及再审改判和发回重审率被要求控制在1%以下；效率指标中，对简易程序的使用率要达到75%以上，正常期限执结率要达到99.5%以上；在效果指标中，对上诉率要求控制在20%以下，申诉率要求在0.3%以下，信访投诉率在0.5%以下，实际执行率以及执行到位率要达90%以上，调解率要在50%以上。[②] 以上数据显示出人民法庭的绩效考评指标体系中最突出的特点莫过于对高调撤率、执结率的硬性要求，对上诉率、申诉率的严格限制，以及对二审发回重审、改判案件的错案追究等。[③] 这些数字化的硬性指标及其背后的压力，如法官的福利待遇、职务升迁、业内的声誉和面子，如若出现“错案”甚至面临着行政处分的风险等，外加法院对调解结案的经济激励，人为地在法官同案件处理结果之间建立起制度化的利益关联（避免不利“评价”，争取较高的绩效考评分数及调解带来的经济回报）。在此种情形之下，乡村司法日益表现为一种强策略化的活动。[④] 对法官而言，进入法庭的纠纷不仅仅是一个个需要处理的案件，更是可能为法庭及法官带来巨大风险的“麻烦”和“问题”。

---

① 张静：《基层政权：乡村制度诸问题》，浙江人民出版社，2000，第6页。

② 资料来源于锦镇所在的县人民法院简报。

③ 实际上类似近乎苛刻的数字化考评指标并非个案，而是一种较为普遍的做法。相关规范如徐州市中级人民法院出台的《关于加强人民法庭建设与管理的意见》，http://xzzy.chinacourt.org/public/detail.php?id=54，最后访问日期：2014年9月29日；《城固县人民法院审判、执行绩效综合考评办法》，城固县法院网，http://cgxfy.chinacourt.org/public/detail.php?id=335，最后访问日期：2014年9月29日。

④ 有关人民法庭的行动策略，可参阅张青《乡村司法策略化及其日常呈现》，《华中科技大学学报》（社会科学版）2014年第5期。

在功利化目标指引下，官方的正式规制及当事人的预期反应构成了人民法庭及其法官最大化其利益的社会事实，法官们根据具体的事实状况安排自己的策略性行为。司法过程既没有旧式的实质性调查和劝解工作，也没有实现真正的程序化审理，而是随当事人之间的力量对比状况不断摇摆、徘徊和修正，其结果往往是草率的判决或近乎“和稀泥”的调解。[①] 因此，变迁后的乡村司法很难以“法治化”简单地加以概括，其运作更多地呈现出黄宗智教授所谓“两不是”的运作形态。[②] 具体而言，主要表现为以下几个方面。

第一，在立案环节通过“立案政治学”筛选案件。在立案阶段，人民法庭较为普遍的做法是对诉至法庭的各类纠纷进行归纳和梳理，对于那些难以解决或者可能给法庭带来巨大麻烦的案件，即使符合立案条件，法官们也会以各种方法将其视为“问题”而排除在法庭之外，并不会当作案件加以对待，而是巧妙地让当事人“自愿”地带着“问题”离开法庭。[③]

第二，在审判过程中刻意追求调解结案，甚至强制调解。对于已经立案的案件，法官也是高度警惕地以处理问题、避免麻烦的心态进行审理。其在庭审中典型地表现为法官对调解的过分倚重，甚至出现强制调解的现象。同以事实和规范为基础而做出的非黑即白的判决相比，调解具有显著的优势。首先，对于部分案件，法官根本无法查清事实，诉讼程序也存在诸多瑕疵，如果据此做出判决，当事人一旦上诉，极容易被上级法院改判或者发回重审，从而在法院的绩效考评中成为所谓的“错案”。调解一方面可以免除法官查清案件事实的压力，诉讼程序也相对简便随意；另一方面可以有效防止当事人上诉，不仅可以降低被评为“错案”的风险，而且有利于维持较高的一审结案率。其次，调解可以缓解当事人之间及当事人对人民法庭的对抗情绪，一方面可以防止当事人做出过激的举动，使当事人不至于长期在人民法庭纠缠不清；另一方面通过调解达成协议后，当事人

---

① 张青：《乡村司法的社会结构与诉讼构造》，《华中科技大学学报》（社会科学版）2012 年第 3 期。

② 〔美〕黄宗智：《过去和现在：中国民事法律实践的探索》，法律出版社，2009，第 142 页。

③ 有关选择性立案，可参阅张青文、方海燕《关于人民法庭直接立案工作的思考》，黄陵县人民法院网，http：//sxhlfy. chinacourt. org/public/detail. php？ id = 620，最后访问日期：2014 年 9 月 29 日。

一般能够自动履行，减少了执行的阻力和成本，因此大大缓解了法官沉重的执行压力。正因为调解在乡村司法中承载着如此众多的目标、期望和利益，由于缺乏有效的规制和程序保障，其势必会偏离平息纠纷以及分配正义的轨道，有激励法官不择手段地促进调解之虞。

第三，对执行案件实行“以结代收”。对于部分难以执行的案件，如当事人双方对立情绪激烈，被执行人家庭贫困，无法承担赔偿义务的，以及牵涉政府的案件等，为了避免引起被执行人的严重不满，防止损害政府利益和声誉，以及维持较高的绩效考评成绩，人民法庭往往采取所谓“以结代收”的方式加以处理，即对于某些执行案件，承办法官综合各种因素，如若存在可能影响案件顺利执行的因素时，实行先执行后立案，不执行不立案，以此规避执行案件立案以后无法执行带来的负面影响。①

可见避免“麻烦”、解决“问题”的心态伴随着案件处理始终，笔者调查的锦镇法庭副庭长对此有精辟的概括。他将人民法庭的日常工作总结为“哄”和“混”二字，“哄”即设法解决当事人提交到法庭的各类“问题”和“麻烦”，因此是针对当事人而言的；“混”则意味着法官必须面对和应付来自上级考核、监督和管理的压力，因而是对官方正式监管而言的。②“哄”和“混”二字固然体现出处于情、理、法的交织、矛盾和对抗中，乡村法官的无奈和艰难处境，同时却也将人民法庭自我营造的这种独立空间刻画得入木三分。总之，人民法庭的司法活动既非为了贯彻政府某种工具主义的政治目标抑或实现法治理想，亦非为着维护社会正义，保障当事人合法权益之目的；而是沿着单位和法官个人利益最大化的轨迹以机会主义的方式在运行，因而形成并不断强化了乡村司法的“内卷化”困境。

乡村司法面临的此种困局，对既有的乡村司法理论提出了有力的挑战。传统理论由于将注意力过分地集中于乡村人民法庭所处的社会环境，以及强调对乡村司法的理解，而忽略了乡村人民法庭本身的问题，因此乡村司法的“内卷化”困境被掩盖于对其表示“理解”的论述中，现代法律程序

① 锦镇人民法庭调查日记，2011 年 8 月 9 日。

② 锦镇人民法庭调查日记，2011 年 8 月 9 日。

在这些论述中亦成为无足轻重的或者不适宜的事物。然而如果从本体论的角度出发，便会发现乡村司法之所以呈现出“内卷化”的状态，最为关键的原因恰恰在于：在乡村人民法庭发生巨大转变的背景下，司法的核心理念实际仍以追求实质正义、为政治服务为主，为了适应此种理念和目标，刚性的法律程序被普遍柔性化了。其结果是，一方面人民法庭的转变及整个司法体系的规范化促使人民法庭办理案件愈渐脱离实质性的处理方式，转而主要以形式化的方式处理案件；另一方面，防止法官在形式化司法中擅断的程序规则却因强有力的传统理念被柔化，于是法官在处理案件中的任意和滥权便成为必然。故在乡村司法研究中重树程序理念并注重程序的保障作用势必成为走出悖论的必由之路。

二　理论回应：治理论与法治论二元对立

社会学法学家认为，法律乃是经由理性发展起来的经验和经由经验检测的理性。他们认为，法律是一种可以经由智性努力而得到改进的社会制度。他们还认为，法律科学的一个目的就在于使我们能够做出这种智性努力。① 面对乡村司法的“内卷化”困境，如何探寻出一条妥帖可行的路径对其加以可能的完善便成为基层司法研究所须直面的问题。

目前学界对乡村司法的研究主要采用“理论－实践”和“国家－社会”两种二元对立的进路。② “理论－实践”模式较注重用西方普遍主义的现代法治理论来认识和改造中国的司法现状。一般采用的是“西方形式主义的法治理论－中国司法实践”的理论路径。一旦发现实践中法律运作与纸面上的法律规范及理念不符，则多以现代法制理论对其予以批评指责，缺乏一种对中国社会实际的理解和包容。“国家－社会”则将人民法庭的乡村司法活动置于一个宏大的理论框架下，借乡村司法思考我国法治进程中面临的一般性、抽象性的理论命题，如法制的现代性与传统性，本土资源与法律移植，国家法与民间法，民族国家形成中国家对社会的治理方式、策略等等。其目的是要在“理解”的基础上，提炼出既能够指导中国实践，又

① 〔美〕庞德：《法理学》，邓正来译，中国政法大学出版社，2004，第 296 页。

② 参见张青《迈向“实践—理论”的研究范式：乡村司法理论的回顾与反思》，《云南行政学院学报》2013 年第 1 期。

能与西方理论对话的符合中国实际的中国社会科学理论（法的一般理论）。[①]前者强调改造和建构，后者则强调“理解”和反思。

与此相应，理论界在面对乡村司法之困境时亦分别出现了“法治论”和“治理论”两种针锋相对的观点和主张。[②]以苏力、赵晓力、强世功等学者为代表的“治理论”者运用吉尔兹的地方性知识理论和福柯的微观权力理论，对“变法”模式的法制建设进行了系统的反思，强调对基层法院治理实践的理解，重视本土资源在法制建设中的作用。[③]以杨力等为代表的“法治论”者则从“地位获得理论”出发，指出“治理论”所依存的以“继承机制”地位获得为导向的社会和组织语境已经为“自致机制”的背景事实所取代，因此，现有的乡村司法理论应该有所修正，使得带有“治理”味道的地方化特征不再那么显著，转而复归到追求普适化的乡村法治化轨道。[④]

这两种理论之中，“治理论”几乎无意识地接受了法社会学研究的传统范式，即强调对乡村司法予以同情式“理解”，而对以正当程序为核心的现代法治在乡村社会中的适应性持怀疑态度，而且类似的研究范式还对法律程序做了非常狭隘的界定，[⑤]并以此作为否定其在乡村司法中之存在价值的理由；“法治论”则倾向于用现代法治理论改造乡村司法，进而建构基层司法制度，但又缺乏对乡村社会背景及乡村司法本身的必要理解和包容。

为了克服此种二元对立的弊端，有学者在对乡村社会变迁及乡村司法的实践状况予以考察的基础上，提出了“双二元结构”的乡村司法理论。[⑥]该理论认为，目前乡村司法呈现出微观和宏观两个层面的二元结构，微观

---

① 参见郭星华《从中国经验走向中国理论——法社会学理论本土化的探索》，《江苏社会科学》2011 年第 1 期；〔美〕黄宗智：《悖论社会与现代传统》，《读书》2005 年第 2 期。

② 陈柏峰、董磊明：《治理论还是法治论——当代中国乡村司法的理论建构》，《法学研究》2010 年第 5 期。

③ 参见苏力《法治及本土资源》，中国政法大学出版社，1996，第 3～23 页；苏力《送法下乡》，中国政法大学出版社，2000，第 30～60 页。

④ 杨力：《新农民阶层与乡村司法理论的反证》，《中国法学》2007 年第 6 期。

⑤ 在一些文献中程序正义往往成为形式正义、繁文缛节的代名词，实际上法律程序有着丰富的价值和内涵，程序正义也不是实质正义的对立物，而是对形式化和实体化的扬弃。参见季卫东《法律程序的形式性与实质性》，《北京大学学报》（哲学社会科学版）2006 年第 1 期。

⑥ 陈柏峰、董磊明：《治理论还是法治论——当代中国乡村司法的理论建构》，《法学研究》2010 年第 5 期。

层面的二元结构系指乡村法官在司法过程中表现出“法治化”和“治理化”二重形态；宏观层面的二元结构由乡村干部的治理化司法同乡村法官的法治化司法构成。作为避免二元对立的研究范式的一种努力，其在方法论上无疑是极具启发意义的。然而从总体上看，“双二元结构”理论并没有完全跳出“治理论”话语模式，其在很大程度上只是经过精心修饰的“治理论”的变体。理由有三：

其一，乡村法官司法的法治形态与治理形态的二元划分似是而非。“法治”一词在现代社会背景下包含特定的价值和内涵。正如有学者所言，“法治并非单纯的形式，而是适合着特定价值选择的形式……（法治）不仅是法律的，而且是政治的、社会的和文化的”。[①] 1959 年于印度召开的国际法学家会议通过了《新德里宣言》，该宣言提出了“法治”的基本原则：（1）根据法治原则，立法机关的职能在于创设和维护得以使每个人保持“人类尊严”的各种条件；（2）法治原则不仅要对制止行政权的滥用提供法律保障，而且要使政府能有效地维护法律秩序，借以保证人们具有充分的社会和经济的生活条件；（3）司法独立和律师业自由是实施法治原则的必不可少的条件。必须使每个法律工作者做到能毫无顾忌地“为顾客办案”，不怕国家干涉，不怕金钱、名誉和地位的损失。[②] 由此可见，法治绝不仅仅是表面上对法律的遵循或适法性，它在立法（即法律本身的正当性）、司法和行政等各层次均包含着特定的价值要求。而“双二元结构”理论对乡村司法“法治化”和“治理化”双重形态的划分主要建立在对司法实践的局部观察得来的经验材料基础之上。它不是基于对乡村司法整体评价的结果，而是根据其局部实践表现出的某一侧面所做的归纳。如该理论主要依据以下三个标准来说明乡村司法的法治形态：（1）不再那么依赖地方性知识；（2）越来越关注法律规则的施行；（3）越来越程序化。[③] 这三点确实贴切地反映出乡村司法经过多年发展之后展现出的新的变化趋势，但如若就此认定乡村司法具备“法治化”形态则未免过于勉强。一方面这三点与“法治”的内涵及其价值要求相去甚远；另一方面，在功利主义主导之下，法官对规

① 梁治平：《法辨》，中国政法大学出版社，2002，第 242 页。

② 龚祥瑞：《比较宪法与行政法》，法律出版社，2003，第 80 页。

③ 陈柏峰、董磊明：《治理论还是法治论——当代中国乡村司法的理论建构》，《法学研究》2010 年第 5 期。

则和地方性知识的取舍以及对待程序的态度是由案件结构及法官利益状况决定的，并不具备普遍约束性，因此其在本质上仍属“治理”形态。所不同的是，法官们根据变迁后的人民法庭及乡村社会适时地调整了自己的行动策略和方式。

其二，在对法治理论约化理解的基础上对其予以拒斥，不利于理论间的沟通和对话。既然“法治”这一术语包含特定的价值内涵，因此仅以乡村司法的几个侧面作为“法治”形态的依据，进而对乡村司法的这种所谓“法治”进行评论，并以此认为“追求所谓客观中立的司法权，追求所谓普适化的乡村法治，势必无法满足乡村社会的司法要求”，未免有失偏颇。如果对“法治”内涵及其在乡村司法中可能发挥的积极作用不加考证便认定其无效，那么法治理想在乡村司法中将永远成为彼岸之花。因为复杂的社会生活永远不会完整而规则地呈现于我们眼前并主动提示我们：是时候实现法治理想了。

其三，该理论详细论述了治理形态及双二元结构的合理性，对其存在的问题却关注不够，易给人以“存在即合理”的印象。该理论提出者首先花费大量笔墨描述了作为事实的乡村司法实践，即呈现出的“双二元结构”，进而系统分析了“法治化”形态的合理性和局限性，但接下来对“双二元结构”及“治理化”形态的分析却仅限于合理性方面，对二者实际存在的问题却语焉不详，带有极强的理论倾向性。

在乡村司法的研究领域，之所以会出现“法治论”和“治理论”两种理论的尖锐分歧和冲突，实际是由二者背后的研究进路所秉持的不同理论视角——社会学视角和法学视角——的对立造成的。两种视角从各自的研究范式出发从不同角度揭示了乡村司法面临的困境，但囿于研究范式之间的固有边界和隔阂，两者在具体解决方案上分道扬镳。事实上，对于乡村司法面临的困境，我们既不能无视其特殊的社会结构对其进行整齐划一的现代化规划和改造，当然也不能坐等条件成熟以后再进行所谓的法治化建设。正如德国法学家耶林所宣称的那样，“法是不断的努力……纵观法生命的全部，展现在我们眼前的是全体国民前赴后继地竞争和奋斗的情景”。[①] 乡村司法的法治化同样离不开人为的努力和必要的创造。因此，在乡村司

---

① 〔德〕耶林：《为权利而斗争》，胡宝海译，中国法制出版社，2004，第2页。

法研究中将社会学视角与法学视角统一起来，协调好事实和价值之间的相互关系，加强两种进路的对话与合作，对于走出乡村司法的“内卷化”困境而言，无疑是大有裨益的。

三 两种视角的统一：摆脱困局的基本思路

社会学视角与法学视角具有不同的历史渊源、理论关怀以及不同的研究方法，因此其结论亦具有极强的学科局限性。如果在法学研究（如对乡村司法的研究）中不加甄别地使用这两种方法和相应的术语表达，则可能会得出似是而非的结论。同样的术语，当基于不同的观察视角时，其内涵往往已然发生了微妙的变化。韦伯对此曾经有过严肃的告诫：“倘若谈及‘法’、‘法律的制度’、‘法的原则’，那么必须特别严格地注意法学和社会学观察方式上的区别。”① 他接着详细论述了社会学与法学观察方法所存在的具体差异：

> 前者（即法学观察视角——引者注）要探索的是什么东西作为法在思想方面是适用的。这就是说：应该在逻辑上正确地赋予一种作为法律准则的语言模式以什么样的意义，而这又是说，赋予它以一种什么样的规范的意向。后者要探索的是：在一个共同体内，事实上因此而发生着什么样的事情……法学的观察，更确切地说，法律教条式的观察，给自己提出一个任务：要研究人们遵守法律原则的正确的意向，法律原则的内容作为一种制度，而制度应是任何一定圈子里的行为准则，所以要研究人们服从它的事实以及服从它的方式。同时，观察是这样进行的，以那些原则的毋庸置疑的、经验的适用为出发点，力争［按照］逻辑上正确的意向，来确定各种不同的原则。……相反，社会经济学则认为，人的实际行为受到以“经济的实际情况”为取向的必要性所制约，它把人的实际行为放在经济的实际情况的相互关系中加以观察……②

根据韦伯的观点，法学的视角侧重于法的“应然”问题，即一项法律

① 〔德〕马克斯·韦伯：《经济与社会》（上），林荣远译，商务印书馆，1997，第 345 页。
② 〔德〕马克斯·韦伯：《经济与社会》（上），林荣远译，商务印书馆，1997，第 345 ~ 346 页。

或者法律制度应当包含的价值意蕴。其方式是以某种普遍珍视的法律价值、原则作为分析的逻辑起点，来观察、思考其在现实中被遵守、执行的实际状况，即“人们服从它的事实以及服从它的方式”。而社会学观察视角则更为关注法的“实然”问题，即其在现实生活中事实上是如何运行的。这种视角并非以某一具体的价值导向为据，而是将社会行动者视为利益驱动下的主体，并观察其为了追求效用的满足而在各种事实条件的制约下采取的意向性活动。[①] 因此法学视角强调的是价值和理想的实现，社会学视角则更注重社会生活的事实层面，二者实际体现出的是价值与事实的紧张与对立。

既然法学与社会学的观察视角是两种根本不同的思考方式，那么分别遵循这两种进路进行研究所得之结果自然存在不小的差异。如果二者缺乏理解和沟通，便很容易得出似是而非的结论。

> 显而易见，两种不同的观察方式可能提出完全不同的问题，使它们的“观察对象”根本不会直接相接触，使法律理论的、思想的“法律制度”与实际的经济行为的整体没有任何直接的关系，因为两者处于不同的层次上：一种制度处于思想的应该适用的层次上，另一种制度则处于现实发生的事件的层次上。如果说……经济制度和法的制度处于极其密切的相互关系之中，那么这时恰恰是法的制度不是按照法学的意义来理解，而是按社会学的意义来理解……这时，“法律制度”这个词的意义完全改变……它不是意味着一个逻辑上可以“正确”阐发的准则的整体，而是人的现实行为的实际动机的总和。[②]

可见，即使面对相同法律术语或者概念，在不同的观察视角之下，其内涵可能已经大为不同。我国乡村司法研究中“法治论”与“治理论”之间的持续争论，在很大程度上乃是由此造成。为了克服这种理论上自说自话式的割据和无谓的对抗状态，有必要从“问题中心”的理念出发，将两种研究路径统一起来，即实现法学与社会学视角、价值与事实的融合、对话和互动。

---

① 这里的利益既可以是物质的，也可以是伦理的；“意向性活动”即行动者将他人的行为纳入自己的考虑之中，并据此安排自己的行为。参见 R. 斯威德柏格《马克斯·韦伯的经济社会学观点》，杨倩红、唐礼勇译，《国外社会学》2003 年第 6 期。

② 〔德〕马克斯·韦伯：《经济与社会》（上），林荣远译，商务印书馆，1997，第 346 页。

具体而言，在乡村司法的研究中，除了需要运用传统的社会学视角对实然的司法实践予以阐述、说明和理解以外，还须引入法学视角中的价值分析。在承认乡村司法社会结构的特殊性的前提下对其予以必要的反思和重构。其隐含的意蕴在于，价值评判或者一般的法治理想在乡村司法中非但不应该受到盲目的抵触和排斥，而且应该在对乡村社会结构予以充分理解的基础之上因势利导地加以重视和利用，以维护底线的司法正义。因为法律“是一种文化现象”，其本身就是“一种涉及价值的事务”，“一个无视人类作品目的的，亦即，无视人类作品价值的思考是不可能成立的，因此对法律的，或者对任何一个个别的法律现象的无视价值的思考也都是不能成立的”。①

值得注意的是，这里提出统一的研究视角，并不是将两种视角在研究中简单叠加地予以使用（如果是如此的话，那么任何一篇法社会学文献都可以说是法学视角和社会学视角结合的产物），而是强调两种视角彼此间的沟通、对话、协作和理解。在这里，事实和价值都需要被系统地描述和完整地理解，事实不一定总是合理的因而是不需任何改造的存在，价值亦并非需要以一种形式主义的方式——正如依据图纸对城市进行全盘规划和改造一样——在实践中不遗任何细节地予以贯彻，而是在理解并承认现实的前提下追求法律制度之底限价值的最大限度实现。

四　法治化治理：乡村司法的合理定位

从事实和价值统一的视角来看，在从事实层面对乡村司法予以全面认识和深刻理解的基础上以法治理想对其加以必要的改造，即建立一种既适应乡村社会背景又符合底限的法治理想的乡村司法制度，可以有效地克服“法治论”和“治理论”所固有之局限，进而有利于摆脱乡村司法的“内卷化”困境。本文将这一妥协、折中的进路称为“法治化治理”理论。一方面，囿于乡村人民法庭所处的宏观社会背景与微观社会结构的限制，司法的治理化形态依然会而且有必要继续存续，“治理论”在理解乡村司法的实际运作上亦独具优势，因此不宜对其予以全盘否定；另一方面，亦应认识

① 〔德〕拉德布鲁赫：《法哲学》，王朴译，法律出版社，2005，第4页。

到乡村司法的实际运作存在的一系列弊病及其背后的公正和秩序的局限性，并在各种结构性限制下采取一些力所能及的措施维护“治理”活动的底限正义。略呈其要旨如下。

第一，认识并理解乡村司法的特殊性，避免极端形式主义法治论。乡村司法在实践中呈现出的反法治的特殊运作形态是由其所处的社会结构决定的，因此对乡村司法的任何改革和完善均需以此为前提。如果以绘画作为类比，乡村司法制度改革相当于在一幅已部分完成的画卷上的继续创作。同一切从零开始的绘画不同，对画卷的继承性创作对个人的主观能动性设置了边界，创作只能在既有的框架中进行。考虑到整幅图画的协调与流畅，线条的粗细、曲直，色彩的浓淡、深浅，以及事物的交错分布等均不能完全取决于作者本人的意志或某种超凡的理论，而要处处留意与画卷中原有的图画相衔接。也许有人会提出既然现实不尽合理而且阻碍了追求可欲目标的步伐，为什么不能摆脱既定框架的羁绊，用“一张白纸”“一块干净的桌布”,[①] 尽情地发挥我们的主观能动性呢？这种看法在我国自近代以来长期居于主导地位，强调国家视角下自上而下地对社会进行系统的规划和改造，否定传统、历史及地方性知识。然而社会规划的效果却不甚理想，以致各领域均出现了所谓“内卷化”的现象。[②] 具体在乡村司法领域，大量的文献展示了以现代法治为核心的国家法律在乡村社会是如何以另外一种逻辑运作的。这表明完全忽视既有社会中的结构性条件、传统、地方性知识的统一规划只是一种不切实际的乌托邦。

第二，在理解的基础上对乡村司法予以检讨和反思，维护底限的司法正义。一方面，乡村司法运作目标的功利化，选择性立案、过分倚重调解、软硬兼施的行动策略以及摇摆的法庭立场，的确不能简单地归因于法庭和法官的徇私枉法，而是有其固有的结构性条件；但另一方面，我们也必须注意到，乡村司法现有的运作形态确实固有其弊害，其所提供之“公正”和“秩序”并非一种稳定和普遍的司法产品，而是因案件结构、法官个人因素等的差异而表现出一定的任意性和偶然性。在这种因人因事而异的“公正”和“秩序”下，当事人的利益往往处于一种不确定状态，不利于为

---

① 参见〔美〕斯科特《国家的视角——那些试图改善人类状况的项目是如何失败的》，王晓毅译，社会科学文献出版社，2011，第 149 页。

② 范志海：《论中国制度创新中的“内卷化”问题》，《社会》2004 年第 4 期。

当事人的日常互动提供稳定的预期，亦不利于弱势当事人利益之保障，这些使得乡村司法面临着较大的合法性危机。何况通常所说的社会结构亦并非均质地存在，其本身也处于流变之中，某些结构性的条件亦并非绝对不可人为塑造，这就为在系统地考察社会结构各要素相互关系的基础上，对其中的某些结构性要素加以理性改造，进而一定程度地构建乡村司法制度提供了现实空间。

第三，拓展交涉空间，同时强化程序保障以纯化合意。在对待乡村司法这一特定问题上，传统法社会学者几乎不约而同地对司法程序在乡村社会背景下的现实意义及其可能性持怀疑甚至排斥态度。如苏力教授曾指出，“有时尽管从法律程序上是合法的，但结果却不合理或不尽合理。……每个机构的每个办事员都似乎按照规定行事并且似乎无可指摘，但结果对你不利而且不合理。……专门化的加强为法律功能的实现设置了大量程序上的障碍。”① 在另一篇直接关涉乡村司法的著述中苏力教授延续了其一贯主张，“法言法语不仅难以达到有效的司法效果，而且可能造成误解和反感；由于熟人社会，当事人对实体公正的需求会更高，程序主义有时会妨碍这种需求的满足……”② 另有学者亦表达了类似的主张，认为，“国家法律这个普遍性的规则体系作为国家权威力量的载体之一，在乡村社会的实践中应体现在实体层面而非程序层面。其主要原因有二：一是我们目前根本无法承担现代司法程序在乡村社会的运作成本；二是现代司法无法满足乡村社会中各种仍带有地方性的复杂秩序需求。”③ 这些观点一致强调要照顾乡村社会实际，对于一个百年以来长期埋首效法西方的国家而言，的确颇具真理性。然而笼统地认为现代司法程序必然是一种成本高昂且复杂、精细、繁杂，因而会阻碍地方性公正与秩序实现的办案方式，则是对现代司法程序的一种误解。如果从司法程序的典型形态上看，如较高审级的普通诉讼程序，现代程序的确日益精巧，而且成本相对高昂。但强调程序保障的实质是要“排除恣意因素，保证决定的客观正确”，④ 这一理念的贯彻并非针对

---

① 苏力：《法治及其本土资源》，中国政法大学出版社，1996，第 151 ~ 152 页。

② 苏力：《中国农村对法治的需求与司法制度的回应》，贺雪峰主编《三农中国》（总第 10 辑），湖北人民出版社，2007，第 50 页。

③ 董磊明、陈柏峰等：《结构混乱与迎法下乡》，《中国社会科学》2008 年第 5 期。

④ 季卫东：《法律程序的意义》，中国法制出版社，2004，第 21 页。

所有事项和审级均需设置同样精密的程序，而是可以根据不同的审级及案件情况设置不同程度的程序规制。

例如在美国，虽然大量针对基层法院之运作过程的法社会学研究表明，在基层法院，效率的考量压倒了法律的效力，司法行政压倒了审判。“那些法院不仅、甚至主要不关心抽象的法律先例或理由充分的判决。”① 但同样不可忽略的是，关于何谓分配正义和解决纠纷的公正程序，美国人们存在着广泛的共识。如一项研究发现，关于警察和法庭所运用的程序是否公正的问题，人们的共识始终超越年龄、性别、收入和种族因素。而且许多实证研究均得出了相似的结论，即只要决定的程序符合正义，结果就更具可接受性。② 可见，即使法治发达的美国也并不是在所有纠纷解决活动中均严格依循同一系统而精密的司法程序，但基层司法对效率的考虑并不会突破法治的底限。相对而言，日本的“调解法制化”做法对于以调解工作为主的我国乡村司法更具启发性。与我国强调实体合法而轻视程序正当性的做法相反，这种调解制度的目标是“通过当事人的互让，合情合理地解决纠纷，因而不受实体合法原则的拘束。不过，它在程序方面的法制化程度却很高”。③ 由于摆脱了实体规范的束缚，扩大了纠纷适用的规范范围，当事人之间的合意便被视为调解过程中唯一的合法性来源，“调解法制化”亦因此主要侧重于对合意协调的保护，对于除此以外的事项则持一种程序克制的态度。④

因此，在乡村司法中，鉴于其受理的案件以及乡村社会的特殊性，虽无必要（亦不可能）完全严格执行普通诉讼程序，但对于其中那些可以有效防止权力擅断和滥用，保障交涉的自愿、公正和透明的刚性程序条款则应予以重视和严格遵循。而且这种最低限度的程序保障一方面为乡村法官发挥其能动性以便促进当事人之间合意的形成提供了充裕的空间，另一方

① 〔美〕卡洛尔·赛隆、〔美〕苏珊·希尔贝：《职业、科学和文化：一种新出现的法律与社会研究的传统》，高鸿钧译，载〔美〕奥斯汀·萨拉特编《布莱克维尔法律与社会指南》，北京大学出版社，2011，第 40 页。

② 汤姆·R. 泰勒：《程序正义》，高鸿钧译，载〔美〕奥斯汀·萨拉特编《布莱克维尔法律与社会指南》，北京大学出版社，2011，第 474、478 ~ 479 页。

③ 季卫东：《法律程序的意义》，中国法制出版社，2004，第 21 页。

④ 参见〔日〕小岛武司、伊藤真等《诉讼外纠纷解决法》，丁婕译，中国政法大学出版社，2005，第 30 ~ 31 页。

面又可以防止其过分专断和滥权，因此不但不会妨碍乡土社会实体正义的实现，而且对此种正义起着积极的促进和规范作用。

综上所述，“法治化治理”系指这样一种理论立场，即在乡村司法这一问题上，首先必须注意到乡村司法的“治理化”形态有其相对合理性，是由其所处特定社会结构所决定的，因此其存续符合乡村社会的实际需要，这也是我们改造和完善乡村司法制度的认识前提；同时对此种“治理化”形态所存在的潜在风险亦必须给予足够的警醒和重视，并设法最大限度地对其予以克服。其方式则是在乡村司法活动中贯彻最低限度的法治原则，合理协调程序规制与法官“治理”活动所需的能动性之间的相互关系，强化那些旨在保障合意之真实、自愿的刚性程序，其实质是由法律的治理化转向治理的法治化。

五　法治化治理与乡村司法的制度再铸

法治化治理理论为改造和完善乡村司法制度，克服乡村司法的“内卷化”困境提供了基本思路。相对于传统研究范式而言，其更具建设性和创造性，其不仅仅止于“理解”，更在于建构；“理解”不是目的，而只是一种手段，其最终目的在于开展理性而务实的乡村司法制度构建。也正因为是在“理解”的基础之上的反思和建构，方决定了法治化治理理论同纯粹的“法治论”及“治理论”在理论上的重要区别。前者是一种典型的法治理想主义；后者则近乎法律的浪漫主义，乡村司法实践俨然呈现一幅马锡五式的司法图景，其恬静、祥和、温暖犹如一副极具诗情画意的田园风光。法治化治理理论提供的解决方案亦因此带有明显的妥协、折中的痕迹。简言之，法治化治理理论对待乡村司法的基本态度是：承认、理解并在有所取舍的基础上对其加以维持，同时强化刚性程序之保障作用。

所以，在乡村司法的制度重构中，必须从以下两大方面着手：（1）在现有的结构性要素中，哪些以及在何种程度上是可以改进或者克服的？哪些则不得不俟诸将来？（2）在保障底限正义所需的范围内进行程序规制的限度如何确定，即如何确定一个合适的临界点，使得一方面能够有效地维护合意的纯洁性，另一方面又不至于过分地限制法官的能动性空间？对于这两方面的问题，当然不可能有一个绝对精确的答案，然而结合乡村司法的社会结构以及司法实践的“内卷化”困境产生之原因，给予上述问题一个大致合理的解答并实现对乡村司法制度的重构却是可能的。

第一，调整人民法庭的受案范围，将乡村社会中涉及面广、社会影响大的棘手案件交由县人民法院直接受理。冯象教授在论及案子为什么难办的问题时曾指出，在我国，“通常说某案子棘手，多指它的‘外部’因素复杂：级别高、牵连广、谣言多、影响大，所谓‘政策性强’”。[①] 在乡村司法的背景下，法官们口中谓之“疑难案件”亦正如其所言。这些疑难案件本身并不甚复杂，部分案件在事实及法律关系上甚至十分清楚明了。之所以成为“疑难案件”或者“难办案件”，在很大程度上由于这些案件往往关涉地方政府利益，或者牵涉较广。

在现有的司法环境下，乡村法官处理这类纠纷势必要冒很大的风险。为了使乡村法官处理案件时免于各种担忧和畏惧，亦为了向涉入纠纷的当事人提供一条通畅的司法救济渠道，可以考虑对现行的人民法庭的受案范围加以调整，将涉及面广、矛盾尖锐的案件管辖权划归在人、财、物乃至权威性诸方面均相对占优势的县人民法院处理。由于这类案件在乡村社会发生频率不是太高，所占比例亦极其有限，因此并不会损害乡村人民法庭的存在价值和功能，县人民法院的工作负担亦不会因此而大幅增加。将这类数量虽有限但极具破坏性的敏感案件划归县法院受理可以减轻人民法庭的压力，便于其集中精力处理日常民事纠纷。更重要的是，可以避免（至少可以大大减少）法官们千方百计地使用“立案政治学”或者勉强受案后在外力的左右下出现过于露骨的强迫、欺骗等明显有损法律和司法权威和形象的现象。而且根据案件的严重程度采取相应的程序处理也符合法治的基本原理。涉及政府利益、涉及面广、矛盾尖锐的案件客观上亦需要一个有着程序保障更为严格的法庭加以处理。

第二，最大限度地隔离法官同案件结果之间的利益纽带。出现上述“内卷化”困境的一个重要前提条件便是法官与诉讼结果存在着大量固有的利益关系。比如法庭采用调解方式结案不仅可以避免执行、申诉、上诉等不必要的麻烦和潜在的风险，而且可以获得直接的经济利益（调解结案获得的绩效奖励）。除了这些直观的利益以外，还包括取得政府的支持与协

① 冯象：《政法笔记》，北京大学出版社，2012，第27页。

助、在政府部门面前彰显法庭的维稳能力、获得上级法院好评等隐形的利益。由于这些属于一种制度性的利益纽带，因此很难通过诉讼回避制度加以解决。为了使乡村司法真正成为一种公共服务性活动而非以追求私利为目标的营利性方式运作，可以通过一些切实可行的措施减少法官同案件间的直接利益关联。其一，改革形式主义地单纯以申诉、上诉、发回重审或者改判等本身作为考核指标的压力型管理方式，而代之以实质违法性为标准进行考核，即只要法官没有被最终证明有实质性的违法行为，不得因为当事人的前述行为而对其做出否定性评价，也不得以前述形式标准对其他法官加分。其二，取消对调解案件进行奖励的做法，以此减少法庭强制调解的利益动机。其三，实行县法院执行庭统一执行的制度。由于法庭人力、物力有限，且与当事人“距离”过于接近，要求其自己负责执行，实在强人所难。因此除简单、容易的执行案件以外，原则上由执行庭统一执行，法庭只是协助执行单位。其四，进一步尊重、落实部门间的职能分工，明确法庭的职责，使得法庭在裁判时更多考虑的是如何实现法律正义，而对于适合调解的案件则考虑如何在尊重当事人间合意的情况下平息纠纷。对于明显违法胡搅蛮缠者应该果断地采取强制措施，而不是为了维稳（而且“维稳”一词在许多地方已经被严重滥用、扭曲）而无原则地迁就。

第三，注重发挥乡村法律服务人员在促进合意中的积极作用，同时加强规范和约束。大量经验研究表明，法律服务人员对乡村司法的正常运作发挥着愈来愈重要的作用。[①] 如果将“难办案件”排除在人民法庭之外，那么乡村司法主要面向的是熟人间或者半熟人间的普通民事纠纷（尤以婚姻家庭纠纷和邻里纠纷为最）。对于这类案件，较之于正式的审判，调解的解决方式更具优势，这在学界已经形成了广泛的共识。由于法律服务人员同基层法官之间的关系以及当事人对其极端依赖和相对信任，其在庭审中对法官的呼应和配合可以有效地促成当事人之间达成合意，便于及时而彻底地终结纠纷。所以在对乡村司法制度予以重构时，应重视法律服务人员的此种积极作用，而不宜一概否定。但由于乡村法律服务所的实际运作缺乏实质而有效的规制，导致其积极作用并不总是能够正常地发挥出来，而是取决于具体案件的社会结构、代理人的利益格局及其主观意念等因素。在

① 如王亚新、王赢《农村法律服务实证研究》，《清华法学》2008 年第 5 期。

这种情况下，代理人的行为具有高度的不确定性，其积极作用也不稳定，特定情形下甚至成为法官强制调解的助手。对此，囿于农村法律服务市场的特殊性，短期内可能无法有效地得以解决。而且法律服务人员的行为还间接地与乡村司法的程序规制状况有关。但是从对法律服务人员在收费方面的监管及执业伦理上的宣传教育、监督考核等方面看仍有较大的改进空间。

第四，强化刚性程序机制以确保合意的纯洁性，但应保持乡村司法必要的灵活性和能动性。如若将前述“难办案件”统一由县法院受理，乡村人民法庭便成为一个处理日常普通民事纠纷的专门机构。乡村司法日常实践中形成的以调解为主、调解与审判合一的做法由于契合于乡村纠纷实际，便于推动当事人双方顺利达成妥协方案，因此可以继续保留。但为了克服当前乡村司法背后之正义和秩序的个人化特征，增强其稳定性，实现制度化输出正义和秩序的目标，有必要对一些基本的刚性程序规制予以强化。正如有学者所言，为避免交涉行为“由势力不均决定胜负，保障对话和争论的自由，无论如何需要一定的程序性规则”。[①] 但即使强调程序规制，一如前文多次重复提及的那样，并非意指将民事诉讼程序于乡村司法中加以严格贯彻。而是持一种类似于季卫东先生所谓的“非正式的立场”，这种立场承认赋予调解以与严格形式主义法律相对抗的自由，然“并没有丝毫可以无视程序的意思”，[②] 亦即强调一种最低限度的程序保障。一般认为，底限的程序保障应该包含四个方面的核心要素：利益相关者的参与机会（发言权）、论辩场域的中立性、权威的可信度以及人们的尊严受到尊重的程度。[③] 乡村司法合意的纯化及其合法性的确立同样不能出离此四项基本要求。若以此观之，对乡村司法的最低程序规制至少可以从下述几个方面着手。

其一，完善人民法庭的收费检查、管理制度，建立、健全内部监督、

① 季卫东：《调解制度的法律发展机制》，载强世功编《调解、法制与现代性：中国调解制度研究》，中国法制出版社，2001，第 57 页。

② 季卫东：《调解制度的法律发展机制》，载强世功编《调解、法制与现代性：中国调解制度研究》，中国法制出版社，2001，第 57 页。

③ 汤姆·R. 泰勒：《程序正义》，高鸿钧译，载〔美〕奥斯汀·萨拉特编《布莱克维尔法律与社会指南》，北京大学出版社，2011，第 483 页。

申诉机制，防止法庭巧立名目从当事人处获取不当利益，进而损害法庭威信。

其二，加强对人民法庭立案活动的监督。在将“难办案件”收归县人民法院管辖以及人民法庭的执行压力得以减轻的前提下，乡村法官们运用“立案政治学”的动力势必会明显减弱。尽管如此，仍难以排除法官们基于各种因素的考虑而继续对案件择案而审。法庭及其法官的不断拒绝或者屡屡推诿，不仅可能导致矛盾的积压、升级，最终演变为严重的冲突；更重要的是，法庭对当事人权利主张的冷漠还可能造成整个乡村社会集体对正式司法制度丧失信心，不利于法治建设在乡村社会的深入和发展。为此，可以考虑在县法院设立立案申诉、登记制度，即对于人民法庭以各种策略推诿、搪塞而又未出具不予立案之法律文件的案件，如果当事人直接赴县法院申诉且经审查认为符合立案条件的，县法院可以指令相应的人民法庭予以受理，并将该案及其后续立案情况记录在案，并作为年终考核之依据。

其三，将调解程序法制化。笔者曾于 2011 年前往鄂西南某人民法庭进行了为期两个多月的实证调查。庭审旁听以及法官座谈显示，该法庭存在三种较为典型的司法模式。一是庭长 L 较为透明、公正的司法模式。L 庭长对案件的正常处理过程，即尊重法定诉讼程序、注重营造公正氛围以及重视案件事实等，更有利于纠纷的彻底解决，并得到当事人的信服。二是副庭长 M 半正式的司法模式。虽然 M 副庭长大致也采取了 L 庭长的办案思路，即较为严格地依循程序，同时注重调查事实，但由于事实调查过程相对混乱，而且 M 副庭长亦似乎对查清案件事实并无太大兴趣，所以庭审结尾的调解活动中强制因素较为明显，当事人亦不十分满意。三是法官 J 封闭式的司法模式。J 法官由于长期习惯于单独办案，且多采用办公室开庭等随意的方式处理案件，其办理的案件常常受到当事人、当地社会甚至同事们的颇多非议，其社会效果亦不太理想。通过比较三种不同的办案方式不难看出，L 庭长的做法更具规范性和有效性。因此未来在对乡村司法予以完善的过程中，将 L 庭长的办案模式予以型式化、制度化不失为一项有益的尝试。可以考虑出台专门的人民法庭司法调解规范，对乡村司法调解的基本原则和程序做出明文规定，例如：明确办案主体的数量要求，有条件的人民法庭可以规定案件处理须由两个以上的司法工作人员进行（一般为一位主审法官，一位书记员）；审理或者调解的场所应当严肃而公开，避免办公室开庭等随意、私密的处理方式;[①] 调解须有可靠的事实基础，防止“和稀泥”式的草率调解;[②] 设置准司法化的调解程序，维护法官严肃而中立的形象;等等。

六 结语

以上是对乡村司法的制度重构所做的一种初步设想，其中尚有诸多理论和技术操作方面的问题有赖进一步的拓展研究。试图通过一项研究而对整个乡村司法制度动大手术当然无异于异想天开，本文亦不曾奢望达致此等效果。实际上就本文的初衷而言，将乡村司法的程序保障问题予以“问题化”方为其首要目的。

在“法治论”和“治理论”的长期交锋中，乡村司法的程序规制问题一直处于要么被以形式主义的方式对待，要么被误解的状况。这实质反映出的是诺内特和塞尔兹尼克曾经揭示出的法律机构普遍存在的“完整性与开放性之间的冲突”。[③] 如果以正式的诉讼程序约束人民法庭的办案方式，使其区别于其他纠纷处理机构，那么其完整性就得到保障，但这可能会导致其无法适应乡村社会的特殊需要，最终将助长“不完全感和一种寻求官僚避难所的行为”；如若保持其开放性，则又容易“退化为机会主义，即，无控制地适应各种事变和压力”。[④] 由于缺乏有效的沟通，“法治论”和“治理论”均未能对这种完整性和开放性的两难抉择做出有效的解答。本文

① 这里需要做两点说明：一是由于乡民们在法庭上习惯于以乡土伦理互相摆过程、争执和论理，如果任由双方自由诉说或者不适时宜地营造温馨的对话氛围，在乡村人民法庭的权威性严重不足的情况下，极易演变成双方的吵架、撒泼进而使庭审完全陷入混乱。因此考虑到我国乡村社会的实际情况，西方社区调解所提倡的圆桌会议及温暖的对话、交流空间的营造并不总是适合我国的乡村司法；相反，法官必须营造一种庄严肃穆的氛围方能有效维持庭审秩序。当然这并不妨碍法官在最后调解阶段策略性地营造一种温情脉脉的人际关系。二是提倡使用法庭公共场所处理案件并不意味着案件的公开审理。场所公开强调使用法庭公共空间，如专门的调解室、审判厅等；而公开审理则指对社会公众的公开。

② 强调事实基础并非为了追求一种合乎实体规范的解决，而是基于调解的交涉性、合意的纯洁性以及结果的可接受性的考虑，实体合法性在此处于一种较为次要的位置。

③ 〔美〕诺内特、塞尔兹尼克：《转变中的法律与社会：迈向回应型法》，张志铭译，中国政法大学出版社，2002，第 84 页。

④ 〔美〕诺内特、塞尔兹尼克：《转变中的法律与社会：迈向回应型法》，张志铭译，中国政法大学出版社，2002，第 84 ~ 85 页。

提出的法治化治理则是对二者予以协调的初步尝试，即一方面主张鉴于乡村社会的特殊背景而最大限度地保持人民法庭的开放性，这就要求弱化既有的正式诉讼程序（与其存而不用，不如弱化后予以重塑）；另一方面为了防止其过度开放性的弊端，针对乡村司法的特征依据正当程序的核心理念建立一套非正式的但必须能够确保底限正义的程序规则。其核心在于借鉴、贯彻正当程序的基本理念于乡村法制，同时又区别于形式主义地建立一套完整的现代诉讼程序的做法。

因此，在面对乡村司法的法治问题时，理性的态度或许是：法治并非在任何时候都表现为一套精密的现代诉讼程序或者严格依法（实体法）办事，它是一套包含丰富内涵的理念体系，体现其理念的方式既可以是高等法院精巧的诉讼程序，也可以是地方政府的一次听证，抑或是乡村法官同当事人的一次非正式谈话。问题的关键不在于其表现形式，而在于是否根据不同的情势设置了相应的并能有效发挥效用的最低程序装置。法治在乡村社会亦并非一种不切实际的奢求，从来没有一个国家真正是在万事俱备的情况下实现法治，而是经历了一个人为努力的过程，乡村社会完全可以建立一套不同于都市社会的程序规则贯彻法治理念；在乡村司法中倡导法治并非必然要抛弃“治理”，相反这种法治限制恣睢并增强治理效果，是一种法治化的治理。

“明白书”现象的法律人类学思考

——基于贵州省雷山县、丹寨县苗族基层社会治理的分析

徐晓光　徐　斌　张丽琴*

摘要：在贵州省黔东南苗族侗族自治州雷山县的丹江镇、郎德镇、望丰乡和丹寨县南皋乡行用着一种可称为民间活法的“明白书”。它是用来约束村民行为规范的具有民间合约效力的文书，其内容涉及综治、平安建设、安全生产、消防、交通安全、禁毒、森林防火、计划生育、举报和查处“两非”案件奖励、平安家庭、节庆活动等方面。“明白书”在调整当地社会关系中起到不可替代的作用，其蕴含的民间法律文化和法律人类学价值是值得探讨和研究的。

关键词：“明白书”　法律文化　法律人类学价值

一　前言

丹江镇、郎德镇、望丰乡是贵州省黔东南苗族侗族自治州雷山县的下属乡镇，丹江镇是雷山县政府驻地，西邻望丰乡，北面是郎德镇，是雷山县的政治、经济和文化中心。郎德镇位于雷山县西北部，是雷山县的北大门，东临西江镇和丹江镇，南接望丰乡，是一个苗族人口聚居的山区农业镇。望丰乡在雷山县西部，乡内居民绝大部分为苗族。南皋乡是贵州省黔东南苗族侗族自治州丹寨县所辖的一个乡，位于丹寨县北部，总面积111.89平方公里，东与雷山县望丰乡接壤，南与兴仁镇相连，西与麻江县宣威镇接壤，北与凯里市舟溪镇毗邻。近年来，笔者在雷山县和丹寨县进

* 徐晓光，男，辽宁盘锦人，贵州师范大学教授、副校长，法学博士，贵州省核心专家，博导，研究方向为中国法制史、民族民间法；徐斌，男，贵州大方县人，贵州民族大学2015级民商法学专业研究生；张丽琴，女，江苏省扬州市江都县人，贵州民族大学2012级法律史专业硕士研究生。

行习惯法的田野调查时，分别在这四个乡镇的很多村寨发现张贴在墙壁上或宣传栏上的“明白书”“明白卡”，有的村寨还结合“五户联保”对“明白书（卡）”进行创新和发展。我国广大乡村实行村民自治制度，村规民约是村民自治的重要民主管理制度，是指在村民自治的条件下，由全体村民共同制定并遵照执行的关于村务管理的行为规范。[①] 从某种程度上来说，“明白书”与“村规民约”有一定的相似性，但又有一定的区别。“明白书（卡）”的频繁行用，体现出当地基层政府、县级职能部门和一些村寨对于“明白书（卡）”这一形式的重视和实践。

“明”有清楚、懂得、了解、公开、不隐蔽等意思；“白”有明亮、纯洁、空的、陈述、告语（对公众的通知）等释义。查阅《汉语大辞典》“明白”有下列含义：1. 清楚、明确；2. 确实；3. 明净、白净；4. 清白、光明；5. 公然、显然；6. 了解、知道；7. 聪明、懂道理；8. 犹明证；9. 辩明、辩白；10. 了当。从以上“明白”的10点含义看，“明白书”“明白卡”就是让人们了解最简单的社会规范要求和实现要求。商鞅说：“为法，必使之明白易知，行法，令明白易知。”[②] 这有两层意思，一是制定法律是要使老百姓清楚明白，二是执行法律过程中要让百姓清楚明白。苗族是我国人口较多的少数民族之一，苗族历史上没有自己的文字。苗族口承文化非常丰富，其中以贵州苗族口承法律最具特色。口承流传下来的大量理词、唱词、古歌、谚语等资源，在中国各地苗族中最有代表性。[③] 但到今天由于生产力水平低，文化教育水平低，有很多人，特别是妇女对国家法和村规民约的内容不了解。“明白书”正是处于特殊的少数民族村寨社会环境之下，创建的独具特色的宣传和实现形式。

“法不是独立于社会的一个规则体系，它深嵌在社会母体之中，是社会和文化的一个组成部分，其社会内容和对社会秩序的意义是不断变化的”[④]。雷山县丹江镇、郎德镇、望丰乡以及丹寨县南皋乡的“明白书（卡）”，可以把它看做当地进行村寨和乡镇管理的一种应用广泛、具有规范效力的民间规约，它对于维护当地的公共秩序、社会的稳定以及约束村民行为具有一定的强制力和威慑力。“明白书（卡）”也是传统民间法律文化在现今基层社会管理创新

---

① 汪俊英：《农村基层“准法律”——“村规民约”》，《法学杂志》1998 年第 4 期。

② 《商君书·定分》。

③ 徐晓光：《苗族法制史》，远方出版社，2009，第 8 页。

④ 张文显：《西方法社会学的发展、基调、范围和方法》，《社会学研究》1988 年第 3 期。

中的具体化应用。法学研究的对象是活法，因为活法是支配生活本身的行为规范，尽管这种行为规范并未被制定成法律条文，但它支配着实际的社会生活。民间非正式制度主要是人们在长期交往中无意识形成的、世代相传的、具有持久生命力的一套规则，它作为文化的一部分是未经国家认可却具有相当普遍约束力的行为规范，实际上是活生生存在的"法"。非正式制度主要有道德规范、传统习惯、文化观念与意识形态等，随着社会的发展，它通过价值观、态度、习惯等对社会制度、人们的生活起着潜移默化的影响，成为社会制度与生活方式的组成部分。非正式制度与正式制度相伴产生，共同维系社会秩序，在进行制度创新时，非正式制度又作为先在的环境因素，对国家正式制度产生重要的影响。有时非正式制度在不同领域也在发挥着与国家法同等效能的作用，在国家法无法提供应有职能，即国家法短缺时，这些非正式制度很大程度上成为正式法律的"替代者"。对民间"明白书（卡）"现象的分析研究在一定程度上从属于法人类学的研究范畴。本文基于贵州省雷山县丹江镇、郎德镇、望丰乡、丹寨县南皋乡苗族基层社会治理中"明白书（卡）"的运用及实践，探讨、分析其内容、适用范围、特点以及存在的问题，对基层社会治理中"明白书（卡）"现象进行法律人类学思考分析，意在为我国法律人类学提供一个鲜活、生动的案例，以期与学界同仁共同关注当代我国广大乡村正在发生的基层社会治理的"生动实践"。

二　"明白书（卡）"的内容分类

为了研究的方便，笔者把在贵州省雷山县丹江镇、郎德镇、望丰乡、丹寨县南皋乡调研收集到的"明白书（卡）"按其针对的问题、调整的范围分为以下几类。①

---

① 笔者收集了一些相关资料，了解到"明白书（卡）"不仅仅用于农村区域法治方面的管理，在其他领域也有应用。如："会计主管明白书""科技明白书""告知明白书""技术普及明白书"等，体现出其内容丰富、形式多样、应用广泛的特征。在《四川党的建设（农村版）》、《北京日报》、《中国城乡金融报》、《温州日报》、《农民日报》、《经济信息时报》、《检察日报》、《中国纪检监察报》、《天津日报》等报纸上发现了标题中含有"明白书"的新闻报道。如：《中国城乡金融报》于2008年6月10日刊登的题为《会计主管"明白书"真明白》，《检察日报》于2011年5月20日第2版刊登的《有了"明白书"，再也不用打听案情了》以及《四川党的建设（农村版）》的《让更多农民读上"明白书"》等文。但是这些新闻报道篇幅较小，对于"明白书"没有详细的介绍，说"明白书"现象在别的地方也有，应该是某些地区基层管理的创新，有些是行业管理操作流程和知识普及的告知文本。

（一）综合类

《郎德镇综治平安建设、安全生产、消防、交通安全、禁毒明白书》

（1）综治、平安建设、社会治安

①主动向公安机关交出私藏枪支弹药和易燃易爆、剧毒危险物品，否则被检举揭发查实的将依法追究刑事责任。

②不要有贪婪的思想，不要相信他人吹捧采用古币、外币、珠宝兑换人民币，防止上当受骗。

③随时做到“守好自己的门，看好自己的人”，防止入室盗窃案件发生。

④家里的现金必须存入信用社或银行，少量现金要随身携带。

⑤爱护公共基础设施，共同维护公共设施不受破坏。

⑥不赌博，不煽动闹事和上访，不参与不明真相的群众性集体活动。

⑦发现有偷盗、打架斗殴，或有影响社会治安行为发生时要及时拨打 110、3288037 报警电话向公安机关报案，严禁“事不关己，高高挂起”。

⑧教育好子女不要下河洗澡和游水，不攀爬高物，防止溺水和跌落身亡。

（2）农村消防安全

①严禁将大量柴草、木炮花等易燃物品在家里堆放，以免发生家火。

②安全用火用电，不许在室内、楼脚、厕所或靠床等场所吸烟，严禁乱扔烟头。

③家长和监护人必须随时看管好自己的孩子、精神病人、智障人、武疯病人、孤寡老人，不许他们玩火。

④不烧无人火，不点无人灯，不乱搭乱用不合格或者废旧的电线，不要超负荷用电。

⑤消防安全实行联防联动，互相监督，如一家失火全寨扑灭，防止火灾蔓延，严禁先抢东西而不参加扑火的现象发生。

(3) 道路交通安全

①不乘坐超载车;

②不乘坐农用车;

③不乘坐无牌无证和无证驾驶的车辆;

④不乘坐带病上路车辆;

⑤不乘坐酒驾车辆;

⑥不乘坐爱驾快车、驾技较差等不安全的车辆。

(4) 禁毒工作

①要铭记“沾染毒品,似如谋命”之理,时刻做好防毒、拒毒的思想准备。

②要经常给孩子上“毒害”课,时刻要求和提醒自己家的孩子远离毒品。

③不与吸、贩毒分子交朋友,不乱吃、乱吸他们递送的东西。

④发现种、吸、贩毒人员要及时拨打报警电话向公安机关报案(留有报警电话),营造一个良好的打击毒贩、抵御毒品的社会氛围。

雷山县郎德镇综治信访维稳中心

二〇一一年五月

(二) 联保类

1.《南皋乡的“明白卡”》

(1)“五户联保”的内容

(a) 联卫生,保环境。为破除长期以来的脏、乱、差现象,抓好各家环境卫生,在自家房屋前后不得柴草乱垛、粪土乱堆、垃圾乱倒、污水乱泼、禽畜乱跑,保证村容村貌时刻清洁亮丽。

(b) 联计生,保诚信。一是计生诚信。按照《计划生育村规民约》,按照“管自己,教子女、帮亲戚、带四邻”的要求,推行计生“双承诺,双诚信”。二是贷款诚信。村民讲诚信,银行信得过,继而扩展到信贷诚信、邻里互信等各个方面。

(c) 联治安,保平安。村民要自觉遵守国家法律法规和村规民约,不偷盗抢劫,不打架斗殴,不参与吸毒、酗酒闹事,不带头上访,自觉遵守安全用电、森林防火、道路交通安全等规定，坚决与各种违法违纪行为做斗争。有问题先经过联保小组调解，不能越级上访，切实将问题化解在组内。

（d）联产业，保富裕。围绕符合本村寨的农业和各种特色产业，积极参与发展产业奔小康，争当示范户、争做发展带头人。

（e）联人心，保活力。邻里之间要团结友爱，和睦共处，互帮互助，亲如一家，帮助照看留守老人和儿童、空巢老人；红白喜事齐帮忙，农忙季节互帮互助，公益事业齐上阵。

（2）"五户联保"的操作方法

（a）各村成立"五户联保"执行小组，负责对"五户联保"规则的指导和执行。组长由村支部书记担任，副组长为村民委员会主任和副主任，成员为各村村民组组长。

（b）各联保小组推选出联保小组长。联保小组长除负责组织监督、提醒本小组各联保户执行好"五户联保协议书"外，同时向村"五户联保"执行小组反映其他联保小组执行"五户联保协议书"的情况。

（c）每户家庭人口（年满14周岁）交5元"五户联保"保证金，由执行小组专户保管。

（d）村民委员会每年召开一次"五户联保工作大会"。参会人员为：村组织负责人，各村民组长，各联保户小组长。大会的任务为：①通报"五户联保"执行情况；②公开"五户联保"保证金收支情况；③决定"五户联保"保证金的使用方向。

（e）"五户联保"执行小组要向全体村民实行"五户联保"保证金账务公开。

2.《丹江镇"明白书"》〔节选其中第（4）（5）（6）条〕

（1）……（2）……（3）……

（4）联产业，保小康

（a）全村各家各户要积极围绕"一村一品"、"精准扶贫"和我村特色产业的工作要求，选准产业致富项目。切实解决农民自我增收问题。

（b）结合实际，积极主动发展产业，严禁好吃懒做行为，杜绝等靠要思想，违者，不得或者暂缓享受国家、贵州救助或优惠政策。

（c）充分利用资源，主动积极实施国家“精准扶贫”项目，违者，不予安排或者暂缓安排扶贫项目。

（5）联人心，保活力

（a）积极配合村两委抓好党务村务公开、促进村两委廉洁自律建设，做好公益事业建设；做好关爱老弱病残和邻里的互助工作；做好公平公正评选兑现惠民政策工作。

（b）户与户、人与人之间要互帮互助、团结友爱，不吵架、不骂人、不打架；违者，责令交纳违约金 50 ~ 200 元。

（c）尊老爱幼，善待老人，主动帮助老弱病残；违者，责令交纳违约金 50 ~ 100 元。

（d）团结一致，互相监督，互相制约，自觉遵纪守法；对不团结、不相互监督、不遵纪守法和挑拨离间的责令交纳违约金 100 ~ 200 元。

（6）违约说明

（a）联户小组实行捆绑管理。一户违约，其他联户同时受到牵连，联保户小组农户之间形成相互监督、相互制约、互相管理直至违约户整改完毕为止。

（b）对联户小组在遵守国家政策及服务农村的各项工作进行年终评比，评比结果与各项惠民政策及帮扶项目、物资的分配挂钩，在产业发展、金融信贷和各项惠民政策上优先给予考虑。

（c）本村“五户联保”公约，自群众大会通过后，从公布之日起实施。

（三）单项类

1.《望丰乡“鼓藏节”明白书》

（1）什么是“鼓藏节”？鼓藏节，是苗家最隆重、最独特的节日，每 13 年过一次，苗语叫“闹略”、“闹好闹”；鼓藏节期间，苗族同胞要开展祭祖、祭鼓、送鼓等传统祭祀活动和跳芦笙舞、斗牛、对歌等民间活动。

（2）鼓藏节用语有哪些？杀猪时要用隐语，杀猪刀叫“叶子”、拿“杀猪刀来”要说“拿石片来”；杀猪叫“抠干兰”（啯官人），猪死后先用稻草盖，叫做“盖被子”；然后用稻草烧猪毛，叫做“脱哈”（照太阳）；“喝酒”叫“喝水”，酒足饭饱叫“巴农巴腊”（满仓），送客回家叫“龙麻”。

（3）鼓藏节的禁忌。不能上树或屋顶；不能唱情歌或说淫秽的话；不得随意交媾；不能同他人争吵或者斗殴；若寨中有不幸的事发生，不能说坏，只能说好。

（4）鼓藏节节日时间。望丰乡各村进送客人活动日程：于2012年11月26日进客，11月27日杀猪、11月28日送客。

（5）消防安全要求。节日期间注意消防安全，按指定地点安全燃放鞭炮，指定点必须清理干净，在各放炮点准备预防紧急扑救用水；严禁乱丢烟头或者在吊脚楼内燃放鞭炮等安全隐患行为；谨慎用火，做到安全用火、用电、用气，杜绝火警火灾的发生。

（6）交通安全管理。为确保节日期间景区的交通安全秩序，11月26日、27日、28日三天各村实行交通强行管制，公路沿线禁止停车，按指定地点停放一切车辆，确保消防通道畅通。

（7）严格执行交通法规，做到开车不喝酒，喝酒不开车；不超员，不超速。

（8）治安管理。请严格遵守治安管理，如发生打架斗殴等治安事件，将按照村规民约及治安管理条例进行处罚。（没有落款，应该是乡一级的明白书，笔者注）

2.《雷山县举报和查处“两非”案件奖励的明白书》

为了进一步加强人口计划生育管理，严厉打击“两非”（非法鉴定胎儿性别、非法选择性别种植妊娠）和溺、弃非法送收养婴儿、谎报婴儿死亡、性别、瞒报婴儿出生等违法犯罪行为，根据中共雷山县人民政府《关于印发〈雷山县举报和查处“两非”案件奖励办法〉的通知》（雷党办通〔2010〕39号文件）规定，奖励单位和个人举报下列行为，经查属实的，将给予奖励：

（1）举报溺婴、弃婴行为的，一次性奖励7000元。

（2）举报医疗保健机构和计生技术服务机构和个人非法为他人鉴定婴儿性别的，经查属实，除了按照规定罚款5000元外，按每例5000元的标准对举报人员进行奖励。

（3）瞒报婴儿出生的，经查属实的，一例奖励4000元。

（4）举报医疗保健机构和计生技术服务机构和个人违规使用妊娠药品、仪器的，经查属实的，每例奖励5000元。

本次所指的医疗保健机构和计生技术服务机构和个人包括人口计生干部（包括乡镇和村干部）查处举报的不列入奖励范围。有关责任单位对于举报人进行保密，如果发现有泄露举报人信息的行为，由有关单位和相关人员负责。所有的举报行为需经过雷山县人口和计划生育局核实确认后兑换相应的奖金。

雷山县人口和计划生育局

二〇一一年三月三日

3.《**丹江镇平安家庭明白书**》

打造“平安丹江”，构建和谐社会是镇党委、政府的重大决策，也是经济社会协调发展的迫切需要。在平安建设中，家庭可以发挥不可替代的特殊作用，深入开展“平安家庭”创建活动，是夯实平安建设基础的必然要求。以家庭的文明促进社会的稳定，创造良好的社会环境，构建和谐社会，是全镇广大家庭的愿望，也需要广大家庭的广泛参与。

一、要树立参与意识，增强创建“平安家庭”的责任感和使命感。家庭是社会的细胞，家庭平安是社会平安的基石，家庭和谐是社会和谐的基础，没有家庭的和谐，就不可能有社会的和谐。广大家庭成员要充分认识“平安家庭”创设活动的重要意义，围绕“人人明礼守法，家家文明健康，社会和谐稳定”的目标。树立“小安”为“大安”的意识，从我做起，从家庭做起，认真学习党和国家的政策法规，不断提高自身综合素质，把参与创建“平安家庭”活动作为一种自觉的意愿和行动，为打造“平安丹江”奉献智慧和力量。

二、要强化宣传意识，充分发挥家庭成员间和广大家庭间的影响和带动作用，建设平安和谐社会，家庭是第一道战线。广大家庭要注重对子女的教育，强化平安意识，使他们从小养成健康文明的生活习惯。要积极向朋友、同事和周围的人们广泛宣传，使“平安家庭”创建活动真正家喻户晓，人人皆知。广大家庭成员要树立正确的婚恋观、家庭观、教子观，正确处理家庭成员之间的关系、家庭与社会的关系，积极倡导尊老爱幼、夫妻恩爱、教子有方、亲善待友的文明新风尚，进一步推进文明家风、民风、社会风气的形成。

三、要深化创新意识，让“平安家庭”进入每一个“平常家庭”。“平安家庭”创建活动是建设和谐社会的细胞工程，全镇广大家庭成员在“平安家庭”创建活动中要努力营造安定有序的治安环境，安全健康的成长环境；要进一步增强家庭成员的懂法守法意识；使更多家庭做好“四防”和实现“四无”，使家庭成员更加充满活力，家庭更加和睦美满，社会环境更加和谐稳定。

“家和万事兴，家国过太平”。全镇每一位家庭成员，让我们携起手来，积极投身“家庭平安”的创建活动，用每家每户的小平安汇聚起全镇的大平安；让我们“从我做起”，从家庭做起，全面提高家庭成员的整体文明程度，实现家庭的文明进步，组织动员全社会共同创造一个平安稳定、和谐文明的社会发展环境，为推进“平安丹江”进程、构建和谐社会做出积极贡献。

雷山县丹江镇人民政府

二〇一一年六月

从《郎德镇综治平安建设、安全生产、消防、交通安全、禁毒明白书》的内容来看，是为进一步加强和创新农村社会管理，深化村民自治，倡导文明、进步、诚信的社会氛围，引导村民自觉遵守村规民约，充分调动村民“自我管理、自我教育、自我服务、自我监督”的积极性，这份“明白书”主要是对郎德镇综治平安建设、安全生产、消防、交通安全、禁毒等方面的活动内容进行规范。其内容的适用范围较广，主要涉及社会公共安全和治安方面。实际上 20 世纪 80 年代以后各个村寨都有自己的村规民约，是调整村内事务的“基本法律”，但它涉及的是村寨内部方方面面的问题，对当前农村出现的新问题顾及不到，这就促使乡镇政府用“明白书”的形式加以引导和规范，以达到相应的乡村治理目的。

《南皋乡的“明白卡”》开宗明义，为建设美丽家乡、全面实现小康激发动力和活力，结合该村实际，在全村推行“五户联保”。“明白卡”中“五户联保”制度的规定应该是受到我国历史上传统联保制度的启发，如秦朝的"什伍连坐"，宋朝的"什伍相维，邻里相属"的保甲法，明朝王阳明在南赣地区推行的保甲法和乡约，清朝、民国时期的保甲制度，等等。历史上的联保制度在监督、承担责任的方式、成立的目的等方面与"明白卡"存在诸多的相似之处，但在内容方面有较大区别。"五户联保"规约的内容侧重于对村寨的计生、环境卫生、消防安全、民生、信访等工作进行村民间的小组联合管理，对"明白卡"的内容共同承担连带担保责任，以期达到村民间互相监督、互相制约、互相促进的作用。所以联保类"明白卡"也是附有实施制度的综合类书（卡）。从《丹江镇"明白书"》和《南皋乡"明白卡"》的内容来看，虽然两地相隔较远，但是规定的内容却基本是一致的。笔者认为，在黔东南州或其管辖的县应该有下发到乡镇一级的"明白书（卡）"官方模板或者文件，来保证"明白书"，特别是"五户联保"在当地的运行。

为了能够更为直观地认识和把握"明白书（卡）"及其内容构成和适用范围，将其内容按照规约的类型分为 4 类：社会安全类、环境环保类、人口发展类、经济文化类。数据经处理后显示：四个乡镇在制定"明白书（卡）"时各有侧重：郎德镇主要侧重于社会安全秩序的维护，制定的条数多达 18 条，居于四乡镇之首；丹江镇和望丰乡主要侧重于经济文化类规约的制定；[①] 丹寨县南皋乡则较为平均，四类均有涉及。由此可见，"明白书（卡）"在制订之初都以当地的实际情况为基础，针对本乡镇急需解决的问题而制定。总体上说，这些"明白书（卡）"所包含的内容涉及的面较广，内容丰富，形式也较为全面，蕴含了较为深刻的民间法律文化内容，具有较高的法律人类学研究价值。

从"明白书（卡）"落款的角度进行分析，这些"明白书（卡）"的调整和使用的范围大都是乡镇一级，如《郎德镇综治平安建设、安全生产、消防、交通安全、禁毒明白书》的落款是雷山县郎德镇综治信访维稳中心，《雷山县丹江镇森林防火工作"明白书（卡）"》的落款是雷山县丹江镇人民政府。根据这些落款可以大致推断出其所具有的效力范围多为乡镇一级，适用范围相较村规民约更为全面和广泛；同时其制订的目的较村规民约来说也更为明确，目的性针对性更强，在一定程度上，弥补了"社会法"在

① 笔者在贵州省雷山县望丰乡还收集到一份计划生育"明白书"。

乡村治理层面的空缺和不足，是基层治理中利用民间法律文化有所创新、与时俱进的探索和尝试。

三　“明白书（卡）”的特点

“明白书（卡）”是基层乡镇政府或相关部门、机构为引导农民、居民群众遵守、执行基层治理的规约、规定，以农民、居民群众看得懂的汉文字形式订立规约、倡议等，在农民、居民群众中传达、宣传某些规约、规定或理念，形成遵规守纪的氛围，以实现基层治理目标。在国家制定法普遍适用的今天，我们看到的“明白书（卡）”的内容，既有对国家制定法的宣传，也有苗族自己特色的民间法话语，这种在当地普遍用来做宣传的“明白书（卡）”称得上是当地特色文化的载体，反映了一种独特的法律文化，是当地经过实践得出的基层治理的创新模式。具体来说“明白书（卡）”具有以下几个特点。

（一）民族习惯法民间规约与国家制定法的交融、调适的典型例子

钱穆曾经说过：“一切问题，由文化问题产生。一切问题，由文化问题解决。”① 法律本身的特点之一就是法律的多元性。法律的这种多元属性，表现在法律文化方面，即为法律文化资源的多样性，可以分为国家法律与民间规则两大类别。② 雷山县的“明白书（卡）”应属于法律文化资源中的民间规则。所谓民间规则，通说认为，它是一定的社会群体在长期的社会生活中不断固定下来的行为准则。不同的是，在前列“明白书（卡）”中，关于社会治安、交通安全以及禁毒之类的规定则是对相关法律、法规的宣传。就其内容而言，“明白书（卡）”又不完全属于民间规则，其内容涉及面广、更加丰富。另一方面，“明白书（卡）”中诸如“守好自己的门，看好自己的人”“事不关己，高高挂起”之类的语言又属于民族习惯法的用语，像这种让当地习惯法与国家制定法杂糅于一体的“明白书（卡）”，在

① 钱穆：《文化学大义》，台北中正书局，1981，第3页。
② 汤唯：《当代中国法律文化本土资源的法理透视》，人民出版社，2010，第27页。

雷山县乡镇的木楼或墙壁上随处可见。如《雷山县丹江镇森林防火工作"明白书（卡）"》第2条规定：在森林防火严管期中，在野外严禁下列行为：1. 吸烟、烤火、生火做饭、烘烤食品；2. 烧香、烧纸、烧烛、烧蜂窝、烧山趋兽、点火照明、燃放烟花爆竹、燃放孔明灯；3. 烧荒、烧草场、烧田埂土坎、烧草皮灰、烧秸秆、烧窑制坯、烧炭。这些内容生动地描绘了当地苗族人民的日常生活行为，具有浓郁的地方特色。同时第6条对具体罚款数额的规定则是对《中华人民共和国治安管理处罚法》的宣传。所以说，"明白书（卡）"是民族习惯法民间规约与国家制定法相交融、调适的典型例子。在探索与发现传统习俗或习惯法的同时，像"明白书（卡）"这种将当地习惯与现行国家制定法相结合的载体也是值得收集与研究的对象。与生硬的告示或布告相比，在同样达到宣传现行政策、法律法规目的的同时，"明白书（卡）"还把民族习惯法的用语融入其中，便于宣传政策与法律，还利于群众接受。在这一方面"明白书（卡）"则多了几分温情与关怀。

（二）在一定程度上吸收村规民约的内容

上述《郎德镇综治平安建设、安全生产、消防、交通安全、禁毒明白书》《丹江镇平安家庭明白书》《望丰乡"鼓藏节"明白书》，都是一定行政区域范围内的"乡规民约"，其调整的范围就是乡镇一级。但也有村寨订立的，说明"明白书（卡）"与村规民约在性质上存在很相似的地方，但是也不能完全将其纳入村规民约的范围之内。为什么多由乡镇一级制定"明白书（卡）"呢？与其他地方不同，黔东南苗族侗族自治州雷公山、月亮山地区苗族村寨的村规民约特色明显，各村不太相同，又有民族特点，[①] 这就显得不够"统一"。基层政府或职能部门为统一调整目前苗族村寨社会共同的问题，才有了"明白书（卡）"的创新，要求百姓明白和遵守。而村规民约是大家讨论制定的，之后靠人们自觉遵守。"明白书（卡）"与黔东南苗族侗族自治州锦屏县华寨的村民"自治公约"在思路上不同。华寨的村民"自治公约"采用了"将签约双方——村民和村级组织，放在一个对等的平台上，共同协商村务，形成章程，自觉遵守的治村模式"，充分体现了"契

---

① 详见徐晓光、文新宇《法律多元视角下的苗族习惯法与国家法——来自黔东南苗族地区的田野调查》，贵州民族出版社，2006，第87~90页；徐晓光《原生的法——黔东南苗族侗族地区的法人类学调查》，中国政法大学出版社，2010，第252~259页。

约”的理念。这种将法学和经济学中的契约理论引入村级事务管理中，把村级事务按照合同的程序加以订立的模式可称为村务契约化的管理模式。该模式既尊重了农民的意愿，体现了农民的主体地位，又保障了农民的权益，改变了过去“政府包办一切，农民依靠政府”的被动式管理方式，同时还改变了当村官就是“管民、治民”的传统模式。[①] 而“明白书（卡）”又回归政府及其职能部门的主导地位，但二者在制定规约时都充分结合了当地的乡风民俗，从不同的视角对村规民约制定方式进行了创新，为弥补乡镇级的“立法真空”提供了宝贵的经验。至于当地要将哪些问题单列出来纳入“明白书（卡）”，而不是鼓励村寨直接写入村规民约中，是当地政府根据管理的情况考虑的。

（三）“明白书（卡）”蕴含着苗族传统文化意义

随着时间的推移与社会的进步，少数民族地区的很多古老习俗逐渐弱化，诸如苗族十三年一次的“鼓藏节”（祭祖节）时兴时衰。有些村寨在享受节日热闹与盛宴时，也有不过此节的村寨。在过“鼓藏节”的村寨中，习俗也不尽相同。这其中有诸多因素，但市场经济的冲击、人口的流动、国家制定法的普遍适用无疑是诸多因素中相对更重要的因素。不论过去还是现在，苗族关于“鼓藏节”活动的一些规则其性质应归属于民间法的范畴。民间法问题恰恰是一个必须来自实践，通过对人们交往行为中的日常规范，特别是纠纷处理的日常规范之分析、解剖、归纳、整理，才能深入其堂奥的问题。[②] 所以用“明白书（卡）”这种形式对于“鼓藏节”这类传统节日规则进行专门规定，在传统规约的研究中有其自身的价值。

在苗族习惯法文化方面，“明白书（卡）”中蕴含着许多朴素的积极思想，如平等观念、民族自治观念、集体主义意识、团结互助观念等，这些观念都对当下的苗族地区的法制建设有着不可忽视的积极影响。[③] 在构建平安家庭方面，丹江镇结合当地苗族传统的家庭观念，制定了符合当地传统文化的平安家庭“明白书”，为维护家庭和谐起到重要作用。

---

① 徐晓光、杜晋黔：《华寨的“自治合约”与“劝和惯习”》，《原生态民族文化学刊》2015 年第 2 期。

② 谢晖主编《民间法》，中国政法大学出版社，2010，“总序”，第 4 页。

③ 徐晓光：《苗族习惯法的遗留传承及其现代转型研究》，贵州人民出版社，2005，第 251 页。

四 “明白书（卡）”现象中存在的问题

任何社会治理的创新最初都是不完善的，都会有正负两面的作用，比如贵州省黔东南苗族侗族自治州锦屏县华寨的调解有违反当事人意志的倾向，该县圭叶“五合章”有办事效率低、群众对领导不信任的情况。[①] 雷山的“明白书（卡）”自然也有自身的问题。

（一）“明白书（卡）”在一定程度上损害了法治的确定性

“明白书（卡）”在一定程度上“确立了乡村权威作为公共组织的管制权，给管理者以极大的权力空间。作为国家权力的末梢，乡村组织享有立法、执行、解释等重要权力，且没有制度化的限制，这样，易使基层政权的恣意行为成为普遍存在[②]。这是“明白书（卡）”存在不足的一个方面。如郎德镇综治“明白书”也有关于刑事方面的规定；从一定程度上来说，它的规约与我国国家法之间存在冲突，越权规定了有关刑事方面的内容，存在缺陷和不足。如何改进“明白书（卡）”在一定程度上破坏了法治的确定性的问题，是探究解决国家法和民间法之间矛盾的课题之一。我们既要看到它对当地习俗与文化的传承、对国家制定法的宣传、对当地社会的调整作用，也要注意到其内在的消极性与不足：即与国家法的冲突和一定程度上破坏了法治的确定性。在充分认识“明白书（卡）”的不足与缺点的基础之上去弊存利，让“明白书（卡）”这种独特的规约形式更好地维护当地的公共秩序、社会稳定和安全，并在约束村民的行为规范中融入更多的国家法律的内容。

（二）“明白书（卡）”与相关法规的配套、契合不够

莎士比亚说过：“我没有路，所以不需要眼睛；当我能够看见的时候，我也会失足颠扑，我们往往因为有所自恃而失之于大意，反不如缺陷却能对我们有益。”[③]“明白书（卡）”也是如此，其本身也存在不足。这种不足

① 参见徐晓光等《锦屏乡土社会的法与民间纠纷解决》“前言”部分，民族出版社，2012。

② 吕瑛：《法治视域下的村规民约》，《北方法学》2008 年第 6 期，第 26 页。

③ 参见百度文库莎士比亚经典语录，《哈姆雷特》部分。

主要体现在对一些违反规约的“处罚”方面，如“雷山县森林防火工作明白书”中第六条的处罚规定，具体数额比较随意。如该条第 2、3 项规定：违反规定野外用火的，给予警告，对个人处 200 元以上 3000 元以下罚款；对单位处 5000 元以上 1 万元以下罚款。损毁、擅自移动森林防火警示标志、防火设施以及灭火设施等设备的，依法赔偿损失，并可处 200 元以上 5000 元以下罚款。虽然“明白书（卡）”的部分规定作为一种民间规范与国家法之间存在冲突的事实无法回避，需要从法的制定层面和法的实施层面对村规民约与国家法进行调适[①]，但是更多的情况下，“明白书（卡）”内容在制定时应该尽量与国家的相关法规相配套、相契合，其实有些内容国家法律、法规中是有规定的，应该有充分的法律依据。

（三）“明白书（卡）”只是“告示”或“布告”的新提法

“告示”一词的含义为告诉、告知的意思，而布告是一种告知大众的文体。“告示”作为一种应用文文体，其历史可以追溯至古代，官以事告知天下，称为“示”。所谓“告示”，也就是官府把一件或几件重大的事情，以文书的形式，公开告知属下和民众，要他们了解与执行。[②]“明白”一词的基本含义为清楚、明白、知道，它只是“告示”的不同主体方面的转化用词。可见，二者的相同之处均为一种宣传载体；不同之处则表现为：告示带有浓厚的官方文本特色；而“明白书（卡）”与“告示”相比，在宣传政策和法律、法规的同时体现了一种更为广大民众乐于接受的形式，但怎样让广大群众自觉遵守，而不是靠一些强制罚款的规定，是研究乡土社会基层治理的关键。

五　结语

贵州省黔东南苗族侗族自治州雷山县的丹江镇、郎德镇和望丰乡和丹寨县南皋乡行用的“明白书（卡）”蕴含着丰富的民间法律文化和法律人类学价值，它不仅仅是用来约束村民行为规范的具有民间合约效力的文书，

① 参见范愉《纠纷解决与民间社会规范》，2006 年“比较法研究会议”交流论文。

② http：//baike. baidu. com/view/1205631. htm.

也是当地进行村寨和乡镇管理的一种应用广泛并通俗易懂的具有法律效力的民间规约；还在调整当地社会关系中起到不可替代的作用，为传统规约与国家制定法的交融研究提供了资源且蕴含着苗族传统文化。当然，“明白书（卡）”也存在着损害了法治的确定性，与相关法规的配套、契合不够以及其形式只是“告示”或“布告”的新提法等突出问题。本文希望通过对“明白书（卡）”内容、特点以及适用范围的分析介绍，为我国法律人类学界提供一个鲜活、生动的案例，以期与学界同仁共同关注当下我国广大乡村正在发生的基层社会治理的“生动实践”。

乡村治理视域中的国家法与民族习惯法*

——以西部民族地区为例

文新宇**

摘要： 我国西部民族地区的乡村治理，是我国乡村治理的重要组成部分。西部民族地区乡村治理中国家法与民族习惯法的关系需要认真辨别对待。本文就国家法运行在西部民族地区乡村治理面临的困境，考察了西部民族地区农村中呈现国家法与习惯法“法律二元”并存的状况，从法律文化视角分析了西部少数民族习惯法与国家法的关系，并提出了促进少数民族习惯法与国家法的良性互动与调适的对策建议。

关键词： 西部民族地区　乡村治理　国家法　民族习惯法

我国广大乡村的乡村治理，我们除了看到全国农村的普遍现状，还要看到各地区农村的差异性。与东部、中部地区农村不同，我国西部民族地区的乡村治理，应该采取符合自己的模式。由于我国乡土农村发展的不平衡性，加上我国法治建设的渐进性、艰巨性，决定了消解民间习惯法与国家法的冲突将是长期的过程，国家法与民间习惯法在我国西部民族地区农村共存共生的互动整合也将是长期而复杂的。

我国西部民族地区的乡村治理，是我国乡村治理的重要组成部分。西部民族地区乡村治理中国家法与民族习惯法的关系需要认真辨别对待。本文就国家法运行在西部民族地区乡村治理面临的困境，考察了西部民族地区

---

* 本文系作者主持的国家哲学社会科学基金一般项目“少数民族传统社会资源与乡村治理创新研究”（项目批准号：14BSH056）的阶段性成果。

** 文新宇，男，贵州省社会科学院法律研究所副研究员，中国人类学民族学研究会法律人类学专业委员会常务副秘书长，研究方向为民族法学、法律人类学、民族文化。

区农村中呈现国家法与习惯法“法律二元”并存的状况，从法律文化视角分析了西部少数民族习惯法与国家法的关系，并提出了促进少数民族习惯法与国家法的良性互动与调适的对策建议。

一　国家法运行在西部民族地区乡村治理面临的困境

当国家在推崇依法治国、朝着法治国家理想目标努力的时候，许多对法治津津乐道的人却突然发现，国家法的运行、实施在我国基层社会特别是少数民族地区乡村遇到困难。就国家法在少数民族地区实施所面临的困境，有的研究者认识到，由于中国当代国家制定法的基本框架及许多细节更多的是依据近代西方的观念，更多的是借鉴了西方的法制模式；而中国特别是西部广大地区的社会经济结构以及受之制约的人们的行为方式却依然相当保守传统，人们所惯用的习惯法是和本民族的特点及地方性知识一起生长的，这就意味着国家制定法中从西方移植过来的那部分法律——“移植法律”可能会和某个民族文化的特点、价值观念发生冲突。[①] 同样，在西部民族地区农村，偏僻、边远的自然地理条件、经济发展缓慢、与外界交流较少等原因，造成了少数民族对传统习惯法的较多传承，人们习惯于用习惯法处理纠纷，以致国家法在推行过程中产生了两种不同社会规范体系冲突的问题。

从某种意义上讲，中国法治建设属于比较典型的政府推进型强制性制度变迁，强调运用国家权力资源对社会进行规制，强调全民普法式的集体规训，注重以制定法为表征的国家法对以习惯法为标识的民间法的自上而下的征服和改造，在所谓“将一切社会关系纳入法治轨道”的强大舆论支持下，试图将一切社会问题都以“依法治 X”为模式予以解决。由于缺乏对农村问题的深刻了解，忽视了处于农村这个边缘地区的民间习惯法资源的价值和它对人们思想的根深蒂固的控制作用，[②] 与农村社会缺乏内在的亲和性，往往无法有效调动农民运用个人的知识采取有效行动。

国家法在少数民族地区农村的运行、实施，往往表现为国家的“送法

① 石伶亚：《论国家制定法与民族习惯法的冲突与融合》，《贵州警官职业学院学报》2002 年第 6 期。

② 刘武俊：《法律如何下乡》，《法制日报》2000 年 11 月 13 日。

下乡”活动。“送法下乡”是国家权力试图在有效权力的边缘地带以司法方法建立或强化自己的权威，使国家意志力求的秩序得以贯彻落实的一种努力。[①]“在中国农村，由于财力和人力的限制，中国现代的国家权力对至少是某些农村乡土社会的控制仍然相当松弱，中国的国家力量无法将自己希冀的法律秩序规则切实有效地贯彻落实。”[②] 这样，就促成了国家欲通过国家权力尽其所能来分配法律资源，实现基层社会同样依法治理的一次又一次的“送法下乡”。从国家“送法下乡”这样的努力我们看到国家法的运行在基层社会以及少数民族地区面临的困境，看到我国的一些基层司法机关或政府所掌握的包括法律资源在内的各项资源的严重不足，看到带有较强活动式或运动式特征的“送法下乡”无法真正做到急农民之所急和满足农民需要。“送法下乡”通常采用的形式是一些执法人员、司法人员和志愿者离城下乡，利用农村集市普法，给农民送去法律书籍、学习资料，为其解决有关法律问题，举办法律辅导班。送法律资料、讲授法律知识，有的走形式，有的内容有限或重复，有的并非农民所急需。如此下去，可能会使一些农民对其失去兴趣和信任，也将延误缓解国家法和民间法冲突的良机。[③]

国家“送法下乡”其实就是国家“依法治乡”的逻辑前提，即“送法下乡”是为了依法治乡。按照这种依法治乡的思路，法治的实现依靠的是国家权力的推动，以及在国家权力推动下进行法律资源的分配。但是，国家能否把国家权力全面渗透到基层社会进行干预，能否把极其有限的法律资源全面分配到广泛的基层社会，这是值得怀疑的。我们知道，法律的实施需要巨大的法律能量，“在法律规范的要求转化为现实的法律秩序过程中，法律能量具有重要的意义。因为没有法律能量的法是不能运作，也不能实现的。法律能量通过鼓励和惩罚的作用形式影响人们的行为，是法律规范的系统模式转化为现实的法律秩序。”[④] 但是，法律能量在推动法的实

① 苏力：《送法下乡——中国基层司法制度研究》，中国政法大学出版社，2001，第 30 页、第 188 页。

② 苏力：《送法下乡——中国基层司法制度研究》，中国政法大学出版社，2001，第 30 页、第 188 页。

③ 参见《人大复印资料》D415 诉讼法学、司法制度，2001 年第 5 期，第 79 页。

④ 黄建武：《法的实现——法的一种社会学分析》，中国人民大学出版社，1997，第 124 页。

现过程中是会有所消耗的。“通过法律活动，总要消耗一定的人力物力资源，而这些资源正是国家用于推动法律实现的。在法的实现过程中，如果需要克服的社会阻力越大，或者对国家机关适用法的需求越大，资源的消耗就越多。资源不足，就意味着法律能量不足，因而法的实现就会降低。”①

由此可以得知，在我国西部民族地区，由于基层机关所掌握的资源相当有限，维持法律运行的法律资源、法律能量极其不足，许多民间纠纷难以依照严格的法律渠道加以解决，因而出现了国家法运行在西部民族地区面临困境的情况。

我们知道，法律之所以能发挥作用，必须取决于两个因素，一是国家强制力，二是受控主体对该规范的价值评价力量。法律的施行，其根本保障归结为军队、警察、法庭、监狱等组成的国家强制力，但这不是唯一的。法律的落实和推行，在很大程度上还得要依靠民众认同法的价值观、正义观，有了这种价值观、正义观，人们才会认可国家强制力的公正与必要，也才能够从内心支持和拥护法律。“在我们看来，法律的力量根植于人们的社会经验中，正是由于人们凭经验感觉到法律是有益的，人们才愿意去服从和支持法律，才构成和加强了法律的控制力量。②” 由于居住封闭，无法与主流文化平等交流，少数民族社会自己形成了一套与国家法明显不同的少数民族习惯法，维持着自己社会内部的秩序。直到当代，尽管政体变更、国家法律被彻底改写之后，少数民族习惯法由于在封闭的少数民族社会得到较多传承而仍然在民族地区起行为规范的作用。当作为一种外部规范的国家法律进入少数民族社会时，由于少数民族习惯法仍或多或少在起作用，人们无法也没有培养一种国家法律的价值观、正义观，从而法律没有内化为人们的行为规范，也没有变成对少数民族社会产生控制、影响的制度力量。到现代，西部民族地区农村仍然是一个成员相对固定、流动性不大的熟人社会，在这样的熟人社会中，少数民族群众受传统习惯法的影响，发生纠纷一般不愿直接以诉诸法律的方式来解决，而是先在村寨内部通过调解等方式加以解决。笔者在贵州省雷山县法院调查了解到，该县郎德镇自1995 年以来每年起诉到县法院的民事纠纷仅 4 至 6 起，这就足以说明，郎

① 黄建武：《法的实现——法的一种社会学分析》，中国人民大学出版社，1997，第 179 ~ 180 页。

② 谢邦宇、黄建武：《行为与法律控制》，《法学研究》1994 年第 3 期。

德镇苗族绝大多数民间纠纷都是在村寨内部消化解决，人们很少采用国家法律的诉讼机制来解决纠纷。

二 西部民族地区农村中呈现国家法与习惯法“法律二元”并存状况

当前，法治化可以为中国的经济社会与文化的转型以及秩序重建起到重要的推动和保障作用。然而，当一些法学家热衷于“依法治国”并积极投身于构建一套宏大的法律体系与规范时，却发现自己陷入了重重困境，譬如伴随着国家的法律、法规急剧增加，以及公检法机关的渐趋完备，法律的现实有效性和实际运用却呈相对下降的趋势，规避以及违反法律的现象越来越多，在农村更是如此。① 从某种意义上讲，中国法治建设属于比较典型的政府推进型的强制性制度变化，强调运用国家权力资源对社会进行规制，强调全民普法式的集体规训，注重以制定法为表征的国家法对以习惯法为标识的民间法的自上而下的征服和改造，在所谓“将一切社会关系统统纳入法治轨道”的强大舆论支持下，试图将一切社会问题都以“依法治 X”为模式予以解决。这种变法模式具有明显的制定法中心主义及城市中心主义色彩。“法律只有被社会上的大众愉悦地认可并欣然遵守时才是实际意义上的法律。”② 同样，国家法的制定和实施离不开作为地方性知识的少数民族传统法文化的认同和支持。如果我们避开我国目前法理学教材中概念法学、注释法学传统观点关于法的定义，而从法人类学角度来看待少数民族习惯法的话，它同样是一种法，而且是一种“活”的法。可以这样说，在国家法进入少数民族地区农村之前，习惯法在那里完全起着规范人们行为和维护社会秩序的作用，当国家法伴随着农村基层政权建立而在那里开始实施时，少数民族地区农村出现了“法律二元”状况，即国家法与少数民族习惯法共同发挥规范人们行为与维护社会秩序的作用。

20 世纪 80 年代以来，在“民主与法制”和“依法治国”口号下，国家法开始大规模地进入包括西部民族地区农村在内的广大乡村。通过普法

① 张冠梓：《论法的成长——来自中国南方山地法律民族志的诠释》，社会科学文献出版社，2002，第 2 页。

② 〔美〕赞恩：《法律的故事》，刘昕、胡凝译，江苏人民出版社，1998，第 245 页。

宣传和日常司法活动，自上而下地改造旧文化、旧习惯和旧观念的过程也在进行着，但是，国家法在广大农村运行情况如何呢？我们从局部来看，可以这样说，至少在西部民族地区农村，国家法没有达到其施行的预期目的。在西部民族地区的许多村寨里，国家法往往只制裁少数当地发生的重大刑事案件、重大民事和经济纠纷，而多数的一般民间纠纷则按少数民族习惯法处理，人们不愿诉诸法律，甚至规避法律。这表明，主要依靠移植于西方的我国法律在没有法治根基的西部民族地区农村施行，由于其是作为一种异质文化强加于人的，没有内化为人们真正需要的规则，从而不被接受、认可和遵守、执行。相反地，少数民族地区固有的习惯法还在发挥作用，从而变成人们解决纠纷的“活的法”。因此，从法人类学“法律多元”视角看，当前西部民族地区农村中国家法与传统法文化并存的“法律二元”状况，应引起我们的重视，在当前乡村治理中，少数民族传统法文化的存在是有一定合理性的，可以允许它们在一定的范围特别是法律涵盖不了的领域发挥作用。它们是维护西部民族地区农村社会秩序在常态下运转的重要保证，国家法在施行过程中，不能在农村完全取代它们，因而，我们进行西部民族地区农村法治现代化建设绝不是一律地以现代法律为绝对标准，而完全否定部分仍在发挥有益作用的少数民族传统法文化。

民间法生长于民间社会，其与普通民众日常生活秩序的关系更加有机和密切，以至当政体变更、国家的法律被彻底改写之后，它仍然可能长久地支配人心，维系着民间社会的秩序。至少，直到20世纪上半叶终了之前，情形就是如此。① 现在，越来越多的学者已意识到，法律是人们群体生活的产物，也是在群体生活中得以传承的，因此在这个意义上法律是一种文化现象。同时，法律的运作也反映了一定的社会文化。因而，我们也应意识到，由于地理环境、历史背景、生产力水平和生产方式不同，人们的组织方式也就不同，进而，在这个基础上，各个民族或社会的文化和法律形态也是有差别的。

马克思对法律的分析虽然没有运用现代意义上的文化概念，但他提出了法律是建立于一定社会经济基础上的上层建筑组成部分的观点，其逻辑

---

① 王铭铭、王斯福主编《乡土社会的秩序、公正与权威》，中国政法大学出版社，1997，第145页。

已包含了对一种绝对的、抽象的和统一的“民族文化”的批评。德国著名法律社会学家韦伯通过比较研究得出文化对法律运行的影响的理论意味着，现实社会中的法律可能包含有两种以上的法律类型。文化多元和法律多元及其二者的相互作用是马克思、韦伯等法律社会学家的言下或言外之意，尽管他们没有明确提出这种概念。

如果我们不以法典形式为标准，不以西方模式的法律为标准，我们就会发现每个有序的社会中都有一定的“法律”存在并发挥作用（这可以从近年来民族习惯法研究的兴起得到印证）。这种“法律”为人们所沿用，并成为他们日常生活中的一部分了。它之所以不为我们所见或为我们所曲解，只是由于我们已经接受的关于法律的标准造成了我们文化视野上的盲区。

20 世纪 80 年代以来，随着家庭联产承包责任制的推行及改革开放，民族文化的变迁进入了一个崭新的阶段。这一时期推动文化变迁的动因不仅是制度变革，更是各种错综复杂的因素。其中主要的动因是社会的改革开放带来的人的流动，主要表现在：当地人有更多的机会到外地打工或旅游、探亲访友、做生意；同时每年有大量旅游者前往民族地区旅游。另外，以电视为主导的传媒的普及、交通和通信的改善、科学技术的进一步普及、司法机关的普法、司法活动等因素也冲击着西部地区少数民族的传统文化和法文化。

总之，民族文化某些方面的改变与丧失，同时就是对外来文化（主要是国家文化）的吸纳。国家文化往往成为民族文化中新的要素，对传统文化进行新的构建。因而，在西部民族地区，出现了文化二元现象。

西部少数民族文化“二元性”的现实存在，进而导致其社会法律形态也出现国家法与少数民族习惯法并行的“法律二元”情况，国家法往往只制裁少数当地发生的重大刑事、行政案件，而多数的民间纠纷、一般案件，多由少数民族习惯法处理，不愿诉诸法律。这样的法律规避现象在广大西部民族地区比较普遍，不少学者从“法律二元”角度加以论述，指出国家法在实施过程中，应采取相应的积极态度，与少数民族习惯法互补、融通。但如何互补、融通，多半不见下文。或许，我们应该看到，少数民族习惯法与国家法代表着两种不同文化，对二者的冲突，我们应该从文化层面上寻找对话，以求二者的互补。

当前，在西部民族地区乡村治理中，要寻求法治对乡村治理的法律保障，必须面对西部民族地区农村“法律二元”的现实。这就需要我们认清国家法与民族习惯法的关系，化解二者的冲突，从文化层面上寻找对话，实现二者的衔接与融合。

三 法律文化视角下的西部民族地区习惯法与国家法的关系

我们认为，进行西部民族地区法治建设，最关键的是认识西部民族地区农村的法治秩序，只有清楚认识了西部民族地区农村的法治秩序，才能谈得上西部民族地区的法治建设。这里，我们从法律文化的视角来认识西部民族地区农村的法治秩序，这种法律人类学的研究方法或视角将使我们避开从国家法单一视角对待西部民族地区法治建设的认识偏差，从而形成西部民族地区法治建设的正确思路。

法律文化是“法律是一种文化”理念之下产生的概念。“法律文化”这一命题意欲强调和说明的是法律文化视野中的法律具有人类文化的属性，是文化的一种特殊表现形式。如果我们把文化理解为人类的创造物，或进一步而言的人类之精神的创造物，那么，法律无疑是这种人类精神创造物之一。[①] 梁治平先生认为：“文化是整体，法是部分，是文化命题中应有之义，法与文化不可分割，西方的法制是被作为西方文化的一部分来看待的，法不过是特殊的文化现象。”[②] 美国人类学家博登海默指出：“法律是一个民族文化的重要部分。”[③] 美国人类学教授霍贝尔也认为，人类学家“把文化作为一个有联系的、运动中的整体看待。这样就可能把法律作为一个文化因素，用文化动力学理论的观点来研究。”[④] “从人类学角度考虑，法律只是我们文化的一个因素。它运用组织化的社会集团的力量来调整个人及团体的行为，防止、纠正并且惩罚任何偏离社会规范的情况。”[⑤] 从以上学者关于法律与文化关系的观点看，他们都将法律看作文化的组成部分。由此我

---

① 刘作翔：《法律文化理论》，商务印书馆，2001，第89、91页。

② 梁治平：《比较法与比较文化》，《读书》1985年第9期。

③ 〔美〕E. 博登海默：《法理学——法哲学及其方法》，邓正来等译，“作者致中文版前言”，华夏出版社，1987，第1页。

④ 〔美〕E. 霍贝尔：《原始人的法》，严存生等译，贵州人民出版社，1992，“前言”第1页。

⑤ 〔美〕S. P. 辛普森、鲁恩·菲尔德：《法律与社会科学》，转引自〔美〕E. 霍贝尔：《原始人的法》，严存生等译，贵州人民出版社，1992，“前言”第1页。

们也可以看出法律与文化的密切关系，任何一种法律或法律现象，都是一定社会的文化的表现或反映。

依此看来，我们在探讨西部民族地区法制建设中如何克服国家法在西部民族地区实施中与西部少数民族传统法文化发生冲突的问题时，从法律文化角度来分析，可能是一个看待问题的新视角。它比以往一些人在对此类问题进行分析时停留在国家法与习惯法孰是孰非、孰优孰劣的浅层分析层面能给我们更多的启示和帮助。

当前，西部民族地区农村社会，在不断的变迁过程中，其生产和生活方式以及价值体系既发生了一些变化，但某些结构要素又可能保持着相对的稳定性。与一定历史时期相比，西部民族地区农村物质生活也有了较大的变化，但其基本生活方式和人际关系等结构性特征并没有发生根本的变化。在西部民族地区农村相对独立的社会单元里，仍存在少数民族特有的互动方式、社会关系、价值观念和行为习惯。近年来，随着经济发展以及外出务工等，人们与外面世界联系逐渐增多，但西部民族地区农村的乡土性仍没有根本改变，仍是一定程度上的“熟人社会”。村民之间基于彼此的家族关系或长期共同相处而产生的感情在生活上互相帮助，“情”“理”“礼俗”在他们的网状社会连带关系行为交往中，对行为的选择具有重要作用。当村民间发生矛盾、纠纷时，他们为兼顾相互熟识、相互依赖的现实，避免人际关系的倒退或断裂，首先选择的是传统法文化中比较“和气”的调解处理方式而非选择“决裂式”的、“对簿公堂”的诉讼解纷方式。据调查，当前西部民族村寨绝大多数的矛盾、纠纷都是在村寨内部通过房族、村民小组、村调解委、寨老等解决的。许多村寨很多年都没有诉讼案件到法院处理，有的乡镇少数民族村民间的民事案件到法院解决的一年也才 2 ~ 3 起。① 此种村民发生纠纷不愿诉诸法律，有的甚至规避法律，而自愿调解处理的情况，或许不完全是村民法律意识、法律素质低的问题。究其深层原因，我们会发现，除了法律对他们来说是陌生的以外，还有就是法律远离了他们的生活，不适应他们的需要。由于法律没有具体涉及西部民族社会生活的方方面面，没有内化为人们的价值观和内心需要，使人们在遇到

① 比如，笔者 2006 年 6 月在贵州省雷山县法院访问时，就了解到该县郎德镇 2005 年全镇民事案件在县法院解决只有 3 件。

那些人们之间关系密切、争执时间不长，争执性质、后果不严重的纠纷时，往往运用少数民族传统法文化机制或调解程序来处理，简单易行，节省经济开支，还能收到良好效果。

然而，不容忽视的是，西部民族文化并不是完全封闭的，在和外来文化不断的碰撞、交流之后，也融合了许多外来文化元素，从而出现了文化变迁和文化整合的现象。西部民族文化某些方面的改变和丧失，同时就是对外来文化（主要是现代文化）的吸纳。现代文化往往成为少数民族文化中新的要素，对传统文化进行新的构建。一边是少数民族传统文化仍在沿袭、发挥作用，一边是对现代文化的学习、吸收，虽有些冲突，但总的趋势是融合。这在西部民族地区的普法、“送法下乡”等活动中尤为明显。在少数民族传统文化遗留较多、影响较深的农村，“送”下去的“法”无疑就是一种外来法律文化，由于传统法文化的环境、土壤还在，现代的国家法不可能立即取代它，从而少数民族乡村社会的法律形态也就出现了代表两种不同法律文化的国家法与少数民族习惯法共同发挥作用的“法律二元”情况。少数民族地区农村人们理性选择的结果往往是，多数的一般民间纠纷按少数民族习惯法或村规民约处理，① 不愿诉诸法律，而当有的民事经济纠纷案件在村寨里解决不了，或是刑事自诉案件，以及“民告官”案件非得走诉讼渠道时，村民则选择了国家法。

因此，从法律文化角度，我们可以正确认识西部民族地区农村的法治秩序，可以正确认识西部民族地区习惯法与国家法的关系，找出二者存在的冲突及差异，并努力采取一定措施来使二者相互衔接与融合。

四　促进少数民族习惯法与国家法的良性互动与调适

由于少数民族习惯法的规定比国家法更为具体、更为明确、更贴近少数民族群众的日常生产、生活，能弥补国家法比较原则、抽象的缺陷，加之国家法的局限和资源供给不足，我们可以考虑到少数民族习惯法与国家法的良性互动与调适的问题。

---

① 在多数苗族村寨，制订村规民约时都或多或少地吸收了苗族习惯法中的一些积极有效的因素，从而也可以说苗族习惯法在当前苗族村寨是有所继承和发展的。

实践证明，有效结合习惯法因素进行乡村治理的少数民族地区乡村，已取得了好的成效，这在少数民族人口较多的西部，尤其是需要正确对待的，是需要提升为西部民族地区农村社会管理典型经验的。这就要求我们在下一步的少数民族地区乡村治理实践中，积极探索民族习惯法与国家法的衔接与融合的对策，从完善农村纠纷解决机制入手，促进民族习惯法与国家法的良性互动与调适。

（一）民族习惯法与国家法的衔接与融合

在谈到我国西部民族地区法治建设时，我们无法回避我国西部民族地区法制现代化的问题。这里提到的“我国西部民族地区法制现代化”，似乎有言必称“现代化”的“俗套”嫌疑。而且，何谓我国西部民族地区法制现代化，这似乎不容易说清楚。我们知道，自古没有法治传统的中国，而晚近以来又主要是移植西方法律，所以在进行法治建设时，这就有一个向现代法律转型的过程。同样，长期处于习惯法规范和影响下的我国西部民族地区，在国家推行、实施国家现代法律时，亦有一个由习惯法过渡、转型到现代法律的过程。这个过程就是我国西部民族地区法制现代化的过程。目前，我国西部民族地区农村习惯法作用的逐渐减弱、消失，村规民约中遵守、执行国家法律的规定普遍增多，以及国家法律逐渐注意并考虑到少数民族风俗习惯而做了某些变通规定，都体现了我国西部民族地区少数民族习惯法逐渐向现代法律转型以及我国西部民族地区法制现代化的趋势。由于我国西部民族地区法制现代化过程必须处理好“传统”与“现代”关系而不是完全革除“传统”而代之以“现代”，所以这个现代化的过程必然存在重重困难，因而进展也是缓慢的。

当前，在我国西部民族地区农村实际存在着两种社会规范运作机制：一是由国家权力推行、维护的现代型法理机制；另一种是由西部民族村落的习俗、习惯、惯例为主的礼俗机制。国家法由于注重在全国范围内的普遍实施而顾及不到我国西部民族地区的特殊情况，没有达到其在我国西部民族地区的社会控制与规范的预期目的，少数民族习惯法在我国西部民族地区仍然以习俗、习惯、惯例等形式在发挥规范社会秩序的作用，但同时也因其包含有许多消极成分，有碍于国家层面的法治建设。因此，为完成我国社会主义民族法制建设在我国西部民族地区的重要任务，实现少数民族传统法律向现代法律转型，就需要我们正确认识少数民族习惯法在我国西部民族地区的社会规范作用，找出其与国家法的冲突及差异，并努力采取一定的对策与措施来使两者相衔接与融合。

首先，我们要认识到少数民族习惯法在我国西部民族地区农村的社会规范作用。

少数民族习惯法经过长期历史积淀，有力地维持了我国西部民族地区的社会生产、生活秩序，其对西部民族社会的调整、控制曾超过了国家法的功能，在一定时期一定范围内弥补了国家法控制机制的不足，成了国家法的一个有益补充。同时，少数民族习惯法贴近人们生产、生活实际，渗透到人们的生产、生活的方方面面，弥补了国家法比较抽象、原则的缺陷，从而在我国西部民族地区得到较好的遵守和执行，满足了人们生产、生活的实际需要。

其次，准确找出少数民族习惯法与国家法的冲突与差异，才能保证做到二者的衔接与融合。

少数民族习惯法与国家法分别是两种不同的社会规范体系，代表着两种不同的法律文化，因而它们存在着较大的差异，主要表现在：内容体系上，民族习惯法内容具体而庞杂，没有刑民之分，也无程序与实体之别，松散、不成体系，而国家法则有较为完整、规范的体系，且内容比较抽象、原则；调整对象上，民族习惯法是以少数民族地区全体民族群体利益为出发点来协调、规范民族成员间的相互关系，而国家法则是调整、规范全国普遍性的社会关系，两者由于调整对象的普遍性与特殊性、广泛性与局部性而有所差别。

从以上少数民族习惯法在我国西部民族地区农村的社会规范作用，以及它与国家法的差异，我们可以考虑采取以下对策与措施实现两者的衔接与融合。

第一，大力发展我国西部民族地区经济与文化，用市场经济意识、科学文化知识、现代法律意识对我国西部民族地区人们封闭式的思维、逻辑进行新的组合，促进人们解放思想、改变观念，提高文化素质，真正扭转他们的落后观念，让他们从内心接受和遵守国家法律。这是少数民族习惯法与国家法实现衔接与融合的最基本途径。在贵州省雷山县上朗德村调查时，笔者发现，该村近年来的经济收入较以前大为增加，生活水平大为提高，更为可喜的是，经济状况有了改观，更加引发了人们思想观念、生活习惯的改变，甚至是人们习以为常、不易改变的婚姻礼俗也发生了改变，违法婚姻、妇女合法权益受到不法侵害等虽时有发生，但与以前相比，已大为减少了。①

第二，对少数民族习惯法进行广泛的实地调查、收集、整理，只有真正了解我国西部民族地区的社会秩序状况以及法律现状，才能使两者有效地衔接与融合。对那些落后的、野蛮的、与国家法相抵触的非良性习惯法，如禁止男方到女方家落户、否认女方享有继承权、婚姻上的早婚、抢婚制度、处罚中的侮辱人格、非法处死等，应进行废止；对那些能有效促进当地社会经济发展、稳定社会秩序的良性习惯法，如劝善惩恶、禁偷治抢、保护公益事业、调解婚姻家庭纠纷的习惯法进行吸收；对无害无益的中性习惯法，则可以保留。对小区域内的良性习惯法，在条件成熟时，应有意识地给予吸收、认可，使其过渡到有关的法规或条例当中，从而成为制定法的一部分。对大区域内的良性习惯法要汇集整编，并以民族自治法规的形式体现出来，最后纳入国家法律体系，实现国家法与少数民族习惯法的“一体化”，达到两者的衔接与融合。比如，就甘肃、青海、四川、云南、西藏等藏族居住地藏族群众在处理民间杀人、伤害等刑事案件时“赔命价”数额越来越高，被告人家属无力支付、其他家属还要承担连带赔偿责任的情况，司法机关在介入办理时，在坚持依法的前提下，可以对被害方当事人提出的赔偿数额依刑事附带民事诉讼办法加以考虑，依法进行调解，使之纳入法制的轨道。② 2004 年以来江苏省姜堰市人民法院成功将民间习俗引入审判，出台了《关于将善良风俗引入民事审判工作的指导意见（试行）》、《关于将善良风俗引入民事审判的指导意见及说明》等相关规范，取得社会普遍认同。这一做法值得借鉴。

第三，通过实施“过渡机制”来逐渐实现民族习惯法与国家法的衔接与融合。在我国西部民族地区特殊的社会状况下，民族习惯法仍发挥相当的作用，我们应理解和尊重西部民族群众的选择，同时又要承认民族习惯法存在的合理性。如果不顾民族习惯法存在的合理性，不顾我国西部民族

---

① 文新宇：《苗族婚姻礼俗与婚姻法的冲突》，《贵州民族学院学报》2002 年第 2 期。

② 张济民主编《诸说求真：藏族部落习惯法专论》，青海人民出版社，2002，第 352～354 页。

地区目前的社会秩序状况，而想在短时期内通过立法或司法来改造、摧毁现有的风俗、习惯，这不但起不到法律实施的作用，会损害法律的威信，而且会造成我国西部民族地区现有社会秩序的破坏。而通过“过渡机制”，比如农村制订村规民约，有选择地吸收一些良性的习惯法规则，扬弃那些有害、落后的旧习惯，在遵照相关法律的前提下，形成村民自治的相应规约，从而逐渐实现少数民族习惯法与国家法的衔接与融合，则会收到较好的效果。在目前农村法律资源极其缺乏的情况下，农村并没有出现社会规范空白，正是为数众多的村规民约纷纷被制订出来并发挥作用的结果。我国西部民族地区农村众多的村规民约或多或少地吸收了习惯法中的良性部分，同时也明确了国家法的地位和作用，从而明显地带有少数民族习惯法与国家法相衔接与融合的某些迹象。因此，利用村规民约在我国西部民族地区农村具有强烈亲和力、熟知性、运行成本低等优势，在村民制订、修改村规民约时给予适当引导，除了吸收良性的习惯法因素以外，还要注入适当的国家法因素，让村规民约走上法制轨道，从而化解少数民族习惯法与国家法的冲突。

（二）完善农村纠纷解决机制

农村纠纷问题，不仅直接关系农村经济和社会发展，也直接关系农村法制建设和乡村治理，至少可以说是影响农村社会治安和秩序的主要因素。当前，建设社会主义新农村，有效解决农村纠纷，对建设“文明乡风”，构建和谐农村具有重要意义。

当前，在我国西部民族地区乡村治理的过程中，农村的稳定、和谐对于乡村治理的大环境要求来说至关重要。因此，在当前西部少数民族乡村治理中，完善农村民间纠纷解决机制，是促进少数民族习惯法与国家法的良性互动与调适的极为重要的工作内容和最直接的切入点，是我国西部民族地区农村稳定、和谐的重要保障措施之一，是乡村治理背景下我国西部民族地区农村法治秩序的建构路径之一。当前在解决社会矛盾纠纷方面，有的地方探索出“大调解”“联调”等调解机制。在传统较为浓厚的少数民族农村地区，我们需要结合民族地区的特点，重视本土资源的重要作用，注意培育和建立一些新的解纷制度和方式，实现民间非正式解纷制度与诉讼程序的相互协调，形成更完善的农村纠纷解决机制。

1. 重视民族习惯法中调解解决纠纷的法律本土资源作用

当前，我国西部民族地区农村的纠纷解决机制相当脆弱，表现为一是纠纷的司法解决机制尚未建立完善，二是传统的纠纷解决机制面临消失。因此，我们应该根据农村纠纷的实际，重视民族习惯法中调解解决纠纷的法律本土资源作用。

随着农村经济的发展，少数民族地区农民的权利意识有所增强，由过去大锅饭时期对权利的漠不关心转变为对所有权、使用权、收益权的日益重视，因此宅基地、承包地、山林、水利、借贷乃至婚姻、家庭、继承、邻里、干群等纠纷不断增加。在这些纠纷中，婚姻家庭继承纠纷最多，其次是土地山林水利生产经营纠纷，借贷纠纷、干群纠纷、治安纠纷等相对少一些。

其中，婚姻家庭继承纠纷，包括夫妻、婆媳、父母子女、恋爱双方等因婚姻、家庭、赡养抚养、继承等问题而发生的纠纷。在调查中发现，当前我国西部民族地区农村，仍然存在不依法登记而以夫妻关系同居、不到法定婚龄早婚、近亲结婚、父母干涉婚姻、非婚生育等情况，导致了许多纠纷的产生。近年来因离婚、财产继承、赡养、通奸、子女恋爱、订婚乃至因日常生产、生活琐事而引起的纠纷时有发生。然而，对这类纠纷如何解决呢？在调查中，受访农民普遍的回答是，先在房族或邻里找能说会道、有一定威望的人来劝说、调解，实在解决不了，就到村民小组直至村委会去调解，很少有上法院打官司的。这种纠纷解决的方式、程序，我们在一些村规民约中也得到印证，比如《雷山县报德村村规民约》第 53 条这样规定："应由双方相互协商解决，若协商不了到组上进行调解，组长调解不了，再找村委调处，以此类推，不能横蛮粗暴或越级上交。"

在土地山林水利生产经营纠纷方面，在苗族地区农村，以村民之间田边地角纠纷、农田灌溉用水纠纷、山林砍伐纠纷居多，主要是在村里调解解决，很少诉讼到法院解决。这主要是因为各村都认为土地问题与村民的生产息息相关，都在村规民约中对"田边地角"做了细致、明确的规定，较好地形成了解决纠纷的依据。笔者在贵州省黔东南苗族侗族自治州凯里市、雷山县、台江县各地先后收集到多个村寨的村规民约，这些村规民约几乎无一例外地规定了田土与林地、田土与田土、田土与水沟、田土与道路等的划界标准。比如，在田、土的划界标准方面，雷山县西江镇羊吾村村规民约《关于田土的规定》第 5 条规定：自留山里的田、土允许割、砍划界，土边 1 丈 5 尺，田坎上割 3 丈，下边、两头各割 1 丈 5 尺。比如田地与林地之间的划界标准，雷山县西江镇麻料村村规民约规定："在林区内外的田土，大家要本着护好山林的原则，以 1983 年的割田块为界，若是阴山确实影响农作物生长，需要砍的，田上坎 3 丈，田下坎 1 丈 5 尺的砍阴山为界限……" 但调查中发现，仍有极少部分的此类纠纷在村里解决不了，申请到乡镇、县里去调处的。比如，据台江县法制办介绍，他们 2005 年在山林土地纠纷方面受理了复议案件 7 件，其中山林纠纷 3 件，土地纠纷 4 件。①

通过访谈、问卷调查等形式，在少数民族村寨中笔者发现了这种现象：在农村纠纷的解决途径中，房族、村民小组、村委会的调解作用较为突出，而乡镇司法所、派出所次之，而法院诉讼解决纠纷处于最后的位置，也就是说，农民遇到纠纷，除了极个别农民忍气吞声或私了以外，大多数农民常常是先自己与对方协商或者请村里有威望的中间人帮忙说话，解决不了的就找村委会调解（有的先经过村民小组），或直接找村委会调解，纠纷闹大造成人身财产侵权等则到乡镇司法所、派出所调解处理，经过上述途径仍解决不了的较少部分纠纷才会进入法院通过诉讼解决。

可以看出，少数民族地区农村纠纷解决机制表现为，很大部分的纠纷通过民间调解的非诉讼方式解决，只有很少部分以诉讼形式解决。因而，我们根据农村纠纷的实际，顺应当前司法改革中重视调解积极作用的趋势，重视民族习惯法中调解解决纠纷的法律本土资源作用。少数民族地区乡村治理是少数民族地区农村法治建设的具体化，在少数民族地区乡村治理中，应注重发挥少数民族传统法文化的本土资源作用。它们是维护少数民族地区农村社会秩序在常态下运转的重要保证，国家法在施行过程中，不能在农村完全取代它们，因而，我们进行少数民族地区农村法制现代化建设绝不是一律地以现代法律为绝对标准，而完全否定部分仍在发挥有益作用的少数民族传统法文化。这在少数民族地区农民选择民间调解解决纠纷已得到很好的印证。

2. 注意培育和建立一些新的解纷制度和方式

针对一些新出现的民间纠纷，创制一些适应新的民间纠纷要求的解纷

① 徐晓光、文新宇：《法律多元视角下的苗族习惯法与国家法——来自黔东南苗族地区的田野调查》，贵州民族出版社，2006，第 168 页。

制度和方式，也是我们在完善和发展民间非正式解纷制度时要注意的问题。民间非正式的解纷制度尽管在旧有的社会结构下（农业社会）具有自己的长处，但是，民间非正式的解纷制度是否能够适应未来我国西部民族地区农村日益现代化的要求，还得要看它能在多大程度上适应社会变迁的要求，对于日益复杂化和专业化的民间纠纷，它是否能有效地加以解决。

没有创新就不能适应现代社会的需要，就可能被社会所淘汰。课题组调查发现，在我国西部民族地区农村，各种民间非正式的解纷制度在所解决的民间纠纷上还仅限于简单的婚姻家庭、财产继承、小额债务、伤害赔偿等传统的民间纠纷。对于复杂的民间纠纷或产生于现代社会结构中（工商社会）的大部分纠纷，如土地、山林、矿产纠纷，名誉权纠纷，消费者权益纠纷，涉农产品质量纠纷等等，它往往因为缺乏足够的权威性和制度安排而很难有效地予以解决。如果这种状况持续下去，随着社会生活的日益复杂化，民间非正式解纷制度的适用范围将会越来越小，最终影响民间纠纷的有效解决。在此情况下，农村解纷制度创新就成为现实需要。而农村解纷制度创新则是少数民族习惯法与国家法的良性互动与调适的最明显的表现和结果。比如，贵州毕节地区在加强调解组织建设方面就有了很好的探索、创新，在县市成立有法院等参加的调解工作领导小组，乡镇建立司法调解中心，村、居委会、企业组建调解委员会，形成了县、乡、村三级调解网络。①

新的解纷制度和方式可以通过制定相应的法律规范和制度来确立，如可以在我国西部民族地区农村设立临时性的或常设的仲裁组织，以解决一些疑难和新型的民间纠纷。比如说可以尝试着建立一些小额债务仲裁组织、婚姻家庭纠纷仲裁组织、土地山林水利纠纷仲裁组织等等。这样既可以弥补人民调解和行政调解在调解方式上过于雷同的弊端，也可以增强民间非正式解纷制度的强制性。

3. 实现民间非正式解纷制度与诉讼程序的相互协调

民间非正式的解纷制度同样面临着与诉讼程序相互脱节的问题，而且问题要较行政调解和行政仲裁严重。范愉教授也对民间非正式解纷制度，尤其是人民调解与诉讼程序的衔接问题提出了自己的观点，见图 1。

---

① 夏远超、陈天素：《把握民间纠纷规律，做好预防调解工作》，载中共贵州省委政法委员会研究室 2005 年编《政法调研文集》（内部发行）。

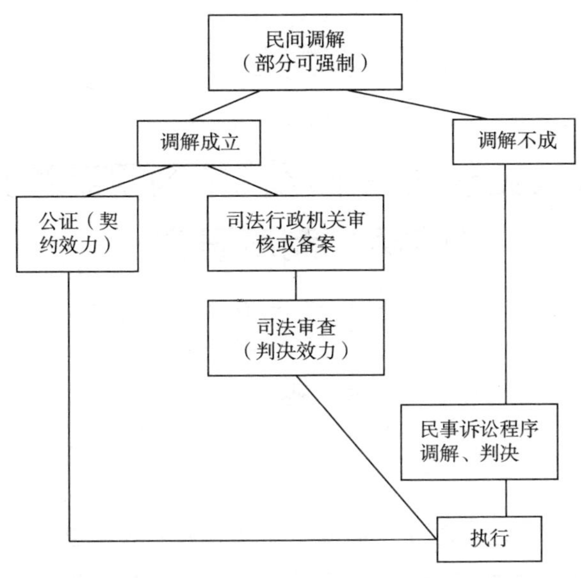

图 1　民间调解与民事诉讼程序衔接流程①

这种解纷程序之间相互协调的制度设计同样可以起到既赋予民间调解法律效力，又有效监督民间调解合法、合理进行的作用。这里需要说明的是，不是所有的民间调解都可以通过这个司法审查程序获得法律效力，只有法律所规定的特定组织对特定民间纠纷所做的调解才能通过这种方式获得法律效力。至于是什么组织或什么民间纠纷可以通过司法审查制度获得法律效力则需要做更多的研究。

---

① 范愉：《非诉讼纠纷解决机制研究》，中国人民大学出版社，2000，第 658 页。

法人类学视角下当代中国伊斯兰教“口唤”制度研究*

——以甘宁青民族地区为例

马　敬**

摘要：“口唤”制度是当代中国伊斯兰教的一项重要教规。“口唤”一词源于阿拉伯语，具有“许可、命令”的含义，其在中国穆斯林特别是在甘宁青民族地区各族穆斯林的婚姻、继承、借贷等民事关系中发挥着重要的作用，是规范穆斯林行为，调整人与人之间关系的“法”。本文从法人类学角度对“口唤”制度同国家法律之间的互补与冲突进行了分析和探讨，提出发掘“口唤”制度的正面功能，抑制其负面影响，进而避免因宗教、民族问题带来的混乱和无序现象，这对维护甘宁青民族地区的民族团结、宗教和睦与社会稳定具有一定的积极意义。

关键词：“口唤”制度　法人类学　伊斯兰教　当代中国

引　言

伊斯兰教自唐代传入中国以来，作为一种异质文化经历了与中国传统文化的冲突、改造和融合之后，成为以信仰伊斯兰教的中国人为载体，以伊斯兰文明和中华文明为底蕴的中国宗教，即中国的伊斯兰教。与正统的

---

* 本文系国家哲学社会科学基金资助项目“甘宁青民族地区法律执行与社会稳定研究”（项目批准号：13BMZ005）的阶段性研究成果，已发表于《甘肃政法学院学报》2016 年第 4 期，《中国人民大学复印报刊资料·宗教》2016 年第 6 期全文转载。

** 马敬，男，回族，甘肃兰州人，讲师，清华大学法学院 2015 级博士研究生。

伊斯兰教相比，中国的伊斯兰教因其具有的上述特征，形成了有别于正统宗教的一些传统。日本宗教学者森木あんり教授在谈到宗教正统的规定与体现信仰实践的关系时，认为二者之间必须存有一定程度的“ゆとり”（余裕）。如此，传统就能在这个“余裕”的空间里生息下来，成为“活的传统”，更进一步发挥自我变革和适应的能力。[①] 而中国伊斯兰教的这些“活的传统”在具体实践上一般体现在宗教教规之中。

“口唤”制度就是其中较具代表性的一项宗教教规，其对于中国穆斯林，特别是对生活在甘肃、宁夏、青海等民族地区的少数民族，如回族、东乡族、撒拉族、保安族等来说，是日常生活和社会交往中的一项重要规则，涉及婚姻、继承、借贷等诸多民事关系领域。因此，从法人类学的角度来观察、研究当代中国伊斯兰教的“口唤”制度是如何规范穆斯林行为，调整穆斯林之间关系，构建穆斯林社区秩序以及实现相应社会控制功能等问题对于维护甘宁青民族地区的民族团结、宗教和睦与社会稳定具有一定的积极意义。

一 “口唤”制度的产生——从信仰到规范的嬗变

“口唤”为中国伊斯兰教用语，是阿拉伯语“许可、命令”（Idhn）一词的汉语意译。根据《中国伊斯兰百科全书》的定义，汉语语境中的“口唤”一词主要包含以下三层含义。其一，许可。《古兰经》中规定，“不得真主的许可，任何人都不会死亡，真主已注定各人的寿限了”（3：145）。[②] 其二，命令。“我派遣使者，只为要人奉真主的命令而服从他”（4：64）。其三，中国伊斯兰教信奉苏菲主义的各门宦教主向教众表达的意愿也称为“口唤”。[③] 教众遇事向教主取得同意或许可则称为讨取

① 〔日〕森木あんり. アジア神学講義：グローバル化するコンテクストの神学 [M]. 东京：創文社，2004，第 31 页。

② 《古兰经》，马坚译，中国社会科学出版社，2013。按照习惯，对于后文《古兰经》的引用体例全部以章、节表示，如 1：2 表示引自第一章的第二节。

③ 苏菲主义是伊斯兰教中的神秘主义，“苏菲”（Sufi）一词系阿拉伯语音译，其词源有多种说法，如“羊毛”“清洁”“智慧”等。门宦是中国伊斯兰教概念，其词源自汉语的门阀、宦门，引申为教团、体系，是苏菲主义教团在中国西北地区传播过程中产生的衍生物。

“口唤”。[①]

伊斯兰教传入中国以后，大量的阿拉伯语词通过直接音译转换为汉语词，成为只有中国穆斯林才能理解的词语，如“伊玛尼”（信仰）、“朵斯提”（朋友）等等。除此之外，还有不少阿拉伯语词借由汉语的单字组合形成具有一定宗教含义的特殊汉语词语。“口唤”一词便属于这种较为特殊的情况。东汉许慎在《说文解字》中解释“口”为“人所以言食也”，“唤”为“呼也”。传统汉语情境当中，“口”与“唤”是两个使用频率较高的汉字，但二字连用为一词使用的情况则比较少见。千百年来，中国的穆斯林却将“口”与“唤”二字同“许可、命令”的含义联系起来，自造出了“口唤”这一颇具中国伊斯兰教特色的汉语词。“口唤”一词的原始出处现已很难进行考证，但其早已深入中国穆斯林生活中的方方面面且具有重要的意义。

伊斯兰教为天启宗教，即由独一真主安拉（Allāh）的“启示”而生的宗教。[②]《古兰经》则是对安拉“启示”的忠实记录，是伊斯兰教的神圣经典，指导和规范着穆斯林的行为和生活。而源于《古兰经》的“口唤”一词，因其具有的神圣性（sanctity），被中国信仰伊斯兰教的许多民族奉为金科玉律并加以神圣化（sanctify），成为教规，完成了其由宗教信仰转变为宗教规范的过程。“口唤”制度作为规范穆斯林行为、调整人与人之间关系的“法”，是中国穆斯林在日常交往中需要遵守的重要规则，影响深远，在民间诗歌、传说、故事中均有身影，例如回族中就广泛流传着《要口唤》这一民间故事：

> 回族男青年哈三在旅途中经过一个果园，因为饥渴难忍，在没有取得果园主人“口唤”的情况下私自摘了一枚果子充饥。哈三事后非常懊悔，又主动去果园主人处认错，希望得到他的“口唤”。主人不同意，提出只有哈三同意娶他那又丑又傻的女儿为妻才能给“口唤”。虔诚的哈三同意主人的条件，娶了他的女儿。但在新婚之夜，哈三却惊喜地发现新娘是一位聪明美丽的姑娘。

---

① 中国伊斯兰百科全书编辑委员会：《中国伊斯兰百科全书》，四川辞书出版社，2007，第 298 页。

② “安拉”系阿拉伯语音译，是伊斯兰教经典《古兰经》中宇宙最高、独一的主宰神名称。

在这则宗教劝喻意义很强的民间故事里，哈三基于虔诚的信仰遵守了神圣的“口唤”制度并最终得到圆满的回报。从宗教角度考量，故事体现出伊斯兰教要求穆斯林诚实守信、遵守教规，但如果从法人类学角度考察则可以看出“口唤”制度作为一种习惯法在规范穆斯林团体内部秩序中发挥的重要作用。

二 “口唤”制度在甘宁青民族地区的实践——习惯法意义上的规范与调整

2010年第六次全国人口数据普查公告资料显示，目前仅生活在甘宁青地区的回族人口数就已达4283918人，其中甘肃省1258641人，占全省总人口的4.92%，宁夏回族自治区2190979人，占全区总人口的34.77%，青海省834298人，占全省人口的14.83%，如果再加上东乡族、保安族、撒拉族等其他穆斯林民族的人口数，甘宁青地区大约生活着500万穆斯林，占三省区总人口的13%以上，而穆斯林人口中的相当一部分都集中于民族自治地方。[①] 在这些宗教氛围浓厚的民族地区，受伊斯兰教影响的穆斯林习惯法是影响当地社会秩序的重要社会规范。“口唤”制度作为穆斯林习惯法中的一项重要内容，规范和调整着甘宁青民族地区穆斯林内部的各种民事行为和关系。

宗教在界定“人”与“神”之间地位的同时也规范和调整着人与人之间的行为和关系。“口唤”制度据此也可二分为真主对人的“口唤”和人与人之间的“口唤”。

（一）真主对人的“口唤”——敬畏与服从

源自《古兰经》的“口唤”制度，具有的效力自然出自伊斯兰教的唯一真主安拉。伊斯兰教认为，真主规定了人世间的一切规则，安排了生老病死，设置了贫富强弱，一切皆由真主主宰。因此，真主的“口唤”不容违背，凡是穆斯林都要遵循真主的“口唤”行事，故穆斯林在处理事情时

① 中华人民共和国国家统计局：《2010年第六次全国人口普查主要数据公报》，http：//www.stats.gov.cn/tjsj/tjgb/rkpcgb/，发表时间：2011年4月28日，最后访问时间：2015年9月17日。

往往会说“因沙安拉”（Insha’ allah），[①] 即体现对真主“口唤”的敬畏。

这种对真主“口唤”的敬畏，极大影响了穆斯林面对生老病死时的态度。例如当某位穆斯林因疾病或意外不幸去世，其他穆斯林会说，这是他的“口唤”到，意即他的去世是真主的“口唤”所定，疾病或意外只是个“塞白卜”（Sabab）。[②] 从宗教学角度来看，这种意识体现了穆斯林在信仰上对于真主“口唤”的服从。但如果从法人类学或法社会学角度来考察，穆斯林这种在教法影响下产生的意识也是“法意识”的一种，即日本法学家川岛武宜所讲的“法的感觉”或“法的感情”。[③] 这种“法意识”在甘宁青民族地区的纠纷解决中有着重要的影响。我们在甘肃省临夏回族自治州东乡族自治县进行田野调查时，就得到这样一个案例：

> 2014 年 5 月 12 日，某村农民马某（东乡族）为当地某建筑施工队运沙，在一次运输过程中，其驾驶着运沙车意外坠下山崖，不幸去世。马某去世后，他的家属与建筑施工队的负责人李某（汉族）就赔偿问题发生争执。马某家属要求赔偿 20 万元，而李某只肯出 10 万元。马某的家属及其家族中人在情绪激动之下控制了施工现场，要讨个“说法”。李某无奈之下请来一位在当地具有较高威望的东乡族老人进行调解。调解人在详细了解双方情况后，分头做了工作。他从宗教的角度劝说马某的家人，说这是马某的“口唤”到，意外坠崖这件事只是“塞白卜”，不能因为意外事件而对真主的“口唤”视而不见，更不能以此去发“人命财”。同时，他劝李某适当提高一些赔偿金额，对他说，我们是穆斯林，也不会多要你的钱，只是要你安慰一下家属就行了，毕竟是一条人命啊。最后双方都接受了老人的调解，以 13 万元的赔偿金额结束了这一场纠纷。

从这个案例中我们可以看出，调解人在纠纷解决中通过从宗教角度强

---

① “因沙安拉”系阿拉伯语音译，意为“如果真主许可的话”。

② “塞白卜”系伊斯兰教义学用语，阿拉伯语音译，意为“途径”“缘由”“条件”“手段”等。

③ 〔日〕川岛武宜：《日本人的法意识》，胡毓文、黄风英译，吉林人民出版社，1990，第 6 页。

调马某的去世是因为真主的“口唤”，一定程度上平息了马某家人的愤怒，避免出现报复性的暴力行为，阻止了事态的进一步恶化，最终达到双方都比较满意的结果。显然，真主的“口唤”在这场纠纷的解决中发挥了重要的作用。马某的家人作为穆斯林，当然认可真主的“口唤”所具有的效力，从而进行克制并做出让步。调解人此时再对李某强调，我们是有信仰的穆斯林，并不是为了多要你的赔偿金，马某去世虽然是真主的安排，但你的赔偿也是对他家人的安慰。如此，调解人巧妙地使双方各自做出了让步，纠纷得到圆满解决。

（二）人与人之间的“口唤”——约束与规范

中国伊斯兰教将真主的“口唤”引申开来，把信仰伊斯兰教的穆斯林之间的“许可”也称为“口唤”。这种人与人之间的“口唤”，大致上可分为亲子之间、夫妻之间、朋友之间、邻里之间的“口唤”等等。在甘宁青民族地区，人们非常重视彼此之间的“口唤”，如果没有对方的“口唤”，自己则不能主张权利。

1. 婚姻关系中的“口唤”制度

（1）结婚时的“口唤”

按照中国伊斯兰教的理解，在穆斯林家庭里，子女结婚必须取得父母的“口唤”，否则既不能得到父母的支持，也不会取得真主的喜悦，情况严重时还会违反教规，遭到族群的孤立、舆论的批判，甚至被迫与家人断绝关系，远走他乡。在当代中国，一般而言，穆斯林家庭中的父母并不会对子女的婚事过多干涉，除非子女与非穆斯林通婚。因为按照《古兰经》规定：“你们不要娶以物配主的妇女，直到她们信道。已信道的奴婢，的确胜过以物配主的妇女，即使她使你们爱慕她。你们不要把自己的女儿嫁给以物配主的男人，直到他们信道。已信道的奴仆，胜过以物配主的男人，即使他使你们爱慕他。”（2：221）因此，如果子女想与非穆斯林结婚，父母必然没有“口唤”且会千方百计加以阻挠。作家霍达在其著作《穆斯林的葬礼》中描写的回族女孩韩新月与汉族老师楚雁潮之间的曲折恋情就生动地反映了这种状况。

在甘宁青民族地区，父母的这种“口唤”对子女更具约束力。通常情况下，跨越宗教、民族的恋情并没有太大的生存土壤。但随着社会发展，民族地区对外交流扩大，现在穆斯林与非穆斯林之间通婚的情况也时有发生，且主要是男性穆斯林在取得父母的“口唤”之后，迎娶皈依伊斯兰教的女性为妻。我们在东乡族自治县某村进行田野调查时就了解到，村里目前还没有出现过上述这种非穆斯林通过加入伊斯兰教同穆斯林通婚的情况，但是据说附近的村子有两位东乡族男青年大约在十年前分别娶了在外打工时认识的四川籍汉族女性，为她们举行了入教仪式，使她们成为穆斯林。现在这两位四川汉族妇女的穿衣打扮、言行举止已和普通的东乡族人一般无二，基本融入了当地的生活之中。至于这里的东乡族女青年外嫁非穆斯林的情况，村人表示闻所未闻，并称附近村庄从未发生过这种事，因为“这种事太大，我们不可能不知道！”①

（2）离婚时的“口唤”

伊斯兰教重视婚姻家庭的稳定，不提倡离婚，但也不禁止离婚。如果夫妻感情破裂或者矛盾重重导致双方无法共同生活下去也可以离婚。但在甘宁青民族地区，存在一种特殊的离婚规范：当夫妻双方感情破裂，实在无法挽回而要离婚时，妻子必须取得丈夫的“口唤”，婚姻关系才能得到解除。这种离婚时的“口唤”在当地影响较大且历史久远，如青海省在解放前就流传着这样一首“花儿”（民歌）：

> 星宿海荒滩里背沙子，一辈子，黑天半夜的苦哩；
> 带信给姊妹你嫁去，要着气，你去时我口唤有哩。②

这首“花儿”描写的是过去的回族男子为了生存，去黄河源头的星宿海背沙做苦工而长期无法回家，只好托人带信给妻子“口唤”，同意她出门改嫁他人。关于这条离婚的规范，当地一般俗称为“打三休”，即丈夫说三次休妻的话，就可以与妻子离婚。因为按照《古兰经》的规定，“休妻是两次，此后应当以善意挽留〔她们〕，或以优礼解放〔她们〕。”（2：229）“如果他休了她，那么她以后不可以做他的妻子……”（2：230）（该节指第

① 村民马某访谈录，2014 年 7 月 28 日。

② 马桂花：《青海河湟“花儿”的保护、传承与发展》，《群文天地》2014 年第 4 期，第 4 页。

三次休妻)。[①] 这条教规赋予了丈夫在婚姻关系中的强势地位，而妻子处于弱势。按照伊斯兰教规，丈夫如果想离婚，只需在两个理智健全的公证人面前对妻子说三遍如“离婚”“不要了”之类休妻的话，婚姻即告结束。此外，伊斯兰教也允许当丈夫有生理缺陷、虐待妻子等情形时由妻子一方提出离婚，称为“倒休”。不过妻子的这种“倒休”必须建立在返还聘礼进行经济补偿并取得丈夫“口唤”的基础之上。所以在实践中，妻子想离婚，如果没有丈夫的“口唤”还是难之又难，故民间也有“男子离婚一张嘴，女子离婚一辈子死”的说法。在这种情况下，如果妻子坚持离婚并起诉到法院，由法院来判决二人离婚，可以解除双方在国家法律上的夫妻关系。但是，由于没有取得丈夫的“口唤”，宗教上的夫妻关系仍然不能解除，妻子没有再婚的权利，以后不能改嫁他人，否则就是“非法”的婚姻，需要承受巨大的社会压力。在实践中，许多遭遇这种状况的妻子不得不再次求助于法院，希望法院能从中调解以使她们取得丈夫的“口唤”，获得自由身。法院在面对这种情况时也倍加困扰，因为法律程序已经结束，如何再去调解是一个令法官们头疼的问题，由此也产生了不少缠讼的现象。所以，法院在面对类似案件时，往往不轻易判决，而是采取多次调解的拖延策略，尽量使案件能够以调解结案以避免后续的麻烦。据青海省高级人民法院对青海省某县人民法院 1990 年 1 月至 10 月婚姻案件受理情况进行的统计，因“口唤”问题起诉到该法院的案件共有 14 件，占到总案件数的 23.1%。[②] 由此可见，因“口唤”引起的离婚案件在甘宁青民族地区确实比较常见。如今 20 多年过去了，这种情况仍不少见。我们在田野调查期间，对甘肃省东乡族自治县人民法院的法官及当地人进行访谈时也了解到这样的案例：

> 2014 年 1 月，东乡族自治县某村村民苏某向法院起诉，要求判决与其丈夫马某离婚并分割家庭财产，折算现金后补偿她 12 万元。马某坚决不同意离婚，在众人面前明确表示不给苏某“口唤”，说即使法院判离也没有用。法院受理后，法官和当地的人民陪审员一同对双方进

① 同样信奉伊斯兰教的维吾尔族也有相同的“特拉格”（Talaq，意指休妻）方式，即丈夫口出三遍“特拉格”，妻子就必须马上离开，复婚也永无可能。

② 青海省高级人民法院研究室：《以“口唤”形式离婚是不合法的》，《法学杂志》1991 年第 4 期，第 25 页。

行了多次调解，但均告失败。在这种情况之下，法官准备判决双方离婚，由马某支付苏某 45000 元。可就在判决的前一天，苏某又找到法官要求撤诉，理由是“必须要取得马某的‘口唤’，法律的手续可以不要，但‘口唤’不要不行”。并要求法官继续帮忙进行调解。无奈之下，法官又多次调解，最终以马某给予苏某“口唤”并支付给苏某 25000 元的条件调解成功。

按照离婚时的“口唤”制度，如果是由妻子提出离婚，必须要给予丈夫相应的经济补偿。在这个案例中，如果依照法院的判决，苏某同马某离婚后可以获得 45000 元的财产补偿，但为了取得马某同意离婚的“口唤”，她宁愿放弃部分财产，最终只得到 25000 元。显然，在苏某的认识中，“口唤”的重要性超过了国家法律，也即她所说的“法律的手续可以不要，但‘口唤’不要不行”。对此，法院的态度也是无奈的，为了能比较圆满地解决这个案件，使当事人双方满意，法官只好再去做调解工作。这种关于离婚的“口唤”制度在常人看来是难以理解的，但在当地人看来却是普通的“常识”，他们认为这是解除婚姻的必要条件，如果不遵守这个制度就违背了伊斯兰教规，于“教门”不合。[①]

2. 继承关系中的“口唤”制度

按照中国伊斯兰教的规定，一位穆斯林在去世前要请阿訇为其念临终“讨白”（Taubah），[②] 并将子女召集起来，分别给他们留下“口唤”，安排自己的身后事，处理自己的财产。在这里，“口唤”又具有了“遗嘱”的含义，且因其兼具的宗教意义，在穆斯林看来更有约束力。

通常情况下，临终时的“口唤”主要包括三层意思。第一层是将逝之人与其他人之间的“谅解”，双方会将过去彼此之间的嫌隙解释清楚，以使将逝者坦然，生者安心。第二层意思是将逝者安排自己的身后事该如何操办，如邀请哪些清真寺参加，哪位阿訇主持，离世后纪念日的安排，等等。第三层意思就是现有财产如何继承的问题。伊斯兰教关于遗产继承的制度规定得较为详细，但因为历史、宗教、经济、文化等多方面因素的影响，

① “教门”系中国伊斯兰教用语，是穆斯林对于伊斯兰教的一种代称。

② “讨白”系阿拉伯语音译，意为“悔过”“忏悔”等，其意在防止生前偶然疏失、尚未来得及悔改的罪过。

一些规定在如今看来存在不少缺陷。如《古兰经》中规定：“一个男子，得两个女子的分子。”（4：11）这就造成了男性和女性在遗产继承权利上的不平等。伊斯兰教认为遗产的继承是根据男女不同的分工和责任确定的。由于男性一般要承担家庭的负担，因此在遗产继承方面，男性应当是女性的两倍。而且在甘宁青民族地区，由于受到中国传统出嫁女一般不再继承家庭遗产观念的影响，往往也不给出嫁女分配遗产，就是要分，也不会超过男性继承人的一半，这一点在临终“口唤”中常可见到：

> 2014 年 12 月，甘肃省某市一位 83 岁的回族老人马某（女）临终时，在四个子女（两男两女）前留下“口唤”，将她与丈夫（已去世）共有的四套住房（均约 50 平方米左右），一间铺面（约 10 平方米）分给子女。长子得到铺面和一套住房，次子得到两套住房，两个女儿共得一套住房。

据我们事后了解，案例中的四个子女对马某的“口唤”并没有异议，均同意了老人的安排，这其中既有对老人遗愿的尊重，也有对“口唤”制度的认可。

3. 借贷关系中的“口唤”制度

在伊斯兰教看来，给人借钱以解他人之需是一个值得嘉许的行为，但如果以收取利息为目的或明知其用途非法而借钱，则是“非法”行为。在中国穆斯林之间的借贷关系中，债权人对债务人享有“口唤”的权利，即可以通过给“口唤”的方式延期甚至免除条件困难人的债务，以这种善行获得宗教意义上的善功。

这种借贷关系中的“口唤”也是出自《古兰经》，“如果债务者是窘迫的，那么，你们应当待他到宽裕的时候；你们若把他所欠的债施舍给他，那对于你们是更好的”（2：280）。相反，如果债务人恶意不偿还债务，则要承担宗教上的压力。因为伊斯兰教认为恶意拖延、不偿还债务是一种丑恶、可耻的行为。据传伊斯兰教的圣人穆罕默德就曾说过“富人拖延债务是不义行为”。[①] 因此，一些穆斯林在临终前会将自己的欠债尽量还清，以求得宗教上的安宁。我们在田野调查时，就借贷关系中的“口唤”问题进

① 祁学义译：《布哈里圣训全集》，宗教文化出版社，2008，第 76 页。

行了访谈，一位受访者的说法颇具代表性：

> 比如差（欠）着别人账的事情，（如果）你（债务人）真正偿还（债务的）能力没有，那你（债权人）“口唤”不给（债务人）做啥呢（有什么用）？咱们这个（伊斯兰教法）专门给“口唤”上也有一条（规定），比如说是你差了我的账，（可）你一直不还，（到）最后你去世了，我也去世了。这样以后，无常以后你（债务人）没给人还钱（是）要（遭受）火狱的罪（惩罚）哩，而我（债权人是有权）要看你是怎么被火狱烤（受刑）的。这说明了（欠别人钱不还是）不好（的事情）么。所以，咱们穆斯林（之间）没有多大的事（情），不到一百一上（俗语，意指不到迫不得已），你（债权人）给人家（债务人）的“口唤”要给呢。（如果）“口唤”不给的话给（对）你个人（影响）上也不好。①

这段对借贷关系中“口唤”问题的表述比较符合伊斯兰教的规定，既指出了债权人可以免除无偿还能力债务人的债务，也评论了欠债不还在宗教上要承担的后果，最后得出结论，认为能给“口唤”就尽量给，这也有利于自己在宗教上的修养。

4. 西北伊斯兰教门宦的“口唤”制度

明末清初，伊斯兰教的苏菲主义传入中国西北的甘肃、宁夏、青海等穆斯林聚集地区后迅速发展起来，使得当地穆斯林中开始出现教派分化，最终形成了中国伊斯兰教的四大门宦及其四十多个支系。② 门宦制度的一个显著特点就是大多数门宦都有教主（或称道祖、老人家），其身份、权力、地位基本代代世袭。此外，门宦不同于中国伊斯兰教一般松散的教坊制，③ 其具有较为严密的组织形式，内部结构呈金字塔形，由教主—热依思（Ra’

---

① 高其才、马敬：《乡土法杰 5：陇原乡老马伊德勒斯》，中国政法大学出版社，2014，第 136 页。

② 四大门宦指虎夫耶、嘎德林耶、哲合忍耶、库布忍耶，各个门宦的教民人数从数万到数十万不等。

③ “教坊”系指以清真寺为中心一个社区全体穆斯林所形成的独立的、地域性的宗教组织单位。

is）—阿訇—教民组成的四级教权结构。①

在这种框架关系下，门宦教主既是宗教领袖，也是世俗权威，他对于教民的命令和许可也被称为“口唤”。历史上，在门宦控制下的民族地区的宗教事务、户婚、钱粮、词讼等民政事务大多由教主管辖。教民对教主的“口唤”要无条件服从和遵守，教民只能“服从唯谨，虽令之死，亦所甘心”。② 同时，教民个人在宗教、家庭生活等事务方面需要做出决定前也要向教主讨取“口唤”，获得其同意后方能实行。1958 年我国进行宗教改革后，门宦教主的特权被废除，其控制地区的普通教民得到解放。当时，宁夏回族自治区西吉县流传的一首民歌就生动反映了这一状况：

> 迷信根子大家挖，马文贵谋着坐天下。
> “四二”“五八”下“口唤”，为的是他家的牛羊马。③

随着时代的发展，门宦逐渐世俗化，教主作为精神领袖和世俗权威的影响力变得非常有限。但由于历史、宗教、传统等多方面因素的作用，门宦中的普通教民仍然比较看重教主的“口唤”，凡事以取得教主的“口唤”为荣，认为“口唤”可以使其行为获得一种习惯法意义上的“合法性”。所以，当代中国伊斯兰教门宦的教主们大多在各级人大、政协中任职，协助党和国家处理民族地区的社会事务，为维护民族团结和社会稳定发挥着不小的作用。

三 “口唤”制度与国家法律的互补与冲突

法人类学注重不同文化之间的相互理解，其研究具有相对性，即主要研究相对于国家法律而存在的非官方法，运用人类学的理论和方法解释法律问题。当代中国的法人类学也主要是研究我国少数民族地区特有的、有别于国家法律的少数民族习惯法。“口唤”制度作为甘宁青民族地区信仰伊

① “热依思”系阿拉伯语音译，原意为“主席”“首领”，是门宦教主派往某一地区的教务代理人，指导宗教活动，委派阿訇，管辖若干清真寺。

② 慕寿祺：《史料五编——甘宁青史略（第六卷）》，广文书局有限公司，1972，第 38 页。

③ 唐可权、王桂兰：《封建势力被打倒，妇女解放搞生产——宁夏西吉回族妇女以实际行动迎接自己的节日》，《中国穆斯林》1959 年第 4 期，第 18 页。

斯兰教的各民族的习惯法，尽管其不被国家法律所认可，但在实际生活中却规范着人们的日常生活。此外，“口唤”制度代表着伊斯兰文化，其与中国传统文化之间的冲突与协调也是法人类学应当关注的重要内容。因此，如何正确认识和对待“口唤”制度，进而维护甘宁青民族地区的宗教和睦、民族团结、社会稳定是值得我们认真思考的一个问题。

（一）“口唤”制度与国家法律的互补

国家法律作为最重要的一种规范，其所发挥的作用并不是万能的。人类社会秩序的维持仍有赖于其他社会规范的共同作用，非官方法就是这些社会规范中的重要一元。但是，非官方法在其实施过程中必然存在正面和负面作用，如千叶正士就认为非官方法“对官方法的有效性有某种明显的影响，换句话说，它们具有这样一些功能：明显地补充、反对、修正甚至破坏官方法，甚至国家法”。[①] 因此，在倡导法治的当代中国，应当慎重对待非官方法并积极发掘其正面价值，使之成为国家法律的有益补充。

伊斯兰教在甘宁青民族地区已经存在了上千年，其对于信仰伊斯兰教各少数民族的影响广泛而深远。伊斯兰教规也早已成为规范和调整穆斯林日常行为的重要规则，代代相传，遵行不悖。因此，作为伊斯兰教规的“口唤”制度在甘宁青民族地区的穆斯林当中具有强大约束力和控制力是一个不可否认和忽视的社会现实，且在未来相当长的一段时间内仍将作为一种习惯法继续发挥着作用。在“口唤”制度的约束和规范下，穆斯林尊重他人的合法权利，积极履行自己的义务，进而提升内在道德修养和水平。虔诚的穆斯林不仅不会去违反国家法律，而且还会主动去维护国家法律。因此，国家法律对于符合社会主义法治理念的这种习惯法应当以一种包容的心态去认可它并通过它去解决棘手的民族和宗教问题，不能因其背后的宗教属性就漠视甚至敌视它。

在甘宁青民族地区，每当发生与民族、宗教有关的纠纷时，当地政府或司法机关往往颇感棘手，一旦措施不当，很容易引起更大的社会问题，不利于地区稳定。面对这种状况，有关部门在坚持依法处理的同时，应当

---

① 〔日〕千叶正士：《法律多元——从日本法律文化迈向一般理论》，强世功、王宇洁、范愉等译，中国政法大学出版社，1997，第 150 页。

积极引入习惯法辅助解决纠纷以取得更好的社会效果。例如在当地纠纷解决中比较常见的“口唤”制度，其既可以使穆斯林基于共同的伊斯兰教信仰而平息彼此之间的纷争，也可以调处穆斯林与非穆斯林之间的龃龉。上文所述有关真主的“口唤”中马某运沙坠崖身亡，其家属向施工队索赔而引起的纠纷就是灵活适用“口唤”制度，避免事态升级发展成为群体暴力性事件，进而破坏民族团结、扰乱社会秩序的一起典型案例。甘宁青民族地区的国家司法机关在处理有关纠纷案件时要充分考虑当地的社会实际，理解并尊重“口唤”制度在穆斯林心中的地位，在国家法律允许的范围内，以不违反国家法律为基本前提，包容并认可“口唤”制度在纠纷解决中的地位和作用。如此，可以最大限度地消除因不同宗教、民族背景引发的矛盾，从而弥补国家法律无法解决所有社会纠纷的局限性。这样，作为习惯法的“口唤”制度就可以在纠纷解决中发挥出更大的作用。

（二）“口唤”制度与国家法律的冲突

在甘宁青民族地区生活的穆斯林因其独特的伊斯兰文化背景，其认识上有时与社会主流文化并不相同，具体到对国家法律的认识上来看：首先，《古兰经》中明确提到穆斯林要遵守所在国家的法律，“信道的人们啊！你们当服从真主，应当服从使者和你们中的主事人。”（4：59）显然，有信仰的穆斯林应当遵守国家法律，这既是作为公民的义务，也是作为穆斯林的义务。但千年来由于受到伊斯兰文化的深刻影响，甘宁青民族地区的穆斯林每当碰到伊斯兰教规与国家法律相抵触的事实时，心理上往往会出现倾向于选择伊斯兰教规而忽视国家法律的状况。对于这种现象，正如人类学家法勒斯所描述的那样，一些人群“很少谈论法律，即关于侵害这一概念的边界。取而代之的是，他们谈论‘事实’——关于发生了什么——而不描述这些事件的法律重要性”。[①] 在此种心理状态下，穆斯林仍然惯于使用伊斯兰教规作为调整机制来规避国家法律的介入。长此以往，必然侵蚀国家法律并使之边缘化。哈贝马斯对此也有所论述，他认为国家法律条文与社会作用之间存在着一种缺口，民众在缺口下规避国家法律，“用私下协议、犯

① 〔英〕西蒙·罗伯茨：《秩序与争议——法律人类学导论》，沈伟、张铮译，上海交通大学出版社，2012，第133页。

罪者和受害人之间可以讨价还价的调解以及类似的做法来代替政府刑事诉讼，也加剧了‘规范侵蚀’（Norm erosion）和可疑的‘共识取向’趋势”。[①]

事实上，甘宁青民族地区的“口唤”制度与国家法律之间存在着冲突，一定程度上撕裂了人们关于法治的共识。所以，我们也要客观、正确地看待“口唤”制度存在的消极因素和负面影响。前文所述人与人之间的“口唤”中有关离婚时的“口唤”制度就明显与《中华人民共和国婚姻法》第二条“实行婚姻自由、一夫一妻、男女平等的婚姻制度”的规定相冲突。丈夫通过“口唤”限制和损害了妻子以后再婚的自由和权利，使夫妻双方在婚姻中处于严重不平等的地位。甚至在一些比较极端的案例中也有个别夫权思想极重的丈夫，不通过公证人而只凭自己的“口唤”就解除与妻子的婚姻关系。这种行为，既违反了国家法律，也违背了伊斯兰教规，是一种“双重违法”的行为。在合法权益受到侵害的这些妻子当中，一部分人积极运用法律武器来为自己争取合法权利，但有些人还是迫于社会舆论和宗教压力，选择了忍气吞声。由此，“口唤”制度的负面作用和消极因素彰显无疑。

此外，国内有学者认为这种宗教教规在事实上存在着“替代”国家法律的危险，认为“这种替代性，其一是在具体行为调整上由宗教规范、训诫代替了国家法律；其二，国家法律不作为，宗教教规大行其道，导致整体社会秩序混乱无序”。[②] 从前文所述的苏某诉马某离婚一案中我们就会发现这种担心并非杞人忧天，确实存在着潜藏的危险。该案例中，一方面苏某、马某都极其重视“口唤”制度在婚姻关系里的强大约束力，苏某宁可要求撤诉也要换得马某的“口唤”。另一方面当地法官也深谙这种“地方性知识”，明白在“口唤”制度的压力下如想要彻底解决这件离婚纠纷只能通过再次调解，不然后续产生的问题会变得相当棘手。尽管这件纠纷最后在以苏某损失 20000 元代价的条件下调解成功了，但是从中也可看出“潜藏的危险”，即国家法律在一定程度上被宗教教规变相“替代”了。我们不难想象当地民众对此案会有何种看法，这种调解结果与其说是国家法律的“成功”，毋宁说是“口唤”制度的“胜利”。显然，在这种认知下，国家法律

---

① 〔德〕哈贝马斯：《在事实与规范之间——关于法律和民主法治国的商谈理论》，童世骏译，生活·读书·新知三联书店，2003，第 570 页。

② 冯玉军：《关于国法与教规关系的四点看法》，《中国民族报》2015 年 8 月 4 日，第 6 版。

的威严被弱化，而宗教教规的影响得到强化。

当代中国社会出现这种状况令人不安，但其存在确实有着一定的社会基础和条件。其中，甘宁青民族地区宗教氛围浓厚只是一个原因，更重要的是当地经济、社会发展水平远远落后于发达地区。以该案发生地东乡族自治县为例，该县2014年农民人均纯收入只有3237元/年，[①] 而据我们多方了解，现在当地农民娶妻所花的费用一般在12万元左右（包括聘礼、金饰、婚礼花费等等）。由此简单测算，一位东乡族男子如想娶妻结婚，其经济花费约是年均纯收入的40倍左右。如此巨大的婚姻成本使得东乡族男子不得不格外重视其手中的“权利”，运用“口唤”制度来限制妻子的离婚自由，否则他就很可能面临“人财两空”的后果。因此，我们认为在当地目前社会经济发展水平下，离婚时的“口唤”制度不仅无法通过国家法律或政府行政措施予以彻底消除，反而会在一定范围内长期存在下去，继续在甘宁青民族地区婚姻关系中发挥规范和调整的作用。

四　结语

英国人类学者泰勒从文化相对主义观点出发，认为“关于好与坏，关于正义与非正义的准则，对于一切时代的一切人并不是一样的”。[②] 伊斯兰文化在甘宁青民族地区已落地生根千余年，自有其存在的价值与意义。而“口唤”制度作为伊斯兰文化影响下一种深具规范力和约束力的穆斯林习惯法，能够起到弥补国家法律局限、规范穆斯林行为、促进民族团结、维护社会稳定的积极作用。当下，国内学界大量田野调查的民族志材料也可以充分证明民族地区种种有别于国家法律的少数民族习惯法非但没有退出历史舞台，反而在当地的社会秩序维持中发挥着不小的作用。有鉴于此，我们应当认真思考如何发掘“口唤”制度的正面功能，抑制其负面影响，进而避免因宗教、民族问题带来的混乱和无序现象，以推动甘宁青民族地区宗教和睦、民族团结与社会稳定。

① 东乡县人民政府：《东乡县2015年度政府工作报告》，http：//www.dxzzzx.gov.cn/show.asp?id=4806，发表时间：2015年2月16日，最后访问时间：2015年12月20日。

② 〔英〕泰勒：《人类学：人及其文化研究》，连树声译，广西师范大学出版社，2004，第385页。

封闭与开放：贵州清水江苗疆社会转型之历史经验

程泽时*

摘要： 明清时期，贵州清水江苗疆，从游猎社会向农耕社会缓慢转型；民国时期，从农耕社会向工业社会艰难转型。从封闭转向开放，需要突破诸种历史观念桎梏。

关键词： 苗疆　社会转型　封闭　开放　经验

中国的社会转型，特别是向工业社会转型，一般追溯到近代的洋务运动。此前虽然早在明清时期，贵州东南部的清水江苗疆就有金、银、铅矿开采，但都是在官府严密监控下进行的。① 笔者阅读清水江文书，看到民国初年一件开设石灰窑厂诉讼案的四则状稿，才恍若有悟：观念的因素曾经制约过苗疆的社会转型，或许还可能继续起作用。本文上溯至明清时期贵州清水江苗疆从游猎社会向农耕社会的转型，继而探讨民国时期从农耕社会向工业社会之转变，从而得出某些历史启示。

一　贵州清水江苗疆农耕社会的形成及其封闭性

（一）贵州清水江苗疆农耕社会的形成

宋朝锦屏一带的清水江苗疆，并没有设立屯军，苗民还不习惯躬耕田

---

* 程泽时，男，1975 年生，湖北阳新人，贵州师范大学法学院教授，硕士生导师，法学博士，主要研究方向为法律史与经济法。

① 清雍正、乾隆年间天柱县就有多处金矿开采。参见中国人民大学清史研究所、中国人民大学档案系中国政治制度史教研室合编《清代的矿业》（上册），中华书局，1983，第 560 ~ 563 页。明朝今锦屏一带就有银矿开采。参见《三营记》，载《锦屏县志（送审稿）》，第 1136 页。

亩的生活。锦屏县的诸葛洞，至今保留一南宋景定二年（1261 年）的《戒谕文》碑铭，其中，靖州知府张汉英对苗民训示如下：

> “我朝大观初元，筑隆州于湖耳，道（越）十年而废之，自是不沾王化者几二百年。……弃尔弓弩，毁尔牌甲，卖剑买牛，卖刀买犊，率丁男少壮，从事田亩，男耕女织，各归圣化，永为良民。毋操刀挟弩以仇杀，毋偷牛杀马以生事，毋坐草捉人以徼富，毋抵抗课税以欺官……”①

北宋大观元年（1107 年），在湖耳设隆州，后废弃。南宋景定二年（1261），靖州知府徐广靖边到锦屏新化（隆里附近）一带被诱杀。同年夏，继任知府张汉英（诰封开国伯）调兵进攻“湖耳诸苗穴”，大加杀戮，并在当地诸葛洞内刊刻以上《戒谕文》。可见，宋朝锦屏一带还是不知王化、不习“男耕女织”的生苗之地。

贵州清水江苗疆的农业社会的形成，应该主要得益于明代屯军。明洪武十八年（1386 年）四月，“置五开卫指挥使司。思州诸洞蛮作乱……蛮寇出没不常，闻王师至，辄窜匿山谷；退，则复出剽掠。…乃于诸洞分屯立栅，与苗民杂耕……”② 明洪武十九年（1387 年）十二月，“湖广都指挥使司施州、崇山、大庸、五开、黄平、平越等卫军食。上览奏，顾谓户部臣曰：‘崇山、大庸屯种岁久，何（以）乏食？数年来军中无尺寸之功，但知需食，有司而不恤吾民供给之苦。’惟施州从其请，五开等卫亦令军士屯田自食”。③ 洪武二十年（1387 年）九月，“湖广都指挥使司言：‘前奉诏以靖州、五开及辰、沅等卫等新军，选精锐四万五千人，于云南听征。今又令市牛二万，往彼屯种，请令诸军分领以往，庶免劳民发送。’从之”。这里的“五开卫”，即今天的黔东南州的黎平县。“思州府”，即今天的黔东南州的岑巩县。可见，早在十四世纪末，黎平、岑巩、黄平一带的苗疆，苗民还不习惯于农耕生活，还是习惯于类似游牧民族的游猎生活。汉族军屯，

① 姚炽昌选辑、点校、锦屏县政协文史委、锦屏县志办编《锦屏碑文选辑》，第 1 页。

② 《太祖洪武实录》卷 175，页 4，转引自贵州民族研究所编《〈明实录〉贵州资料辑录》，贵州人民出版社，1983，第 49～50 页。

③ 《太祖洪武实录》卷 179，页 9，转引自贵州民族研究所编《〈明实录〉贵州资料辑录》，贵州人民出版社，1983，第 51～52 页。

带来了耕牛和较为先进的农耕技术。

明景泰元年（1450 年）五月，“户部奏：‘湖广偏桥卫言：苗贼攻围城池，杀虏军民，劫夺牛马，原立屯田余粮子粒，烧毁殆尽，牛、种具缺，不能耕种，请蠲其赋。仍令侍郎王一宁于附近处量运米粮，以济其用。’从之”。“偏桥卫”，即今天的黔东南州的施秉县。可见，当时屯军不能从当地获得粮食补给，当地苗民还没有普及农耕技术。

明朝屯军措施，在促进苗疆农业社会形成的同时，其在苗疆采办大木的措施，则在苗疆农业自然经济体系中孕育了一些林业商品经济的萌芽。根据《明实录》记载，明朝一旦确定宫殿庙陵修建工程计划后，就会分别向湖广、四川、贵州三省下达采办大木任务，委派专门官员督办。明朝正德九年（1514 年）十月，为修建乾清宫、坤宁宫，朝廷命湖广巡抚右都御史刘坤、署郎中主事邓文璧到贵州采取大木。此后，为采运大木，多次免贵州苗疆官员进京朝觐，停免清平（今凯里）苗疆卫所的“额造军械”。嘉庆四年（1525 年）八月，工部会廷臣议：“营建仁寿宫，工役重大。今世庙大工方兴，湖广、贵州山林竭空，海内灾伤，料木料价采集甚难…俟世庙完工，推简有才大臣为之总理，仍选部属三人，分行四川、湖广、贵州，募求大木。”牟泰署营膳司郎中事，到贵州石阡、镇远等处，买办大木。[①] 嘉庆二十一年（1542 年），贵州左布政使司叶衍“于采木事宜总理不周”而被革职。[②] 嘉庆二十二年（1543 年）十二月，“上以采木工完，升总督湖广采木工部尚书樊继祖为太子少保，提督川贵大木右都御史潘鉴为工部尚书”。[③] 嘉庆二十三年（1544 年）九月，以督采大木事完，诏赏有关官员银两。“……土司献木恩典，以购大木。……土夷罪可矜疑者，量其轻重，定拟纳赎合式木植及应免罪，复袭替之人。”[④] 嘉庆三十七年（1548 年）闰七月，“以采木，免贵州思州、思南、石阡、铜仁、黎平、镇远六府各州县正

---

① 《世宗嘉靖实录》卷 54，页 1～2，转引自贵州民族研究所编《〈明实录〉贵州资料辑录》，贵州人民出版社，1983，第 708～709 页。

② 《世宗嘉靖实录》卷 263，页 5，转引自贵州民族研究所编《〈明实录〉贵州资料辑录》，贵州人民出版社，1983，第 762 页。

③ 《世宗嘉靖实录》卷 281，页 1～2，转引自贵州民族研究所编《〈明实录〉贵州资料辑录》，贵州人民出版社，1983，第 766 页。

④ 《世宗嘉靖实录》卷 450，页 5～6，转引自贵州民族研究所编《〈明实录〉贵州资料辑录》，贵州人民出版社，1983，第 808 页。

官入觐”。[①] 嘉庆三十八年（1549 年）都司何自然，以采木急，托疾规避而被革职。贵州道御史郭弘化，以谏言采木采珠削籍。[②] 万历二年（1574 年），工部上言：“神木厂收储楠杉大木，出自湖广川贵，每根价银数千，采运劳苦。若任风雨浸淫，坐视朽烂，甚为可惜。”[③] 万历十三年（1585 年），“付奸商魏良海等运常材数株，出洛境被盗卖”。[④] 万历十六年（1588 年）闰六月，贵州宣慰司土舍安国亨参劾四川巡抚委商抢木，但是朝廷认为“商人深入土司采木，前后左右皆是土人，商人何能肆抢？”[⑤] 这是明朝正史关于民间商人到贵州苗疆采木的最早记载。万历十九年二月，“以湖广、四川、贵州三省采运大木事完，加恩效劳各官”。[⑥] 万历二十五年正月，工部复：……贵州地险密夷，夙称空乏，先采运十分之三，仍限六年，分作三运。协济银两，坐派福建、广东各五万，南直、浙江各三万，江西、河南、山东各二万，山西一万。命依拟行。[⑦] 万历三十六年（1608 年）二月，贵州巡抚郭子章言：“坐派贵州采办楠杉大木、柏枋一万二千二百九十八根，该木价银一百零七万七千二百七十一两四钱七分六厘，计着四起查给。一给于开山垫路；二给于运到外水；三给运至川楚大河；四给到京交收，大约该运价二万零二百二十两。见存在库、应追还官及各省直未到银，通共九万八千一百五十六两六钱四分有奇，尚少九十九万九千三百三十四两八钱三分有奇，本省无从措处，乞分派不采木省直起解协济，再议宽限，庶巨材不致稽误，而疲民得以运输矣”。[⑧] 可以设想，明朝大规模的采办大

---

① 《世宗嘉靖实录》卷 462，页 5，转引自贵州民族研究所编《〈明实录〉贵州资料辑录》，贵州人民出版社，1983，第 809 页。

② 《穆宗隆庆实录》卷 15，页 11，转引自贵州民族研究所编《〈明实录〉贵州资料辑录》，贵州人民出版社，1983，第 833 页。

③ 《神宗万历实录》卷 29，页 5，转引自贵州民族研究所编《〈明实录〉贵州资料辑录》，贵州人民出版社，1983，第 867 页。

④ 《神宗万历实录》卷 202，页 6，转引自贵州民族研究所编《〈明实录〉贵州资料辑录》，贵州人民出版社，1983，第 927 页。

⑤ 《神宗万历实录》卷 200，页 11，转引自贵州民族研究所编《〈明实录〉贵州资料辑录》，贵州人民出版社，1983，第 927 页。

⑥ 《神宗万历实录》卷 232，页 3，转引自贵州民族研究所编《〈明实录〉贵州资料辑录》，贵州人民出版社，1983，第 935 页。

⑦ 《神宗万历实录》卷 306，页 4，转引自贵州民族研究所编《〈明实录〉贵州资料辑录》，贵州人民出版社，1983，第 960 页。

⑧ 《神宗万历实录》卷 443，页 6，转引自贵州民族研究所编《〈明实录〉贵州资料辑录》，贵州人民出版社，1983，第 1069 页。

木，会在苗疆形成一批木夫、排夫等专业采伐运输工人队伍。民间商人也随后而来，至少明万历前后确有木商来苗疆采木，运至中原销售。

（二）苗疆农耕社会的封闭性在清代得到不断强化

由于明朝后期严重的财政危机，以及贵州地方持续财政拮据，中央和地方都无力开疆拓土，征服苗疆全境。明天启五年（1625 年）六月，总督贵州蔡复题："海内之穷，惟黔为最，亦为今日为甚。练兵则激犒无资，用兵则悬赏无饵。运米以赡兵，缮甲制器以治兵，则料脚无措。佐饷者，惟屯田、鼓铸二法，利在半岁之后，而枵腹在旦夕之近，事之不能待也。"① 同月，总督贵州蔡复又题"向因饷匮兵逃，一举蹉跌，而黔局又当从头做起。……目前斗米价银五钱有奇，五、六两月势必更踊，兵饿欲僵，窜者斩之不能止。"② 以雷公山为中心的大片生苗区依然在王朝帝国的统辖之外，直到清初新开苗疆六厅。

1. 清朝前期的汉苗隔离，强化了苗疆社会的封闭性

清乾隆初期起，在新开苗疆六厅施行汉苗隔离的特别法。不许汉苗杂居；不许汉族人在新开苗疆置办产业；禁止马贩进入苗疆要区。③

2. 清朝中后期的编联保甲，强化了苗疆社会的封闭性

咸丰以后，黎平府、镇远府在苗疆推行保甲制度。保甲制度和苗疆固有的联款制度，有着天然的相似性和互补融合性。下引一份光绪十七年（1891 年）的保甲条规告示。

> 钦加同知衔·特授镇远府天柱县正堂·加三级记录十次曾为编联保甲、以靖地方事。照得柱邑为黔楚交界之区，管辖插花之地，向系五溪十洞，八达四通，极为辽阔。虽地方瘠苦，而民风顽梗，民情刁悍，素称难治，本县在省闻之熟矣。及莅任后，稽查积年旧案，大者淫虏烧杀，小者刁拐奸情，以及敲磕窃盗等件，层见叠出，殊堪痛恨。若不教之于前，徒为惩之于后，是谓不教而诛。本县当不若是之，忍

---

① 《熹宗天启实录》卷 55，页 8，转引自贵州民族研究所编《〈明实录〉贵州资料辑录》，贵州人民出版社，1983，第 1257～1258 页。

② 《熹宗天启实录》卷 55，页 10，转引自贵州民族研究所编《〈明实录〉贵州资料辑录》，贵州人民出版社，1983，第 1258 页。

③ 周相卿：《清代黔东南新辟苗疆六厅地区的法律控制》，《法学研究》2003 年第 6 期。

也。教之不法，后又科条。其最切便者，莫如编联保甲，设立门牌，俾各村之中，甲长可以约束牌长，牌长得以约束花户，务令安分守己，各谋生业。毋许再蹈前衍，自投法网。倘有不法之徒，不遵约束，有犯条教，许牌甲等投明团保，指名具禀来辕，本县即提案惩办，决不姑宽。该牌甲与团保等，既不得徇情阿比，反是为非，亦不得挟嫌虚诬，指鹿为马。本县另有访闻，一经查出，亦必治以虚诬反坐之罪。合行出示剀切晓谕，为此示仰阖邑绅粮平民人等一体遵照，须知此举原为保护地方，安抚善良起见，尔绅民人等，各宜仰体至意，实力奉行。倘有劣生刁棍，从中阻抗，任意把持，许地团保等禀请签提，照例惩办。本县言出法随，慎毋悔之晚矣。切切凛遵特示。

今将保甲条规开列如左：

——钱粮国课所关，宜早完纳。不准拖欠，违者，治以应得之罪。

——团内不准以下犯上、以少凌长。违者，送县严究。

——编联保甲之法，十家为一牌，十牌为一甲，所有各里团绅，均由本县择贤札委，以专责成。至于牌长、甲首，即由该团绅择优举充。

——保甲原古人守望相助之义，每甲置小锣一面，无分昼夜远近，凡遇有命盗劫抢重案，该处牌长立即鸣锣，齐众捉解县。倘凶犯持械拒捕，格杀勿论。如坐视不理，致彼逃逸，罪坐牌长、邻右、家长。

——各寨如遇邻近诸寨有事，立即鸣锣往救。如赴援不力或坐视不理，唯该寨团首牌长是问。

——门牌图册，今年乃系本县捐廉自办，不取分文。该团保等挨户填好，务将男妇、丁口、姓名、岁数，及工人、仆妇、邻右，并作何生业、田亩丁粮，如系佃业，交租若干，一并注明门牌，裱悬门楣，以便稽查。

——绅衿富户尤为盗贼所窥，道观寺院更易招引匪类。保甲所以安善良而除奸宄，自应一律编查。

——深山穷谷，多有零星小户，原以便于耕田，但僻远单村，□□既□□□□□□□於藏奸，嗣后团保牌甲等，于此等户口，须认真编联，使零户附于大寨，易于保护，亦易于稽查。

——盗贼生发必有窝户客留。保甲查察尤重窝户。而弥盗之法，必须相互稽查，你查我家，我查你家。小民不敢窝留，盗贼自必潜消。

如一户为窝，九户能举报者，分别轻重有赏。不举报者，连坐，与窝户一□同惩，决不轻纵。

——客商旅店最易藏奸。店主须自主号簿一本，每日将所寓客商姓名、籍贯，作何营生，来往何处，一行几人，填注簿内。每日由牌甲往查一次，该团保等亦随时前往稽查，并本县因公下乡，以便调查。如滥留面生歹人者，准该团保等禀官重究。

——各寨子弟，尤宜严加管束，勿使游手好闲，摇钱赌博。违者，唯该寨甲长、团长是问。

——有龙船假充虎匠，以及高大强汉无疾而作乞丐者，不许入寨。立即赶逐出境。倘敢恃强估抗，准该团保等，捆送来县，从严惩办。

——不准佩戴刀剑枪炮。如违，唯该家长、甲长、牌长等是问。

——以上各犯已犯者，务宜改过自新。未犯者亦宜愈加警醒。一年之中，团内无有前项不法等事，皆由该团保牌甲等办理妥善，本县另有褒奖，以示鼓励。

右谕通知

光绪十七年八月廿三日

告示实帖文斗晓谕①

侗民固有的款约法也有防治盗贼的类似规定，兹引一例如下：

不准谁人，收留陌生人。

树根不许躲青蛙，树尖不准藏松鼠。

深山禁藏虎，岩洞禁藏豺狼。

莫做贫穷留珠宝，大水泡青蛙，

草纸包火，岩砂包头，迟早要暴露。

若他自外归顺，受到大家保护；

自内叛出，抓得回来，要脚压木棒头压岩。

拿木棍敲脚、用岩石打头，

① 张应强、王宗勋主编《清水江文书》第 3 辑第 7 册，广西师范大学出版社，2011，第 121 页。

让他性命归天，身体入地。

丢他下九度深坑，盖他三度黄土。[①]

在清水江苗疆，“款”作为一种村寨社会自组织的自发方式，不仅适用于相邻侗寨之间，也适用于相邻苗寨之间。因为盗贼匪类是他们共同的敌人，不抱团不足以防御，便自发地形成了村寨之间的“联款”。与“编联保甲”略有不同的是，“联款”基于真实的自愿。但是，二者都限制和阻碍人口的流动，都反对“面生歹人”打破宁谧的村寨社会。

3. 清初确立的当江制度，削弱和限制了清水江苗疆因木材流通而应具有的流动性和开放性

明朝万历前后，商人是可以自由到苗疆采购皇木以外常规木材的，朝廷并无限制。但是，清雍正初年，官府在清水江中下游确立卦治、王寨、茅坪三寨轮流值年“当江”，开店歇客、执掌木材交易的制度。当江制度的要害在于，“水客”和“山客”不能直接面谈议价，而由木行居间“喊盘”。其交易步骤是：木客到木行歇店后，由木行的武管事带领下河，选择山客拴放在河面上的杉木，对中意的记下“招牌”。回行后，书面通知山客，决定日期请其前来议价，叫“下挥子”。议价时，双方不面谈，先由山客提出价格（以两码为单位），即“开盘”，再由文管事把“开盘”通知水客，水客还价，叫“回盘”。如此往复，直到双方所提的价格差距不大时，才由文管事提出双方都能接受的折中价格，叫“喊盘”。价格落实后，文管事便在账簿上签名盖章，叫“落盘”。水客当即付给山客一部分价款，并约定日期，围量码子。围码时，由围量手下蔑围，量码数，买卖双方在旁监视，武管事分等级记述。[②] 卦治、王寨、茅坪三寨木行，有“一盘喊断千金价”的权威，也是“横梗”在苗疆与中原木商之间一道屏藩。这种由“行政垄断”而生的“市场垄断”，是和今天的契约自由的理念相违背的，也增加了交易成本。曾经激起下游天柱县其他沿江村寨的不满，由此引发此后持续数百年的“争江”诉讼。至今民间流传多个版本的《争江记》唱本。

官府设计该当江制度，其目的和理由主要有三：一是便于官府通过木行征收赋税，获取经费。清光绪年间修订《黎平府志》就是由木行抽收经

① 杨锡光、杨锡、吴治德整理、译注：《侗款》，岳麓书社，1988，第87页。

② 贵州省剑河县地方志编纂委员会：《剑河县志》，贵州人民出版社，1994，第600页。

费支持的。二是便于官府维持苗疆社会的秩序。在进行木材交易的同时，封闭苗疆，不使“汉奸”进入调唆和搅乱。三是中国传统交易模式的启示和影响。明清契约中，重要交易都有中人参加，形成“三面议定”的交易模式。它可以把两个陌生人之间的直接交易，转化为两个陌生人分别与中人之间即两对熟人之间关系的连接和叠加。中人一般是双方熟悉的。官府设计当江制度，应该从中得到启示。中国传统契约制度的独特的“三面议定”模式，是中国社会中主体交往结构依然是熟人式制度的历史根源之一。①

二　民国贵州清水江苗疆向工业社会转型的案例分析

尽管早在清末 1890 年镇远就有建设清溪铁厂的尝试，但是，它仅在投产数月后，就因缺乏专门的技术经验等原因而失败了。② 且它具有洋务运动的官督商办性质，因而具有工业社会转型的动力外源性质。笔者所关注的是苗疆工业社会转型中具有动力内生性质的现象。因此，下文选择民国时期村寨开办灰窑厂的案例，做一分析。因为石灰是苗疆村寨社会普遍需要的一种建筑材料，尽管当时开山、劈石、烧石灰，还采传统木柴煅烧工艺，并不属于近代大工业范畴，但它是立足“内需”的传统粗加工业项目。

先看第一份状稿：

> 为听刁捏害、藉控抵骗、诉恳提究、惩刁迅赔赏以安善良事。缘流等有山场一带，地名马轮屋背，历来民弟兄所共有权，不得私人专享权利。独于去冬十一月，有射利之族公龙运保，嵩龙金太向民等租该处山场，设开灰场。民思该处与本村寫远，一则招窝留匪类，生恐祸端；一则又系民等并地额村龙汉濯、马轮村龙万益、龙有明等，均有坟墓在彼处，伤坏龙脉，未敢应承，毫无举动。继而又听滥痞龙德

① 谢晖教授认为，现行的一系列政策法律，特别是户籍制度，限制了农民离乡离土的愿望。到目前为止，中国社会中主体交往结构依然是熟人式的。在古代中国，人们甚至要想方设法地将陌生人关系转换成熟人关系。笔者赞同其观点，略微补充的是：中国传统契约制度中“三面议定”模式，就是“将陌生人关系转化为熟人关系”的长效机制之一。参见谢晖《中国古典法律解释的哲学向度》，中国政法大学出版社，2005，第 138 ~ 139 页。

② 丁文江：《中国官办矿业史略》，地质调查所，1928，第 6 页。

风，丈伊诉讼能力，胆于去蜡，招外来人杨长久，伙开灰厂，棚内面生一切歹人，川流不息。观此情形，实属可疑。非风、保二人有别意见，谅彼辈出入作非，显系坐地分肥无疑。且民明言开厂之害，非徒空言。因去岁六月，有地名黄哨山，被匪关羊，经龙局长柱石，崗丁捉获一匪，供称系灰厂开饭。有供可查，况民胞弟汉元，蒙委充当敝村甲长职权，不禀恐生祸端。事关地方重大，禀则被风切（窃）密，必遭毒害非轻。事在两难，怵怵惕惕，于心不安，特声请本区局长，沐叠次发条封，数月来冰消雾息，民等以为无事。讵料保故疗恨在心，复因去岁饥馑，保向［民］弟借谷贰石，以备饥荒。待收获后，仅要将本退还，谅不为虐。殊收获毕，该保不惟不将本退还，反以捏词恃富欺贫各由，抢控民于前任李主案下，希图先发制人，捏词抵骗。今幸恩导荣任，俯察下情，若不诉乞县长台前，电情作主，犹恐灰厂祸根不绝、民之资本无着、风水龙脉斩坏、阴阳受害不浅矣。①

据此可知，龙运保想租借马轮屋背山场开设灰厂，向龙汉流等山场共有权人提出请求，龙汉流不同意，其理由有二：一是恐其窝藏匪类，祸害地方。事实上，黄哨山的抢劫案中，有一被捕劫匪就是来自该灰厂。二是有碍风水，伤害龙脉。但是，龙运保还是伙同杨长久办起了灰厂，身为保长的龙汉元请求本区的团防总局予以查封。至于提到借粮纠纷，当看作一种诉讼策略，旨在把龙运保描绘成一个背信弃约的小人，其中不无夸大、歪曲和虚构的成分。

龙运保、杨长久也向县长具状，控告龙汉流，见下引状稿：

具诉状民龙运保、杨长久为恃富欺贫、无从剥削、反纠党害事。情保等有祖遗之山一带，土名马轮，可开灰厂。其山与亲孙侄龙汉流、汉源兄弟等通房所共。去蜡众同租与杨长久等，保亦同开烧灰，见窑租钱五千四百文。不料保与侄孙汉流弟兄，□属亲族。而伊弟兄善惯盘剥得以巨富，保□坐之基址，与流兄弟方便，尝夺弄以基出卖与流。今春保借流之谷贰石，流即逼保写基地作抵。保思眼见流弟兄，因九

---

① 张应强、王宗勋主编《清水江文书》第3辑第4册，广西师范大学出版社，2011，第162～165页。

千之数，盘剥保之侄子余庆，了去四百四十余千之基与伊，保不写基址作抵，但还伊钱而已，以故钉恨。更视保等既开此灰厂，贫民一概担灰营食，无如前年之与伊借贷。伊兄弟无所盘剥，即勾串有坟在该处之龙汉濯等，谓其伤濯等之坟，于是住马轮之龙万益等均云有坟在彼，即将于是月之初七日，纠集多人，手执凶械，一边拖窑灰，一边毒打保等。保思流兄弟并汉濯等，均钱多势大，难以抵挡，只得逃避。此后便日夜寻保，不敢归家。窃思官坟丈余，民坟八尺。况民等所开之窑，离隔伊坟，横有三冲三岭，直有一里之余，与伊何干？且此山一十七股，流弟兄只有一股，余该保等之份，自业自管，有何关碍？为此，情迫汤火，只得上叩县长台前作主，赏准提齐一干讯究，以儆恃富欺贫，沾恩不朽。施行。

计开　被诉汉流、汉源、汉濯、万益、德风

批候传讯察。此批。[①]

龙运保、杨长久没有反驳龙汉流所主张的灰厂窝留匪类的意见，但是，反驳了所谓伤害龙脉风水的观点。龙、杨二人援引“官坟丈余，民坟八尺”的习惯法规则（即官坟四周一丈之内、民坟四周八尺之内，不许添葬、栽种和起造建筑物），指出所开灰窑离众等坟墓相距甚远，不会妨碍风水。

其中，最具闪光点的理由之一是“既开此灰厂，贫民一概担灰营食，无如前年之与伊借贷”。龙运保、杨长久开灰厂，为贫民们提供一条担灰做工、谋食营生的路子，贫民不再像以往那样受地主借贷盘剥。贫农租佃地主的田地，靠天吃饭，遭遇饥荒，还得向地主借粮或借钱买粮度日。最具闪光点的理由之二是“此山一十七股，流弟兄只有一股，余该保等之份，自业自管，有何关碍?”这里的“自业自管”与引进翻译的“营业自由”有惊人相似之处。

状稿也描述和渲染了龙汉流向龙余庆放贷，以地基作抵，后龙汉流得到地基的事实，旨在体现龙汉流的“惯善盘剥”。至于龙汉流所主张的“龙运保借钱不还”，龙运保则辩解为“为防止也蹈龙余庆之覆辙，不愿按龙汉

① 张应强、王宗勋主编《清水江文书》第 3 辑第 4 册，广西师范大学出版社，2011，第 165～168 页。

流要求，以地基作抵，但是没有不还龙汉流的钱”。龙运保做如此辩解，姑且不核其真假，但是其目的在于论证“既开此灰厂，贫民一概担灰营食，无如前年之与伊借贷”，在于论证龙汉流阻开灰厂的险恶用心——切断贫民谋生新活路、维持盘剥贫民状态。

针对龙运保、杨长久的辩解和指控，龙汉流向县长具状如下：

> 为图谋不遂、造意使讼、恳恩依律劈奸事。缘民祖遗地名马轮，系龙△△△△等所共有，祸因民国△年，租与△△开窑烧灰，迭显不法之举，经民伸鸣团局封阻，以杜奸薮，附近得以谧安。至本年△月，殊有本寨素行非事之龙德风，复勾串该山有股份之龙运保，敢揭团局封禁，复将该山开窑烧灰。查去岁△月人胖暨黄哨山抢劫毙命二案，在本区团局招供具谓系由马轮灰厂而来。至由各属近地方，被其掳掠窃盗者，不知凡几。此种种不法状态，皆系龙德风暗地捉刀主张行为之事。此次复谋故辙，乃欲从中渔利。族公运保被其鱼肉而不知，反与共事。又经民等阻遏，无利可图。故唆族公运保以恃富欺贫、无从盘剥，大题诬告冰案，民即以利己损人等由上诉在案。查原案称流弟兄统率多人，手执枪刀，毒打运保，不敢归家等云云。民弟兄率多人，有何为证？毒打运保，伤痕何在？既被毒打，尚能逃走耶？原案称龙余庆，借民元钱四十千文，盘算至四百余千之屋基等云云。民并无借与伊，其屋基系双方意愿让渡，立有契据可凭，该余庆生人尚在，更可对质，何得谓之盘剥？民兄弟既是盘剥，该余庆当要与民理论，岂迨运保以起诉耶，如风马牛不相及耳，与保何干？此种种非礼之事，固不待辩而明知。民之阻遏该山，乃民应有之权，况为宁谧地方起见乎。该德风图谋不遂，从中主□，叨唆诬限（陷）民弟兄，累民诉讼，似此鄙滥刁棍，若不劈其奸宄，则鬼蜮之危害良民无罹类矣。为此，不避冒渎，只得复乞县长台前，赏准作主，依律严办。国家除一蠹之害，国民安一世之生，国家幸甚，国民亦幸甚。沾恩暨施行。①

龙汉流继续揪住灰厂曾窝留劫匪一点不放，大势渲染，并进一步明确

① 张应强、王宗勋主编《清水江文书》第3辑第4册，广西师范大学出版社，2011，第168～171页。

指控是龙德风幕后主使纵匪的。还反驳龙运保所指控的纠众控砸窑打人，认为对方没有确实的证据，但是承认其阻遏开灰厂的事实，是其职权所系，是为宁谧地方起见，并非维持盘剥贫民的用心。反驳龙运保所指控的“盘剥龙余庆地基”，认为“系双方意愿让渡”。需要特别指出的是，这份状稿，把矛头指向龙德风，改变了策略。

龙汉流、龙汉元见县长没有批示，又具一状如下：

> 具诉状。民龙汉流、汉元，年不一岁，系六区邦寨龙保住，距城三十里许。
>
> 为利己损人、诉恳查讯判结、以杜后患事。情民兄弟二人，安分守己，豪非不染，团邻可结。祸因民兄弟与叔恶龙运保、龙万益、龙发明等，共有祖遗山场，土名马轮，历来共管无异。殊于去岁，遭贪利息之龙运保，暗将民等所共有之山，租与外来人杨长久，开窑烧灰贩卖，且恶租烧未几，灰厂往来均非善类，停留面生歹人、无所不为之徒，因造见酿出种种不法之举。民睹此情形，将后必竟显出天演之祸根不止，故经民等兄弟，以及各有股份人等，声请本区团局，将该灰厂封禁，只冀杜绝后衍。殊民等当承局赏朵封阻以来，幸无违犯。突於去腊月内，被村人滥痞刁棍、素行揺诈之龙德风，知其该山利重，可为烧灰厂，将后必有无限之利息。于是遂勾龙运保，复将民等请团封禁之山，强开烧灰，只图利己，不体损人妨害之患。山内茔墓亦被任意挖犯，伤毁何堪，毫无忌惮，使民等累投局理论。该运保竟丈龙德风能揽诉讼势大，乘保欠民汉元谷子贰石，反控恃富欺贫、无从剥削等情，朦控民弟兄於冰案，希图捏害骗人。切（窃）民既已盘剥，该时应直举告，何待就此而言，明系借此捏害，抵制於人，始便图谋使利显然也。似此行为，若非诉恳查讯，并乞调查团局判结，不唯民等山场茔墓，不但被恶党串烧损伤之害，尤恐酿成伟巨祸殃，难保不无扳害民等矣。为此情切，只得上叩县长台前公鉴，赏准作主，恳查判讯结，以杜后患。施行。[①]

---

① 张应强、王宗勋主编《清水江文书》第 3 辑第 4 册，广西师范大学出版社，2011，第 171～174 页。

龙汉流坚持认为，开设灰厂利己损人。损人者有二：一是灰厂停留面生歹人；二是串烧损伤坟茔。此外，龙运保还违反团局封禁命令，违反共有人的共同封禁意愿。但是，从龙汉流所具的数份状稿看，除了龙汉濯、龙万益作为坟主，参与阻遏灰窑生产，表明立场外，没有其他共有人出名，因此无法确定是否具有共同封禁意愿。

龙汉流既是保长，又是山场共有人之一，但是只占十七股之一。县长案前状稿叠如鳞，可是就是不见明确的裁断意见。但是，当时民国北京政府是有相应的法律依据的。民国 4 年大理院公布上字第二二六号判决要旨："族中公地，于不背族中之规约范围内，族人皆有使用之权。若无缴纳使用代价之规约或惯例，并毋庸负缴价之义务。唯将公地处分及公地上物处分时，则应得多数族人之同意。如就公地，经多数族人之同意，施以改良开辟开支时，亦许其享受特别之利益"。① 大理院公布上字第二一八九号判决要旨："凡共有财产，各共有人除有相当之特约外，得随时请求割分。如依共有物之性质，确有不能割分情形，或因割分其价格有损失之虞，共有人中有不愿割分者，则或令其中共有人收买全部，以价银偿其他共有人，或出卖其共有物，以价银共同分配。要以维持公共利益为准。又因分析所生之损失，自应由共有人按股份分担，不得偏枯一造。"② 大理院已经为中国传统农业社会处理共有财产纠纷，引进了一套系统而细致的物权法规则。从民国 2 年至民国 15 年，大理院共颁布了 72 条关于共有的判决要旨。③ 大理院法官们，区分祭田、祀产、祠堂、茔地、遗产等多种情形，兼顾习惯，但是以发挥物之最大效用为主旨。他们事实上为中国传统农业社会向工业社会转型提供了法律规范。因为所继受的物权法规，就是在适应和促进西方工业社会发展基础上形成的。

虽然在以上所引的状稿中有了"共有权"之类权利话语，但是始终不见他们引用更为精确的物权共有法理的话语。我们只能合理推断，以龙汉流为代表的地方绅首是传统苗疆乡土社会的知识精英，到国民政府末期，还没有接触和接受先进的法律知识和理念，没有完成知识和观念更新，更遑论处于苗疆社会下层的龙运保之辈。本来民国县级政府的知事、县长，

---

① 郭卫编辑：《大理院判决全书》，会文堂，1932，第 165 ~ 166 页。

② 郭卫编辑：《大理院判决全书》，会文堂，1932，第 169 页。

③ 郭卫编辑：《大理院判决全书》，会文堂，1932，第 165 ~ 173 页。

多由接受西方新式高等教育的有识之士担任，查苗疆各县也不例外。但是，就本案而言，非常遗憾地没有看到该县长的劈断，倒是看到案外的苗疆士绅们上呈准予调解的“恩禀”。

> 具邀恩禀。绅民刘大材、德开、龙荣炳为邀恩和息、俯准所请、批饬销案、以免终讼拖累事。缘绅民团内龙运保以恃富欺贫各由具控龙汉流、汉濯等，于前任李主案下，而汉流、汉濯等旋以利己损人各情，诉明在卷。值李主卸篆，未沐堂讯。查保所具控之原因，误听旁唆，非嘱本意。而流等所封禁之意见，消除地方之害，亦属不得不然，以致互控到县。且保乃系流、濯等之叔公，而流、濯等又系保之孙辈。二比具属族谊，突生轇轕，所以绅民等具属亲谊，不忍坐视，入中劝解。查保设棚烧灰，不无花费工程，流、濯等出钱贰拾千文，以补保所花费柴火之费，而柴火劝归流、濯等搬运使用。查流、濯等所封禁之地点，与村寫远，恐留歹人，妨害地方，兼之损坏坟山龙脉，永远封禁不烧。二比具皆悦服，所以讼费一切，二比平均负担，甘愿无事。今幸恩星荣任，广悯舆情，所以绅民等不敢擅专，为此不揣冒昧，只得联名邀恳县长台前，俯准所请，批饬销案，免缠讼累，绅民不胜沾恩之至。谨禀。①

从纠纷解决成本角度看，调解是经济的。但是，从苗疆社会迈向工业社会的历史大势看，笔者不竟扼腕叹息。最后，苗疆农业社会的士绅精英们，还是以“恐留歹人，妨害地方，兼之损坏坟山龙脉”的堂皇理由，浇灭了苗疆社会下层自发产生的工业创业的星星之火，扼杀了苗疆向工业社会转型的“内在”萌动和生机。假如该县长执政理念能够与时俱进，能够领会和引用大理院的判决要旨，能够分割共有山场，支持龙运保、杨长久开办灰厂，那么将对于推动发展地方实业、推动工业社会转型有巨大的示范效应。

---

① 张应强、王宗勋主编《清水江文书》第 3 辑第 4 册，广西师范大学出版社，2011，第 174 ~ 176 页。

三 初步结论

贵州清水江苗疆，明朝以前大体属于游猎社会。明朝屯军以后，逐渐向农耕社会转型。明朝并没有完成开辟苗疆全境的任务。清朝新设苗疆六厅，采取汉苗隔离、编联保甲等措施，在苗疆固有的“联款”组织形态基础上，进一步强化了苗疆农耕社会的封闭性。明朝在苗疆采办皇木，中原商人随即进入苗疆，一定程度上打破了苗疆的天然封闭性。但是，清初确立苗疆木材贸易的“当江”制度，又在苗疆与外界商人之间添设了一道“阻隔层”，“木客”与苗疆的“山客”不能当面议价，要委之于“当江”之木行“喊盘”定价。苗疆的开放始终是有“限度”的，苗疆的封闭是明清帝国与官府治理苗疆所希冀的。

民国时代之世界，工业社会之潮流早已浩浩荡荡，民国政府主动顺应之。贵州清水江苗疆社会内部，也有源自社会底层的内在、自发、积极的实业活动。苗疆贫民，欲以共有之山场开设石灰窑厂，开拓务农之外的做工活路，遂起纷争诉讼。虽有民国大理院判决要旨的法理精义，足为圭臬准据，但是在苗疆农耕社会历史中所形成的“不许容留面生歹人”“不得损害坟山龙脉”禁条，顽强地显示其效力和权威，阻滞了苗疆向工业社会转型的历史蹒跚步伐。可叹的是作为民国地方政府长官的县长理应引领潮流，竟然无所作为。究其原因，还是包括法理在内的进步的理念，还没有成为苗疆社会精英群体的思想武器。以上管窥之见，聊以鉴今之种种转型。

第四篇

制度文化

清代、民国时期昆明市民社会日常法律生活

——以云南省博物馆馆藏昆明契约文书为中心

杨志芳*

摘要：契约文书作为记录民间社会法律活动的原始资料，是研究地方法律史的重要原始资料。云南大学历史系教授吴晓亮、云南省博物馆文博副研究馆员徐政芸主编的《云南省博物馆馆藏契约文书整理与汇编》收录了大量清代民国时期昆明地区的契约文书资料，为研究当时昆明地区国家法、民间习惯法提供了宝贵资料，本文正是借助这些契约文书，试图忠实再现清代民国时期昆明庶民百姓的日常法律生活图景，从而梳理出当时人们理解、遵守和运用的法律制度究竟是什么样子的。

关键词：清代民国时期　昆明　契约文书　市民社会　日常法律生活

民间契约文书是官府或民间在日常社会活动中直接产生的原始文字资料，是民间社会生活的真实记录，具有原始性、地域性、具体性和唯一性等特点，是研究地方法制史的珍贵一手史料。契约文书真实地再现了特定历史时期、特定区域内的法律制度构成和运行情况，法对于基层社会秩序的调节功能，国家法、民间法和伦理道德等如何变通融合进而维持国家和社会的存续与发展。《云南省博物馆馆藏契约文书整理与汇编》收录的昆明契约文书种类丰富，涉及的法律关系十分丰富，无疑为我们对相应历史时期的昆明法律制度进行全面性、综合性研究提供了丰富而宝贵的资料。

清代和民国时期的昆明地区，虽然众多庶民百姓围着土地“日出而作，日落而息”的日常生活平淡无奇，但年复一年，他们为了维持生计、追求

* 杨志芳，女，1975 年生，云南大学法学院民族法学 2013 级博士研究生。

财富而竭尽心力“讨价还价”的结果，被一份份“白纸黑字”的契约文书忠实记录下来，借助这些保存至今的契约文书，我们可以通过梳理那些表达日常生活中各种“交易”当事人权利义务的文字，揭示出其背后隐藏着的法律制度脉络，再现当时庶民百姓日常法律生活图景。

一 云南省博物馆馆藏清代民国昆明契约文书概况

云南大学历史系教授吴晓亮、云南省博物馆文博副研究馆员徐政芸对云南省博物馆馆藏契约文书进行了系统而仔细地整理汇编，经过长达五年多的辛苦努力，最终于 2012 年编写完成并出版了《云南省博物馆馆藏契约文书整理与汇编》（共六卷八册）。这套书共收录了 1128 件云南省博物馆馆藏契约文书，全部来源于云南省境内的县和市，时间跨越明朝、清朝和民国长达 400 余年，以清代、民国的资料居多。[①]

在该书收录的契约文书中涉及昆明的契约文书共计 307 件，集中于该书第一卷上、下两册书中，占全书收录契约文书的 27%，从数量上看是云南省博物馆收录的云南省境内契约文书的主要构成部分。昆明契约文书中，时间最早的是一份清乾隆四十三年（公元 1778 年）十月二十八日官府颁给的“户部执照”，也是一份官员“晋升凭证”；时间最近的是一份民国 39 年（公元 1950 年）[②] 二月初十日民间关于租种秧田的“租约”，前后延续 172 年。这些契约文书涉及的区域主要集中在今天昆明城区及其周边地区范围内，包括 1983 年 10 月才划归昆明市管辖的嵩明县。

该书的编者把昆明契约文书分成“宗族文书”、“社会关系文书”、“官府文书”和“土地与财产关系文书”四大类。其中：“宗族文书”共有 7 件，形成于民国 18 年至民国 35 年（公元 1929 ~ 1946 年）期间，主要记载了当时发生在昆明地区的宗族（家庭）性活动，如家族办理丧事，订婚和

---

① 吴晓亮、徐政芸主编《云南省博物馆馆藏契约文书整理与汇编》，人民出版社，2012，“前言”第 2 ~ 3 页。

② 虽然新中国于 1949 年 10 月 1 日成立，并开始采用公元纪年。但是，由于中华人民共和国各级人民政府也刚刚建成甚至仍处在建过程中，还没有能够完全实现对全国各地的实际有效控制，尤其对于一些边疆偏远地区。具体体现在纪年制度上，就表现出一些地方的民间包括云南仍然存在采用民国纪年的情况。

结婚，家族分家时的家产分割等活动，反映了当时庶民百姓婚丧嫁娶和分家析产等活动所遵循的部分民间习惯规范。“社会关系文书”共有17件，均形成于民国时期，是对手工业界投师学艺过程中师徒之间、家长与师傅之间和家长与子女之间发生的各类社会关系进行规范和调整的契约文书，包括投师文约、学徒入铺学业或公司职员入职的保证书（志愿书）和一份卖身文契，主要反映的是当时昆明地区手工业行业的民间制度规范。“官府文书”共有4件，形成于清朝乾隆四十三年至民国期间，记载的是清政府对官员进行加官晋爵的决定和民国政府的禁烟令，反映了清代关于官员晋升奖励、加官晋爵的制度和民国时期政府的禁烟政策。“土地与财产关系文书”数量最多，共有279件，占昆明地区契约文书总数的90.9%，包括与土地（其他财产）有关的买卖文书、赋役文书、典当文书、租佃文书、企业文书、借贷文书和赠送文书。笔者认为，如果不考虑契约文书记载的具体民事行为类别，只考虑契约文书内容与土地的关联性，那么内容牵涉土地的契约文书除了已经归入“土地与财产关系文书”目下的279件契约文书外，还应当包括“宗族文书”目下的4份分家文书，因为这4份分家文书所记载的家产析分行为主要就是对土地的析分，与土地这一财产有着密切的关联性。所以，如果以契约文书内容与土地的关联性来界定“土地与财产关系文书”的话，这类契约文书数量应该是283件。“土地与财产关系文书”数量多、种类丰富，主要记录和反映了当时云南民间百姓对土地等财产进行充分开发利用的各类实践活动，反映了边疆少数民族百姓为了生存而应对封建经济颓势的各种努力和尝试，由于受篇幅限制，本文将不做梳理和分析，而留待以后再作深入研究分析。

这些契约文书忠实保留了两个层面的法律制度，一个层面是国家法在当时昆明地区少数民族百姓日常生活中的具体理解与运用，即“活”的国家法；另一个是当时昆明地区少数民族百姓通过自身的实际行动不断实践与创造着的法，即民间法。受篇幅限制，本文只是选取解读“宗族文书”、“社会关系文书”、“官府文书”这三类契约文书，来力图呈现清代民国昆明市民百姓日常生活中的部分法律图景。

二 “宗族文书”呈现的家族活动中的法律图景

宗族文书共有7件，形成于民国18年至民国35年（公元1929～1946

年）期间。主要记载了发生在昆明地区的宗族（家庭）性活动，如家族办理丧事，订婚和结婚，家族分家时的家产分割等。

（一）一件丧事费用清单[①]

这件文书是整个云南省博物馆馆藏契约文书中仅有的两份丧事账单之一（另一份收录在永胜县契约文书中），十分珍贵。其主要内容是关于一李姓家族办理丧事时产生的相关费用和亲属应分担与捐凑的丧事费用金额。从这份文书可知：举办丧事的是李增祥、李增富、李增贵和李增荣兄弟四家，其中李增祥名下承担的费用金额最多，除了其他兄弟每人应捐凑的“七元五角”外[②]，还提供了价值“贰拾伍元”的物件“粪桶”和“板”，共计“三十二元五角”；家族处理丧事，需要举办酒席款待参与丧事的亲戚邻里，因为在丧事产生的费用项目中有“厨师辛资”、“酒账”、“碾米牛工”和“砍柴人工”等内容；在处理丧事过程中需要粪桶、木板（方板）等物件，关于粪桶的用途笔者只能推测为是随葬物品，而关于木板的用途笔者有两个推测，一是用于制作死者棺柩，一是用于制作文书中提到的“板橙”即板凳，而后一用途的可能性较大，因为从价值上看如果是棺柩似乎略过便宜，且该文书所载丧事费用项目中有“出木匠做板橙一洋贰元”一项，也就是说办理丧事过程中请木匠做了一副板凳[③]；这份契约文书写明“以上丧事後分家不敷洋贰拾元归兄弟四人負担”，且该文书在明确列出每一位兄弟名下都有一笔必须承担的等额费用“应捐（凑）七元五角”外，

① 该份契约文书载于《云南省博物馆馆藏契约文书整理与汇编》第一卷（下），第 816 页（吴晓亮、徐政芸主编，人民出版社 2012 年版），编者根据云南省博物馆归档文件名“昆明承办丧事”将其命名为“丧事礼单”。

② 该份契约原件不全，原件上李增祥名下每人捐凑的费用金额残缺，看不出是否是七元五角，但根据契约已有内容的上下文，即契约记载李增祥“担任賬貳拾伍元”（包括粪桶十五元和板十元），并记载李增祥“共合应招三十二元五角”，由此可以推出他承担的每人捐凑费用也是七元五角。

③ 关于木板凳在丧葬中的用途，笔者认为是用于葬礼中暂时安放棺木，对此，可参见董绍禹、雷宏安整理撰写的《西山区核桃箐彝族习俗和宗教调查》一文，该文在描写彝族丧葬中的宗教祭祀活动时提到，老年者葬礼中其家属会“把死者抬到门外空地上装棺（一般全村一个场地，往往设在村尾），棺置于两条长凳上”；在董绍禹整理撰写的《西山区白族宗教调查》一文中，关于西山区白族的丧葬仪式描述中写到“出殡日，将棺抬至门外，置于木凳上，孝眷男性跪于棺前，妇女跪于棺后”。云南省编辑组：《昆明民族民俗和宗教调查》，云南民族出版社，1985，第 63、93 页。

又只分别在李增祥和李增贵姓名及费用金额项下添列出他们各自额外提供的财物及价值，由此可见，这次丧事费用的分担应该是按四兄弟强制平均分担与自愿承担相结合的原则进行的；这份契约文书的制作过程，是在一名李氏族人代表和一名街坊的见证下完成的。

由于数量实在有限，并且内容还有遗缺、不全面，仅靠这一份承办丧事费用清单文书无法完全还原当时昆明地区举办丧事所遵循的普遍规范。但是，仍可以结合这份契约文书内容和云南省历史上民间流传的一些丧葬传统推知部分当时昆明地区民间处理家族丧葬活动的惯习，那就是：家族处理丧葬事宜通常要宴请前来参加葬礼吊唁亡者和在丧事中帮忙的亲朋友邻，费用由丧家承担。①

（二）四件分家书

这 4 件分家书都形成于民国时期，其中：2 件是昆明市灵源乡八甲李增富、李增贵兄弟二人各自持有的李氏兄弟均分父母遗留家产的分单文约，分别记录了李增富、李增贵兄弟各自分得家产的情况；1 件是昆明市龙院村八甲李茂均分家产给李兴、李财的分单文约，记录了李茂分给长子、长孙家产的具体情况；1 件是昆明市海源乡龙院村杨敏荣、杨尊荣兄弟俩和侄子杨文波均分家产的合同分单字据。4 件分家文书从文书名称到契约形式等方面有一定区别：名称上，有 1 件名为“合同分单”，3 件名为“分单文约”；形式上，1 件“合同分单”在左侧文书首部，留有骑缝书写的“合同分单为据”几个字的一半字样，由此可知该文书应当是一式两份，分别存于分家析产的不同当事人手中，3 件“分单文约”则没有类似骑缝字样留下，无法推测相关文书是否一式多份。4 件分家书都不是相关家族分家析产情况的完整记录，并没有列出所有参与分家析产当事人各自分得的家产，只记录了文书持有者在家产析分过程中自己分得的家产，只是分家析产情况的“一部分”，例如：昆明市灵源乡八甲李增富持有的那份分家书，就只记录了李增富分得家产的情况，而从文书内容可见李氏兄弟实际是四人，对其他三兄弟分得家产的情况并没有清楚详细的记录，李增富的分家书只是李

① 《续修云南志》提到：“丧礼则旧俗尚奢，凡吊客皆谦待，酬赠必丰，以致缺乏而有停丧不举者。”转引自云南省编辑组：《昆明民族民俗和宗教调查》，云南民族出版社，1985，第 93 页。

氏兄弟分家情况的一部分内容，要了解李氏兄弟分家析产的完整情况，严格来说，必须把兄弟四人各自持有的分家书合起来形成一份完整的“分家文书”才行。①

从内容上看，4 件分家书都对分家原因进行了说明，有子女长大，而兄弟、叔侄、妯娌、伯母间各存私心导致“大小心异不合”，无法继续共同生活而分家的；有因父母均已去世，子女要求分家的；还有因兄弟当中有外出做生意的，共同居住不方便而分家的。笔者认为，上述分家理由有一部分仅仅是分家书这类契约文书的惯用套语，而分家的真正理由其实都隐藏在这些“套话”之后，无外乎是父母身故，子女多数都已长大并成家立业，相互之间不再亲密无间甚至出现利益冲突，从大家庭中分得财产然后独立出去已成为小家庭的一种利益诉求。从 4 件分家书记录的内容还可知，当时昆明地区家产分配原则既有平均分配原则，如各份分家书中都有对家产进行“平答均分”、“平均答和”、“匀分三份”或“分爲四份均分”等类似的文字表述；也有一些特殊情况特殊处理的原则，例如：对特定财产分配时照顾老父亲，老父亲可以分得一份，小辈分为四份均分；父亲给儿子们分家时，会对长孙进行特殊照顾，特别分配一些财产给其；叔叔与未成年侄子平分家产。总体可见，当时昆明地区家族分家析产时，在坚持“诸子均分”的基本原则时，也会对长辈、长孙和无父（无母）的未成年子孙等特殊群体进行特殊照顾，目的是让分家析产活动能充分符合传统宗法礼制的要求。另外，所有分家文书均包含以下内容：分家是在各家自愿基础上进行的，是“和平解决”、“经二人会議通过”，并无“逼押等情”；对所分配财产相关信息（如名称、数量、位置等）的详细描述；分家析产活动都有亲族街坊进行见证；约定分家后各家“各管各業”、“各守爾土”、“各照分单管業”、“不得異言翻悔”等，和同时期中国其他地区的分家文书内容基本一致，文书内容体例十分细密完备，说明民国时期昆明地区分家行为已经规范化和系统化。

---

① 有学者将这类分家文书界定为复式分书，与之相对的另一类分家文书是单式分书，即“同时订立若干份内容完全相同，或是内容相同但对各方所分财产记载顺序不同的分书”。详见赵晓耕主编：《身份与契约：中国传统民事法律形态》第十五章“契约制度”（下），中国人民大学出版社，2011，第 653～656 页。

（三）两件婚姻证书

这两件婚姻证书，分别是民国35年高启学与邹子仙两人的订婚证书和结婚证书。两份证书的订立时间显示二人订婚与结婚时间前后相差约四个月，地点都是昆明。两份证书都记载了订婚结婚男女双方的姓名、籍贯、出生日期和年龄等内容，可以看出订婚和结婚时男方有22岁、女方17岁。双方证书上还有介绍人、主婚人和证婚人姓名，并且两份证书上的介绍人、主婚人和证婚人是相同的。订婚与结婚的主婚人有两个，高启顺和邹洸，从姓氏上来看，应该分别是男女双方的近亲属。从证书内容还可知，两人的订婚正式但相对简洁，而结婚则正式且隆重，因为结婚证书内容显示男女双方在一个名为“海棠春”的地方举办了“结婚典禮”，而笔者推测“海棠春”应该是昆明当时一家有名的酒楼[①]，由此可见，较订婚而言，结婚更为正式和隆重。从证书的形式要件来看，无论是订婚证书还是结婚证书，除了外观喜气、字体工整、格式规范外，文书没有来自官方的证明要件，如官方的印章等，也看不出是由官方统一制作颁发通用的文书，由此可知两份证书都不是出自官方的正式文书，而仅仅是民间的婚约文书。

国民政府在民国19年制定公布，并于民国20年开始施行的《中华民国民法·亲属编》第二章“婚姻”，分别对婚约与结婚的条件、形式和法律效力等做出了明确规定。根据这些规定可知，合法有效的婚约必须具备以下条件：一是，婚约必须是男女双方当事人本人订立的；[②] 二是，订立婚约的当事人必须达到法定年龄，即男性年满十七岁、女性年满十五岁，如果没有达到法定年龄订婚，须经法定代理人同意。[③] 同样，结婚也必须符合法定条件方能成立和生效：一是，结婚当事人必须达到法定年龄，即男性年满十

---

① 据2014年10月27日《都市时报》一篇标题为《逝去的老昆明美味想起就会流口水》的文章写道：“护国饭店前身是1920年滇菜大师闫炳奎开创的‘海棠春’酒楼，该酒楼在民国时期是昆明最高端、最出名的滇味宴席大酒楼。”转引自 http：//m. baidu. com/from = 1017493t/bd_ page_ type = 1。

② 《中华民国民法·亲属编》第972条：“婚约，应由男女当事人自行订定。”法条原文载于杨立新主编《中国百年民法典汇编》，中国法制出版社，2011，第493页。

③ 《中华民国民法·亲属编》第973条：“男未满十七岁，女未满十五岁者，不得订定婚约。”第974条：“未成年人订定婚约，应得法定代理人之同意。”法条原文载于杨立新主编《中国百年民法典汇编》，中国法制出版社，2011，第493~494页。

八岁、女性年满十六岁，如果未达到法定年龄者结婚，须得到法定代理人同意；[①] 二是，结婚必须举办公开仪式并且有两个以上证婚人，否则结婚无效。[②]

把民国时期国家婚姻法律制度的内容和民间婚约证书承载的是民间婚姻习惯结合起来观察，不难发现二者的关系是这样的。

首先，在关于婚约方面，民间习惯在尊重国家法的前提下，保留了自我个性。按照国家法的规定，婚约不再具有强制执行性[③]，婚约并非结婚的必经程序，这和中国长期盛行的婚姻习俗有所不同。在中国古代社会，长期以来婚约都是结婚过程中必不可少的组成部分，并且婚约无效将直接导致结婚无效。进入近现代社会，由于国家法律的干预，婚约已不再是结婚的必经程序，有无婚约、婚约有效无效都不会影响结婚的生效。虽然民国时期昆明地区依然存在订婚证书，但是从其内容和其与结婚证书的关系不难发现，当时民间订婚与结婚也已经完全独立开来，前者并非后者成立的程序性条件。这充分说明，虽然国家正式法律制度的改变使得订婚并非结婚必须，但是订婚习俗并没有被民间完全抛弃，民间习惯在不违背国家法的前提下，对于一些传统婚姻习俗予以了自觉地沿袭和保留，让民间婚姻习惯与国家婚姻法律制度和平共处。

其次，关于婚姻生效和成立的实质性条件，国家法改造了民间习惯，二者高度统一。近现代以来，由于男女平等、婚姻自由等一些观念被官方接纳和认可，因此，国家关于订婚与结婚的法律规定对这些观念予以了贯彻和落实，强制性规定婚约订立与结婚都是成年当事人自主权的体现，任何人都不能进行强制性干涉，并对订婚与结婚的当事人的合法年龄做出明确规定。这些国家法的强制性规定，我们从民间婚书中看到完全被严格遵循，由此可见，民间婚姻习惯在这方面已经与国家法步调一致。

最后，关于婚姻缔结程序，国家法给民间习惯留出自主空间，任由民

---

① 《中华民国民法·亲属编》第 980 条："男未满十八岁，女未满十六岁者，不得结婚。"第 981 条："未成年人结婚，应得法定代理人之同意。"法条原文载于杨立新主编《中国百年民法典汇编》，中国法制出版社，2011，第 494 页。

② 《中华民国民法·亲属编》第 982 条："结婚，应有公开之仪式及二人以上之证人。"第 988 条："结婚，有左（下）列情形之一者无效：一、不具备第九百八十二条之方式者。……"法条原文载于杨立新主编《中国百年民法典汇编》，中国法制出版社，2011，第 494 ~ 495 页。

③ 《中华民国民法·亲属编》第 975 条："婚约，不得请求强迫履行。"法条原文载于杨立新主编《中国百年民法典汇编》，中国法制出版社，2011，第 494 页。

间习惯来进行规范。民国时期，国家法对于婚姻缔结并没有实行登记制度，婚约与婚姻的生效都不需要得到官府程序上的认可，而是留给民间习惯来做调整，就如上述两件昆明民间婚姻证书记录的那样，订婚和结婚只需男女双方按当时昆明地区的婚姻习俗举办有介绍人和证婚人等亲朋好友参加的公开仪式即可。不同当事人婚姻仪式的规模、隆重程度，是可以根据特定时间及特定区域的具体婚姻习俗进行相应调整和改变的。

三 “社会关系文书”呈现的手工业界学徒拜师学艺与就业等社会活动中的法律图景

“社会关系文书”共有 17 件，均形成于民国时期，属于社会关系契约文书中的身份关系契约文书，主要记载的是发生在投师学艺及就业过程中当事人之间关于身份方面的权利义务关系，包括投师文约和学徒入铺学业或公司职员入职的保证书（志愿书），还有一份记载关于父亲出卖自己亲生女儿的卖身契。

（一）十二件投师文约和 4 件学徒入铺学艺和职员入职保证书（志愿书）

投师文约是学徒在投师学艺时，与所拜师傅签订的明确拜师学艺期间师徒彼此权利义务的一类契约文书。12 件投师文约涉及的手艺和行业有成衣业、鞋业、棉絮手艺、象牙手艺、理发业、寿板业等，其中：投师成衣业、理发业的文契各 3 件，投师学习棉絮手艺的文契 2 件，投师学习靴鞋、象牙、寿板手艺的文契各 1 件，所学手艺和行业不明的文契 1 件。12 件投师文约中除去学习象牙艺业和所学手艺具体为何不明的两份“师约”外，其他 10 件“师约”都是内容基本固定的格式化文本，由相关同业公会统一制发，文书上有同业公会的师约编号或加盖有同业公会的印章。从学习象牙艺业的那件投师文约原件图片来看，在该文书正中和左上角部分隐约留有两枚长方形印章痕迹，因为太模糊不清晰，无法断定印章的文本内容，但从文书内容仍然可知投师学习象牙艺业是需要在“投師之日上功德銀伍元入公領師約”的，即该行业也有工会，且“师约”也由该行业公会统一管理发放。只有那份万兴发将长子王昌明送到吴连禄师傅名下学徒，而具体学何手艺并未写明的投师约，无论是从形式还是从内容来看，都只是师徒个人之间的私约，没有任何行业公会介入的痕迹。

4 件学徒入铺学艺和职员入职保证书（志愿书），除了文书名称和在师徒（雇佣）法律关系中突出了保证人的保证义务外，其他内容和投师文约基本类似，都有关于师徒（企业和职工）之间在学艺（工作）过程中彼此间权利义务的约定。4 件文书主要涉及的行业是制革工艺皮业、骨角化业、鞋业和纺织业，文书也都是内容基本固定的格式化文本，除民国 38 年的那份昆明裕滇纺织公司职工参加工作志愿书与保证书外，3 件文书从内容到文书签订过程都有相关同业公会参与，而昆明裕滇纺织公司职工参加工作志愿书与保证书的条款内容则是由公司一方确定和提供的。

16 件投师文约和学艺（入职）保证书（志愿书）的存在，说明民国时期昆明地区多种手工业发展表现活跃，并带动就业，当地及附近普通百姓愿意央中人介绍投师约，把孩子送到行业内知名手艺师傅店铺内，跟随师父学习能赖以为生的手艺技能，听受师父管束，履行应尽义务。长此以往，手工业界学徒制度在民间得以形成和完善，而这些民间习惯规范借由投师文约等文书被记录和保留下来。通过对上述民国时期昆明市师约等文书的梳理，我们可以对当时昆明地区手工业学徒制度的习惯规范得出以下认知。

首先，学艺期限较长。所有投师文约和 2 件学艺保证书都对拜师学艺的期限做出了明确约定，其中学艺期限最长的是五年半，最短的也要三年。而且，有些手艺学艺期满后还要继续留在师傅店铺内“帮師”、“盡義務”，时间六个月至一年不等。综合起来算，从拜师学艺到出师毕业总共需要的时间最长的是六年，最短也要三年，时长可谓不短。学艺期限长，一方面是因为传统手工业涉及的手艺技能一般都比较繁杂精细，而教授方法又以口传手授为主，学徒需要长时间跟随师父学习演练，才能完全熟练掌握，并独立从业和自立门户；另一方面是因为投师文约内容反映出当时学徒拜师学艺是不用交学费的，相反师傅还要负担学徒学艺期间产生的衣食宿等用度。虽然手工业领域学徒学习手艺技能的过程是一个能产生经济利益的过程，但是，经济利益并不在学艺之初就能产生，而是随着学徒掌握手艺技能程度的提升而逐渐产生。这就意味着，学徒跟随师父学艺的时间必须达到一定长度，才能产生足够多的经济利益以弥补师傅承担的各类学艺成本。

其次，学徒年龄偏低。多数投师文约文书都对拜师学艺者的年龄进行了记录，他们年龄都不大，最小的拜师者只有 12 岁，甚至昆明裕滇纺织公司那份职工参加工作志愿书记录的公司新入职职员江玉华也只有 15 岁。这主要是因为：一方面，当时昆明地区诸如制衣、理发等手艺技能已经成为百姓有效谋生手段，普通百姓愿意让孩子拜师学艺，掌握一技之长后独立谋生，同时还能减轻家庭抚养孩子的经济负担并帮助改善家庭经济状况；另一方面，手工业界普遍对于学徒学艺期限规定较长，一般是三到五年的学艺时间外加半年到一年不等的“帮師”时间，早拜师就意味着早出徒、早自立，家庭经济压力和状况也能早一日得到缓解和改善。正是出于这种“赶早不赶晚”的想法，学徒年龄乃至劳动者参加工作的年龄必然呈现低龄化趋势。国家法律应当是看到这样的现实需求，并没有对手工业学徒和劳动者参加工作的最低年龄做出强制性规定，而是放由行业、家庭和劳动者从各自立场做出自认为理性的选择。

再次，同业公会组织作用突出。15 件民国时期昆明地区投师文约等文书从形式到文字都表明，手工业学徒制度当中有一个十分重要的角色，就是手工业的那些同业公会组织，例如：“成衣商业同业公会”、“理发业公会”、“鞋业商业同业公会”、“骨角化业公会”等等。这些同业公会组织对学徒拜师行为和师徒关系的形成，发挥着非常关键的作用。同业公会规定拜师学艺必须订立师约，并且由同业公会统一制作师约文本，投师约者向其上交一定数额功德银才可领取师约。不立师约就拜师是不被允许的“私相授受”行为，师父和徒弟会受到来自行业公会的严厉惩罚，如罚师父款，禁止学徒入行等。师约的主要内容是同业公会制定的行规行矩，所有拜师学艺的学徒都必须全部接受并严格遵守。订立师约时以及学徒学满毕业谢师时，必须请行业公会的负责人或职员到场监督见证。有些时候，学徒学满时还要向行业公会上交一定数额的功德银方能拿到毕业证。总而言之，民国时期昆明地区手工业制度体现出明显的行业自律性，一种依靠同业公会组织发挥积极作用而实现的行业自律。

第四，师徒关系不平等。手工艺行业制度规范调整的经拜师学艺建立起来的师徒关系并非是完全平等的契约关系，而是带有一定人身依附性的不平等的契约关系。拜师学艺过程中师父与学徒的地位是不平等，师父处于明显优势的地位，而学徒在人身方面一定程度依附于师父，是不完全独立的被支配者，具体表现为：一是拜师文约的立约人大多不是学徒本人，而是学徒的父亲、叔伯或兄长等人，学徒本人就投师一事没有自主权，投与不投、投谁并非本人说了算，这说明在投师过程中学徒本人不具有独立地位，依附于父兄等“家长”。二是投师文约约定的学徒学艺期间的义务，主要表现为必须自觉服从师父教导管束，如：“應遵守一切規則聽師教誨管束”、“遵聽教訓不得違拗懶惰”、“不得走東去西認性糊爲好事生非”等①，这表明学徒的父兄家长投师约给授业师父，是将孩子托付给师父授业管教，授权师父在教授学徒手艺技能时可以代其行使部分“父权”。师徒关系一旦确定，师父对于徒弟而言就是“家长”，实际上获得了学徒家长对其享有的带有支配性的“父权”，而学徒在人身上则开始依附于师父的。三是投师文约的内容更偏重于强调徒弟的义务，徒弟是师徒关系中主要义务的承担者。徒弟学艺前要请契投师，学艺期间必须尊重师父，接受师父管教约束，行为端正、遵纪守法，坚持学艺不得半途而废，遇到生病和天灾等不利情形，必须自己应对和承担后果，不可殃及师父。完成学艺还要无偿为师父工作一段时间，并备酒宴完成谢师方可自立门户，甚至自立门户时不能和师父形成竞争关系影响师父生意。

最后，保人责任重大。保人，又称保证人，无论是在师约当中，还是投师保证书和职员入职志愿书及保证书中都是不可或缺的当事人，承担着非常重要的契约责任。根据文书记载，保人承担的契约责任主要是两方面：一是介绍责任，即通过自身的介绍和牵线搭桥，帮助并不熟悉彼此“根底”的师父和徒弟家长之间、师徒之间建立起最起码的了解和信任，使双方产生建立师徒关系的意愿。二是担保责任，即对学徒学艺的决心、诚意和学徒学艺期间行为规范性、守约性承担担保责任。并且，保人的担保责任多体现为经济责任，例如学徒学艺期不满就放弃的，那么对于师父已经支付的学徒衣食费用必须由保人来负责赔偿；徒弟学艺期间不良行为产生的损失也是由保人负责赔偿等。因此，一般情况下保证人必须对师徒双方的具体情况都比较熟悉，或者至少对学徒一方的情况“知根知底”有基本信任，这样才能够在不给自己带来麻烦的前提下说服师父同意收徒。另外，保证人本人还应当具备足够的担保责任能力，要么具有一定社会地位，要么具备一定经济能力，这样才

① 见昆明市投师文约原文，吴晓亮、徐政芸主编《云南省博物馆馆藏契约文书整理与汇编》，人民出版社，2012，第 838、844 页。

能够获得师父信任从而愿意接受其介绍和担保。额外补充一点，保人的以上责任在有些文书当中是由介绍人或者中人来承担的，虽然具体责任人的名称不一，但其在师徒法律关系中的作用却是一样的，都不可缺少。

（二）一件卖身契

这份文书形成于民国 24 年，严格来讲并不是一份卖身契，而是一份与卖身行为有密切关联的“永远不系字据”，记录了一位被亲生父亲出卖后又被公公转卖他人的女性的经历。名叫陈德玉的父亲因“家務困難”，经人介绍将女儿卖给一个叫尹开运的人做儿媳妇，卖价是“银贰百元”。一年多之后，因“婆媳不合”、“家间吵鬧”，该女子又被公公尹开运卖到省城。但是，女子父亲陈德玉寻女两次都没有找到，尹开运担心陈德玉来找麻烦纠缠不清，于是又请当年买儿媳时的介绍人从中说合，与陈德玉达成协议，再支付给陈德玉“滇票洋叁拾元”，陈德玉收钱之后出具字据表示女儿之事从此和尹开运及介绍人再无关系。这份文书的存在，说明直至民国时期，卖女卖妻行为依然存在，女性的合法权益仍未受到足够重视和充分保护，相反以“父权”“夫权”为表现形式的家长权依旧非常强大，尤其是在受习惯法调整更加直接的农村基层民间社会，国家法对于禁止典卖女子的相关规定并没有真正渗透进去。

四　“官府文书”呈现的政府对官员和社会管理活动中的法律图景

“官府文书”共有 4 件，其中 3 件形成于清朝乾隆四十三年至光绪三十四年（公元 1778 年～1908 年）期间，1 件官府“禁烟令”形成于民国期间（具体年代不详）。这类文书记载了清代官府对官员予以晋升奖励、加官晋爵的决定和民国时期政府发布的禁烟决定，具体包括晋升凭证和禁烟令。

（一）一件“户部执照”

这件“户部执照”是乾隆四十三年户部颁发给一位名叫钱汝霖的知县的加官凭证。据文书记载，钱汝霖是云南省昆明县人，任山西泽州府凤台县知县，向朝廷捐资“銀貳百柒拾两”后，户部于乾隆四十三年“准加叁级”，并发给其执照作为加官凭证以防止他人假冒。该文书是清朝乾隆年间户部颁发的官方文书，记录的内容可以证实当时存在官员捐资买官的制度和实践活动。该文书是由户部颁发的，而户部是清朝中央户籍财经机构，由此可知，当时的捐官制度具体是由户部统一操作实施，地方政府没有相关职权。

（二）两件“功牌”

这两件“功牌”是云贵总督先后颁发给云南府昆明县人张培信的加官晋升凭证。光绪二十年，云贵总督部堂经考查认为张培信“堪以給予六品頂戴”官品“以示鼓励”，并发给其“功牌”，希望他“嗣後務须益加奮勉力圖上進毋稍怠忽懔之”。光绪三十四年，“革匪擾邊軍務緊要”，云贵总督部堂督師征剿。之后，云贵总督兼云南巡抚决定对“奮勇立功戰士”分别“酌給功牌以示奬勵”。“兹查”张培信“河口之役在事出力”，应当“發給五品頂戴功牌”，希望他“益矢忠忱叠邀上賞”。

这两份文书反映了清朝功牌制度的部分内容。

首先，“功牌”是发给在军事、政治或其他领域（尤其是军事上）取得突出贡献的人，对其加官晋爵以兹鼓励。“功牌”既类似于今天的勋章、奖章，又像今天给官员加官晋爵、定品级的“任命状”、“委任状”。[①]

其次，因为两件“功牌”均写有“右牌給 XX 准此”，所以可见“功牌”应当有左牌和右牌之分，右牌是颁给受奖励者本人的，而左牌估计用作存档备案或是报给上级。最后，从两件功牌记录的颁发者来看，可知清代督抚一级的官员可以颁发“功牌”。[②] 另外值得一提的是，因为两件“功

---

① 清初就有功牌制度了，据《八旗通志》记载：“凡移送功牌，国初定，大兵凯旋之后。询问统兵主帅，实叙官兵劳苦情形，分作等第，给予功牌”，并按照官兵所获功牌数量给予相应升官晋级奖赏，顺治十四年（1657 年）七月，吏部议：“凡出征分得拔什库（即领催），壮尼大（即什长），有四次头等功，及再有二等、三等、四等、五等功牌者，授世职。两个三等功牌准作二等，两个二等功牌，准作头等，积至三个头等者，亦咨吏部授官。”（鄂尔泰等修，李洵、赵德贵主点：《八旗通志》卷三三，东北师范大学出版社，1985，页六 O 三、页六 O 五。）乾隆以后，对功牌制度进行了调整，把功牌等级与官员品级联系，把功牌等级由五等改为三等，即五品、六品、七品功牌，并规定得几品功牌即可授几品顶戴。

② 这里需要强调一点，清朝总督、巡抚并非地方常设官员，他们随时奉命挂右都御史、右副督御史、右佥都御史衔，无定员。有捐助、赈济、完漕等事应加级者，得加侍郎、尚书、宫保衔。乾隆以后形成定例：总督例加兵部尚书、右都御史，巡抚例加兵部侍郎、右副督御史。（吴振棫：《养吉斋丛录》卷三，北京古籍出版社，1983，页三一。）对此，这两件“功牌”关于颁发者官衔的具体表述也可对此进行佐证。

牌”的获得者都是张培信，由“功牌”内容和时间关联性可推知张培信在获得第一次的六品顶戴“功牌”时年仅十四岁，属少年得志。

（三）一件“禁烟令”

这件“禁烟令”是民国唐继尧主政云南时颁发的禁烟布告。[①] 布告发布年代没有注明，但从布告中“現届種煙時候”的表述大概可推知具体发布时间应该在民国某年的九月至十月期间。[②] 从该份文书内容可知，唐继尧主政云南乃至民国时期“禁煙要政”被视为“强国根本”，不会因为时局的改变而变化。并且关于禁烟的法令经历年修订颁布，越来越完善和严厉。文书内容一方面反映出政府对于禁烟的重视，另一方面也反映了禁烟工作面临的严峻形势。

据考证，清朝中叶起云南烟毒开始泛滥成灾，罂粟被大面积种植，甚至侵占了农田，并被人们制成鸦片售卖谋取利益。乾隆中期吴大勋《滇南闻见录》卷下《物部·焉》条曰“焉（烟）……滇省各郡无处不植焉……种焉（烟）之地，半占农田，卖烟之家，倍多米铺。”[③] 道光十一年（公元1831年），云贵总督阮元、巡抚伊里布合奏“……沿边夷民，因地气奥暖，向种罂粟，收取花浆，煎膏售卖，名为芙蓉，以充鸦片。内地人民，以取婴粟子炸油为名，亦复栽种渔利。”[④]。到民国时期，种植、运输、贩卖和吸食鸦片行为均被严厉打击，种植罂粟的“煙地”被“照律充公”，种烟者“處徒刑罰金”，“運售吸食等项，有犯并處罪行”。虽然当局政府对民众“苦口告諭”，并且“所有查禁辦法，規定極其認真。全滇士庶人等，早已

① 唐继尧（1883～1927年），云南会泽人，1913～1927年主政云南，1915年任云南督军兼省长。

② 梁克家署名的南宋福州地方志《淳熙三山志》卷41中记载曰：“罂粟花，有红白二种。九月布子，春深乃生实，如小罂，子如细粟”；李时珍《本草纲目》卷23曰：“罂粟秋种冬生，嫩苗作蔬食甚佳。”（转引自王宏斌：《罂粟传入中国及其在古代的医药价值析论》，《广东社会科学》2009年第5期，第102页）。由此可知，罂粟种植时间大概是每年秋季的九月与十月期间。

③ （清）陈鼎：《滇黔土司婚礼记》，载云南大学历史系方国瑜主编《云南史料丛刊》（油印，未刊本）。

④ （清）吴大勋《滇南闻见录》，载云南大学历史系方国瑜主编《云南史料丛刊》（油印，未刊本）。

熟知共闻”,[①] 但是烟毒却仍然屡禁不止。

五　结语

中国古代百姓在日常生活中使用契约文书的历史非常悠久，因此有大量契约文书留存至今，这些契约文书或存于民间或集于官方机构，越来越受到学界的关注和重视。《云南省博物馆馆藏契约文书整理与汇编》收录整理的云南省博物馆馆藏契约文书，无论是数量还是内容都比本文所运用的契约文书要多和丰富，因此对该书收录契约文书进行开发利用的空间无疑也是非常巨大的，本人将继续致力于对它们的研究和梳理，希望能逐步揭示出整个云南地区清代和民国时期民间法律制度的真实状况。

① 以上所引文字出自《云南省博物馆馆藏契约文书整理与汇编》第一卷（下）（吴晓亮、徐政芸主编，人民出版社，2012），第 884 页的《云南督军兼云南省长唐继尧颁禁烟布告》。

论利用非物质文化遗产的知情同意和惠益分享原则

张艳华*

摘要：非物质文化遗产不仅具有文化价值亦具有经济价值，2011 年《非物质文化遗产法》对非物质文化遗产采取的是公法保护模式，对非物质文化遗产的利用仅规定了“尊重原则”，而同年司法解释则提出了四项基本原则——尊重原则、来源披露原则、知情同意和惠益分享原则，其中后两项原则因其涉及财产利益显得尤为重要。笔者对利用非物质文化遗产的知情同意和惠益分享原则进行解读，对其确立原因，适用的主体、条件、内容等进行细化分析和论述，并在此基础上提出立法完善构想，以供学界交流和立法者参考。

关键词：非物质文化遗产　知情同意　惠益分享

一　《非物质文化遗产法》对利用非物质文化遗产的规定

2011 年《非物质文化遗产法》的颁布，标志着我国对非物质文化遗产的保护进入了法治轨道，该法对非物质文化遗产采取的是公法保护的模式，即通过国家各级人民政府进行调查、建立代表性项目名录、认定代表性传承人等方式对非物质文化遗产予以传承和保护，目前这种保护已经步入正轨并有序开展，并取得了显著的成效。对于非物质文化遗产的私法保护，该法仅规定了原则性的两条，即第五条“使用非物质文化遗产应当尊重其

* 张艳华，女，1980 年生，云南大理人，昆明理工大学法学院讲师，云南大学法学院在读博士研究生。

形式和内涵。禁止以歪曲、贬损等方式使用非物质文化遗产。”及第四十四条“使用非物质文化遗产涉及知识产权的，适用有关法律、行政法规的规定。对传统医药、传统工艺美术等的保护，其他法律、行政法规另有规定的，依照其规定。”其他则并未涉及。也就是说，根据《非物质文化遗产法》，除了涉及知识产权以外，利用非物质文化遗产是自由且免费的，但必须尊重其形式和内涵。

对于非物质文化遗产的利用，《非物质文化遗产法》的规定是否合理，是值得认真研究的问题。笔者认为主要存在以下问题。

1. 不符合公平原则

“现行知识产权法保护的是创新‘成果’，而不保护作为创新‘源泉’的非遗，但是我们不能据此否认创新‘源泉’私权保护的价值。如果没有这些非遗，很多知识产权的客体即创新‘成果’不可能被创造出来。”① 非物质文化遗产往往是现代创新之“源”，创新者可以对自己的创新成果获得知识产权、受到法律的保护，并通过利用自己的知识产权获得一定的市场收益，但对于非物质文化遗产的创造者而言，则并无任何利益可言。此种制度规定使得创新者在利用非物质文化遗产时无须支付任何成本，有利于鼓励创新、推动社会进步，但却容易造成利益的失衡：一方面创新者从非物质文化遗产商业化的过程中获得了利益，另一方面非物质文化遗产的创造者则没有任何收益；但事实上创新者的成果中包含了创造者的努力和汗水，根据付出和回报成正比的道理，这显然不公平。特别是许多现代产业都需要非物质文化遗产中的民间文艺、传统知识作为基础，诸如一些奢侈品的设计理念来自于少数民族民间文艺作品、很多药品的配方源自少数民族传统知识，这些传统和现代相结合的产业因其符合自然规律而具有独特价值，有着广阔的市场前景和可观的市场收益。对于这部分市场收益，非物质文化遗产的创造者无权分享，不符合公平原则。“如杨丽萍的大型舞台剧《云南映象》，其通过采风记录下云南很多民族的原生舞蹈，从中抽象出她认为能够表现当地民族文化的元素或特质部分，然后经过编排，使之成为一个服务与基本主题的舞蹈作品。然而对于为杨丽萍提供原生舞蹈素材的非

① 董新中：《非物质文化遗产私权保护理论与实务研究》，知识产权出版社，2016，第 52 页。

遗表达形式持有者，虽然艺术价值得到彰显，但经济价值却没有任何体现。”①

2. 使我国蒙受经济损失

非物质文化遗产往往源自发展中国家，非洲、亚洲的一些古老国家，包括历史悠久的中国，有着灿烂辉煌的古代文明和异常丰富的非物质文化遗产，而新兴资本主义国家则诞生了更多的近现代文明，免除非物质文化遗产的利用成本，将会使得发达国家获得更多的实惠，而对于发展中国家则较为不利。中国是发展中国家也是消费大国，发达国家不仅不需要付出利用我国非物质文化遗产的任何成本，反过来将在此基础上的创新成果拿到我国进行批量生产、销售甚至申请专利并获取高额的专利使用费，将会使我国在世界经济中处于被动和不利的境地，蒙受严重的经济损失。

3. 加大国内贫富差距

就我国国内相比较而言，西部欠发达地区由于交通不便、相对封闭、地理情况复杂、少数民族众多等原因，往往拥有更多独特的非物质文化遗产，由于技术和信息的不对称状态，大多数开发利用非物质文化遗产的工商企业、文化产业则位于东部沿海地区，如果东部沿海地区的市场主体都能自由免费地利用西部的非物质文化遗产，则会加大国内的贫富差距，有碍我国脱贫攻坚战略的实施和共同富裕目标的实现。

4. 不利于非物质文化遗产的保护

有偿许可使用将使得对非物质文化遗产的利用更加规范化，能够制止对非物质文化遗产的不当利用并筹集资金用以反哺非物质文化遗产的传承和保护。目前非物质文化遗产的保护资金主要来源于国家拨款，为此各级政府投入了巨额的资金，“中央财政设立了国家非物质文化遗产保护专项资金，到 2015 年底已累计投入 42 亿元。……2015 年各地省级财政共安排非物质文化遗产专项资金 3.338 亿元。”② 但国家经费毕竟是有限的，保护资金缺口还很大，如果仍然实行“免费的午餐”，将会导致非物质文化遗产的保护资金缺失和短板，从根本上不利于非物质文化遗产的传承和保护。

---

① 张琪、熊朝风：《非物质文化遗产私权保护中的利益平衡》，《青年与社会》2014 年 4 月（下），第 112 页。

② 罗微、高舒、韩泽华：《2015 年度中国非物质文化遗产保护发展研究报告》，《艺术评论》2016 年 10 月，第 85 页。

二　司法解释确立了知情同意和惠益分享原则

正是由于以上原因，2011 年最高人民法院出台了《关于充分发挥知识产权审判职能作用推动社会主义文艺大发展大繁荣和促进经济自主协调发展若干问题的意见》（法发〔2011〕18 号），对非物质文化遗产的利用提出了司法保护政策，即应当遵循四项基本原则——尊重原则、来源披露原则、知情同意和惠益分享原则。其中第 9 条规定：“坚持尊重原则，利用非物质文化遗产应尊重其形式和内涵，不得以歪曲、贬损等方式使用非物质文化遗产。坚持来源披露原则，利用非物质文化遗产应以适当方式说明信息来源。鼓励知情同意和惠益分享，非物质文化遗产利用者应当尽可能取得保存者、提供者、持有者或者相关保护部门的知情同意，并以适当方式与其分享使用利益。”其中，“尊重原则”和“来源披露原则”属于精神利益，“知情同意和惠益分享原则”因其涉及财产利益的分配则被视为核心原则。“所谓事先知情同意制度是指在获取遗传资源和相关传统知识之前，向有关国家或民族、当地社区通报、说明与获取行为有关的情况并获得有关国家或民族、当地社区明确同意或许可。”① “惠益分享原则源于关民理论，关民理论是由美国威廉·伊文教授和爱德华·弗里曼教授提出的著名经济伦理理论，是指应由利益创造者和相关的贡献者共享利益。”② “非物质文化遗产商业开发中的利益分享机制是指非物质文化遗产的开发者和传承人都应分享非物质文化遗产开发所带来的利益和益处，实现利益在利益创造者和创造利益的相关贡献者之间的共享。”③

众所周知，1992 年《生物多样性公约》确立了保护遗传资源的三大原则即国家主权原则、知情同意原则和惠益分享原则。根据该公约第 2 条之规定，“遗传资源”是指具有实际或潜在价值的遗传材料，“遗传材料”是指来自植物、动物、微生物或其他来源的任何含有遗传功能单位的材料。由

---

① 李一丁：《再论我国非物质文化遗产法律保护手段——以获取和惠益分享为视角》，《文化遗产》2012 年第 2 期，第 26 页。

② 黄玉烨：《论非物质文化遗产的私权保护》，《中国法学》2008 年第 5 期，第 141 页。

③ 齐爱民、赵敏：《非物质文化遗产商业开发中的利益分享机制之确立》，《电子知识产权》2007 年 8 月，第 22 页。

此可见，遗传资源是物质资料和材料，非物质文化遗产是传统知识体系，但二者亦有诸多相似之处。

1. 都是重要的战略性资源

遗传资源是人类赖以生存的自然资源，非物质文化遗产是社会可持续发展的社会资源，它们都是稀缺珍贵的战略性资源，是现代生物科技、文化产业发展的基础，具有重大的科研价值和商业价值。如果说遗传资源是生物的DNA，那么非物质文化遗产就是文化的DNA，是不可复制的文化基因密码。

2. 都是现代创新之源

遗传资源和非物质文化遗产都是老祖宗留给我们的宝贵资源，在生物科技领域，获取遗传资源是农业、制药业等生物科技产业研发、生产的前提条件，随着生物技术的迅猛发展，遗传资源的重要性也在不断凸显。而非物质文化遗产中的民间文艺、传统知识也是文艺创作、科技创新的来源，能够为现代文明提供创意和灵感并注入鲜活的生命力。

3. 都濒临灭绝、亟待保护

在现代社会，由于城镇建设、毁林开荒、过度放牧、环境污染、新品种开发、保护意识缺乏等原因，遗传资源的数量正在急剧减少；随着城市化和工业化进程的加快，非物质文化遗产也在加速流失。如不加强保护，将会对世界的生物多样性和文化多样性造成严重威胁。

4. 两者有交叉重合的部分

WIPO的报告显示，非物质文化遗产中的传统知识包括农业知识、科学知识、技术知识、生态学知识、医药知识、与生物多样性有关的知识等，其中，与生物多样性有关的传统知识和植物、动物、微生物等密切相关，必然和遗传资源有诸多联系。

正是由于非物质文化遗产和遗传资源有诸多共通之处，《生物多样性公约》将惠益分享原则运用于与生物多样性相关的传统知识中，该公约第8条（j）规定：“依照国家立法，尊重、保存和维持土著和地方社区体现传统生活方式而与生物多样性的保护和持续利用相关的知识、创新和实践并促进其广泛应用，由此等知识、创新和实践的拥有者认可和参与下并鼓励公平地分享因利用此等知识、创新和做法而获得的惠益。”我国众多学者和司法实务者亦建议和呼吁将遗传资源保护的知情同意原则和惠益分享原则移植到非物质文化遗产保护中，这在上述司法解释中得到反映。至于国家主权原则，由于《生物多样性公约》是国际公约，调整的是国与国之间的关系，国内法无法移植和借鉴。

三 对上述司法解释的解读和完善

最高人民法院《关于充分发挥知识产权审判职能作用推动社会主义文艺大发展大繁荣和促进经济自主协调发展若干问题的意见》（下称《意见》）对非物质文化遗产利用的知情同意和惠益分享原则仅做了概括规定，要将其运用于社会生活实际和司法实务过程中，尚有许多问题值得细致推敲甚至悬而未决，笔者试着做出解读，并在此基础上提出立法完善建议。

1. 知情同意和惠益分享的主体

主体问题至关重要，“没有私法权利主体，各种权利的设置就成了空谈，对非物质文化遗产的私法保护问题也根本无法实现，因而其私法权利主体的确定乃是当务之急。”[①] 对此，《非物质文化遗产法》并未规定，《意见》规定的知情同意和惠益分享的主体是非物质文化遗产的“保存者、提供者、持有者或者相关保护部门”，这一规定相对比较具体、容易操作，但不尽合理。非物质文化遗产是人民群众集体创造、世代相传的，其创造者往往是一个社群或族群，而“保存者、提供者、持有者或者相关保护部门”仅仅是一个个体而并非一个群体，此种化公为私的行为笔者不敢苟同。联合国教科文组织《保护非物质文化遗产公约》虽然没有明确非物质文化遗产的权利主体，但也在序言中宣称：“承认各社区，尤其是原住民、各群体，有时是个人，在非物质文化遗产的生产、保护、延续和再创造方面发挥着重要作用，从而为丰富文化多样性和人类的创造性做出贡献。”作为司法解释而言，此种规定的目的可能就是为了解决纠纷，使对案件的处理有法可依，因为具体案件的当事人多半是一个个体，群体诉讼目前并不多见。针对非物质文化遗产来源地群体的主体地位问题，有学者认为群体不应该成为权利主体，“将非物质文化遗产作为集体财产，以私权方式授予某个小

① 付淑娥、娜仁图雅：《非物质文化遗产私法保护模式研究》，《内蒙古民族大学学报（社会科学版）》2012年第5期，第105页。

团体的做法，也是行不通的。……但在当今社会，个人成为权利主体，若是承袭过去的‘氏族本位’或者‘部落本位’的法律理念，肯定是行不通的。”① 但也有学者持赞成态度，“在知识产权中，实质意义上的集体知识产权早已存在，例如商标法中的‘集体商标’，其商标使用权实质上为众多集体成员所共同享有。”② 笔者认为，承认非物质文化遗产权利主体的集体性在法理上并不存在障碍，在我国社会主义经济体制中，本就存在国家所有、集体所有和个人所有三种所有制形态，而在知识产权法中，集体商标、地理标志都是属于集体所有的，只是在实际操作中，群体作为权利主体会导致事实上无人行使权利从而造成权利主体的缺位，但这个问题完全可以通过制度设计来解决，例如，“根据非物质文化遗产的这种群体性特征，可以考虑成立某一地方的保护集体——如协会（或者称联盟），统一对内保证协会会员利益均沾，对外维护非物质文化遗产的合法利益。”③ 笔者建议，可以借鉴《著作权法》中关于“著作权集体管理”的规定，由依法成立的非物质文化遗产权集体管理组织根据来源地群众的授权，以自己的名义来行使所管理的权利，并在扣除必要的管理费用后将所获收益用于非物质文化遗产的保护和传承事业。

2. “鼓励”的含义

《意见》的规定是“鼓励知情同意和惠益分享”，“鼓励”二字意味着知情同意和惠益分享并非强制性、一刀切的，而要视情况而定、尽力而为。首先，是否所有的非物质文化遗产都适用该原则，有不同看法，“非物质文化遗产的范围极其广泛……在这些类型之中，并不是所有的非物质文化遗产都适于授予民事权利。传统的口头文学、表演艺术、美术和传统的手工技艺、医药可以授予民事权利，但传统的礼仪、节庆、民俗和传统的武术、竞技、游艺活动等都不合适，适用于行政手段、国家公权力的形式把中秋、端午这样一些节庆加以推广和弘扬，而不是用垄断性权利保护起来，限制

---

① 郭禾：《对非物质文化遗产私权保护模式的质疑》，《中国人民大学学报（社会科学版）》2011 年第 2 期，第 32 页。

② 刘志：《论非物质文化遗产的私法保护》，《山东理工大学学报（社会科学版）》2014 年第 4 期，第 40 页。

③ 杨阳：《论非物质文化遗产的私权保护》，《求索》2013 年第 11 期，第 183 页。

其传播。”[①] 其次，“保存者、提供者、持有者或者相关保护部门”的确定也是一个问题，也可能存在非物质文化遗产的利用者主观上想要让权利主体“知情同意和惠益分享”，但客观上由于来源地模糊、偏僻、信息不畅等原因暂时无法做到的情况。再次，司法解释对于“知情同意和惠益分享原则”只是提出了指导性、提倡性的政策，并没有更多细化的配套规定，还需要循序渐进的实践和立法探索，加之目前基本上还没有真正实行该原则，也要考虑法不责众的关系。综上所述，目前只能是“鼓励知情同意和惠益分享”。

3. **知情同意和惠益分享的条件**

在何种情况下利用非物质文化遗产需要“知情同意和惠益分享”？这就是知情同意和惠益分享的条件，主要包括利用主体、利用方式和利用对象。

（1）利用主体。“关于财产权的保护模式，有‘财产性规则’（即权利的移转必须事先获得权利人同意，未经允许而使用即构成侵权，该规则相当于授权许可使用）和‘补偿性规则’（即虽未得到权利人事先许可，但相对人仍可以利用其财产权，但必须依法给予权利人以补偿，该规则相当于法定许可使用）之分。”[②] 在知识产权法中亦有授权许可和法定许可的制度，作为非物质文化遗产这一无形财产，针对不同的利用主体是一律适用“知情同意原则”还是有所区别，值得商榷，毕竟“知情同意”只是一项原则而非具体的规则，尚有探讨的空间。司法解释规定的“知情同意原则”虽未添加“事先”二字，但理应含有这层意思，因为事后的知情等于先斩后奏、不存在同意与否的问题，因此“知情同意”相当于授权许可使用，而法定许可使用则剥夺了权利人的“知情同意”，只保留了“惠益分享”的权利。如前所述，非物质文化遗产的权利主体应该是来源地群体，这就产生了两个问题：第一，非物质文化遗产的来源地群体成员以外的人是否有权利用非物质文化遗产？即有无可能被授权许可使用从而适用“知情同意”原则？只有在“知情同意”的基础上才能谈及“惠益分享”的问题，因为

① 黄玉烨：《论非物质文化遗产的私权保护》，《中国法学》2008 年第 5 期，第 145 页。

② See Guido Calabresi and A. Douglas Melamed, Property Rules, Liability Rules, and Inalienability. One View of the Cathedral, 85 Harv. L. Rev. 1089 (1972), p. 1092. 转引自吴汉东：《论传统文化的法律保护：以非物质文化遗产和传统文化表现形式为对象》，《中国法学》2010 年第 1 期，第 62 页。

“事先知情同意是获取和惠益分享的程序性权利，目的是为了防止不正当使用以及满足惠益分享的实现。”[①] 第二，非物质文化遗产的来源地群体成员固然有权利用非物质文化遗产，但这种利用需要授权许可即事先同意吗？是有偿的还是无偿的？对于第一个问题，由于非物质文化遗产具有鲜明的民族性和地域性，来源地群体成员以外的人利用非物质文化遗产，一方面很难做到原汁原味、地道纯正，另一方面也有名不副实、欺骗公众的嫌疑，因此应当严格把关、一律适用授权许可，而且原则上一般不应授权许可使用。知识产权法关于集体商标和地理标志的规定也一样，前者具有身份性，后者具有地域性，非本集体成员或非本地经营者一般情况下无权使用集体商标或地理标志。对于第二个问题，针对非物质文化遗产这一集体财产，每一个集体组织的成员都理应享有使用权，如果要求集体成员在利用非物质文化遗产之前必须经过相关组织的授权许可，似乎是在故意设置制度障碍，也与鼓励传承人开发利用非物质文化遗产的精神背道而驰。对于利用者是否能够尊重非物质文化遗产的精神实质和文化内涵，此种利用是否会导致非物质文化遗产的变味和失色，则应由“尊重原则”来加以控制。但随着非物质文化遗产的逐渐失传，实际利用者往往是其中的一部分人甚至个别人。事实上，集体所有和个人所有仍然有区别，虽然形式上大家都有使用权，但由于个人能力、条件的限制，不是每个集体成员都能在实质上有机会平等利用非物质文化遗产，如果对利用者一律免费，对其他成员就是不公平的，因为本应共享的利益被个人独占了。因此，笔者认为，此种情况应以法定许可为宜，即不适用“知情同意原则”，至于是否适用“惠益分享原则”，可以借鉴我国法律关于集体土地所有制的规定，集体组织成员营利性使用集体土地（农村土地承包经营）时，需要向集体交纳承包费，非营利性使用集体土地（农村宅基地）时，则无须支付费用。也就是说，非物质文化遗产的利用者即便是集体组织成员，也要分情况对待、不能一概而论，有可能需要适用“惠益分享”原则，至于适用的情形则在下文中会有所论述。

（2）利用方式。1982 年世界知识产权组织和联合国教科文组织发布了

① 袁晓波、崔艳峰：《论非物质文化遗产获取和惠益分享原则》，《湖南社会科学》2013 年第 4 期，第 72 页。

《保护民间文学艺术表达形式防止非法利用和其他损害行为的国内法示范法条》，“《示范法条》提出为非物质文化遗产提供一种特殊的保护模式……（2）权利内容上，有别于著作权法授权使用的做法，凡以营利为目的且在传统方式之外的使用，须经相关社区主管机关授权同意；但属传统方式的使用，不论是否具有营利目的，均无须获得授权。至于传统方式以外的使用，如不以营利为目的，亦不受禁止。”① 即对非物质文化遗产的利用方式是“以营利为目的且在传统方式之外的使用”时，需要“知情同意和惠益分享”。只有“以营利为目的”才能产生“惠益”才可能被“分享”，且“利用”本就包含“营利使用”的含义。“营利”即获得经济上的利益、利用非物质文化遗产谋取利润，如商业表演传统音乐、舞蹈、戏剧、曲艺和杂技，展览、出版或出售传统口头文学、美术和书法，将传统技艺、传统医药投入生产和销售，等等。需要说明的是，此处的“营利”应包括间接营利行为，如在游船、饭店、歌舞厅为招揽顾客而表演传统艺术，游客、顾客并未直接支付观看传统艺术的对价，但此类表演为商家招揽了顾客，亦具有营利性质。至于对“传统方式”，则“是根据某社团的长久使用，在其合适的艺术框架内使用一种民间文学表达的方法。”② 即某社团群众自古以来一直都存在的利用方式，以云南大理为例，大理三月街是白族传统的盛大节日，距今已有成百上千年的历史，虽然一年一度的三月街民族节日能够促进商贸往来和经济增长即具有营利的目的，但由于这是以“传统方式”使用这一传统节庆的非物质文化遗产，因此不适用“知情同意和惠益分享原则”。又如白族的霸王鞭、大本曲、洞经音乐等一般是在传统节日中、耕种或收获季节中、祭祀仪式或宗教法事中表演，如果搬上舞台收取门票，则不属于“传统方式”的使用。再如洱海渔鹰驯养捕鱼是大理渔民的一种传统生产方式，目前存在的由当地渔民划船、渔鹰抓海中的鱼、被抓的鱼拿来出售的利用方式，使得鱼鹰捕猎变成一种旅游特色演出，这就应当不属于“传统方式”的使用。

（3）利用对象。关于利用的对象，在民间文学艺术领域，《意见》第

① 欧阳光、倪彩霞：《从“中国文艺类非物质文化遗产保护维权第一案”说起——兼论我国非物质文化遗产法律保护的现状与思考》，《文化遗产》2012 年第 4 期，第 41 页。

② 付荣：《民间文学表达形式法律保护的经济分析与制度选择》，《湖北民族学院学报（哲学社会科学版）》2004 年第 2 期，第 29 页。

10 条规定："利用民间文学艺术的元素或者素材进行后续创作，无须取得许可或者支付费用；形成具有独创性作品的，作者可依法获得完整的著作权保护，但应说明其作品的素材来源"，即在传统文学艺术基础上进行二度创作，一方面在创作之前无须取得非物质文化遗产权利人的许可或支付费用，另一方面在创作之后可以取得完整的著作权，所谓"完整的著作权"即在说明该作品的素材来源基础上，自己可以自由免费利用该作品，他人利用该作品也应取得自己的许可并支付费用，在保证非物质文化遗产权利人精神利益的前提下，不再赋予其对作品的财产利益，切断了其与作品的经济联系。可以看出，此种规定的目的是为了鼓励人们对民间文学艺术进行再创作，繁荣发展社会主义文化事业。而在传统知识领域，对在传统知识基础上进行二次创新获得的成果，《意见》并未明确其利用问题。笔者认为，可以借鉴专利法中关于原发明和改进发明的规定，利用传统知识进行后续研究开发甚至申请专利，都无须取得传统知识权利人的许可并支付费用，但若要将该研究成果投入市场，则应适用"知情同意和惠益分享原则"。这样规定的好处是，一方面可以鼓励对传统知识进行研究开发以促进技术进步、造福人类，另一方面也保证了传统知识权利人的经济利益，符合公平原则。之所以对民间文艺和传统知识区别对待，原因在于民间文艺属于文化领域，作为一种思想情感的表达，其作用在于丰富人们的精神生活，商业价值有限，但传统知识属于技术领域，作为一种技术方案，它能够从根本上改变人们的物质生活、推动社会的进步，商业价值巨大，有适用"知情同意和惠益分享原则"的必要性和可行性。

4. 知情同意和惠益分享的内容

对于"知情同意和惠益分享原则"的内容，司法解释并未提及，但就遗传资源而言，这已经是相对成熟完善的制度，值得借鉴。

（1）知情同意的内容。"事先知情同意，主要是指遗传资源获取与惠益分享协定中的提供者在批准获取之前，要求利用者就所获取的资源提供真实、全面与合理的信息以便进行决策的程序。"① 对非物质文化遗产而言，知情同意也包括三个要素：第一，事先。即非物质文化遗产的利用者应该

① 秦天宝：《论遗传资源获取与惠益分享中的事先知情同意制度》，《现代法学》2008 年第 3 期，第 80 页。

在开展利用活动之前提出申请，由于从申请到批准还需要一段时间，所以需要在开展利用活动之前的合理期限内提出，以便权利主体进行决策，在未获得批准之前不能从事利用行为，当然法定许可除外。第二，知情。利用者应当向权利主体提供有关利用非物质文化遗产的真实、全面与合理的信息，包括利用的主体、方式、对象、时间、地点、效果、影响、可能产生的惠益以及惠益分享安排等方面的内容，在民族地区提出申请时，应尽可能采用当地民族语言，以便沟通。第三，同意。同意即权利主体对申请者利用非物质文化遗产明确表示赞同，这种意见应当以书面方式做出。需要说明的是，由于非物质文化遗产的权利主体是来源地群体，实际进行决策的主体仅仅是该群体的代表机关，一方面，代表机关在做出决定之前应当将申请向当地群众公开，在决策时应充分考虑群众的意见；另一方面，代表机关在做出决定之后，无论同意与否都应当以适当方式将结果公之于众，接受当地群众监督。此外，现实中也可能出现申请文件有部分内容可以采纳但又有部分内容不能接受的情况，一概同意或不同意都不合适，此时代表机关可以和申请者进行协商，对申请文件进行修改，从而做出妥善的处理，这在《生物多样性公约》中被称为“共同商定”制度，该公约第 15 条第 4 项规定“取得经批准后，应按照共同商定的条件并遵照本条的规定进行”，该条文第 7 项又规定：“这种分享应按照共同商定的条件。”

（2）惠益分享的内容。对于惠益分享的内容，为履行《生物多样性公约》达成的 2001 年《波恩准则》和 2010 年《名古屋议定书》都规定，“惠益的类型”包括货币惠益（金钱利益）和非货币惠益（非金钱利益）两种，就非物质文化遗产而言，有学者提出，“应对不同的非物质文化遗产表现形式确定不同的惠益分享内容。比如对传统口头文学、美术、书法、音乐、舞蹈、戏剧、曲艺和杂技等，它们的文化价值可能大于经济价值，可以通过非货币惠益形式（如提供传承条件、代为培养传承人、提高传承能力等形式），为其传承和发扬创造更好条件；而对传统医药、传统技术等其他非物质文化遗产，它们的经济价值高于文化价值，可以通过货币惠益来实现目标。”[①] 对于惠益分享的时间，《波恩准则》第 47 条规定：“应考虑近期、

① 李一丁：《再论我国非物质文化遗产法律保护手段——以获取和惠益分享为视角》，《文化遗产》2012 年第 2 期，第 29 页。

长期和中期的惠益，例如一次性付款、阶段性付款和使用费。分享惠益的时间表应明确地规定下来。”如果对非物质文化遗产的利用是一次性的，即可采用一次性付费的方式，如果是持续性的，则可采取阶段性付费的方式。至于付费应是在利用非物质文化遗产之前还是之后的问题，事后付费或按收入比例提成可以减轻利用者负担、促进非物质文化遗产的开发利用，但会计核算会比较麻烦、亦会增加管理成本，事前付费则可避免此类问题。

知情同意和惠益分享原则来源于《生物多样性公约》中对遗传资源的保护制度，它创造了一种新的经济秩序，使来源地国家和社区能够从遗传资源的商业化过程中获益，最终形成尊重和可持续利用遗传资源的良性循环和公平局面。非物质文化遗产有着和遗传资源诸多的相似之处，我国作为非物质文化遗产大国，最高院司法解释已经明确将知情同意和惠益分享原则引入非物质文化遗产的利用中，但目前仅仅是原则性规定，实践操作尚需更多配套性措施，笔者在借鉴遗传资源利用中的知情同意和惠益分享制度的基础上，结合法理和实践，提出了自己的浅知拙见，旨在为我国非物质文化遗产的传承和保护事业略尽绵薄之力。

黔中地区乡规民约碑刻调查及其历史文化内涵*

文新宇　杨友森**

摘要： 乡规民约与社会环境、生态环境有着密切联系，它的形成、发展与当时的社会环境、生态环境及历史背景息息相关。笔者就清朝以来黔中地区乡规民约碑刻的调查所得，从乡规民约的时代变迁、内容变化、所发挥作用等角度进行了分析，认为历史上乡规民约是当地乡民进行乡村治理的一种有效形式，我们要从乡规民约的历史文化内涵中，去发现其对当下新农村建设和乡村治理的启发或价值。

关键词： 地域文化　乡规民约　碑刻　内涵

贵州是一个多民族的省份，世居在这里有汉、苗等 18 个民族，其中，分布着大大小小聚居或杂居的村落。村落中遗留着清代以来乡规民约的碑刻，根据其碑文内容可以分为社会治安、道德规范、环境保护等几个主要类型。笔者就清朝以来黔中地区乡规民约碑刻的调查所得，从乡规民约的时代变迁、内容变化、所发挥作用等角度进行了分析，认为历史上乡规民约是当地乡民进行乡村治理的一种有效形式，我们要从乡规民约的历史文化内涵中，去发现其对当下新农村建设和乡村治理的启发或价值。

---

* 本文系国家哲学社会科学基金一般项目“少数民族传统社会资源与乡村治理创新研究”（项目批准号：14BSH056）的阶段性研究成果。

** 文新宇，男，苗族，贵州省社会科学院副研究员，主要研究方向为民族法学、法律人类学、民族文化。杨友森，男，苗族，1992 年生，贵州黄平人，贵州民族大学民族学与社会学学院 2015 级民族史硕士研究生。

一　黔中地区乡规民约碑刻调查概况

（一）搜集整理概况

明清以来，黔中地区人口数量迅速增加，社会矛盾也随之变化，土地、水源、森林等是人们生活重要的物质条件，农村土地纠纷、水源争夺成为农村历史上突出的问题，村民为了协调这一矛盾，制定出适应的乡规民约，并且用汉字刻在石碑上。

近年来，笔者有幸多次参加黔中地区乡规民约碑刻采集、整理田野调查工作，先后采集乡规民约碑刻总共56通，其中康乾时期的乡规民约碑刻2通，嘉庆年间3通，道光年间15通，咸丰年间9通，同治年间2通，光绪年间4通，民国时期9通，新中国建立后至今9通，碑文没有明确记载时间的有2通。乡规民约碑刻遗存从嘉庆年间到道光、咸丰年间逐渐增多，以道光、咸丰年间最多，可能与当时的社会历史有关。贵阳市、安顺市是黔中地区重点区域，笔者重点对贵阳市花溪区、乌当区、安顺市西秀区、平坝县进行了重点调查，所采集到的乡规民约碑刻数量可观，其中贵阳市花溪区采集得39通，安顺西秀区得5通，平坝得5通，贵阳乌当得3通。从内容上看，涉及水源规约的有12通，护林碑的有16通，护寨碑和功德碑有20多通。

（二）乡规民约碑类型

社会治安型。贵州社会治安型的乡规民约碑刻比较多，与当时社会动乱有关。咸同年间到民国时期，社会动荡，经济萧条，导致大量的游民扰害乡邻，强索不走，并有假借乞丐之身份，做出盗窃铺户居民财物之举。游民现象在清中晚期的全国各地均有出现，贵州一直有游民群体行乞的现象。石头寨的县正堂碑文于道光十四年（公元1834年）所立，记述游民乞丐之事较为详细。

准□[①]古州[②]清军府贵筑县[③]正堂[④]，加五级纪录七次[⑤]，张[⑥]为严禁恶丐强讨以安闾阎[⑦]事：照得沿门乞丐原因，老幼废疾之人，无可资□而又不能自食其力，方许乞他人之余食。度□告之残生，理应苦苦哀求，听凭施予，不容争多嫌少，任意呼詈。至年力强壮之人，肩挑背负，力作佣工，何事不可自赡？乃竟游手好闲，甘心暴□。遂致成群结队，肆行强索，稍不如意，即放赖喧腾，甚或假乞丐之形踪，掠民居之门径。日则聚赌，夜则行窃。似此懒惰游民，即无前项劣迹，已应按名挐究。……倘敢不遵，并年力精壮之力，在外求食者，许该乡约保长[⑧]，即行□指名扭禀：以凭尽法惩治。如约保不行严查，一经受

---

① 用“□”表示无法认清的字，在字体外加上“□”表示碑文因风化模糊不清但可以推算出来的字，下文遇到同理。

② 古州：指古州厅，清雍正七年（公元 1729 年）置古州同知（今榕江县）。

③ 贵筑县：为贵阳府下辖一县，贵阳府治所之地。《贵阳府志》载：“康熙二十六年（公元 1687 年）罢贵州卫、贵州前卫，以其屯地置贵筑县，亦为贵阳府附郭县。”

④ 正堂：明清时对府县等地方正印官的称呼，因官府治事大厅称正堂，即多用于知县（正七品）的代称。明、清时知州、知府、知县等地方长官在官署大堂处理政事，故称正堂。掌一县之政令，凡赋税之征收，刑名事件之审理，盗贼之缉捕，农桑之兴办，文教之管理与倡导，孤贫之救恤等无不综理。

⑤ 加五级纪录七次：源于清朝一种对官员的考评制度，据《清会典·吏部》卷 11 记载：“凡议叙之法有二：一曰纪录，其等三（计以次，有纪录一次、纪录二次、纪录三次之别）；二曰加级（计以级，有加一级、加二级、加三级之别），合之，其等十有二”。对官员的通常奖赏叫做“议叙”，分成“纪录”和“加级”两种，各有三等。最低的是“纪录一次”，累积三次，便算“加一级”，再上为“加一级纪录一次”，到“加一级纪录三次”晋升为“加二级”，依此类推累进，直到“加三级”为止，共有十二等，但往往在记录加级时是依实际情况而定。而官员得到议叙，遇有升迁可随带以示荣誉，对于考核也是具有评定优劣等次的依据。官员因过受降级、罚俸处分时，可以本人所得之“加级、纪录”抵消。由以上可以看出，有具体政绩才能纪录，有纪录才能加级，有纪录、加级才能加衔。该官员是“加五级纪录七次”，说明这位官员政绩卓著。

⑥ 张：张瑛，《贵阳府志·职官》载，道光十三年（公元 1833 年），张瑛（直隶天津府南皮县人），正月十二日任贵筑知县。

⑦ 闾阎：音（lǘ yán）闾是古代的一种居民组织，《周礼·地官·大司徒》：“五家为比，五比为闾。闾，侣也，二十五家相群侣也”古代二十五家为一闾，原指里巷的大门，后指人聚居处。阎，里巷的门，闾阎意指平民百姓。

⑧ 保长：清代乡兵制度，“凡保甲之法……十户为牌，立牌长，十牌为甲，立甲长，十甲为保，立保长，自城市达于乡村。”保长专负稽查奸宄盗逃之事，维持地方治安。清朝黄六鸿《福惠全书·保甲·选保甲长》：“保长者，邑分四乡，乡立一长，谓之保长。不曰乡而曰保者，以乡别有长，所以管摄钱谷诸事，而保长乃专司盗逃奸宄，不与乎其他者也。”

害之家，禀送到案，定将约保一并重责不贷。各宜禀遵毋违！特示。①

康乾之后，统治政策较为宽松，“摊丁入亩”之策的实施，对人口的控制减弱，使得大量人口从境外的川陕、湘赣等地移居贵州。但随着人口的日益增加，人地矛盾日益突出。加之天灾频繁发生，朝廷苛捐杂税，加重了人们负担。当时，在残酷、苛重的封建压迫下，“田园卖尽，始而鬻卖屋宇，继而鬻卖子女，”“更有逃亡故绝”者②，挣扎于性命存活之际。道光年间，川陕、湖广等地农民即因水灾，“觅食维艰”而纷纷流散进入贵州。道光十四年（公元 1834 年），由湖南而进入贵州的流民“父老携幼，肩挑背负者，不绝于道。”③ 恶性循环，导致苗明起事，使社会动荡不安，游民兴起。为防止游民乞丐滋事，清政府多次通令全国各地对之编排保甲，严加管束，其法有四端，“一、选立丐头为管束之；二、查造丐户牌册；三、驱逐少壮之丐；四、老幼乞丐建栖流所安置，禁止散处。”④ 但是，当时的社会动乱的政局，政府也无能为力，无法全面遏制这种形势，民间也只能携手共同抵御，建立起寨与寨间互助形式的协定，商定乡规民约，共同应对。

此外，咸丰六年（1856 年）平坝县马场镇嘉禾村《合寨碑》“今以后，如有擅启其门而入者，罚无赦。凡我同人⑤，其各遵约，来无贻，后悔焉可。”记载了当时社会游民较多，社会治安较乱，只有靠村集体共同护寨。咸丰八年（1858 年）贵阳花溪区十寨乡禁碑“盖闻国以民为本，民以食为天。自因乡规未启，盗窃滋犯，比户不支，吾侪各乡等，因是和同协商，酌定乡规，核为碑记，永免贼害。”⑥ 十寨共同建立保寨安民的乡规民约，对当时社会动乱、盗贼兴起、流民失所的现状而制定，对乡村治安有较好的强化作用。

---

① 范兴卫 2012 年田野调查资料：《花溪区桐木岭村石头寨〈县正堂示〉碑文考释》，未刊稿。

② 常恩、邹汉勋、吴寅邦：《安顺府志》卷四十五，贵州人民出版社，2007 版，第 1024 页。

③ 〔民国〕贵州省文史研究馆：《贵州通志·前事志三》（点校本），贵州人民出版社，1987，第 466 页。

④ 中国人民大学清史研究所：《清史研究》第六辑《清代保甲制度简论》，光明日报出版社，1988，第 87 页。

⑤ 同人：指嘉木禾村全寨的寨民们。

⑥ 贵州省地方志编纂委员会：《贵州省志·文物志》，贵州人民出版社，1993，第 98 ~ 100 页。

民国元年（1912 年）的《龙午营盘》碑也记载了保寨安民的乡规民约。民国 14 年（1925 年）七月立的贵阳花溪区青岩镇山王庙村《公议乡规》。

> 盖闻朝廷有法，乡党有规，最喜者莫为保甲①，夫保之法，究清净地方，故投保甲以攻盗贼，四海九州闾閺安堵严密矣，然重之法，□查之端，务究心行，可免自匀，窝藏匪类之薮者，保甲之名而指保甲之，盖以盗贼之可，以藏贼之，远近乡村乡查能流者，以盗业容身之地矣，若有来历不明踪迹过路之人，断不可容境内，其先一则免得失可，一则免得拖累地方，投黑夜被贼，则鸣锣吹□为□，各亲戈、戟②俱要处□之，守望相助，率众姓竭力呈拿，以后除害之美也，又为除盗安良之至意，亦惟保我身家之良策。……一议本境勿许窝藏匪类，坐地分赃，养贼害民，上下来往的滥民。不准招流，如有招留者，罚洋五元③。

道德教化型。除了保寨安民外，碑刻中的乡规民约对严禁赌博、防偷盗的条文也比较多。花溪区湖潮乡新民村光绪十三年（1887 年）立的《永垂不朽碑》“一议如有被盗牛马、什物④，鸣众跟追倘贼，拒抗凶伤，每户出银一钱，送官究治。”⑤ 又如花溪区青岩镇山王庙村“严禁赌博、盗窃、斗殴闹事。违者交有关部门处理。”⑥ 村寨中往往因为赌博无法偿还赌债，做起偷盗之事。农闲时候，一些年轻人无事可做，三五成群，聚众赌博，走乡串寨，给农民带来重大麻烦。赌博、盗窃危害大，处罚很重，如花溪区盖冗村罗氏家谱中记载：“禁孙童顽辨掷骰赌博，家法以示本族截指为戒。”

---

① 保、甲：民国初期，省内各县均有保甲组织，县以下分区、团、保、甲、牌等层次。10 户为一牌，设牌长。十牌为一甲，设甲长。五甲为一保，设保长。民国 19 年（1930 年）开始，取消保甲建制，实行闾、邻制。五户为一邻，设邻长。五邻为一闾，设闾长。

② 戈、戟：戈指古代的一种兵器，横刃长柄；戟指古代兵器的一种，长杆头上附有月牙状的利刃。

③ 欧锦兰、邱贤纯 2013 年田野调查资料：《花溪区青岩镇山王庙村历史文化调查》，未刊稿。

④ 什物：食物。

⑤ 梁海霞 2013 年田野调查资料：《贵阳市花溪区湖潮乡新民村、下坝村墓葬和碑刻调查报告》，未刊稿。

⑥ 欧锦兰、邱贤纯 2013 年田野调查资料：《花溪区青岩镇山王庙村历史文化调查》，未刊稿。

环境保护型。主要有护林禁碑和护井公约以及护坝公约碑。从时间上看，康乾时期的护林碑没有，道光、咸丰年间最多，到民国时期减少，1949年到1979年根本没有，1979年以后出现得最多。护井、护坝方面，光绪到民国时期最多。

清初是环境保护意识的萌芽期。康熙到乾隆时期，碑刻中乡规民约主要记载个人功德教化、道德的传播类型。清初，贵州境内人口相对比较少，人口密度低，人与自然的关系不紧张。人们虽然过着相对落后的刀耕火种经济生活，但是自然的恢复力很快，人们没有意识到要保护自己的生活环境。

嘉庆、道光年间是环境保护意识的发展阶段。乾隆中后期以后，大量人口迁入贵州，人口迅速膨胀起来。根据资料不完全统计，贵州省登记人口1774年3485919人、1775年3738964人、1776年5003177人[①]，这三年人口数量就剧增150多万。外来人口的迁入，改变了贵州原来居民的经济方式，由靠山吃山、放牧打猎的经济方式转变成集约化的农业经济。加上高产量的马铃薯、玉米等耐旱作物在贵州得到较多的种植，贵州境内大量的开垦荒地，不断破坏植被，贵州又是喀斯特地貌，生态环境脆弱，多沙质土壤，水土流失和石漠化严重。贵阳市花溪区党武乡当阳村，嘉庆二十年(1815年)《笃意栽培》。

> ……自乾隆三十五年（1770年），不法之辈砍伐，寨迎神踏勘护蓄。至五十二年（1787年）奸徒又起，纵火而焚，估占□挖众等。控□奉思批断，伊出银封护，永不容败坏风水。阅数年，恶又猖獗复行砍伐，姓又迎神踏勘，摠不能制彼婪心，寨内小人辈遂借口成贪，竞争霸种更余地矣。渐至圳土，启石何异，敲骨吸髓，迩来寨内丰歉不一，贫富不齐，无风水之败于此山也。……永侵占等情，倘有不遵盗取木石草芥，开挖者一经拿获，公同送官究治。指及私嚼隐忍，亦同送究，头人众姓临事退避及唆揆侵占，罚银十两。[②]

① 〔美〕李中清：《明清时期中国西南的经济发展与人口增长》，载中国社会科学历史研究所清史研究室编《清史论丛》，中华书局，1982，第63页。

② 封开琴2013年田野调查资料：《贵州省贵阳市花溪区党武乡碑刻类调查报告》，未刊稿。

咸丰七年（1857 年）太平军和清军在贵州境内多地大战，毁营抢寨，烧毁大片的森林。此外，当时贵州木材贸易较为兴盛，致使大面积森林被砍伐，森林植被破坏，这就促使村民制定了很多的乡规民约来限制乱砍滥伐。贵州水灾、旱灾频发，光绪二十五年（1899 年），清镇“淫雨累月，田禾淹死，衙城尤甚，次年春，米价陡涨，斗米值银二两有奇。①”水灾导致农作物受损，米价上涨，影响社会安定。

民国时期社会动荡不安，天灾人祸，人们依赖自然，靠山吃山。这时期各种军阀争战不断，搭建各种军事工程、军队生活所需柴薪等都会消耗大量木材，战争也同样会导致大量的森林迅速消失。随着战争结束，大量房子的兴建，城市的恢复，需要大量砍伐森林以获得木料，又给森林带来巨大破坏。

1958 年 5 月，中共八届二中全会制定“鼓足干劲，力争上游，多快好省地建设社会主义”的总路线。在总路线的指引下，出现了工业、农业和林业的“大跃进”。盲目的追求生产，忽视了自然的承载力，不断的开荒，“大跃进”的大炼钢铁，破坏了大量的森林。

20 世纪 90 年代是自然生态的恢复期。人们意识到环境的重要性，开始敬畏自然，保护生态环境，保护森林的碑刻大量兴起。从碑文内容来看，要保护森林，主要通过严禁乱砍滥伐、预防森林火灾、禁止毁林开荒三个方面的规定、措施来实现。

贵阳市花溪区歪脚村护林碑中说“严禁在林区开荒、取土及砍伐林木。严禁铲草积肥；严禁放牧；严禁猎取飞鸟走兽；严禁埋坟开荒；违者必究，轻则罚款，重则法办，保护有功者受奖。只有人类的活动与自然界的发展处于和谐状态，生物的多样性得到保护，才能保证社会持续发展，我们应该有这样的思想高度”②。的确如此，虽然是几条简单的禁止条款规定，但却反映了乡民朴素的自然生态平衡观和可持续发展观，不能为了自己一代而牺牲下一代人的利益。

---

① 清镇市史志办公室:《清镇县志稿 · 杂记 · 灾异》卷十二（点校本），清镇市史志办公室 2002 年内部印刷，第 331 页。

② 胡锦友 2012 年田野调查资料:《花溪区歪脚村“青岩油杉”护林碑的调查》，未刊稿。

二 黔中地区乡规民约内容的变迁

（一）乡规民约在不同时期的侧重点

乡规民约何时出现，目前学术界大多认为中国最早的成文乡规民约是北宋时期理学家吕大钧倡导推行的《吕氏乡约》，而有些学者认为乡规民约在先秦就已经出现[①]。然而，黔中地区乡规民约发展是明清以后。明代，黔中地区乡规民约主要侧重礼仪和教化方面。从宏观上讲，明朝整个国家法律比较严，但是在民间管理上，官府也很难深入基层控制，为了社会稳定，除了军事上采取卫所制度外，还进行户籍管理改革，采取里、甲基层组织建设，采用宗族组织、乡约教化进行控制。明太祖以《教民榜义》的形式，从法律上明确了明代户婚、田宅等农村基层社会民事纠纷与诉讼，以及斗殴等治安案件由里、甲老人调解。明太祖朱元璋十分强调礼仪教化的重要性，于洪武十三年（1398 年）颁布了《圣训六谕》。内容为“孝顺父母，尊敬长辈，和睦乡里，教训子孙，各安生理，毋作非为”[②]。

清代继承明代的乡规民约并进一步发展，乡规民约是清政府对民间管理控制的一个重要的手段。顺治九年（1652 年）颁布的《圣谕六条》、康熙九年（1670 年）的《圣谕十六条》和雍正二年（1724 年）的《圣谕广训》，都侧重于教化，如康熙九年（1670 年），圣祖谕礼部曰：“朕唯至治之日，不以法令为亟，而以教化为先。[③]”然而，这三个圣谕对各地的乡规民约形成了一个模板，甚至在宗族家规家训中都纳入。这往往影响了乡规民约的民主性和独特性，使之千篇一律。

咸同年间，黔中地区乡规民约主要侧重于防盗贼、护寨和规范人们行为。比如，《花溪区志》记载，咸丰八（1858 年）年在石板镇野狗坡所立的《十寨乡禁碑》的碑刻内容：“盖闻国以民为本，民以食为天。自因乡规未启，盗窃滋犯，比户不支，吾侪各乡等，因是和同协商，酌定乡规，核

---

① 张明新：《从乡规民约到村民自治章程——乡规民约的嬗变》，载《江苏社会科学》2006 年第 4 期，第 120 页。

② 《明太祖实录》卷 255，中央研究院历史语言研究所校勘本，（台湾）中央研究院 1982 年影印。

③ （清）章梫：《康熙政要》，中州古籍出版社，2012，第 50～51 页。

为碑记，永免贼害。”[①]。可见此碑主要是防盗贼、护寨的规约内容。

咸丰八年（1858 年），贵州境内，在太平天国起义的影响下，苗族农民领袖张秀眉等人领导大规模反清起事，贵州普安大坡铺一带爆发回民起事。咸同之乱中，官府很难控制局面，社会动乱，广大乡村的村寨就联合起来制定乡规民约，保护村寨安全，联合抵御盗贼，寨与寨之间建立起护寨协议，制定乡规民约，防止盗贼窜入寨内，同时也防止本寨内村民加入起事队伍中。当时，一寨有难，敲锣打鼓，互相呼应，互相帮助。

咸同之乱后，乡规民约侧重于环境保护、土地纠纷问题。此时，经济开始得到恢复，如战前的咸丰元年（1851 年）贵州人口达到 5435000 余人[②]，战争中人口锐减，到同治四年（1866 年）降至 310 余万人[③]。由于当时清政府的政策得力，咸同大起义后期，人口开始增长，1875 年统计人口即达到 448 万余人[④]。随着人口数量的迅速增加，土地不断开垦，森林砍伐越来越严重，人地关系的矛盾变得越来越突出。光绪十三年（1887 年），花溪区湖潮乡新民村立的《永垂不朽碑》，就得以说明。

> “尝观水秀山清，林木□□，祯祥之瑞，地灵人杰，风水卜永，□□□休，吾邑祖籍江西[⑤]，创居云贵，相彼后山平底，倡植森林栽培，各出本金承买此地，归众蓄成参天老树，障蔽寨后弥空上古，德厚同心，勿剪勿伐，后世分崩离意，随砍随挖，举目濯濯，忍悲宗功，为此议严禁。不准开挖，禁再有入山伐木、讨笋、拔根以及纵放六畜等事，拏获除醮祭外，罚银三两，庶几，林木林茂，众寨永昌为此公立严禁，□□□韦宴琼是序。一议沟渠道路，有隘卫生，倘有阻室开挖另辟水道，侵占路边众地者，每户出艮[⑥]三钱送官究治。一禁寨后红

① 贵州省地方志编纂委员会：《贵州省志 · 文物志》，贵州人民出版社，1993，第 98 ~ 100 页。

② 〔美〕李中清：《明清时期中国西南的经济发展与人口增长》，载中国社会科学历史研究所清史研究室编《清史论丛》，中华书局，1982，第 63 页。

③ 〔美〕李中清：《明清时期中国西南的经济发展与人口增长》，载中国社会科学历史研究所清史研究室编《清史论丛》，中华书局，1982，第 63 页。

④ 〔美〕李中清：《明清时期中国西南的经济发展与人口增长》，载中国社会科学历史研究所清史研究室编《清史论丛》，中华书局，1982，第 63 页。

⑤ 祖籍江西：在贵阳市花溪区湖潮乡新民村寅贡寨调查中获得的《陈氏宗谱》、《韦氏宗谱》、《普贡韦氏家谱》写道：寅贡寨寨民的始祖于明朝洪武年间从江西省吉安府迁来。

⑥ 艮：即“银”的简写。

泥树木，不准挖砍，违者罚银三钱。一议如有被盗牛马、什物，鸣众跟追，倘贼拒抗凶伤，每户出艮一钱送官究治。一议茨木树料，各各有主，倘有偷盗拏获加倍赔外，罚艮七钱，后山私业只准栽木培补，不准开挖作茵。其有杨①姓所买之田土、山林、树木、扫清卖归本寨，除坟外寸土不留，现有契据班、陈、韦三姓②人等”③。

新民村地势较缓和，水资源充足并且容易灌溉，适合农业的发展，使得该区域人口快速增长，而土地是有限的，导致土地紧张问题。

民国时期，乡规民约侧重于保村护寨。这一时期，各地军阀混战，动乱不安，民间土匪众多，随时会给乡村人们带来人身财产安全的危胁，各地修建有屯堡、寨墙、营盘、躲匪洞等设施。如民国元年（1912 年）的贵阳市花溪区湖潮乡新民村建的龙午营盘，主要用于抗击土匪骚扰，从在营盘所立的十条乡规民约可以得知。

“不准招摇撞骗生是□非，不准私招留别外匪类，不准外局内合破坏名誉，不准自相残害损失私气，不准借故口角横行吵闹，不准扒墙根石损坏城恒，不准窃盗银钱衣物用器，不准奸淫妇女□生命□，不准估借不还以此招怨，不准估借不还以此招怨，以上十条如有犯者送官究治。”④

从碑文中可以看出，村民们虽然都比较贫困，但是他们团结在一起战胜了土匪的入侵。碑文中放在首要位置的是御匪保寨，乡规民约的前几条都是抵御外敌，不能通匪，不能挖墙破城，后面几条是行为规则；此外“估借不还”出现在最后两条，这说明整个寨子是紧密联系在一起，虽然存在贫富差别，但他们依然互相帮助，富裕的人家会借一些粮食给贫困的农户，但有借有还，为了防止因借贷而引出不和矛盾，甚至因借还引发矛盾出现通匪问题，所以立此碑在先，以防后患，最主要目的还是共同抵御

① 杨姓：寅贡寨的土地有部分是从平坝的一个杨姓买来的。

② 班、陈、韦三姓：寅贡寨主要由班、陈、韦三姓组成。

③ 梁海霞 2013 年田野调查报告：《贵阳市花溪区湖潮乡新民村、下坝村墓葬和碑刻调查报告》，未刊稿。

④ 梁海霞 2013 年田野调查报告：《贵阳市花溪区湖潮乡新民村、下坝村墓葬和碑刻调查报告》，未刊稿。

外敌。

20 世纪 90 年代以后，乡规民约主要侧重于生态环境保护。侧重于生态环境保护的乡规民约制定的背后原因是，毁林等破坏生态的现象比较严重。首先，在 1958 年实施的“以钢为纲”的全面“大跃进”运动中，由于当时大搞“一平二钢”，刮“共产风”及“大炼钢铁”，使得贵州省森林遭到严重破坏，据统计，全省共毁林 2725 万立方米①。这是历史上规模最大、时间最长、范围最广、影响最为深远毁林事件。其次，加上当地农民落后的生产方式，在山上铲草积肥、烧草烧木，随意开荒、向山要土，打鸟捕兽、向山要钱，砍伐破坏，只砍不栽，再加上黔中地区的土壤是沙质土以及石灰岩，当大量的地表草叶被铲走后，使得地表裸露，一遇雨天就会造成水土流失。尤其是《中华人民共和国森林法》1985 年 1 月 1 日施行后，鼓励植树造林、封山育林，扩大森林覆盖面积等森林法的倡导和规定也在乡规民约里有所体现。1998 年长江特大洪水灾难给世人敲响了警钟，水土流失较为严重，给人民带来了巨大的损失。而黔中地区乌江流域作为长江的上游地区之一，有责任和义务做好植树造林、保护森林，扩大森林覆盖面积。在各级政府尤其是乡镇政府的推动下，黔中地区乡规民约的制定在这一时期尤以突出生态保护为主。

（二）乡规民约在不同时期的指导思想及原因

清代，黔中地区乡规民约主要指导思想是儒家思想。统治者通过儒家思想来教化人们，把儒家思想纳入乡规民约中有利于统治。从乡规民约最突出的特点来看，乡规民约中的道德教化和息讼主张主要来自儒家思想中。康熙九年（1670 年）的《圣谕十六条》“举凡敦孝悌以重人伦，笃宗族以昭雍睦，和乡党以息争讼，重农桑以足衣食，尚节俭以惜财用，隆学校以端士习，黜异端以宗正学，讲法律以儆愚顽，明礼让以厚风俗，务本业以定民志，训子弟以禁非为，息诬告以全良善，诫窝逃以免株连，完钱粮以省催科，联保甲以弭盗贼，解仇忿以重生命。②”圣谕中首先讲到孝悌人伦道德思想，其次是和睦乡里，提倡无讼主张。《论语·颜渊》卷六中讲到

① 贵州省地方志编纂委员会：《贵州省志·林业志》，贵州人民出版社，1994，第 32 页。

② （清）章梫：《康熙政要》，中州古籍出版社，2012，第 50～51 页。

"听讼，无犹人也，必也使无讼乎！[①]"《论语》中说最好的法律就是无讼，人与人没有彼此之间的争讼，社会就安定了。儒家中提倡"无讼"受到统治者的青睐，在农业社会里，人与人之间的经济矛盾不是很突出，两家发生了土地、财产等纠纷，若向官方提起诉讼，如果诉讼赢了，也损失自家的财产，甚至变得倾家荡产；另一方输了，可能人财两空，反而激起两家的仇恨；同时，寨子也不喜欢"家丑外扬"。政府能力有限，如果大小事都要官方来调解，会加大政府的工作量，所以在乡规民约中都体现了儒家无讼思想。从制定乡规民约的主导者来看，他们都是饱读诗书和儒家经典的秀才、贡生、举人、退仕的官员、寨老等地方精英，他们都是统治者在乡村选择最信任的代理人，他们深受儒家思想的影响，所以订立乡规民约时都以儒家思想为指导。

民国时期，黔中地区乡规民约主要的指导思想是儒家思想和新三民主义思想。民国 28 年（1939 年）贵阳市花溪区竹林村葛家寨《缘功永垂》记载"盖闻天时不如地利，地利不如人和，是以往来求其便，居处求其安，饮食求其洁"[②]，碑文中开篇两句引自于《孟子》一书中，讲究"人和"是儒家重视人本主义思想。此外，乡规民约除了道德教化和行为规范之外，"自由、民主、平等、法治"是乡规民约中最突出的部分。鸦片战争后，西方的宪政思想传入中国，并很快受到包括封建知识分子、封建地方官僚以及其他社会精英的重视和追捧。当时著名的法学家沈家本说："我法之不善者当去之，当去而不去，是之为悖。彼法之善者当取之，当取而不取，是之为愚。[③]"西方的法律开始向中国传播，并得到人们的好评。辛亥革命后，孙中山先生提出的新三民主义思想，其中的民权强调国家政权为"一般平民所共有"，即强调它的民主性、群众性。寨老在制定乡规民约时，并将民权运用到对农村社会的治理中，渐渐挣脱了政府对乡规民约制定的控制，回到农村民主自治下。虽然受到政治、经济、文化、社会等诸多因素的制约，乡村自治运动大多归于失败，其所制定的一系列村规民约在实践中也多流于形式，但"民主"、"自由"、"平等"、"监督"等西方民权思想，已经深深印入了中国人的脑海中，并在以后的乡村地方自治中发挥了越来越重要的

① （宋）朱熹：《四书章句集注·论语集注卷六颜渊第十二》，中华书局，2012，第 138 页。

② 杨友森 2013 年田野调查资料：《贵阳花溪区竹林村葛家寨田野调查》，未刊稿。

③ （清）沈家本：《历代刑法考》，中华书局，1985，第 2236～2237 页。

作用，这一点，从乡规民约浓厚的法律文化色彩中就能得到充分的证明。

新中国成立后，黔中地区乡规民约主要是为了适应生产需要而制定的，如 1966 年贵阳市花溪区燕楼乡谷蒙村制定的护井公约碑：“为保护社员的身体健康，促进农业生产的发展，必须加强饮用水的管理，为此特定立一下护井公约，希望全寨群众，自觉遵守。五、爱护水井，人人有责。六、此处水井一个，水池三个，大井专供吃水用，第一水池专供洗菜用，第二水池专供洗衣服用，第三水池专供洗其他东西之用。七、不准放牛、马、猪、鸭、鹅等牲畜进入水池内。八、不准在大井后面水沟随便倒水，洗其他东西。九、发现有破坏井、池行为者，应立即劝阻，性质严重者，立即向生产队报告。[①]”从这块碑看，只是简简单单的几条规定，它吸取民族传统美德的精华部分，抛弃封建迷信色彩的糟粕，适合生产力的发展需要。这块碑的背面记载是咸丰四年（1804 年）所立，1966 年可能是再次翻修，背面记载前四条碑文还存在封建社会男女不平等的烙印，这年又是“文化大革命”的开始，抛弃封建的伦理道德思想，便把前四条立到墙体一侧，遮挡其文字。

三　乡规民约的作用

（一）对国家法律的补益

乡规民约与国家法律的短时期内冲突还是无法消除，只有找出两者之间的共同性才能把冲突转换成协调互补。[②] 国家法律引导个人的独立性，而乡规民约则注重村寨的整体性。我国法律主要移植西方国家的法律制定而成，乡规民约是我国本土民间规约，反映了乡民日常生产、生活的实际。比如在继承权问题上，按照乡规民约的规定或说法，女儿出嫁了就不回娘家继承财产，出嫁的女儿没有赡养父母的义务，但是从道德上说，女儿赡养老人是天经地义的事，但继承上没有明确规定女儿继承父母的遗产，所以好多出嫁女儿都不愿意赡养自己的父母。但从法律角度说，女儿有赡养父母的义

---

① 陈李先、李玉琴、李雪、敖成涛 2012 年田野调查资料：《花溪区燕楼乡谷蒙村历史文化调查报告》，未刊稿。

② 吴冬梅：《乡规民约的合理性及其与国家法律的协调》，载《湖南农业大学学报（社会科学版）》2012 年第 2 期，第 59 页。

务，同时还有继承父母遗产的权利。虽然乡规民约有一些规定和国家法律存在冲突，但是正因为国家法律除了注重全国普遍性而无法顾及农村的实际状况，反而给乡规民约留下了一定的生存和适用的空间，从一定程度上说，乡规民约弥补了国家法在乡村社会的作用不足，对国家法律是有所补益的。

（二）有助于新农村建设

新农村建设中“生产发展、生活宽裕、乡风文明、村容整洁、管理民主”的要求与乡规民约的内容互相一致，根据本地生产生活的实际情况所制订的乡规民约，反映了乡民关于乡村治理、发展的想法、愿望，是乡民长期积累的关于乡村治理的本土经验和有效做法，是有助于当前的新农村建设的，当前的新农村建设要发挥好乡规民约的作用。

乡规民约最突出的特点是民主管理，是运用地缘关系和熟人社会的一种契约关系来进行乡村治理。在新农村建设中，可以充分发挥乡规民约的道德教化作用，将中华民族的传统美德贯穿到当地村民的生产、生活中，用美德教化农民，引导农民，激励农民。

贵阳花溪区龙武营盘碑所记“不准招摇撞骗生是非……不准外局内合破坏名誉，不准自相残害损失私气，不准借故口角横行吵闹……不准奸淫妇女生命”①。乡规民约与民间教化是统一的，乡规民约最主要的特点是引导村民们自我管理，自我教育，自我规范，达到教化目的，才能发挥乡规民约的契约性作用。

在当前的新农村建设中，将传统乡规民约中“倡民忠孝、教民修身为善、劝民友爱、促民相帮相助”的理念、做法，结合新农村建设的时代要求，引导乡民培育热爱国家、孝敬长辈父母、和睦乡邻、勤劳善良、守信守诺、遵纪守法、善相劝勉、相帮相助、扶危济困、提倡勤俭节约、反对铺张浪费的新风气，为新农村的建设、发展塑造一个良好的社会环境，和提供强大的精神文化动力。

（三）强化社会治安

清代以来，乡规民约最大的作用之一是起到维护地方社会治安的作用。

---

① 梁海霞2013年田野调查资料：《贵阳市花溪区湖潮乡新民村、下坝村墓葬和碑刻调查报告》，未刊稿。

咸同之乱，社会动荡不安，乡民们为了抵御外敌入侵，以防生命财产受到侵犯，他们联合乡里乡亲共同护寨，订立乡规民约，保护寨子的安全。上文中，笔者采集、整理的乡规民约碑文多数是涉及社会治安类型的，这反映了乡民对于利用乡规民约强化社会治安作用的深刻认识和基本做法。正是由于乡村社会出现了让人不安的社会治安问题，才促使乡民第一时间想到通过乡规民约定规立约，惩罚破坏乡村安定的违犯者，警戒那些潜在的行为不轨者。因而乡规民约强化社会治安的作用尤为明显。

（四）助推生态环境建设

乡规民约除了对社会治安作用外，对生态环境保护也有着非常重要的作用。咸同之乱后，黔中地区人口迅速增长，人地矛盾变得越来越激烈。人们不顾自然的承载力，不断开垦土地，导致水土流失等自然灾害越来越多，这才意识到要保护环境。当今，西部大开发政策实施以来，西部迎来一个发展的黄金时期，黔中地区是贵州重要的工业规划区，工业的发展会带动整个贵州的经济发展。但是，工业发展的同时，我们也要保护环境，才能得到长远发展。本来是代表乡民生态环境保护智慧的乡规民约、村规民约的一些规定，恰恰是有力的推动了生态环境的保护和建设。

四　结语

通过清代以来黔中地区乡规民约碑刻的调查、采集、整理及其历史文化内涵的解读，笔者意在从一段历史中去复原乡村治理中乡规民约的运行与作用。社会在发展，乡规民约也在发展变化，旧的乡规民约根植于封闭的农业经济社会中，不再适应当今社会发展的需要，也不再适应新形势下乡村治理的需要。然而，历史总是相信人民群众的创造力是伟大的。改革开放后的农村包括黔中地区农村，在乡规民约基础上形成的村规民约，相当程度上已适用于当下的乡村治理，并发挥了相当的作用。因而，本文就乡规民约碑刻的历史文化内涵的解读、分析，对当下新农村建设和乡村治理有所启发，则达到了本文预想的写作目的了。

第五篇

其他研究

少数民族文化与少数民族地区司法审判

张永和[*]

摘要： 针对少数民族地区案件纠纷及其解决的特点和要求，少数民族地区在司法审判方式改革方面进行了诸多的探索。本文针对少数民族地区案件纠纷的特点，从少数民族地区巡回审判、诉调衔接、人民陪审方面进行阐述分析，认为，巡回审判在少数民族地区具有优势，但同时面临困难；要充分认识诉调衔接在少数民族地区实行具有必要性，以克服存在的困难；充分利用好人民陪审员制度，在少数民族地区发挥实现司法民主、保障公民自由、促进司法公正、遏制司法腐败等作用。

关键词： 少数民族　巡回审判　诉调衔接　人民陪审

一　少数民族地区案件纠纷特点

通过调研云南、新疆、西藏等少数民族地区，可以发现少数民族地区与汉族地区在案件纠纷上有着许多差异，不同的少数民族地区之间也有许多差异。

从纠纷具体类型上看，少数民族地区与汉族地区有着许多差异。许多少数民族有自己独特的风俗习惯，由此而产生的许多纠纷就显得与汉族地区纠纷有许多不同。比如，在新疆维吾尔自治区乌鲁木齐县板房沟派出法

---

* 张永和，西南政法大学教授、博士生导师，西南政法大学人权研究院执行院长。

庭所辖地域之内，就发生过哈萨克族毡房“夏恩拉克”[①] 被破坏时的侵权赔偿是否涉及精神赔偿的争议。很明显，这种争议就不会出现在汉族地区；[②] 在西藏自治区有些县存在着“一妻多夫”的婚姻存续形式。显然，由此产生的离婚析产等纠纷也基本不会出现在汉族地区。[③] 另外，许多少数民族地处偏远之域，与内地交往并不便利，近年来由于经济社会发展衍生出许多所谓的“新型案件”，但事实上却是内地较发达地区十年前甚至二十年前就存在的案件。这一点与汉族地区也有较大不同。

从纠纷解决方式上看，少数民族地区与汉族有着很多不同。特定的风俗习惯，决定了特定的纠纷解决方式。比如四川凉山彝族自治州的彝族群众，请求“德古”依据本民族的先例进行调解。宁夏回族自治区回族的“阿訇”，对本民族内部的纠纷进行调解。还比如，新疆维吾尔自治区、西藏自治区由于地缘广袤，采取的车载巡回审判制度。这些在汉族地区，都是不多见的。

从纠纷解决条件上看，少数民族地区与汉族地区存在很大差距。少数民族地区因为地处偏远、交通不便，经济社会文化相对落后，在司法机关办案的软件和硬件上，与汉族地区相比都存在着不小的差距。软件方面，办案人员一般学历不高，知识更新较慢[④]，且都希望受到进一步的专业培训。[⑤] 另外，少数民族地区在处理电子档案、庭审等方面，往往面临着翻译缺乏的问题。硬件方面，办案经费相对紧张，对较偏远的地区巡回审判成本较高。

针对少数民族地区与汉族地区在司法现状上的诸多差异，少数民族地区在司法审判方式改革方面进行了诸多的探索。

---

① 夏恩拉克，音译词，指哈萨克族牧民毡房的木质房顶。

② 2011 年 7 月 22 日课题组成员与新疆乌鲁木齐县人民法院板房沟法庭法官座谈记录。

③ 2011 年 8 月 25 日课题组成员访谈西藏日喀则地区中院法官记录。

④ 课题组在云南调研时了解到，洱源县邓川法庭的李炬海庭长使用的参考资料还是九十年代的法学教材，调研结束后，课题组购置了一整套西南政法大学使用的最新版法学核心教程寄给他，供他参阅。

⑤ 在课题组调研期间，很多办案人员都反映急需进一步的专业培训，包括对新颁布的法律的培训，对新型案件处理的培训等等。

二　少数民族地区的巡回审判

在我国中西部的少数民族地区，特别是基层人民法院，为方便人民群众诉讼，根据本地实际情况，抽出一定的力量组成巡回法庭，定期或不定期地巡回深入农村及交通不便、人员稀少等偏远地区，就地立案、就地开庭、当庭调解、当庭结案。实践中，各地实行的这种流动办案，巡回审判的方式，被形象地称为“草原法庭”、“马背法庭”、“海上法庭”、“田间法庭”。

（一）少数民族地区巡回审判的优势

巡回审判作为一种既便利当事人诉讼，又有利于人民法院简便、快捷审理案件的方式，在全国各地基层法院，尤其是少数民族地区基层法院已广泛适用。以西藏自治区基层法院为例，自 2009 年西藏自治区高院给各基层法院配发“车载流动法庭”以来，各基层法院使用“车载流动法庭”进行巡回审判，取得了良好的效果。如在拉萨市，各基层法院共行驶 21 万余公里，出动人数约 2683 人次，就地办案 393 起，化解矛盾 685 件，发放各类宣传材料共 6.5 万余份，巡回法庭也被当地的农牧民群众称赞为“110 巡回法庭”；又如在山南地区的乃东县法院，仅 2011 年上半年，该院“车载流动法庭”行驶 5000 多公里，受案 24 件，发放各类宣传材料共 5000 余份，受教育群众达 1 万余人；再如日喀则地区江孜县法院，车载巡回法庭的受案量占到全院受案量的四成左右。[①] 经过几十年的司法实践，巡回审判这种从辖区的实际情况出发，采取巡回到点、集中受理、就地开庭、及时结案的工作方式，把充满神秘色彩的司法殿堂搬到乡村农舍，回到寻常百姓中去，使人民司法更贴近百姓生活、惠及更多百姓的审判形式，越来越体现出其所具有的独特优势。

1. 巡回审判符合我国当前的基本法治状况

当前我国的法治状况并不完善，中西部少数民族地区的农村地区尤甚。在这种不完善的法治环境下，推进以当事人主义为主导的诉讼模式的司法

① 参见“少数民族地区司法文化与法制建设”课题组资料库。

改革，结果人们普遍表现出来的便是对法律的陌生和对严格司法程序的不适应，使得少数民族民众面对神秘而冷漠的法律无所适从，法院承受着来自当事人和其他普通民众的巨大压力。基层人民法院倡导一种“人性化”的巡回审判制度，正是适应了这种便民的需要，深入田间地头，以一种亲民的形象切实开展审判活动。①

2. 巡回审判能够降低民众诉讼成本、提高法院工作效率

我国少数民族地区，多是地广人稀的地区，地形复杂，民众进行诉讼的成本很高，如在西藏、新疆地区，存在着一个婚姻诉讼案件的诉讼成本超过 2 万元的情况。② 在这样的情况下，很可能因为一个诉讼，一个家庭就会背上沉重的经济负担。因此，少数民族地区基层人民法院主动采取巡回办案，定点受案，就地开庭的工作方式，可以方便少数民族群众诉讼，降低双方当事人的诉讼成本，与此同时，也可以在提高了人民法院工作效率的前提下，节省当地本来就十分紧张的司法资源。

3. 巡回审判的立案、审案的时间、地点具有较大的灵活性

从目前的司法实践来看，巡回审判主要针对的是“主要事实清楚，权利义务关系明确，争议不大，诉讼标的不大的”简单民事案件，由巡回法庭或流动巡回办案点进村庄立案，或电话联系等方式多途径受理案件，不受时间的约束，随时立案，随时开庭审理。当然对个别特殊案件也可另择日期，尽可能当庭解决纠纷，在原告不愿撤诉和无法调解的情况下，尽快做出判决，化解矛盾。这样就可以减轻当事人诉讼成本，方便当事人举证质证查明案情；同时促进了法官独立办案能力的提高，加强了法官和民众的沟通，将社会纠纷在第一时间、第一现场处理，避免了社会矛盾的扩大，起到事先预防社会纠纷的良好效果。

4. 巡回审判增强了司法的透明度

人民法院以巡回审判的方式进行审判，将庭审置于田间地头、置于双方当事人最熟悉的人群中间，同时邀请当地村小组长或者其他有威望的人协同参与，以最公开的方式进行审判，可以使双方当事人、当地的群众真切感受到诉讼活动的公开进行，必定会大大增强当事人以及公众对案件实

---

① 杨高范、杨高斐、张超：《巡回审判制度的法理与司法实践问题探析》，《前沿》2010 年第 24 期，第 126 页。

② 参见“少数民族地区司法文化与法制建设”课题组资料库。

体处理结果的真实性、公正性的信任度。同时，巡回审判也将审判活动置于当事人和社会公众的监督之下，有利于防止司法专横和司法腐败，提高法官素质和司法权威。

5. 巡回审判能避免既有矛盾的激化

在采取巡回审判的地区，一般地理位置偏僻，经济和文化发展相对落后，民众之间的关系相对单纯，彼此之间的民间矛盾纠纷多为人身损害赔偿、相邻关系、抚养赡养、土地权属等纠纷及生意上的合作伙伴因生产、经营引发的纠纷，当事人之间又多是乡里乡亲的或是有生意往来的熟人，引发纠纷的原因也存在多方面的因素，关系较为复杂。在这种情况下，人情化的社会关系的维护是法官在处理纠纷和矛盾时首先要考虑的因素，若一味只是追求审判作为处理纠纷的唯一手段，则可能会引发更大的矛盾和纠纷，甚至使双方当事人之间产生无法弥补的裂痕，严重影响双方今后的社会生产和生活。因此，法官采取巡回审判的方式，走入民众之中，讲道理说人情，可以拉近彼此之间的距离。这样不仅可以抵消当事人对法院的抵触情绪，而且在多方努力下，争议双方很容易达成谅解。

6. 巡回审判有利于指导人民调解工作

在我国的少数民族地区，人口组成的绝大部分是农村人口，并且多生活在边远的农村或小集镇。在这些地区，除了人民法院的巡回审判来解决民间的纠纷外，当地司法所和人民调解组织也承担着较多调处纠纷的责任，而中心村庄和小集镇的调解人员的业务水平的高低，直接影响到其辖区内纠纷的发生情况，并辐射到人口集中的村庄。因此，基层人民法院和法庭除了承担审判任务外，还承担着指导人民调解工作和普法宣传的任务。通过巡回审判，人民法院可以加强与乡镇司法所、人民调解员的联系与交流，对司法所、人民调解员的调处工作进行指导，这既使乡村干部和人民调解员了解掌握政策法律法规、提高了办案技能，又使法官了解了社情民意，有利于形成大格局调解网络，减少社会矛盾纠纷发生的潜在作用。

7. 巡回审判有利于进行法制宣传

目前，少数民族地区的农牧民群众法律意识还比较淡薄、参与诉讼能力低、交通也十分不便，人民法院依托巡回审判，将普法宣传工作从审判法庭延伸到农牧民的田间地头。另外，为了配合辖区乡、镇中小学的法制教育，巡回审判人员还分别针对中小学生的心理特点精心准备法制宣讲资料，通过讲课的形式对中小学生开展人生观、价值观、法制观的教育。例如，在西藏自治区江孜县法院，车载法庭启用以来共进行法律专题讲座29场次，法制宣传50场次，其中使用汉藏双语宣传32场次，发放各种法律宣传资料13000余份，旁听群众达55000余人次，为老百姓提供法律咨询613余人次。①

（二）少数民族地区巡回审判所面临的困难

毋庸置疑，巡回审判在方便群众诉讼、减少群众诉累、保障司法公正、树立法院形象方面，发挥了积极作用，尤其是在少数民族地区，更是起到团结各民族群众，维护国家稳定的重要作用。但是也应该注意到，一直以来，少数民族地区巡回审判工作的开展也面临着一些问题。

1. 案件受理范围模糊

根据《最高人民法院关于人民法庭若干问题的规定》第十八条规定，“人民法院根据需要可以进行巡回审理，就地办案。”这条原则性的规定，具体操作性极差。这导致在司法实践中，一些少数民族地区的基层法院对开展巡回审判案件的范围的把握中存在差异性，甚至出现了个别审判业务部门和法官为了提高巡回审判率，假借巡回审判之名，任意扩大其内涵，将不宜巡回审理的案件也纳入巡回范围，严重损害了人民法院和人民法官的形象，极易造成负面影响。

2. 民族语言的法律文件翻译滞后

我国《宪法》第一百三十四条规定：“各民族公民都有用本民族语言文字进行诉讼的权利……在少数民族聚居或者多民族共同居住的地区，应当用当地通用语言进行审理，起诉书、判决书、布告和其他文书应当根据实际需要使用当地通用的一种或者几种文字。”然而，在少数民族地区，尤其是适用巡回审判的偏远地区，由于自身条件的限制，民族法律语言干部的培养速度远达不到现实需求，在公、检、法机关中法律语言翻译人员严重缺乏且参差不齐，这导致国家法律从公告到将其翻译成少数民族文字，往往需要一个较长的时间，民族语言的法律文件翻译滞后，制约着审判的质

① 参见“少数民族地区司法文化与法制建设”课题组资料库。

量和法律的权威。

3. 出现形式主义的倾向

巡回审判是一种便民的举措，但在一些地方，尤其是以“维稳”作为工作重点的少数民族地区的基层人民法院把它当作一种政策性、任务式的工作，脱离实际，甚至出现了为了提高巡回办案的比例，不管当事人愿不愿意，一味追求调解率和当庭审判率，不当缩短审判周期，造成纠纷的不断升级，严重影响办案质量，造成社会秩序混乱。法官到人民群众中去不仅没有解决，反而酿成纠纷。

4. 可能会对非诉讼解纷解决机制造成冲击

巡回审判增加了诉讼纠纷解决方式的供应范围，同时使当事人的路费、食宿费用得到节省。这些措施在重新填充了因原有诉讼纠纷解决方式供给不足和其他常规非诉纠纷解决机制衰微而被非常规纠纷解决方式（如社会、宗教势力解决纠纷）占据的纠纷解决市场的同时，很可能会对本已衰微的良性非诉纠纷解决方式造成冲击，使得原来在乡村社会纠纷解决机制中拥有独立地位和自主权力的乡村精英在被纳入巡回审判体系之内时丧失应有的位置，以致其在民众向其提交纠纷时，难以放开手脚去解决纠纷，或者很可能会建议当事人将纠纷推向法院，从而使自身涉足纠纷解决的风险减至最低。这样，本就衰微的由乡村精英提供的社会救济就会在巡回审判模式的冲击下进一步瓦解。①

此外，巡回审判的开庭选址地点往往在远离法院的民众聚集地，庭审时旁听群众也较多，尤其是双方当事人为壮声势都邀请自己的亲朋来参加旁听，而巡回法庭组成人员较少，很多时候甚至没有法警等维持法庭秩序的工作人员。在这种情况下，审判过程中如果出现突发事件，就很难予以有效处置，庭审存在较大的安全隐患。

三　少数民族地区的诉调衔接

纠纷是与人类社会相伴相生的常态现象。伴随着社会的发展，人类活

① 王宗冉：《当前我国基层法院巡回审判存在的几个问题》，《法律适用》2010 年第 8 期，第 85 页。

动的领域不断扩张，产生纠纷的领域越来越广，纠纷本身也变得越来越复杂。纠纷的不断产生，促使人们不断地探索解决纠纷的最佳途径，努力使扭曲的社会关系及时恢复到最佳状态，从而推动人类社会和谐地向前发展。而“诉调衔接”就是在这个背景之下产生的一种回应处于社会转型期的中国的特殊司法需求，扩大司法可利用的社会资源和各方力量，促进审判力量与化解矛盾的社会力量有机结合，积极支持和指导大调解工作的一种有益尝试，对我国广大地区，尤其是经济欠发达的中西部少数民族地区的社会稳定有着重要的推动作用。

（一）诉调衔接在少数民族地区实行的必要性

我国少数民族多集中于中西部地区，且地处偏远，经济相对落后。在现阶段，各级人民法院在处理少数民族群众的纠纷时，都能本着“调解优先、调判结合”原则进行处理，也取得了很好的效果。以新疆维吾尔自治区为例，乌鲁木齐市天山区法院多年以来，在调诉衔接的机制的作用下，调解率一直都能维持在 70% 左右，在喀什地区，各级法院的调解率超过了 70%。又如在西藏自治区的日喀则中院，案件的调解率在 80% 左右，在堆龙德庆县人民法院，以调解方式结案的案件占到全部案件总量的 85% 以上，而在达孜县人民法院，某个年度所有案件都能适用调解，并且当事人双方都在调解中达成了一致，没有一件上访案件。[①] 之所以如此，各级人民法院主要考虑到以下几个方面的因素。

第一，当事人多以少数民族群众为主，性情耿直、豪放，但是其中的一部分地处偏远的少数民族群众文化水平和法律素养不高。而少数民族特有的民风民俗让他们尽可能不与法院打交道，即使与法院接触，也希望法院能够通过一些已经融入了民族习俗和民族个性的传统矛盾解决方式。在这些观念的影响下，少数民族地区人民法院在审理案件时完全通过判决来解决纠纷的难度就比较大了。课题组在新疆维吾尔自治区天山区了解到的一个案例很好地说明了诉调衔接以及注重对待少数民族当事人的态度的重要性。[②]

① 参见“少数民族地区司法文化与法制建设”课题组资料库。

② 2011 年 7 月 19 日课题组成员访谈新疆乌鲁木齐市天山区法院古丽美热法官记录。

被告艾沙（化名），维吾尔族，原在天山区黑甲山168号棚户区有一处房产，在天山区棚户改造的过程中，对其房产进行了货币补偿和产权安置，被告也签署了相关的协议书。但在被告签署之后，被告之子努尔（化名）却和妻子以及三个年幼的孩子继续居住在此处房产中。据了解，努尔有严重的毒瘾，他和他的爱人均患有艾滋病，留下三个孩子相依为命。在戒毒所期间，努尔的免疫力日益下降，直至无法继续进行强制戒毒，戒毒所便将他提前释放。此时的努尔心灰意冷，认为自己的生命已经到尽头，而且他的父亲拿到拆迁补偿款后没给他留下一分钱，他和妻儿生活没有着落，这让他非常绝望，因此，坚持住在应拆迁的老房子里，声称绝不搬出。天山区棚户区改造工作领导小组办公室在多次催促其搬迁未果的情况下，将被告起诉至天山区人民法院，请求法院判决其搬迁，并支付违约金。在起诉至法院之初，双方矛盾非常尖锐，都不退让。天山区法院的肖克来提副院长和古丽美热副庭长多次与努尔协商，希望他配合政府进行拆迁工作，在得知努尔患有艾滋病后，也并没有任何偏见和歧视，反而更加理解努尔的艰难，按照维吾尔族传统和努尔亲切握手，当努尔和他的爱人从屋里搬出一个西瓜，说，“吃西瓜，你们都累了吧，吃个西瓜解解渴”时，毫不犹豫地拿起西瓜就吃，融化了努尔内心的坚冰。最后，努尔握着肖克来提副院长的手摇了摇，肖克来提副院长明白，这是维吾尔族表达承诺的方式，案件顺利调解。

第二，纠纷产生的原因琐碎，诉讼标的小。在一些少数民族地区，受经济发展的影响，案件产生的原因呈现出多样化的特点，其中出现大量小标的的纠纷、邻里纠纷。面对这些小标的的纠纷，人民法院时常无法收到诉讼费用，甚至减免经济困难群众的诉讼费用，从而导致人民法院司法资源严重紧张。如在西藏自治区堆龙德庆县，该县人民法院所受理案件多为涉及农牧民的诉讼案件，标的较小，而且因为农牧民经济困难，因此该法院对这些案件都免予当事人缴纳诉讼费用。①

第三，因自然条件等方面的原因造成办案成本高。在少数民族地区，很多基层法院共同面临的一个问题就是办案成本过高，而法院自身经费又十分紧张。由于交通不畅以及装备落后等原因，许多偏远地区的法官，办

① 参见“少数民族地区司法文化与法制建设”课题组资料库。

理一件普通的民事案件，仅仅送达就有可能用去几天的时间，跑上数百公里，若是当事人无法到庭，还要采取巡回审理的方式，费用较大，如在西藏自治区的基层法院中，一个婚姻家庭案件的诉讼成本为数千元，在日喀则地区的某些基层法院中，甚至出现过一个婚姻家庭案件的诉讼成本超过 2 万元的情况。这些诉讼成本都大大超过了当地民族群众的收入水平。①

第四，涉案因素性质较为复杂。少数民族地区的纠纷往往与宗教信仰、民族矛盾等方面因素相互纠葛，许多案件由于纠纷产生原因的特殊性，加之长期以来各民族之间存在的民族、宗教问题的差异，导致一些单纯的案件可能会因为处理结果的不同而成为民族矛盾和宗教问题的“爆发点”，正常的司法程序会面临着社会稳定和民族团结所带来的强大压力，在这些情况下，将调解和诉讼结合起来会起到比较好的效果。如在与云南省禄丰县人民法院法官的座谈中，有些法官就提起了许多这样的案例，其中比较具有代表性的是两个苗族人发生纠纷，在纠纷的解决过程中，出现了威胁政府、家族之间斗殴等问题，在当地产生了较大的影响，最后通过多次调解，逐渐将纠纷化解的案件；又如在新疆维吾尔自治区昌吉州二六工法庭，有一起案子是 2010 年昌吉市农村信用合作社起诉 264 名被告，具有很大社会影响，极易诱发群体性事件，办案人员晚上加班带着原告到农户家走访，了解实际情况，并通过多方调解，最终促成原被告达成限期还本或一次还本适当减息的协议，有效地化解了纠纷，取得了很好的社会效果。

（二）诉调衔接在少数民族地区面临的困难

1. 客观的困难

虽然诉调衔接制度在我国少数民族地区发挥着很重要的作用，但就目前的国情而言，全面系统的诉调对接机制仅靠主导能力明显不足的法院②一

---

① 参见“少数民族地区司法文化与法制建设”课题组资料库。

② 目前，我国社会矛盾突出，各种类型的纠纷情况复杂，对于这些纠纷的解决也就成为一项社会系统工程，需要各个职能部门通力合作。在各地法院的诉调衔接措施中的“司法确认”等规范性程序措施虽然属于法院职权范围，却只能提供法律效力上的保障，起到间接的主导作用，而各种法院外调解组织的经费、人员等物质保障则需要其他职能部门的大力配合与支持。在我国现行体制下，法院无权指挥其他行政部门的工作，因而这种“配合与支持”是否有效及其具体实施的力度，都是法院所无法左右的。参见董扬：《诉调对接：法院主导建构的调解机制》，《厦门大学法律评论》2009 年第 6 期，第 177 页。

方的热情和努力是很难建立起来的，它还需要党委和政府的大力支持，需要司法行政机关、基层群众自治组织、人民调解组织、行政调解机关、行业协会、社会团体的协助与配合，这里面至少牵涉以下问题。

第一，各级法院经费紧张。人民法院委托人民调解委员会、乡镇司法所、村镇基层自治组织、社会团体等进行调解或邀请他们协助调解，应该向他们支付一定的委托费用或协助费用。但是，少数民族地区许多法院自身经费尚不能自保情况下，要再拿出这笔费用确实有些力不从心。

第二，人民调解员素质参差不齐。我国少数民族地区的人民调解员多由少数民族村干部，族长、退休干部等在当地较有威望的人士担任兼任，有时甚至会邀请亲朋邻里参与。虽然他们有着丰富的实践经历以及较高的个人威望，但他们也存在学历偏低且大多未经过专门的法律训练、法律基础比较薄弱、调解大多依靠风土人情或个人魅力的问题。如将案件委托其进行调解，很难保证调解的质量。[①] 此外，在遇到一些诸如涉及信访、拆迁等棘手问题时，还会邀请一些宗教人士参与人民调解。这虽然可以起到一定的效果，但也可能出现宗教习惯与法律相冲突的问题。

第三，有关单位或个人不愿意接受法院的邀请或委托参与调解。对于受邀请或委托的个人或单位而言，存在着参与调解与本职工作时间相冲突的问题。特别是实践中，由于与双方当事人有特定关系的人或单位一般并不相同，法院往往要邀请两个以上的单位或个人参与调解，各方参与调解的时间更加难以统一。此外，参与调解要支出车费、伙食费、误工费等，但对参与调解人员的损失如何补偿缺乏相应的规定，在实践中并没有做出明确的规定，即使是有补偿，金额也并不高，这在一定程度上导致受邀人员不愿参加调解。

2. 主观上的误区

少数民族地区推行“诉调衔接”制度，除了客观上的困难之外，在法院以及法官运用“诉调衔接”这一制度时，主观上也存在着走样的危险。少数民族地区案件的复杂性以及存在调解率的硬性标准，使得人民法院更

---

① 值得指出的是，在一些少数民族地区，依靠少数民族尊者进行调解的方式也在慢慢失去效力，如在云南省楚雄州广通法庭的调研中，法庭的法官就指出，由于年轻人受到现代教育和文化的影响，对于彝族德古调解方式也出现了不认同的趋势，传统的德古调解方式的作用越来越弱。

加注意“诉调衔接”之中“调解优先”的使用，力图通过调解化解矛盾、解决纠纷。① 然而这种态度，有可能导致人民法院将“诉调衔接”中的“调解”和“诉讼”看成是不同权力交叉使用，而并非是它们之间有机的衔接与整合，甚至存在从一个极端走向另一个极端的可能性，不讲认定事实，不讲辨法析理，却提出司法要“从辨析法理向案结事了转变”，一味地讲妥协、和稀泥，一味强调调解的重要性，不适当地夸大调解的优越性和作用，片面追求调解结案率，把调解这种解决纠纷的手段倒置成了目的，最终选“调”而弃“诉”，从而造成社会的权利义务意识的弱化，诉讼当事人争议权益的丧失、诉讼程序失去规范②、调解效率难以保障、法院审判威严和法官的威信受到损害，法官工作量无法完成③等等诸多问题。④

四　少数民族地区的人民陪审

陪审制度的出现，正是基于司法权来源于人民，人民是最终的审判者的司法民主理念。根据这一理念，要实现司法民主，就必须在司法过程中吸收社会成员参与，并以此提高社会成员参与司法的规模和程度，而吸收社会成员参与司法的重要手段就是陪审制度。如今，陪审制度已成为众多

---

① 例如在新疆维吾尔自治区的昌吉市法院就有这样一个大调解的规定：案件进入法院，先进行调解，如果不行再立案，立案后进入诉前调解中心再次进行调解，如果无法达成调解，才进入审判程序。

② 新疆维吾尔自治区乌鲁木齐市天山区法院的肖克来提院长就曾认为，调解工作不一定要严格走程序。2011 年 7 月 20 日课题组成员访谈肖克来提院长记录。

③ 新疆维吾尔自治区昌吉市二六工法庭的何庭长指出，在基层法院，普遍存在一个问题，即对于案件的调解率和结案率都有一个硬性的指标，而调解率和结案率又是成反比的关系，因此调解率高了而结案率就低了。这是一组无法解决的矛盾。此外，有些法官甚至为了实现调解考核指标而故意扭曲审判规律，案件不好调的非调，反而激发了矛盾。2011 年 7 月 23 日课题组成员访谈何庭长记录。

④ 也有学者认为，调解固有的特点本来就会使得法官从自身的利益出发，更倾向于调解而不是判决。一方面，法官在调解中拥有更大的权力和自由度。由于法律对调解没有判决规定得详尽、严格，法官选择调解，可以简单处理甚至省却开庭、举证、质证、辩论、鉴定、勘验等大量工作，调解书也不必像判决书一样充分说明理由。另一方面，调解可以规避监督和制约。调解不像判决那样必须事实清楚，适用法律正确，其核心在于当事人的认可。所以，对于法官而言也就无所谓对或错。调解结案不能上诉，法官个人不必承担错案风险，由各种监督所可能导致的不利预期便不复存在。参见孙霞：《“诉调对接”初探》，《唯实》2007 年第 10 期，第 86 页。

国家司法制度的一个重要组成部分，无论在陪审员只参与案件的事实审而不参与法律审的英美法系国家，还是在陪审员不但参与案件的事实审，而且也参与案件的法律审的大陆法系国家，都发挥着实现司法民主、保障公民自由、促进司法公正、遏制司法腐败等重要作用。

（一）少数民族地区人民陪审的适用

陪审制度的案件适用范围关系该项制度设置的初衷和目的，是该制度的核心问题。如果适用范围过窄则无法保证公众充分参与审判活动，因此许多国家和地区都在立法上对陪审员参与案件审理的范围作了明确规定，我国也不例外。我国相关法律规定，人民陪审员参与审判活动的启动方式有两种：一是人民法院依职权确定；二是当事人申请。目前，我国各级人民法院执行的是最高人民法院在2010年发布《关于人民陪审员参加审判活动若干问题的规定》，其中修正了2004年全国人大常委会通过的《关于完善人民陪审员制度的决定》中只有具有较大的社会影响的案件才能由法院依职权决定适用陪审制度的规定。在2010年《关于人民陪审员参加审判活动若干问题的规定》中，明确规定了在人民法院审判第一审刑事、民事、行政案件时，只要属于涉及群体利益的、涉及公共利益的、人民群众广泛关注的或具有其他社会影响较大的案件，都要由人民陪审员和法官共同组成合议庭进行，但是适用简易程序审理的案件和法律另有规定的案件除外。

然而，在少数民族地区的司法实践中，许多案件是否适用人民陪审员陪审制度，系由主审法官视案件审理时的法官人数是否充足、独任审理会不会超过时限等情况而确定，并没有着重考虑“社会影响较大”等法定情形。虽然近几年来人民陪审员参审案件的数量呈逐年增加的趋势，但人民陪审员的参审率仍处于较低状态：根据调研组对于云南、新疆、西藏等三个少数民族地区部分法院的抽样调查，在上述地区许多法官在审理案件时都不会把邀请人民陪审员参与陪审放在第一位考虑，以致这些地区的陪审率大多都只能维持在50%左右。如新疆昌吉市二六工法庭有两名审判员，一名助理审判员，就很少使用人民陪审员，该地人民陪审员的陪审率大概在30%；又如云南石林县法院很少主动邀请人民陪审员，一年邀请人民陪审员参与陪审的案件大约在10件；再如云南禄丰县法院的29名人民陪审员中，有一部分人民陪审员一年只被邀请参与 2 件案件。[①]

（二）少数民族地区人民陪审员的资格和选任

1. 资格

关于陪审员的资格，我国现行法律规定的较为宽泛。综合现行的有关法律法规规定，凡有选举权和被选举权的年满 23 岁的公民[②]，可以被选举为人民陪审员，但是被剥夺过政治权利的人除外。同时，被选举出来的人民陪审员应该具有广泛的群众基础和代表性，应是在其本职工作中表现比较好且适于担任陪审员职务的。此外，《关于完善人民陪审员制度的决定》第四条第二款规定，担任人民陪审员一般应该具有大学专科以上文化程度。与全国其他地区一样，少数民族地区在人民陪审员的选择上也基本遵守以上两项规定，但也有着当地的一些特殊情况。

首先，人民陪审员制度实质上是让非法律人员与职业法官共同代表国家行使审判权，依照法律对繁杂社会纠纷做出肯定或否定评价。虽然案件裁判的结果必然会不同程度地受到审判人员个人的世界观、价值观、文化水平、思维判断能力、审判经验、生活经历等因素的影响和制约，但这并不必然导致民众倾向选择某种类型的人民陪审员。而在少数民族地区，虽然经过很多年的普法教育，少数民族群众对于国家法律的认识程度不断提高，但是在一些边远或是交通不便的地区，少数民族群众对于国家法律的具体规定时常是一知半解。他们一旦遇到法律问题，首先想到的都是找有威望的人解决，如若解决不了才来法院走法律途径。即使来到法院之后，他们也往往会信任与他们有共同或相类似经历的审判人员，服从于这些审判人员做出的调解和判决。正是基于这种情况，少数民族地区的人民陪审员与其他地区相比，更倾向于选择年龄较长而且在当地有一定社会威望的人来担任。

这一点在调研中得到充分体现，在云南、新疆、西藏等三个少数民族地区所调研的基层法院、派出法庭中，担任人民审判员的民众的年龄普遍远高于法律规定的 23 周岁，多是集中于 50 岁上下，且其中党政人员和退休

---

① 参见“少数民族地区司法文化与法制建设”课题组资料库。

② 云南省曾在 2005 年做出规定，将人民陪审员的最低年龄提前至 18 周岁。

职工人员占据了很大的比例。例如乌鲁木齐市现共选任人民陪审员 207 名，其中男性 118 名，女性 89 名。少数民族 44 名。大专以上学历 182 名。党政机关人员 58 名，企事业单位工作者 59 名，科研院校人员 15 名，离退休人员 56 名，农民 4 名，其他职业人员 15 名。30 岁以下 9 名，31 ~ 40 岁 68 名，41 ~ 50 岁 58 名，51 岁以上 72 名。①

其次，在学历方面做出限制，主要的初衷是防止因为人民陪审员法律知识等方面的欠缺，导致主审法官在审理和合议案件时不得不再对陪审员做一遍解释工作，这无疑导致了司法效率的低下。久而久之，将会导致主审法官通知陪审员参加庭审的热情降低，从而制约了人民陪审员发挥其应有的作用。然而，学历方面的限制，在少数民族地区的司法实践中并没有严格遵守。由于少数民族地区的文化发展并不是很均衡，导致一些偏远地区民众的整体文化水平还不是很高。在这些地区，往往会出现大专以上学历主要集中在政府部门和企事业单位且以年轻人居多的情形。如果完全按照学历来选任人民陪审员，那么便会有很大的局限性。此外，在日常的审判工作中，较能发挥人民陪审员作用，解决双方矛盾的往往是一些社区离退休的群众，村里和族里生产生活经验丰富的农民老者，甚至是一些威望较高的德古、阿訇和喇嘛。他们经常与村（居）民打交道，帮助解决群众生活中的矛盾纠纷，社会经验实践丰富。这些特别适合做人民陪审员工作的人群在庭审中充分体现这项制度应有的群众性，起到体察社情民意，有效化解矛盾的作用。而且过分讲究学历，也会导致因为所学专业的单一而使人民陪审员的层面不全。毕竟制定人民陪审员制度的初衷是想弥补法官其他专业知识的不足，不是选任“编外法官”。

2. **选任**

根据全国人民代表大会常务委员会《关于完善人民陪审员制度的决定》第八条规定，人民陪审员“可以由其所在单位或者户籍所在地的基层组织向基层人民法院推荐，或者本人提出申请，由基层人民法院会同同级人民政府司法行政机关进行审查，并由基层人民法院院长提出人民陪审员人选，提请同级人民代表大会常务委员会任命。”但是，在司法实践中，一些少数民族地区的基层法官也提出了法院对于本院人民陪审员的选择和确定往往没有

① 参见“少数民族地区司法文化与法制建设”课题组资料库。

多大的权利的情况。[①] 在这种情况下，既造成了人民法院对于本院所属的人民陪审员本身的情况也不是很了解，也给了某些人“暗箱操作”的可能性。

在具体个案中陪审员的选任上，最高人民法院在 2010 年公布的《关于人民陪审员工作若干问题的答复》中规定了“随机抽取”的方式，即“各基层人民法院可以根据人民陪审员的行业背景、地域分布以及陪审案件类型，将人民陪审员队伍进行适当分类，在此基础上，采取电脑生成等方式从人民陪审员名单中随机抽取确定。”但是，在基层实践中，主审法官往往倾向于选择与自己关系比较好或者相对比较熟悉的陪审员，造成了审判实践中出现了“陪审专业户”的现象。不少陪审员一干就是几年甚至更长时间，不仅与法官的关系过密，事事听命于法官，而且事实上剥夺了其他公民参与陪审的权利，从而使得“随机抽取”的方式流于形式。

此外，即使这一规定能够从选择陪审员参审这一环节避免和减少人为干扰的不公正因素，但还存在一个更大的困难。首先，各地人民陪审员的名额是确定的，且人数相对较少，一个基层人民法院通常配有 20 名左右的人民陪审员，在少数民族地区人数更少，一般都在 10 人以下。并且在这为数不多的人民陪审员中，又有很大一部分是兼职。因此，随机抽取的人民陪审员很可能出现在由于工作或其他原因无法按法院确定的时间参加案件审理，如在新疆乌鲁木齐县法院的 10 名陪审员中就只有 4 位能保证到庭；又如新疆阜康市法院的人民陪审员中，能时常到庭的几个基本都是退休人员；再如新疆维吾尔自治区乌鲁木齐市天山区法院的 8 位陪审员中，时常到庭的只有 1 名退休人员。[②] 这种情况出现，就需要重新抽取，以至反复地抽取和调换，最终使人民陪审员制度无法落到实处，并造成审理效率低下。其次，随机抽取可能会出现人民陪审员的个人专业知识、工作生活阅历与参审案件的需要不相适应的情况，这就很难发挥人民陪审员的优势。

（三）少数民族地区人民陪审员的权力和权利

1. 权力

在我国，人民陪审员制度没有采取陪审制下陪审团与法官分工负责的

---

① 2011 年 7 月 20 日课题组成员访谈新疆维吾尔自治区乌鲁木齐市天山法院肖克来提院长记录。

② 参见“少数民族地区司法文化与法制建设”课题组资料库。

制度。按照有关法律的规定，人民陪审员在执行职务期间，与法官享有同等的权利和义务。在2010年最高人民法院的《关于人民陪审员参加审判活动若干问题的规定》中，规定了人民陪审员与法官组成的合议庭共同就案件的事实部分和法律部分做出裁决，即第七条规定：“人民陪审员参加合议庭评议案件时，有权对事实认定、法律适用独立发表意见，并独立行使表决权。人民陪审员评议案件时应当围绕事实认定、法律适用充分发表意见并说明理由”；第八条规定：“合议庭评议案件时，先由承办法官介绍案件涉及的相关法律、审查判断证据的有关规则，后由人民陪审员及合议庭其他成员充分发表意见，审判长最后发表意见并总结合议庭意见”。然而，在司法实践中，由于本职工作繁多以及法律知识缺乏等各种原因，一些人民陪审员的积极性并不是很高，往往只在形式上参加了法庭对案件的审理，即作为合议庭成员出庭听审、翻阅卷宗材料并参加合议，甚至有些人民陪审员是坐在审判台上才将起诉书匆匆看了一遍。这种蜻蜓点水、走马观花似的陪审很难保证陪审案件的质量，而人民陪审员对于案件争议事实的认定、法律适用以及纠纷处理也只能是听从在法律知识和司法经验上具有优越性的职业法官，在评议时一般会附和主审法官的意见，或者不发表自己的观点，导致案件审理结果实际上只能体现主审法官一人的意志，从而出现人民陪审员“陪而不审，合而不议”的局面。

2. 权利

人民陪审员在履行职务期间，会对本人造成一定经济上的损失。根据《关于人民陪审员参加审判活动若干问题的规定》的规定，陪审员因参加审判活动而支出的相关费用由人民法院给予补助。这项规定的初衷是为了使人民陪审员减少因为参与正常的审理活动而造成经济损失的顾忌，但同时也将陪审员参加审判活动的费用压在了法院肩上。需要指出的一个事实是，大多数基层法院的经费都比较紧张，尤其是西部及少数民族地区的法院[①]，这些地区的很多法院很难及时按规定给陪审员发放本来就标准很低的补助。例如在新疆维吾尔自治区给予人民陪审员的案件补助最高只有100元，最低则如鄯善县，仅10元，一般多为30～50元不等。又如西藏堆龙德庆县法院

① 在此次调研的少数民族地区，基层法院或是派出法庭经费大多十分紧张，甚至在某个派出法庭，因为经费困难而没有请厨师，由庭长做饭给工作人员吃。

给予人民陪审员的案件补助是 50 元，加查县法院对于本职工作是在政府部门的人民陪审员则没有补助，江孜县法院则没有为人民陪审员提供补助。云南的情况相对新疆、西藏会好一些，但给予人民陪审员的案件补助也是极低，如石林县法院给农村的人民陪审员的补助是 60 元，给公职人员兼任的人民陪审员的补助是 50 元。[①] 这些显然都会影响陪审员参加审判活动的积极性。与此同时，因为没有足够的符合要求的陪审员，法院很多时候不得不选择放弃使用陪审员来裁判案件。

---

① 参见“少数民族地区司法文化与法制建设”课题组资料库。

少数民族文化与少数民族司法干部培养

朱林方*

摘要：少数民族司法干部是少数民族地区、少数民族群体中经过选拔、培养的优秀个体，少数民族司法干部培养政策的制定与实践，使这些个体成为国家司法权的代理人，履行民族地区纠纷解决的职责。少数民族司法干部与少数民族当事人之间的身份认同，减少了少数民族当事人接受国家司法权力及其产品的距离和障碍，进而认同国家这种公权力供给者在司法领域的支配现实和支配效果。由是，少数民族司法干部成为少数民族形成司法认同进而产生国家认同的接引者。

关键词：少数民族　司法干部　认同

一　少数民族诉讼观念转变带来的挑战

在传统式经济结构下，自给自足的经济模式固定了单一的人际关系。在这种"低头不见抬头见"的熟人社会里，"和为贵"、"让为贤"的思想根深蒂固，老百姓"以讼为耻"，认为"对簿公堂"是极不光彩的事。统治者也力行"德主刑辅"，强调道德伦理教化，不重视运用诉讼方式解决争议。这种观念的长期教化和实践塑造了"无讼是求"的社会风气。

这种"息讼"、"贱讼"的传统并非受儒家文化影响的汉族社会的专利，少数民族地区也不例外。传统的少数民族大多是家庭式的居住模式，简而言之即是"一个民族，多个村落"，一般一个村寨多为同一民族的同宗后

---

* 朱林方，河南南阳人，法学博士，西南政法大学行政法学院讲师、人权研究院研究人员。

裔，在姓氏上大多只有一个，乡里邻居都是本民族的人，许多还是近亲属关系，这种居住模式也就使得村落中的家族成员之间产生一种“长者为上”的思想，在这种传统思想的驱动之下，本民族村落中年龄最高的人就必然成为整村的核心，村民们就寄以很深的信赖感，通常在纠纷发生的时候，人们会最先找到族人中公认的那位最有权威的老者，以本民族意志沿袭着的办法来通过协商等方式在家族内部解决问题。长期如此，就形成了纠纷不出村寨的传统，请“官家”介入会被视为一种给家族抹黑的行为。

然而，商品经济时代的到来打破了小农经济的熟人社会，经济的飞速发展使得利益冲突加剧，这就导致了矛盾和纠纷的与日俱增。而随着社会的发展和不断的“送法下乡”，少数民族民众的法律意识逐渐提高，人们对诉讼的观念也已经发生了根本的改变。法律意识提高的一个表征是诉至法院的案件量增多，很多边远少数民族地区的受案数量也逐年攀升，出现了“诉讼热”的现象。西藏日喀则地区江孜县人民法院提供的材料中我们看到这样的描述：“人民群众的法律意识得到明显提高，以我院受理案件为例，从 1995 年受理民事 20 件左右，刑事 10 件左右，到 2011 年 1 月至 8 月民事案件 83 件，刑事 6 件，执行 98 件。从以前以婚姻纠纷为主，到如今合同纠纷，侵权纠纷逐步上升……”①

云南石林彝族自治县有这样一个案例：

> 1996 年，老赵饲养的黄母牛生下一头小公牛，老赵将母牛和小公牛都放养在山上，1998 年 8 月老赵发现小公牛不见了。一年后，本村老李在山上看到一头牛有点像老赵家丢失的那头。于是，请人告诉了老赵。得到消息后，老赵急忙前去辨认，发现这头牛就是自己家丢失的那头，于是把这头牛拉回到家中。没想到，这头牛却引发了老赵和邻村老毕的一场官司。1999 年 7 月，老毕将老赵告到县法院，提出小牛是自己的，要求老赵赔还小牛。县法院审理后认为，老赵主张牛是自己家的缺乏证据，遂判决被告老赵将拉走的牛返还给原告老毕。一审宣判后，老赵不服，向昆明市中院提出上诉。在律师的建议下，老赵花了 7000 元钱对小牛做了 DNA 鉴定，根据鉴定报告，双方所争议的

① 西藏自治区日喀则地区江孜县人民法院报告。

小公牛系老赵家的母牛所生。2000 年 2 月，法院二审做出老赵胜诉的判决。①

老赵赢得了官司，也被当作了标杆。一个普通老百姓为了维护自己的合法权益，不仅依靠法律，还相信科学，就是为牛做亲子鉴定也在所不惜，这是社会的进步，也是社会文明的标志，他用实际行动证明了农民法律意识的增强。但是，也有人觉得应借此之机反思“诉讼热”的现象，因为 DNA 鉴定的高昂成本已经可以重新买一头牛，这样做的诉讼成本显然与标的物不成正比，这种不计成本的诉讼情结未必是法治的应有之义。

在乌鲁木齐县板房沟法庭，一位法官也谈到，过去，哈萨克族人的思维很淳朴，一个人开车载一个朋友，途中发生车祸，被载者受伤，被载者家属一般不会认为这是驾驶者的过失，而认为是天命如此。但律师介入之后，当事人就会极力索要赔偿，若法院不能完全满足他们的要求，还会有上访等举动。② 若国家法不介入这个案件，当事人之间按照传统处理方法一般会和解了事，一般是给予死者或者伤者一些补偿，均系自愿。如果驾驶者同样受伤的话，被载者家属也可能去探望。双方当事人不会成为尖锐对立的原告、被告两面。作为“他者”的国家法的介入，事实上对人与人之间原有的依靠“社会连带”维系的和睦关系造成了一定程度的冲击。

人们经常认为，少数民族诉讼观念的这种转变，是国家法对少数民族习惯法的胜利，是司法审判较之于少数民族纠纷解决方式的胜利。的确，如果当事人在纠纷发生之后，诉之司法系统，法官能够很好地将纠纷解决，使得原告一方能追偿损失，被告一方心服口服，必将建立一个较为稳固的司法权威。因为，少数民族群众所以会选择法律作为解决纠纷的方式，是因为其认同了国家这种公权力供给者在司法领域的支配现实和支配效果。不过，少数民族民众将争议提交国家司法程序，是少数民族国家认同、法律认同的表征，但同时也对司法认同与国家认同带来了挑战，因为，司法机器未必能够生产出符合其预期的产品，如果司法审判生产出的是诸如“秋菊打官司”中政法机关给出的答案，而不是秋菊想要的“说法”，那么，

---

① 2011 年 1 月 10 日笔者与云南省石林法院法官座谈记录。

② 2011 年 7 月 25 日笔者与乌鲁木齐县板房沟法庭法官座谈记录。

少数民族民众将纠纷纳入司法未必会带来司法认同与国家认同，反倒可能减损其公信力。所以，关键的问题在于，如何促让少数民族当事人接受司法审判给出的答案。

二　双重民族认同产生的民族司法干部需求

我国是多元一体的民族格局，首先是多个民族，然后又形成一个中华民族。因而，置身于其中的国民，其民族认同往往表现为双重认同，既认同自身原属民族，又认同融合而成的统一国族。本尼迪克特·安德森在其著作《想象的共同体》中提出，民族是一个凭借着共同却又不同于其他群体的可供集体想象的一些特征形成认同的一个共同体。① 一个自然形成的原初民族因为有着共同的历史、文化、语言、宗教以及相同的生活方式，这些可供想象为一个民族的特征极为容易识别和获得，因而相对容易形成强烈的身份认同，就此而言，每个人的双重认同之间往往是有距离的，人们离自己原属民族的距离相对较近，离共同国族的距离相对较远，它通常表现为，在一个人的认同谱系中，对其原属民族的认同往往优先于并高于对共同国族的认同。

这种存在距离的双重民族认同也体现在关于少数民族的司法审判之中。我们发现，在司法实践中，少数民族法官与少数民族当事人之间就更容易形成认同，相互间更容易建立起信任关系，更有助于纠纷的解决。我们在云南省石林彝族自治县遇到的一个案例也能说明这种认同距离对纠纷解决的重要性。

> 王云生（化名），撒尼人②，一年前他驾驶着保时捷卡宴在路上与一辆外地的旅游大巴车相撞，交通部门认定应由大巴车一方负全部责任。经检查，王云生的车维修大概需要 30 万元，旅游大巴车需要 5 万元。当时大巴车司机找了好多人来说情，说自己家里没有钱，赔不起那么多钱。王云生考虑到自己的车买的是全险，就没再和他们计较，于是双方约定，受损车辆各修各的，互相不再追究，在事故责任认定

---

① 〔美〕本尼迪克特·安德森：《想象的共同体》，吴叡人译，上海人民出版社，2005。

② 撒尼人，彝族的一支系，大多居住在云南省石林彝族自治县。

上改为由王云生负全责。一年过去以后，本应负担事故全部责任的旅游大巴车司机却将王云生告上了法庭，要求赔偿车辆受损费及其他费用。审理此案的一位汉族法官认为，法律只讲证据，根据交警出具的责任认定书，只能判定由王云生承担赔偿责任。王云生对这一结果非常恼火，且拒绝执行，并扬言要动武。最后，一位同为彝族的唐法官出面才最终说服了王云生。唐法官说：我虽然是法官，但也是彝族人，我不会骗你，我们撒尼人从来都相信不用什么条子。但是法律是需要有证据的，你们没有写任何条子，法律上就不能认可你们。最后，王云生接受了这一结果，并且豪爽的对唐法官说：我们是一家人（都是彝族撒尼人），你说了，我就信，这钱我认了，换别人我是绝对不会善罢甘休的。①

司法制度正是认识到认同距离对纠纷解决的重要性，因而在相关问题上进行了变通。我国的司法机关不是法定的民族区域自治的自治机关，因此在体制上理应沿用国家统一的司法制度。“诉讼和仲裁制度”等涉及司法制度的事项也属于国家法律保留的权限，因此民族自治立法本身并不能对司法制度做出涉及原则性问题的规定。但在国家关于司法制度的某些立法中有对民族自治地方的特别规定，这些规定体现了国家法对民族地区少数民族权益的保障。这些特别规定主要体现在三个方面。

一是关于该自治地方的人民法院和人民检察院的最高领导正副职位中一般要求至少有一个以上是实施民族区域自治的民族成员；《民族区域自治法》第四十六条规定了，民族自治地方的人民法院和人民检察院的领导成员和工作人员中，应当有实行区域自治的民族的人员。以《云南省楚雄彝族自治州自治条例》为例，其中的第十八条规定：自治州中级人民法院院长或者副院长、人民检察院检察长或者副检察长中应当有彝族公民，其他人员中应当合理配备彝族和其他少数民族公民。

二是当当事人为少数民族时，审判人员至少有一人应为少数民族；我国人民法院的审判组织有独任制审判庭、合议制审判庭和审判委员会三种

① 2011年1月10日笔者与石林县法院工作人员及当事人座谈记录。

形式。在基层人民法院审理的第一审案件中，独任制是最重要的一种审判组织形式。在民族地区，有一个比较特殊的情况是，民族案件的审理如果采用独任制的话，倾向于由该自治地方的自治民族或其他少数民族法官来担任审判员。我们在调研过程中发现，新疆地区的数个基层法院都有这样的现象，并且有些地区的中级人民法院或高级人民法院已形成了相关内部规定，若采用独任制，一般由民族法官来审理民族案件。合议庭形式也是如此，如在新疆维吾尔自治区乌鲁木齐市天山区法院，由合议庭审理的民族案件①，要求至少有一位民族法官担任审判员，至于是否与当事人相同民族则未作硬性要求。

三是保护该自治地方的少数民族公民使用本民族语言进行诉讼的权利。以《云南省楚雄彝族自治州自治条例》为例，第十九条规定：自治州的自治机关和其他国家机关在执行职务时，使用汉语、彝语和汉文。研究和规范彝文，条件成熟时，彝文也可以作为执行职务使用的文字。自治州各级人民法院和人民检察院对于不通晓当地通用语言文字的诉讼参与人，应当为他们提供翻译。

相应的，这些关于审判组织形式的特殊规定，对领导干部构成、民族法官构成、民族语言诉讼的要求，就使得法院体系对民族法官产生了巨大的需求。

然而，与双重民族认同产生的对民族司法干部的巨大需求相对应的，是现实中少数民族司法干部的严重短缺。据我们在云南、新疆、西藏三地的调研情况来看，少数民族地区普遍存在着司法干部短缺的情况，同时三个地区的人才短缺状况又存在一些差异。

云南少数民族司法干部队伍建设中存在的问题主要表现在以下三个方面：首先，少数民族司法干部在司法干部中的比例远低于少数民族在总人口中的比例。统计数据显示，截至 2008 年 10 月 30 日，云南法院系统共有政法专项编制 10937 名，少数民族法官 1594 人，比例为 14.5%。然而，云南省少数民族人口超过总人口的三分之一。两者比例明显不协调。其次，能够使用少数民族语言的司法干部极为匮乏。虽然少数民族法官有 14.5%的比例，但事实上，即便是这部分少数民族法官，虽然他们的人事档案履

---

① 此处的“民族案件”指至少有一方当事人为少数民族公民的案件。

历表上填写为少数民族，但是相当一部分人并不会说少数民族语言。大部分人仅父母一方为少数民族或者本人是“80后”，少数民族身份对他们只是一个符号，他们大多已无法使用民族语言。在审判一线的、懂少数民族语言的法官就更少了，只有327人，仅占法官总数的6%。越是贫困边远地区，这一情况越是严重。如贡山独龙族怒族自治县人民法院，在审判庭办案中懂傈僳语言的法官仅有两人。在西盟佤族自治县，少数民族人口占当地总人口的94%，其中佤族占72%，而能讲佤族语言的法官仅5人。更为甚者，为数不多的通晓民族语言和风俗习惯的法官年龄大都在50岁以上，面临退休。再次，进的少，走的多。据调查，新招录进法院的当地少数民族人数越来越少，通过司法考试的少数民族干警也越来越少。在维西、孟连、贡山等22个国家级贫困县，2002年到2008年，法院通过公务员考试共录用228人，本地少数民族70人，大部分不会说本民族语言。通过司法考试的仅89人，通过率极低。西盟县法院多年无人通过司法考试，寻甸、永仁法院6年来仅1人通过。而2001年至2007年，云南省因各种原因共流失少数民族法官464人，导致少数民族法官日趋减少，少数民族法官队伍人员流失严重。①

新疆的情况与云南有些类似。首先，法院法官流失问题严重。自1998年到2008年，新疆全区法院外流法官257人，其中辞职28人，调离99人，提前退休130人。另外，新疆全区基层法院法官队伍老化、青黄不接问题也很突出。据统计，新疆法官35岁及以下的占16.5%，36岁至45岁的占53.6%，46岁至55岁的占27.2%，较为年轻和素质较高的法官多集中在高级法院、中级法院和一些条件较好的基层法院，边远贫困地区基层法院法官的年龄结构问题不容乐观。② 其次，法官提前离职离岗现象很多。很多司法工作人员的职级待遇解决不了，觉得没有前途、没有干头，四五十岁就退休了。③ 再次，法院系统中高素质人才匮乏。新疆维吾尔自治区高院领导介绍，法院系统高素质人才流失严重，研究生培养出来就走掉，要么回经济发达的内地，要么去其他待遇更好的机关。新疆维吾尔自治区法院系统总共有过五个半博士，走了五个，只剩下了半个（指在读的）。在南疆地

① 2011年1月9日笔者访谈云南省高院田成有副院长记录。

② 新疆维吾尔自治区高级人民法院提供。

③ 新疆维吾尔自治区高级人民法院提供。

区，很多法官只要通过了司法考试就流失。[①]

西藏的情况有所不同。西藏自治区法院系统整体上存在人员短缺情况，但少数民族司法干部短缺情况远没有云南和新疆严重，也很少存在新疆法院那种无法重组合议庭的状况。一方面，人员不足，有编制没有人，因为法院招录人才的条件较高，要求是法律专业或者取得司法考试资格，使得基层法院进人较难，有的法院编制并未占满，但招录不到人手。而且，西藏自治区的一个突出特点是反分裂和维稳的任务艰巨，法院工作人员很多时候也要参与其中，如果遇到司法人员参与地区中心工作、维护社会稳定、培训等，就会遇到人手不足法院日常司法工作无法正常开展的状况。[②] 另一方面，西藏自治区少数民族司法干部相较其他少数民族地区较为充分。以山南地区为例，山南地区中院核定编制 92 人，实有工作人员 82 人，其中，藏族 53 人，占中院工作人员总数的 65%。基层法院情况也大体类似，山南地区共 12 个基层法院，核定编制共 242 人，实有工作人员 228 人，其中藏族 171 人，占基层法院工作人员总数的 75%。而且，由于国家司法考试西部线的划定，越来越多的少数民族法律人才通过国家司法考试，使得西藏地区法官短缺情况有了很大的缓解。比如，山南地区的基层法院法官有 90 人，法官占工作人员总数的 39%，山南地区中院法官为 35 人，法官占工作人员总数的 42%，[③] 而拉萨市两级法院，法官已占工作人员总数的 78.7%。[④]

少数民族司法干部短缺直接影响司法工作的开展，不但不利于法制建设本身，也对民族认同和国家认同造成挑战。以新疆维吾尔自治区为例，新疆法院审判工作的一大特点是多语言文字诉讼，一般情况下用两种语言文字，而有的地区要用三四种语言文字进行诉讼。这对审判人员的民族构成比例提出了一定的要求，少数民族法官的匮乏更加明显。在新疆某些法院的辖区内，汉族、哈萨克族、维吾尔族、蒙古族是主要的民族成分，但很多中级人民法院都没有用蒙语办案的法官，需要用蒙语办案时，只能从基层法院借用。而基层法院的维语、蒙语案件根本无法审理，通常由中级人民法院指定法官到其他法院审理。如以新疆维吾尔自治区阜康县法院为

---

① 2011 年 7 月 25 日笔者访谈新疆维吾尔自治区高级人民法院领导记录。

② 2011 年 8 月 24 日笔者与西藏拉萨市堆龙德庆县法院工作人员座谈记录。

③ 2011 年 8 月 27 日笔者与西藏山南地区中级人民法院工作人员座谈记录。

④ 2011 年 8 月 24 日笔者与西藏拉萨中级人民法院工作人员座谈记录。

例，该院现有编制35个，目前实有人员29人。包括院领导在内，具有审判资格的12人，其中维吾尔族法官5人，这5人分在各个庭室。但该县维吾尔族占总人口的绝大多数。按照规定，法院立、审、执各环节必须独立，不能交叉，而且民、刑、行政等审判庭必须分别组成合议庭，但在目前的状况下根本没办法达到这个要求。按照发回重审案件必须另行组成合议庭的规定，经常造成上级法院发回重审的维语系案件难以重新组成合议庭的问题。如果遇到当事人申请办案法官回避的情况，法院更是无从另行安排新的法官审理。①

西藏同样存在这样的问题，为解决这些问题，西藏自治区人大常委会甚至对《中华人民共和国民事诉讼法》的有关条款进行了变通，其第二条即为："对于发回重审和再审的第一审民事案件，原审人民法院是否按照民事诉讼法第一审程序另行组成合议庭，由院长或审判委员会决定"。这一规定暂时缓解了基层法院由于民族法官短缺而无法有效地重组合议庭的状况。

三 少数民族司法干部的培养使用方案

《民族区域自治法》第四十六条规定了，民族自治地方的人民法院和人民检察院的领导成员和工作人员中，应当有实行区域自治的民族的人员。但对于少数民族司法干部的招录等问题则没有详细的规定。各地在解决少数民族地区法官短缺尤其是少数民族法官匮乏问题上做了很多尝试。

（一）订单式培养——改革少数民族司法干部招录制度

以云南为例，针对云南省少数民族法官严重流失的现象，云南省高院出台了一些优惠政策激励少数民族法官留下来，其中，最具特色也最有成效的是订单式的定向委培政策。② 即云南省高院委托云南民族大学定向培养民族地区工作人员。招通晓少数民族语言和风俗习惯的少数民族学生委托云南民族大学定向培养，毕业后充实到委托培养法院。这些所要招录对象，

① 2011年7月23日笔者与新疆昌吉州阜康县法院工作人员座谈记录。

② 2011年1月9日笔者访谈云南省高级人民法院领导记录。

必须熟悉本民族和本地区少数民族风俗习惯及宗教信仰，通晓本民族语言。招录后，实行高中学历起点全日制本科教育，云南民族大学承担培养任务，学制 4 年。毕业时颁发云南民族大学法学专业本科毕业证，符合学士学位授予条件的授予法学学士学位。①

此外，云南省高院以优惠政策招录少数民族工作人员。对少数民族人员采取适当放宽报考和录用条件，划出相应的名额定向招录。增设一定岗位，专门用于录用云南省 25 个世居少数民族或独有少数民族人员。同时，云南省高院也面向高校选拔少数民族法律人才，对符合法院招录工作人员报考条件且通过国家司法考试的少数民族大学生，可以免笔试直接进入面试。

这些方案取得了很大的成效，云南省 25 个世居少数民族都有了自己的法官。据云南省高级人民法院副院长田成有介绍，新中国成立 60 多年来云南少数民族法官从无到有，力量逐步加强。目前，全省仅 8 个自治州中级人民法院、29 个少数民族自治县基层法院就有少数民族干警 2541 人，占全省干警总数的 24.7%；全省法院系统共有少数民族法官 1617 人，占全省法官总数的 28.49%，全省 25 个世居少数民族都有了自己的法官。②

（二）加大对少数民族司法干部的培训工作

在如何解决少数民族司法干部短缺的问题上，很多人都建议继续加大对少数民族地区应试人员降分的力度，让更多的少数民族民众通过国家司法考试，充实到法院检察院队伍中。③ 司法考试针对少数民族地区的降分政策确实在一定程度上缓解了少数民族司法干部的匮乏局面，但这毕竟是权宜之计，因为它是降低标准，向下看齐，它能够让更多少数民族民众获得法律职业资格，却无法保证这样产生的司法干部的法律素养。因此，更好的方式是向上看齐，加大对少数民族司法干部的培训工作。建立少数民族地区法律人才培训基地，加大经费支持，减免基层人员的培训费用。充分依托高等院校师资条件，实施民族地区法官、检察官及后备法律人才的定

---

① 云南省高级人民法院提供。

② 《云南 25 个世居少数民族有了自己的法官》，《工人日报》2010 年 10 月 25 日第 6 版。

③ 很多人建议继续加大对西部地区应试人员降分的力度。可参见林文学、董存喜：《解决西部地区基层司法人才短缺的对策研究》，《中国司法》2007 年第 2 期。

向培养计划，充分利用现代科技手段，开展远程教学，形成长效的人才培养机制。

第一，加强法律素养培训。对于已经通过公务员考试进入法院检察院系统但没有通过司法考试的少数民族司法干部，应加大对他们的司法考试培训力度，保证更多的少数民族司法干部不必降分即可获得法律职业资格，成为合格的法官、检察官；对于已经走上法官、检察官岗位的少数民族司法干部，要加强对他们的司法业务培训，提高他们的法律素养。

第二，加强民族特色培训。在很多地区，少数民族司法干部并不算匮乏，但懂少数民族语言和风俗习惯的司法干部却极为匮乏。因此，应在各种培训中增加本地少数民族风俗、宗教、语言文字方面的内容，重点培养熟悉少数民族风俗习惯、宗教信仰、语言文字的本土双语法律实用性人才。

同时，要想加强培训力度还需要对司法干部培训体系进行改革。在调研中我们发现，一方面，几乎绝大多数的法院法官都表现出对业务培训的强烈渴望，希望能够及时“充电”，满足快速发展的社会现实对司法干部的要求；而另一方面，在很多地区，又广泛存在着培训工作形式化的现象。

（三）改革司法干部管理制度，提高司法干部待遇

应着力提高基层少数民族司法干部的职级待遇、职业保障和经济福利待遇。我国的法官、检察官特别是基层和边远少数民族地区的法官和检察官的待遇普遍较低，工作和生活条件十分艰苦，有些基层法官和检察官经济负担重，生活困难。这种状况使少数民族地区法院和检察院更缺乏对法律专业人才的吸引力。因此，应提高少数民族地区法官、检察官工资和津贴标准，基层两院干警工资补贴可参照省会或市、州府所在地标准执行；参照警察标准，实行法官、检察官津贴终身制；增加少数民族地区法官、检察官特殊补贴，特别是偏远贫困地区人员专项补贴；在政法基层基础设施建设和装备资金上进一步加大投入力度，并向少数民族贫困地区倾斜。

四　结语：接引认同

多元一体民族格局中的国民，民族认同往往表现为双重认同。人们离自己原属民族的距离相对较近，离共同国族的距离相对较远，在一个人的

认同谱系中，对其原属民族的认同往往优先于并高于对共同国族的认同。而少数民族司法干部的特殊身份则赋予其拉近两种认同之间距离的接引者的角色。少数民族司法干部是少数民族地区、少数民族群体中经过选拔、培养的优秀个体，少数民族司法干部培养政策的制定与实践，使这些个体成为国家司法权的代理人，履行民族地区纠纷解决的职责。少数民族司法干部与少数民族当事人之间的身份认同，减少了少数民族当事人接受国家司法权力及其产品的距离和障碍，进而认同国家这种公权力供给者在司法领域的支配现实和支配效果。由是，少数民族司法干部成为少数民族形成司法认同进而产生国家认同的接引者。

少数民族权利保障的原则与模式

——基于1991～2014年15部“人权白皮书”的分析

王敏璇*

摘要： 保障少数民族权利始终是中国人权白皮书的主要议题。通过对1991～2014年间由中国国务院新闻办发布的15部人权白皮书的分析，追溯当代中国保障少数民族权利在此时间段发展的基本情况。中国对少数民族的公民和政治权利、经济、社会与文化权利进行了普遍保障，同时积极对少数民族权利进行特殊或重点保障。中国保障少数民族权利的基本原则以平等原则为基准，以无差别平等保护、特别保护及合法差别待遇等三原则为具体体现。中国通过政策保障少数民族各项权利，并同时在法律框架内推进权利保障的法治化，政策灵活性与法律稳定性的结合使得权利保障全面、及时。法律与政策并举的二元权利保障模式既符合中国的现实情况，亦符合中国全面推进依法治国的根本诉求，在更高层面上，更体现了中国追求整个社会的公平与平等的努力，并以此最终实现建设中国特色人权事业的既定目标。

关键词： 少数民族权利　“人权白皮书”　平等

引　言

少数民族问题是一个全球性的问题，尤其是地缘及国际政治上的大国，例如人口构成极其复杂的中国、移民众多的美国以及西欧诸国等。随着全

---

* 王敏璇，女，1991年生，重庆人，西南政法大学人权研究院助教。本文的研究与写作获益于张永和教授的悉心指导及“2016·中欧人权研讨会”上常健教授、梁洪霞副教授对本文的点评。特此说明并衷心致谢。

球化的深入，几乎任何国家都难以保持单一种族、民族或族群的纯粹“民族国家”构想。在国家的政治、经济、社会、法律等不同领域，少数民族问题都发挥着不同的作用，产生各异的影响。国家和社会的进步与发展，依赖于理念的普适，依靠于制度的合理，对少数民族问题的反思需要从理念和制度两方面进行。享有人权的主体是所有人，而人因其差异性在获得人权保障上则有一定不同。少数群体成为人权保障的重要主体，国际社会也通过一系列文件对此进行了宣示①，少数民族人权问题日益成为国际社会所关注的焦点。就我国而言，保障“少数民族”人权是我国人权保障的重要内容，如何进一步推动少数民族人权建设成为当下研究少数民族人权的重要议题，推动的基础则是更清晰地总结经验与积极实践。

1978 年，中国进入了改革开放的新时期，中国社会开始经历前所未有的根本性变革。人权从“资产阶级口号”逐步成为国家、社会及公民所共同认可的基本价值、共同尊重的基本准则。人权或权利不仅公民们念兹在兹，且已然成为国家与社会治理的核心议题。1991 年，中国政府发布了首部《中国人权状况》白皮书，这是中国以官方文件的形式首次阐述人权议题，并逐步形成惯例。及至 2014 年，中国共颁布了 15 部以人权为主题的白皮书②，阐发了中国对于人权的认识与态度，分享了中国人权建设的成果与

① 参见联合国大会第 2106A（XX）号决议通过、47/111 号决议修订的《消除一切形式种族歧视国际公约》，第 47/135 号决议通过的《在民族或族裔、宗教和语言上属于少数群体权利宣言》，欧洲委员会部长委员会通过的《欧洲保护少数民族框架公约》，非洲统一组织通过的《非洲人权和民族权宪章》等。

② 根据中华人民共和国国务院新闻办官方网站的“政府白皮书”栏目下“人权”条目显示，共计有 15 部白皮书。实际上，以“人权”为主要内容的中国政府白皮书，除所涉及研究的 12 部之外，还有 1999 年 9 月颁布的《中国的少数民族政策及其实践》、2000 年 6 月颁布的《西藏文化的发展》、2000 年 12 月颁布的《中国 21 世纪人口与发展》、2001 年 10 月颁布的《中国的农村扶贫开发》、2001 年 11 月颁布的《西藏的现代化发展》、2002 年 4 月颁布的《中国的劳动和社会保障状况》、2003 年 3 月颁布的《西藏的生态建设与环境保护》、2004 年 4 月颁布的《中国的就业状况和政策》、2004 年 5 月颁布的《西藏的民族区域自治》、2004 年 9 月颁布的《中国的社会保障状况和政策》、2005 年 2 月颁布的《中国的民族区域自治》、2005 年 8 月颁布的《中国性别平等与妇女发展状况》、2005 年 10 月颁布的《中国的民主政治建设》、2006 年 6 月颁布的《中国的环境保护（1996～2005）》、2008 年 9 月颁布的《西藏文化的保护与发展》、2009 年 3 月颁布的《西藏民主改革 50 年》、2009 年 9 月颁布的《新疆的发展与进步》、2009 年 9 月颁布的《中国的民族政策与各民族共同繁荣发展》、2011 年 7 月颁布的《西藏和平解放 60 年（中英）》、2011 年 10 月颁布的《中国农村扶贫开发的新进展（中英）》、2013 年 10 月颁布的《西藏的发展与进步（中英）》、2015 年 4 月颁布的《西藏发展道路的历史选择（中英）》、2015 年 9 月颁布的（转下页注）

经验，总之，一系列的“人权白皮书”[①] 向中国及世界人民“深入阐释了中国的人权观点和实践”,[②] 展现了中国人权的整体情况、呈现了中国人权的基本面貌。中国作为统一的多民族国家，“少数民族权利”自始至终均是历部人权白皮书的主要议题。少数民族权利随着中国社会的发展而逐步完善，相较于经济发展的成效显而易见，权利保障的发展则需要仔细地考察才可能发现其中的意涵。本文以人权白皮书中少数民族权利保障的事实为经验基础，试图在历史演进的进程中，从形式制度与原则理念两个维度探寻少数民族权利保障的外在模式与内在原则，换言之，本文探讨的问题是我国少数民族权利保障的基本模式与基本原则。

一 “人权白皮书”的叙事

中国的“人权白皮书”阐明了中国对于人权的认识与理解，其既是对于我国人权建设经验的总结，亦是为升华实践经验提供了基本事实依据。遍览中国“人权白皮书”，可以明显地发现我国在表述少数民族人权状况时，主要通过人权实践中的具体经验、事例与数据来展现中国少数民族人权的基本状况。1949 年迄今，少数民族的经济权利（economic rights）、文化权利（cultural rights）、政治权利（political rights）均获得长足进步，从无到有，从停留于纸面到逐步成为行动中的权利，一般性的观察即可发现我国少数民族人权的发展势头一直在向更好的方向发展，尤其是“人权白皮书”对于我国人权建设经验的及时记录，更是为我国人权发展史留下了珍

（接上页注②）《民族区域自治制度在西藏的成功实践（中英）》、2015 年 9 月颁布的《中国性别平等与妇女发展（中英）》、2015 年 9 月颁布的《新疆各民族平等团结发展的历史见证（中英）》、2016 年 9 月颁布的《中国司法领域人权保障的新进展》等 26 部。为研究中国少数民族人权的一般情况，本研究选取了一般意义上的“中国人权白皮书”为研究对象，使研究内容具有一般性，展现的是中国人权的整体的、基本的情况。另外，中国还分别于 2009 与 2012 年颁布了两部国家人权行动计划，以此落实人权要求、积极保障人权。参见张永和等编《人权之门》，广西师范大学出版社，2015。

① 就广义的人权文件而言，我国的法律渊源中的人权规范、人权白皮书、人权行动计划等均可归属于国家官方的人权文件序列；从狭义上讲“中国人权白皮书”，主要指国务院新闻办公室发布的 15 部白皮书；本文所称的“人权白皮书”意指后者。

② 董玉虎：《中国人权发展史上的一个重要里程碑——〈中国的人权状况〉白皮书发表 10 周年回顾》，《人权》2002 年创刊号，第 29 页。

贵的资料。经济的发展程度对于人权影响明显①，我国改革开放以来，围绕经济建设的中心，从保障人权的外因入手做出了重要努力；我国的“人权白皮书”是改革开放以来我国人权建设中的里程碑，逐步形成了惯例式的不定期经验报告。

从 1991 年中国政府颁布第一部“中国人权白皮书”（《中国人权状况》）以来，截至 2014 年，共颁布 15 部人权白皮书。中国政府在每部白皮书中均对少数民族权利保障问题进行专门论述，通过列举大量事实与数据证明中国少数民族人权的保障情况。具体言之，人权白皮书从历史、政治、法律、社会等方面，通过例证与数据等描述了我国对少数民族权利的保障情况，以此勾勒了中国少数民族人权的基本状况。毫无疑问，少数民族权利保障问题是中国人权保障的主要议题（参见表 1），亦是中国人权建设经验的集中体现。

表 1　“中国人权白皮书”中关于少数民族人权的统计表

序号	名称	颁布时间	是否专章谈及少数民族人权
1	中国人权状况	1991. 11	是，“少数民族的权利保障”
2	西藏的主权归属与人权状况	1992. 9	是，“人民获得了人身自由”、“人民享有的政治权利”、“经济的发展和人民生活的改善”、“宗教信仰自由”、“教育和文化的发展”、“人民健康和人口发展状况”、“生存环境的保护”、“国家对西藏发展的特殊支持”
3	中国人权事业的进展	1995. 12	是，“少数民族的权利保障”
4	1996 年中国人权事业的进展	1997. 3	是，“少数民族的权利保障”
5	中国的宗教信仰自由状况	1997. 10	是，“对少数民族宗教信仰自由权利的保护”
6	西藏自治区人权事业的新进展	1998. 2	是，“民族区域自治制度与人民的政治权利”、“经济发展与人民的生存权和发展权”、“人民享有的受教育权利、文化权利和健康保障权利”、“宗教信仰自由的权利”
7	1998 年中国人权事业的进展	1999. 4	是，“少数民族的权利”
8	中国人权事业发展 50 年	2000. 2	是，“少数民族的平等权利和特殊保护”
9	2000 年中国人权事业的进展	2001. 4	是，“少数民族的平等权利和特殊保护”

① 李步云：《论人权的本原》，《政法论坛（中国政法大学学报）》2004 年第 2 期，第 10～17 页。

续表

序号	名称	颁布时间	是否专章谈及少数民族人权
10	2003 年中国人权事业的进展	2004. 3	是，“少数民族的平等权利和特殊保护”
11	2004 年中国人权事业的进展	2005. 4	是，“少数民族的平等权利和特殊保护”
12	2009 年中国人权事业的进展	2010. 9	是，“少数民族的平等权利和特殊保护”
13	2012 年中国人权事业的进展	2013. 5	否
14	2013 年中国人权事业的进展	2014. 5	是，“少数民族权利”
15	2014 年中国人权事业的进展	2015. 6	是，“少数民族权利”

资料来源：中华人民共和国国务院新闻办公室官方网站。

少数民族权利保障是随着中国政治、社会、法律的发展而逐步发展。从政治制度来讲，经由宪法规定，我国确立了民族区域自治，从制度上保障了少数民族自身发展需要，换言之，民族区域自治为少数民族在其聚居区实行充分自治提供了良好的制度条件。从法律上来看，宪法法律均规定了少数民族所享有的特殊权利，且作为公民的少数民族群体成员同时平等享有全部公民权利（参见表 2），如此则为保障少数民族权利提供了充分的法律依据。通过对《中国人权白皮书》中少数民族人权保障的权利类别进行梳理，可以将这些权利进行一定类型化，从而更好地认识少数民族人权保障的特殊性。按照人权享有的主体，一般可分为个人人权（Individual Human Rights）和集体人权（Group Rights）。按照人权内容或国际人权宪章所规定的人权类别，一般可分为公民权利、政治权利、经济权利、社会权利、文化权利[①]。显而易见，少数民族作为一个群体，对于少数民族人权的保障就是对集体人权的保障。对于少数民族人权的保障，关键还在于对人权内容的理解。

由表 2 看出，15 部中国人权白皮书均在涉及“少数民族人权”的部分阐明了公民权利、政治权利、经济权利、社会权利、文化权利的状况。为进一步认识我国少数民族人权，选取 1991 年的首部中国人权白皮书，即《中国人权状况》为例，对各类不同人权进行进一步分析。该部白皮书第七章对我国少数民族人权状况进行了阐释，其中三分之一的篇幅对少数民族

① 陈佑武、李步云：《中国特色社会主义人权理论体系论纲》，《政治与法律》2012 年第 5 期，第 57 页。

的“政治权利”从不同方面进行了说明。该部白皮书有三个做法值得关注，第一，少数民族公民在国家和地方国家权力机关的代表比例受到法律倾斜保护；第二，党政机关的各级官员均有少数民族公民担任；第三，国家积极培育少数民族官员。总体来说，对于少数民族政治权利的保障主要通过保证他们的参政权来实现的。①

表 2　中国人权白皮书中所涉及的各类人权

	公民权利	政治权利	经济权利	社会权利	文化权利
中国人权状况（1991）	√	√	√	√	√
西藏的主权归属与人权状况	√	√	√	√	√
中国人权事业的进展（1995）	√	√	√	√	√
1996 年中国人权事业的进展	√	√	√	√	√
中国的宗教信仰自由状况	√	√	×	×	√
西藏自治区人权事业的新进展	√	√	√	√	√
1998 年中国人权事业的进展	√	√	√	√	√
中国人权事业发展 50 年（2000）	√	√	√	√	√
2000 年中国人权事业的进展	√	√	√	√	√
2003 年中国人权事业的进展	√	√	√	√	√
2004 年中国人权事业的进展	√	√	√	√	√
2009 年中国人权事业的进展	√	√	√	√	√
2012 年中国人权事业的进展	√	√	√	√	√
2013 年中国人权事业的进展	√	√	√	√	√
2014 年中国人权事业的进展	√	√	√	√	√

资料来源：中华人民共和国国务院新闻办公室官方网站。

就社会而言，社会观念的更新及经济水平的提高使保障少数民族权利具有深厚的社会基础。观念上，从 20 世纪初叶的“五族共和”到新中国成立之后破除“大汉族主义”，中国确立了各民族平等、团结和共同繁荣的民族关系基本原则，例如各国家机关中均有少数民族成员，充分保障了少数民族的公民和政治权利；经济上，经过改革开放对生产力的解放，为少数民族权利的实现提供了牢靠的物质基础，例如各级政府通过财政补贴等方

① 沈寿文：《中国少数民族人权述评——基于政治权利的角度》，《云南大学学报（法学版）》2007 年第 2 期，第 1 ~ 8 页。

式重点扶持少数民族地区的经济建设，而少数民族地区经济水平也的确取得了极大发展（参见图1、表3）。

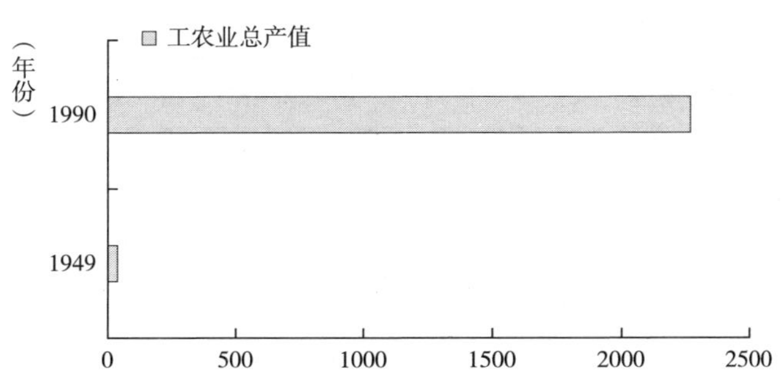

图1　少数民族地区工农业总产值比较（1991年“人权白皮书”）

资料来源：中华人民共和国国务院新闻办公室官方网站。

由图1、表3可以清晰看出，1949年与1990年的时间点呈现了少数民族地区经济发展的天壤之别。1949年中国百废待兴，少数民族地区工农业总产值不到40亿元，而到1990年，则一举突破2000亿元；就绝对数字而言，41年的差距足足有50倍，明显反映了我国少数民族地区经济发展的迅速程度、少数民族地区人民的勤劳、国家政策扶持的有力。工农业总产值大略可以显现出少数民族经济权利的保障情况，通过历史的纵向比较，显而易见，我国保障少数民族经济权利取得了巨大成就，少数民族的经济权利处于持续获得较为有效保障的状态之中。自1991年以来，“人权白皮书”对于少数民族地区或民族自治地方的国内生产总值（即GDP）或工农业总产值的描述基本处于不可或缺的地位（参见表3）。

国内生产总值是衡量国家或地区经济发展水平的重要指标，虽然唯GDP主义并不可取，但是其指示经济发展状况的意义依旧很大。改革开放以来，我国经济发展迅猛，仅从国内生产总值这一指标来看，已经居于世界经济强国之列；自然的，以国内生产总值来衡量我国少数民族地区的经济水平，亦可以看出我国保障少数民族经济权利的概貌。如全国少数民族地区在1990年的产值为2000多亿元，而到2003年则已经破万亿，再到2013年，新疆维吾尔自治区一区的生产总值已经是1990年全国数值的4倍多。以我国“人权白皮书”中的国内生产总值基本可以勾勒出我国保障少数民族经济权利的基本发展情况，一般而言，民族自治地区经济水平提升的动力源，一为民族自治地区人民的辛勤努力，一为国家良好的经济大环境，一为国家的政策扶持。在三种可辨别的动力源中，通过政策扶持少数民族可以说是我国保障少数民族人权的基本路径或模式。

表 3　少数民族地区（或民族自治地方）的国内生产总值（或工农业总产值）

	数据表述
中国人权状况（1991）	1990 年，少数民族地区的工农业总产值为 2272.8 亿元。
中国人权事业的进展（1995）	1994 年，民族自治地方工农业总产值比 1990 年增长 73.8%。
1996 年中国人权事业的进展	1996 年，内蒙古、西藏、新疆、广西、宁夏五大自治区的国内生产总值增幅超过 10%。
1998 年中国人权事业的进展	1997 年，少数民族地区国内生产总值为 7087 亿元。
中国人权事业发展 50 年（2000）	1998 年，民族自治地方的工农业总产值为 8523.5 亿元。
2000 年中国人权事业的进展	2000 年，民族地区国内生产总值比上年增长 8.1% 左右。
2003 年中国人权事业的进展	2003 年，全国民族地区生产总值完成 11000 多亿元。
2004 年中国人权事业的进展	2004 年，内蒙古自治区、广西壮族自治区、西藏自治区、宁夏回族自治区、新疆维吾尔自治区地区生产总值分别为 2712、3320、210、460、2200 亿元。
2009 年中国人权事业的进展	
2012 年中国人权事业的进展	
2013 年中国人权事业的进展	2013 年，西藏自治区生产总值（GDP）达 807.67 亿元，新疆维吾尔自治区生产总值（GDP）8，510 亿元。
2014 年中国人权事业的进展	

资料来源：中华人民共和国国务院新闻办公室官方网站。

我国少数民族的政治权利得到宪法和法律的充分保障。《中华人民共和国宪法》第五十九条规定在我国最高权力机关人民代表大会中，“各少数民族都应当有适当名额的代表”；《中华人民共和国选举法》第十八条规定：“有少数民族聚居的地方，每一聚居的少数民族都应有代表参加当地的人民代表大会”。自 1991 年第一部“人权白皮书”颁布以来，对少数民族人民参与国家和本民族事务管理的情况，一直是少数民族政治权力保障的重要阐述部分。一般而言，在“人权白皮书”中，主要从全国人民代表大会中少数民族代表数量与比例、国家行政机关中少数民族干部比例等具体方面，通过数据阐述少数民族政治权利的保障情况（详见表 4）。

表 4　少数民族参与管理国家和本民族事务情况

	数据表述
中国人权状况（1991）	第 7 届全国人大少数民族共有代表为 455 人，占 15%。
中国人权事业的进展（1995）	第 8 届全国人大少数民族共有代表 439 人，占代表总数的 14.7%。
1996 年中国人权事业的进展	未出现数据表述
1998 年中国人权事业的进展	第 9 届全国人大、政协中，所有少数民族均有代表和委员；其中，全国人大代表 428 名，占代表总数的 14.37%；全国政协委员 257 名，占委员总数的 11.7%。
中国人权事业发展 50 年（2000）	全国共有少数民族干部 270 多万人。
2000 年中国人权事业的进展	1999 年底，全国共有少数民族干部 282.4 万人。
2003 年中国人权事业的进展	第 10 届全国人大共有少数民族代表 415 名，占代表总数的 13.91%。截至 2003 年，全国各级各类民族区域自治地方政府的主要领导，已全部由实行民族区域自治的民族干部担任。
2004 年中国人权事业的进展	中国 155 个民族自治地方的人民代表大会常务委员会中都有实行区域自治的民族的公民担任主任或者副主任；自治区主席、自治州州长、自治县县长全部由实行区域自治的民族的公民担任。
2009 年中国人权事业的进展	截至 2009 年，全国共有 290 多万少数民族干部。
2012 年中国人权事业的进展	未出现数据表述
2013 年中国人权事业的进展	在西藏自治区的四级人大代表中，藏族和其他少数民族代表 31901 名，占 93% 以上。在西藏自治区干部队伍中，藏族和其他少数民族占 82.05%。
2014 年中国人权事业的进展	在全国人大代表中，西藏自治区有 20 名代表，其中藏族和其他少数民族代表 14 名。在全区干部队伍中，藏族及其他少数民族占 70.53%，其中县乡两级领导班子中，藏族和其他少数民族占 73.03%。

资料来源：中华人民共和国国务院新闻办公室官方网站。

在全国人民代表大会的代表构成中，少数民族代表的构成比例情况直接反映了我国少数民族参与国家事务管理的现状（参见表 5）。目前，所有少数民族均在最高权力机关中拥有代表，可以说，我国对少数民族政治权利的保障是十分坚实而有效的。少数民族人口占我国总人口的 8% 左右，从第七届至第十届全国人民代表大会的统计数据可以看到（参见表 4），少数民族代表的数量稳定，总数维持在 415 人至 455 人这个变化范围内，所占比例为 13.91% 至 15% 之间，一直高于少数民族人口所占全国人口比例的。同时，在国家各级机关的公务员中，少数民族所占的比例同样是超过少数民族占全国人口的比例，这实际上体现了国家倾斜保护少数民族政治权利的基本意图与实践情况。截至 2009 年，该比例为 9.6%，并仍在持续上升。在 2004 年，全国 155 个民族自治地方的主要领导全部由实行区域自治的民族的公民担任。值得注意的是，在以西藏为代表的民族自治区域内，各级人大代表和领导班子中的少数民族成员比例较高，实现了少数民族自治的初衷。由此，可以说少数民族的政治权利在我国是一直得到稳健保障的，并在持续发展着，这是我国保障少数民族政治权利有力的实证证据。

少数民族人权是中国人权的重要组成部分，它们不仅在官方文件中受到重视，而是在实践中也实实在在地得到保障。少数民族个体不仅享有公民和政治权利，经济、社会与文化权利的普遍保障，同时，随着政治的进步、法律的完善与社会的发展，在经济建设等领域亦得到国家的积极扶持，实质上是对其权利的特殊保障，体现了我国保护少数民族权利的纵深化与立体化。

二　少数民族权利保障的原则

“人权白皮书”所描述的少数民族权利保障的事实展现了少数民族权利既具有人权的一般属性，亦有因其民族特征而具有的特殊属性的基本情形。健全的人权保障模式是平等保护与特殊保护的结合，① 保护少数民族人权亦不例外。“法律面前人人平等”是现代法治的一项基本原则。在一国的宪法法律框架内，法律所确认的公民身份使每个公民不分民族、性别、宗教信仰等差异性因素而无差别地享有权利、承担义务。我国宪法法律所保障的少数民族权利首先归属于国家统一的权利体系，每一个组成少数民族共同体的个人均首先是国家公民，由此，法律对于少数民族个人的保护首先即是对公民的保护，权利如是，任何权利的保障并不能有“特权”保护的存在。实际上，组成少数民族群体的个人作为国家公民的存在已经享有法律的保护，这即是少数民族权利一般性的保障。对于少数民族权利的保障，

① 常健、刘坤：《论人权的平等保护与特殊保护》，《人权》2009 年第 3 期，第 28～31 页。

就理论和实践而言，更多是从少数民族特殊性或独特性的角度出发的考量。我国少数民族因其语言、地域、经济生活、文化及心理素质等区别于汉族族群而形成具有一定民族特征的现实状态。这些特征则构成了独特性或特殊性的存在，亦是少数民族权利保障的核心。例如少数民族语言，其不同于我国通用的汉语普通话及各地方言，对其进行特殊保护就是少数民族权利保障的重要权利类别。保护少数民族的特征，一方面是尊重族群文化多样性的要求，另一方面也是政治正当性的本质要求。总之，在现代国家之内①，少数民族权利的一般性在于其受益主体首先是一国公民，而其特殊性则源于历史、政治、文化等所形成的民族特征。

实际上，平等抑或特殊保护期实质均是遵循了权利保障的平等原则。从公民身份来看，对少数民族人权进行无差别的保障，不因民族差别而有任何不同，这是少数民族人权一般性的体现，同时需要贯彻不歧视原则。从民族特征出发，少数民族的民族独特性应给予特别保护，这是对少数民族特殊性或独特性的尊重；同时，鉴于少数群体在分享利益、成果时可能处于的不利地位，在平等原则之下应当允许合法差别待遇。由此，可以从三个层次看待少数民族人权保障。

（一）无差别平等保护原则

人权是人人应当享有的权利。对“人人”的认识是剥离了民族、种族、

---

① 斯大林指出：“民族是人们在历史上形成的一个有共同语言、共同地域、共同经济生活以及表现于共同文化上的共同心理素质的稳定的共同体。”参见《斯大林全集》第2卷第294页。转引自马寅：《关于民族定义的几个问题——民族的译名、形成、特征和对我国少数民族的称呼》，《中央民族学院学报》1983年第3期，第3~11页。从某种意义上，民族（nation）是构建现代民族国家的基础，就国家构建而言，民族仅指历经历史风雨而共荣共生的中华民族，而非经由政治创制的56个民族之简单集合。新中国成立以来，经过两次关于民族问题的大讨论，通过借鉴斯大林对民族的定义，并结合我国各民族历史发展及民族特征等，通过一系列“民族识别”最终确认了55个少数民族。从法律规范来看，中国的“少数民族”主要是国内法意义上的共同体，而国际法意义上，“中华民族”是唯一具有政治正当性、法律合法性的共同体，而各少数民族则是中华民族内部的有机组成部分。因此，少数民族的法律意义首要体现在国内法领域之内，而国际法上“少数民族”则内蕴于“中华民族”的概念之中。参见郭代嫦：《我国少数民族人权的国内法与国际法保护》，《贵州民族学院学报（哲学社会科学版）》2006年第5期，第51~54页；胡鞍钢、胡联合：《第二代民族政策：促进民族交融一体和繁荣一体》，《新疆师范大学学报（哲学社会科学版）》2011年第5期，第1~12页。

性别、宗教信仰等一系列因素之后的普遍性、一般性认识。居于人权享有主体的一般性认识，任何人的人权均应受到无差别的平等保护（Equal Protection）。由此，对于“人人”的人权保护亦是普遍性、一般性的保护，少数民族的个人作为国内法的公民理应享有此种无差别的平等保护。

平等原则之下的少数民族人权保障，尤其需要注意禁止歧视少数民族。虽然无差别的平等保护为少数民族人权保护奠定了必要的基础，但是由于少数民族在群体数量上处于民族国家内的“少数”，其民族特征又区别于民族国家内的多数民族，前者可能使少数民族在民主原则下处于劣势，而后者的文化差异亦可能使少数民族在面对与主要民族的文化冲突时处于劣势。这些可能的劣势使多数民族或其他少数民族因为经济地位、文化风俗的差异而对某些少数民族滋生歧视，如此，可能的劣势地位使无差别保护需要附加上禁止歧视的原则进行强化，同时亦需要进行特别保护，以此才能真正彻底、切实地保障少数民族人权。

（二）特别保护原则

无差别的平等保护是民族国家内任何人获得了人权保障的基础，从社会现实出发，少数民族与多数民族相比，在诸多方面均存在竞争与机会上的劣势。基于少数民族这种可能的劣势地位，法律理应对少数民族进行特别保护（Special Protection）①。需要说明的是，对于少数民族人权的特别保护，并非是少数民族个人所享有的“特权（*privilege*）”，亦非对多数民族的“反向歧视（reserve discrimination）”，更可能或者恰切的表述是为实现真正平等，而对少数民族采取的一种“补偿（compensation）”措施，以此弥合社会可能的裂痕，保证社会和谐，促进社会进步。

所谓特别保护，乃是基于少数民族的民族特征及其可能处于的劣势地位而进行的必要保护，最终目的是通过这样的保护措施避免因经济、文化、政治、历史、风俗习惯而滋生了对少数民族的歧视与压迫。例如语言作为少数民族的重要民族特征，几乎世界各国的法律均规定，国境内的各民族都有使用和发展自己的语言文字的自由，但是在现实中我们依然可以寻找到压制少数民族群体使用，甚至迫使少数民族群体放弃使用自己本民族语

---

① 李占荣：《少数民族人权发展的法理解析》，《浙江学刊》2008 年第 4 期，第 153 ~157 页。

言的事例发生。

总体来看，少数民族人权的特别保护必须认识两个基本因素，民族特征是进行特别保护的基础，可能的劣势地位则体现了实施特别保护的必要性，二者同时构成了特别保护的正当性基础。

（三）合法差别待遇原则

无差别的平等保护是基于人权保障的一般性要求而产生，特别保护则是由少数民族的民族特征与可能的劣势地位而产生的。平等保护与特别保护是否足够，仍是需要面对的问题。从实践来看，由于历史原因少数民族仍然可能面对一些不利情形，如我国少数民族大多聚居于边陲、贫瘠之地，政治、经济、社会、文化发展较为落后。彻底改变落后现状仍需要较长时期，但是对于国家而言，有义务对少数民族进行扶持，从法律上而言，这种扶持即是对少数民族给予合法差别待遇（Preferential Treatment）。

一般而言，合法差别待遇主要体现为优待措施。在我国的少数民族人权保护的实践中，主要有两类优待措施。一类是政治权利优待措施。如宪法规定，在作为国家最高权力机关的全国人民代表大会中，“各少数民族都应当有适当名额的代表”。中国选举法规定：“有少数民族聚居的地方，每一聚居的少数民族都应有代表参加当地的人民代表大会”，同时还对各少数民族代表的选举作了特殊照顾性的规定。根据这些规定，聚居境内同一少数民族的总人口数不足境内总人口数15%的，每一代表所代表的人口数可以少于当地人民代表大会每一代表所代表的人口数。一类是经济、社会、文化权利的优待措施。例如在教育权问题上，一方面在国家高等教育的资源分配上，大力扶持少数民族地区的高等教育机构，传承民族文化、培养少数民族人才；另一方面则是在国家高等教育入学考试中，对于少数民族考生采取加分等优待措施，这些措施有国际实践的先例，如美国的平权措施（Affirmative Action），即是对非裔美国人及拉丁裔美国人在公立高等教育录取、合同签订等时候将“种族”因素纳入考虑范围，但是二者仍有本质上的差异。

（四）权利保障的原则

无差别的平等保护、特别保护以及合法差别待遇等三个原则实际都是平等原则的内涵的体现或具体化，三原则内蕴于平等原则之中，它们是少数民族权利保障的基本原则。

对人权的普遍保护是人权的基本要求，在一国领域之内，任何人主要受国内法的约束与保护，公民身份或资格是平等保护的基本条件。在少数民族人权特别保护中，最基本的预设是处于民族国家内的某些少数民族可能面临劣势地位或不利局面。这一基本前提是对现实的诚恳认识，而非不顾现实的彻底平等主义。从消极意义上来讲，若不积极消弭劣势、弥补不利所造成的影响，势必使族群差距拉大，割裂族群，难以形成民族间的和谐共处。相较于人权的一般保护，对于少数民族人权的保护尤其需要注意禁止歧视原则、优待措施的适用，前者是消极的防御，后者则是积极的保护，二者从不同角度发挥着保护少数民族人权的重要作用。

基于平等原则，通过对于少数民族人权的一般性与特殊性的认识，保障少数民族人权理应在逻辑上具有一定层次性，即任何人首先应受到无差别的平等保护，凌驾于宪法法律之上的特权首先需要被排除；少数民族因其民族特性与劣势或不利之地位，而从消极层面享有一定特别保护，即主要是为了防止权利被侵犯而产生的消极保护；合法差别待遇则是通过主动措施扶持少数民族，促进其民族进步与发展，抑制民族间矛盾的滋生，预防民族冲突的成型。前述三个原则的人权保障贯彻了平等原则，而根本上也展现了社会主义的人权特色①。

需要注意的是，现实中，前述三个原则仅是逻辑上的层层推进，而更可能的是，三个原则在保障少数民族人权中呈现一种立体的关系，即三者同时发挥作用以保护人权，而非机械的层层递进或先后次序的依次保护。

三　权利保障的稳定性与多样性

15 部中国“人权白皮书”书写了中国人权 20 余年的发展史，其既是对于我国人权建设经验的总结，亦是为升华实践提供了基本事实依据。纵观“人权白皮书”中对少数民族权利保障，可以发现，平等原则作为根基性准则，是不可动摇的权利保障之根本，对所有公民的权利进行无差别的平等

---

① 徐显明：《人权的体系与分类》，《中国社会科学》2000 年第 6 期，第 103 页。

保护是平等原则的底线，而特殊保护及合法差别待遇上则可能随着时代的进步而变化。

作为平等主体的全体公民，对其权利进行普遍保护构成了权利保障的基础，而这一基础必须具备稳定性。依据平等原则的普遍保护所具有的稳定性首先是身份的平等，即一切拥有公民身份的主体都享有无差别的平等保护。身份平等的正当基础来自于国家的政治与法律的双重构造，狭义上，宪法即履行了此一使命，如此则从形式上而言，权利普遍保护的稳定性则得到合理说明。以公民身份享有全部权利是整个“人权白皮书”的核心，在实现的内容上基本没有变化，而存在变化可能性的则是权利的序列或权利排序问题。从权利保障的实践角度而言，所有权利均应得到一致保护，而从国情、政治与社会实际出发，则需要做出一定“配置”，例如我国的国情是发展中大国，推进政治经济社会建设的目的是促进社会公平正义与增进人民福祉，由此“人权白皮书”对生存权与发展权的突出则显得实际而合理，而这样的配置也得到现实的有效回应。可以预见，基于身份平等对权利实现普遍保护，以及基于政治与社会现实在权利序列中突出生存权与发展权是“人权白皮书”所强调的中国人权具有稳定性之处，意即不变之处。此原则既是针对整个人权保障体系，少数民族权利的保障概莫能外。

对于权利平等保护进行补足的优待政策具有较强的多样性。需要说明的是，针对民族特征或可能劣势地位的特别保护则同普遍平等保护一样具有稳定性，例如对于少数民族语言的保护不因时因地而变，稳定地对其进行保护是基本路径，因为在历史中形成的语言，很难在一定时期内面临巨大情势变更，而稳定则是民族语言本身的特征。但是，优待政策则不一样，它乃是基于经验事实所进行的判断，并具有价值追求，从实质而言，其更多的经验性的选择，例如我国高等教育录取中对少数民族的倾斜政策。此选择的正当性基础乃是基于对社会的多样性追求，其实质是一个经验性的社会政策目标，而表现外观或形式则呈现为权利样态，例如充分保障少数民族受教育权，使大量少数民族学生能够在优惠条件的支持下进入高等院校学习，如此，一方面提升了高校学生的多样性构成，另一方面亦将社会的多样性提升到新的高度。此一多样性诉求的经验属性，使其具有随着经验变迁的灵活性，意即随着社会的发展，当多样性达到某一程度，则这一经验性安排将面临调整的可能性。

四 余论

保障少数民族权利是中国政府的政治责任与政治义务，中国政府亦主要通过政策安排对于少数民族各项权利的保障，政策构成了少数民族权利保障的基本模式之一。

通过对“人权白皮书”的研究可以发现，我国保障少数民族权利长期以政策为基本方式，在实践中，对权利的政策保障的确起到不可低估的作用，而且政策亦有灵活、及时与有效等特点，对于及时应对权利问题、有效改善权利状况有很大的功用，可以预见，政策保障仍将发挥重要作用。历部中国“人权白皮书”中通过大量数据、事例等呈现了我国少数民族经济发展的基本图景，亦有力证明了少数民族经济权利得到保障的力度。通过对中国“人权白皮书”表达少数民族人权的梳理，可以发现“支援”、“支持”、“扶持”、“扶助”等均体现了中国政府对少数民族经济权利的“倾斜”性保障，而“优惠政策”、“对口支援”、“援建工程”、“扶助政策”、“扶贫政策”、“特殊扶持政策”、“优惠政策”、“特殊政策和措施”等等表述则体现了中国政府对保障少数民族经济权利所采取的基本模式，即通过政策对人权进行保障。简言之，“政策扶持”是我国保障少数民族经济权利的基本模式。

在建设社会主义法治国家的时代要求下，在全面深化改革与全面推进依法治国的背景下，通过法治保障少数民族权利亦成为推进少数民族权利保障的基本模式之一。

通过法治保障少数民族权利，完善少数民族权利保障体系，需要认识到法治模式在权利保障中所发挥的基础性作用。法律以国家强制力为后盾，通过正当法律程序，在立法、执法、司法等法律运行的各个环节对权利进行无偏倚地保护。在法律一般性保护的框架内，并不区分不同民族、多数与少数民族，从公民的角度，无差别地保护少数民族权利，实现法律面前人人平等的基本法治原则，强调以公民视角处理权利保护问题。在国家法制统一的框架内，通过立法允许保障少数民族权利的特殊、变通与补充规定，适当对于少数民族进行倾斜保护；通过执法灵活处理少数民族权利问题，合理保障少数民族权利；通过司法化解权利冲突，在坚守司法的中立性、终局性、权威性的基础上，以正当法律程序保障权利。

政策灵活性与法律稳定性的结合使权利保障成为全面、及时。显而易见的是，法律保障权利虽然十分有力，但是并非所有权利已经上升为法律权利，某些权利保障的空白则需要更具有行动力的政策来进行补足，法律与政策的合力从根本上促进了权利保障的良好局面。法律与政策并举的二元权利保障模式，符合中国社会的基本现实，法律的消极性与政策的积极性相配合，既为权利保障划定了底线，亦为其追求更完善、更积极的权利保障铺平了道路。下一步，中国的少数民族权利保障需要在进一步总结现有二元模式的经验基础上，扩大法律保障的基础性作用，制度化政策保障的扩展性作用。

改革开放以来，由“人权白皮书”所呈现的中国保障少数民族的基本面貌，从经验维度展现了中国少数民族权利保障的进步。从中国保障少数民族权利的经验来看，中国遵循了平等原则，在实现普遍保护的同时，强调特别或倾斜性保护，可以说，这既符合中国的现实情况，亦符合中国全面推进依法治国的根本诉求，而在更高层面上，这样的权利保障更体现了中国追求整个社会的公平与平等的努力，并以此最终实现建设中国特色人权事业的既定目标。

现代化危机与少数民族文化权利应对

朱　俊*

摘要：现代化是少数民族文化绕不过去的坎，它必然面对现代化带给它的城市化、国家化、工业化、商业化（传媒化、网络化）、博物馆化、全球化（西方化）问题。少数民族为保护其文化，联合国为之创设了民族文化权。从理论上讲，少数民族文化权利是权利束，有物质性和非物质性两类权利；但不管该权利束的内在规定性有多么严谨，它们都需要国家为之提供配套的制度、资金予以支持。

关键词：现代化　民族文化　权利机制

一　少数民族文化的现代化危机

现代化是不可逆转的历史潮流，因为“现代化”这一概念恰是用于“把握、描述和评估从16世纪至今人类社会发生的种种深刻的质变和量变”。它既是过程又是产物，与城市化、工业化、西方化（欧化）相比，“现代化描述了一个更为复杂的过程，并意指一种具有特定社会形式的同样复杂的产物、这种被称作现代化的过程不局限于社会现实的一个领域，而是包括社会生活的一切基本方面”①。简言之，它意味着在知识、政治、经济、生态、文化等方面的现代化。因此，对少数民族文化来讲，现代化使它不得不面对城市化、国家化、工业化、商业化（传媒化、网络化）、博物

* 朱俊，四川自贡人，法学博士，重庆大学法学院教师，研究方向为法治与权利理论。

① 〔印〕A. R·德赛著、王红尘译：《重新评价“现代化”概念》，载〔美〕塞缪尔·亨廷顿等著、罗荣渠编《现代化：理论与历史经验的再探讨》，译文出版社，1993，第26、28页。

馆化、全球化（西方化）问题。

城市化意味着少数民族文化生存和发展的环境发生了根本性的变化。从文化人类学角度讲，文化是人类适应特定环境的产物：生活在山区的民族，其文化不同于生活在平原地区的民族；种植水稻的民族，其文化不同于游猎的民族。是环境造就了该民族文化的特定性，而民族文化则承载了该民族适应环境的历史和经验，是该民族区别于其他民族的本质所在。因此，城市化对民族文化构成了威胁。首先，城市化改变了少数民族族裔长期形成的生活方式，使传统文化的传承环境受到根本性影响；其次，城市化使得人口流动频率增加，少数民族文化的传承秩序受到阻断；再次，城市化对民族内部凝聚力产生了影响，使得民族文化的载体逐渐脆弱；最后，民族文化传承机制受到城市化影响，即民族文化传承人越来越匮乏。[①] 但是，城市化却是少数民族经济社会全面发展的必然要求，是少数民族实现全面小康社会的必由之路，是少数民族现代化过程的重要组成部分[②]。少数民族不可能因民族文化受到城市化的威胁而拒绝它。

国家化意味着民族国家[③]正以国家的力量在进行“民族建构”，即通过“公民资格政策、语言法规、教育政策、公务员录用、集权、国家媒体、国家象征、国家假日、服兵役”等方式在“自己的疆域范围内扩展单元的社会文化”，这并非单纯的“文化帝国主义或种族中心论的偏执”，它“服务于一系列重要的目标：机会的平等、团结、信任、慎议民主”[④]。在国家文化面前，少数民族文化面临着主流群体文化的冲击。因此，它需要一种机制或权利使自己能够在与主流群体文化对话中有效融入国家文化建设过程。

工业化意味着承载少数民族文化的传统手工业受到威胁。通常，少数民族地区因成本和环境保护的压力，发展经济“不能简单地采用一般工业

---

① 马伟华：《冲击与整合：城市化进程中民族社会的变迁与发展——基于民族文化、民族关系、民族权益三个视角》，《西南民族大学学报（人文社会科学版）》2014 第 6 期，第 16 ~ 21 页。

② 卢守亮：《论城市化进程中民族文化的机遇、困境与出路》，《黑龙江民族丛刊》2012 第 3 期，第 100 ~ 104 页。

③ 事实上，多民族国家在构建统一国家文化的意义上仍然是民族国家。

④ 〔加〕威尔·金里卡：《当代政治哲学》，刘莘译，三联书店，2004，第 650、621 页。

化的发展路径"①，但这并不意味着它就不受到工业化的影响。因为手工业与工业都将少数民族同胞视为潜在的销售市场，很显然，手工业在价格上无法同工业化大生产相抗衡。曾广泛存在于各地的扎染、蜡染等纺织品以及绣花鞋等，现如今仅成为各地旅游市场的纪念品，无论是规模还是数量都已急剧萎缩。以安顺蜡染为例，"从事蜡染创作的艺人年龄较高……传统的一些配方大多失传。许多蜡染图案背后所蕴含的象征意义，涉及的神话故事、古老传说都只有高龄老人知道"②。承载民族文化的古老技艺在工业化面前，急需制度与权利的保障。

在民族文化不断被开发的今天，商业化正对民族文化产生影响。从旅游角度看，以甲居藏寨为例，旅游与藏族的神圣民族性呈现出双向、双因的互动。一方面，商业开发过程中，藏族文化开始去神秘化，这使得藏族同胞内部认同遭到削弱；另一方面，旅游产业选择性地加强了异质感，强化了藏族与游客之间的身份差异，又使得当地藏族同胞的外部认同呈现增强的趋势。③ 但从其他少数民族地区的文化旅游开发看，"过度包装、任意曲解、商业炒作等现象层出不穷。推倒旧的、翻盖新的，减掉难懂的，加上好看的……，种种对少数民族文化的曲解、破坏等乱象屡见不鲜"④。与此同时，旅游开发有可能仅是开发公司受益，而少数民族并未能从中获得多少收益。⑤ 民族文化的创意产品开发也存在类似问题。这意味着，必须有一定机制来保障少数民族文化在商业开发过程不受到负面影响。

与此同时，作为商业化特殊过程的传媒化也是民族文化现代化不可避免的趋势。它强调运用大众传播手段把民族文化的相关内容编辑为大众传播文本，从而将该民族文化纳入大众传播轨道。在此过程中，民族文化与

① 程郁儒、富颖：《论民族文化的大众传播属性》，《陕西师范大学学报（社会科学版）》2013 年第 4 期，第 95～105 页。

② 叶远锋：《浅析安顺蜡染传承与发展现状》，《大众文艺》2012 年第 16 期，第 181～182 页。

③ 刘亚玲：《文化安全视域下民族文化认同的审视——以甲居藏寨为例的评述》，《中华文化论坛》2014 第 6 期，第 137～140 页。

④ 柴阳、李贵红：《立法机制在少数民族文化保护与扶贫开发博弈关系中的建构》，《社会科学辑刊》2013 年第 5 期，第 79～81 页。

⑤ 田艳、王禄：《少数民族文化风险及其法律规制研究》，《贵州民族研究》2011 年第 4 期，第 10～28 页。

资本相遇，在传媒过程中丰富自己的同时改变着自己。言其丰富着民族文化，是大众传媒以资本的力量在开发民族文化；言其改变着民族文化，是作为文化建构和显现的传媒使民族文化发生着变异与价值转向。第一，传媒意味着民族文化必须符合大众传播条件，关键是要产生经济和社会效益，于是大众传媒转译、赋权于民族文化。它以大众传播特有的语言、表意符号再表达民族文化，是“他者”视野，割裂了民族文化与其生存发展智慧、语言、环境等的紧密关系。换言之，大众传播对民族文化的表达有局限性，因为它以自身的理解在重构民族文化，使观众对该文化不可能有一个真实的了解。第二，民族文化的价值、情感在传播过程中，受到有着不同价值标准的观众的不同理解和评价。即民族文化的价值此过程中发生了改变。第三，传媒化改变了民族文化主体的感知和权益。因为它使得该文化脱离了它生存和发展的环境，接受新的价值体系评判，使得该民族文化主体无所适从，出现了违和感。同时，作为商业化特殊过程的传媒化往往会歪曲或奇观化民族文化，导致该主体的抗辩甚至抗争。然而，该主体在国家文化建构中通常是失语的，这导致它对民族文化传媒化所产生的利益没有主导权。① 而网络化又作为特殊的传媒手段，以自媒体的方式打破了大众传媒对话语权的垄断，它可以在某种程度上缓解传媒化带给民族文化及其主体的伤害，将“原生态”民族文化呈现在观众面前，更导致民族文化传播方式发生了变化。有研究表明，网站传播使民族文化呈现后喻文化的特点，即长辈反过来向晚辈学习。土家族荆楚恩施网将摆手舞文化传承人徐彩霞搬到网站上去传播土家族文化，使得土家摆手舞走上了国家大舞台，让不少长辈通过网站学习她的新摆手舞。②

博物馆化表现在民族文化现代化过程中，是“通过民俗村、博物馆的建设来展现少数民族文化”③。这是以物化、场景化的方式保存和展示少数民族的文化。作为一种保存少数民族文化的手段，博物馆意味着该文化的

① 邱广宏：《传媒化进程中民族文化及其主体的调适》，《贵州民族研究》2014 年第 4 期，第 30～33 页。

② 陈峻俊、李远兰：《网络传播少数民族文化的意义与特点》，《当代传播》2014 年第 3 期，第 110～112 页。

③ 马伟华：《冲击与整合：城市化进程中民族社会的变迁与发展——基于民族文化、民族关系、民族权益三个视角》，《西南民族大学学报（人文社会科学版）》2014 第 6 期，第 16～21 页。

承载主体实际上正在消亡。因为只有面临消亡的文化才有保存的需要，而博物馆则正好满足了这一需要。虽然民族文化有变迁的规律，但消亡可不同于变迁。民族文化作为民族存在和自我认同的根基而言，这是它的最大生存危机。虽然有非物质文化遗产传承人制度（这一制度是民族文化技艺的博物馆化形式）的出现，但它仍然面临着年轻人不愿意学的尴尬局面，在苦苦寻找着合适的传承人。换言之，博物馆化是民族文化现代化的最大危机。

全球化使各国同时也使各民族的交往更加频繁，并“使建立在政治利益和相同文化基础上且超越国界的区域性认同成为可能”①。换言之，全球化使一国内的民族文化具有国际化的趋势，一方面使民族主义超越国界而可能引发所谓的民族分离问题，另一方面又使得具有特殊性的民族文化面临“普适性”的危机。从理论上看，全球化不可能超越民族与国家。与国家权力的普适性不同的是，民族文化是“反普适”的，它非常强调文化的特殊性，因为它基于独特的环境与历史成就了民族。同时，国家权力具有自身利益的“排他性”，各国在国际交往中都必然将国家利益放在首位，目前欧洲的全球化运动式微的现状正说明了这一点。质言之，全球化运动是在民族国家的框架中，而非框架外运行，它无法绕开国家权力，而民族文化同样也无法摆脱国家权力。② 事实上，全球化、国家权力、民族文化三者正以国家权力为核心进行着博弈。换言之，现代民族国家既面临着全球化对国家文化的普世性挑战——更使民族文化面临普世性挑战，又面临着民族主义的分离运动。全球化的普世性挑战背后，还有所谓的“西方化”危机。如果是单纯的全球化普世运动，它同国家建构主流文化没有太大差异，这里的问题是如何让各国文化在此过程中有充分的机会与能力参与进来。但带有“西方化”的全球化却使得其他国家文化很难参与全球文化的建构，非西方国家的文化正处于弱势地位。因此，它需要一种机制和权利来保障它的参与。而作为全球化特殊产物的超越国界的民族主义分离运动，确是民族文化的政治危机。实际上，《联合国宪章》第 1 条仅赋予在海外

---

① 白志红：《安居工程为何不安——配套民族政策的缺失对边境少数民族文化影响研究》，《北方民族大学学报（哲学社会科学版）》2014 年第 3 期，第 40～46 页。

② 裴云：《民族文化、国家权力与全球化》，《青海民族研究》2008 年第 2 期，第 53～56 页。

被殖民民族享有民族自决权，而分离运动民族却并不享有该项权利。[①] 从现实看，该民族的大部分族裔实际上并不支持分离，它不过是少数政治家的政治野心的表现。2014 年 9 月 18 日的苏格兰独立公投，有 55% 的民众投反对票。虽然并不享有民族自决权的民族主义分离运动得不到超过半数的民众支持，但它毕竟出现了，成为现实国家的政治问题。从国家角度看，该分离运动产生于该民族文化，于是作为政治问题是该民族文化的重大危机。

二　以权利机制保障民族文化的现代化进程

人少力微的少数民族在现代化面前不可能自我保存，在缺少相关权利机制的情况下，“许多民族地区的非物质文化遗产的命运岌岌可危，作为民族传统文化的重要载体——民族语言、民歌、民族舞蹈、民族体育、民族医药等正走向衰落”[②]。对该少数民族而言，传统文化的衰落，意味着民族文化再生产的式微，意味着民族传承的断代危机，更意味着该民族面临着消亡的危险。从前文所述看，民族文化在现代化过程中面临的那些挑战并非单独存在，而是纷至沓来，交织在一起，综合作用在民族文化上。质言之，以权利机制保障民族文化顺利完成现代化进程，那权利机制必须对此问题有全盘的考量。

从联合国的立场看，文化权利第一次出现在联合国文件，是 1948 年的《世界人权宣言》。该宣言 22 条规定，人人有权通过国家的努力和国际合作，实现自己的文化权利，文化权利是他或她的尊严和人格自由发展中不可剥夺的一部分。第 27 条规定：第一，人人有权自由参加社会的文化生活、享受艺术，并分享科学进步及其产生的福利。第二，人人对由于他所创造的任何科学、文学或美术作品而产生的精神和物质的利益，有享受保护的权利。1966 年的《经济、社会、文化权利国际公约》第 15 条第 1 项规定，文化权利是参加生活、享受科学进步及其应用所产生的利益以及对享受其

---

① 〔加〕威尔·金里卡：《少数的权利：民族主义、多元文化主义和公民》，邓红风译，世纪出版集团·上海译文出版社，2005，第 124 页。

② 高永久、孔令苇：《论少数民族文化权利法律保护的紧迫性与必要性》，《思想战线》2009 年第 1 期，第 1 ~5 页。

本人的任何科学、文学或艺术作品所产生的精神上和物质上的利益的权利。同年的《国际文化合作宣言》确认，每种文化都有尊严和价值，必须予以尊重和保护，而且每个人都有发展自己文化的权利和义务。同年的《公民权利和政治权利国际公约》第 27 条规定，在那些存在着人种、宗教或语言的少数人的国家中，不得否认这种少数人同他们集团中的其他成员共享自己文化、信奉和实行自己宗教或使用自己语言的权利。联合国人权事务委员会通过的第 23 号文一般性意见指出，同土地和资源的使用密切相关的生活方式属对特定文化的享受，受《公民权利和政治权利国际公约》第 27 条保护。[①] 联合国人权事务委员会在柯图克诉瑞典案中指出，对经济活动的规制常常仅是一项国家事务，但当这项经济活动成为一个民族社会文化的基本要素时，这项对个人的限制便属于依据《公民权利和政治权利国际公约》第 27 条所要审查的范围。[②] 1982 年墨西哥城世界文化政策大会通过的《墨西哥城文化政策宣言》指出，无论是个人或群体和国家而言，对文化认同权的肯定，对少数文化的尊重已经成为一种永久的要求；文化认同是一笔财富，它鼓励各民族各群体从历史汲取营养，从外界吸收与自己相容的特点，不断创造，使人类永保自我实现的能力。[③] 1988 年联合国教科文组织在《人类共同继承的财产》一文中指出，每个民族的文化遗产都是这个民族各方面创造才能的表现，同时也显示出一种神秘的连续性，把这个民族以往创造的一切和将来可能创造的一切联系了起来。保护这些遗产是一个具有生命力和创造力的民族的固有活动。[④] 1995 年，联合国教科文组织在《我们的创造的多样性》一文中将文化的繁荣视为发展的最高目标，文化的创造性被视为人类的基本源泉，文化的多样性被视为人类最宝贵的财富。[⑤] 2001 年联合国教科文组织通过的《世界文化多样性宣言》第 5 条规定，每个人都应当能够用其选择的语言，特别是用自己的母语来表达自己的思想、进

① 范晶晶：《工业化进程中生活方式的变迁与少数民族文化权利保护》，《内蒙古社会科学（汉文版）》2013 年第 4 期，第 97 ~ 100 页。

② 周勇：《少数人权利的法理》，社会科学文献出版社，2002，第 83 页。

③ 司马俊莲：《中国少数民族文化权利的法理依据新论》，《法学评论》2010 年第 6 期，第 19 ~ 24 页。

④ 司马俊莲：《论少数民族文化权利与国家义务》，《太平洋学报》，2009 年第 3 期，第 1 ~ 7 页。

⑤ 艺衡：《文化权利：回溯与解读》，社会科学文献出版社，2005，序言第 5 页。

行创作和传播自己的作品；每个人都有权接受充分尊重其文化特性的优质教育和培训，每个人都应当能够参加其选择的文化生活和从事自己特有的文化活动。

从以上的文献看，联合国确认了每个民族均享有参与、认同、保护、发展文化并从文化发展中获益的权利。就文化这一概念的外延，联合国认为包括科学、文学、艺术、语言、宗教、历史、同土地和资源的使用密切相关的生活方式等方面。这与马林诺夫斯基所界定的“文化，即工具的整体及社会群体、人类思想、信仰及风俗的规章，构成了人赖以更好地对付在其满足需要的过程中适应环境时说面临的具体问题的伟大器具”① 非常类似。就文化权利的学理探讨，理论界有多重意见。

部分学者认为，少数民族享有自己文化的权利，是少数民族权利的内容之一，简称民族文化权，是指多民族国家或国际社会通过国内立法或国际约法确认和保障少数民族权力主体，按照他们自己的民族文化方式生活、学习、工作的权利。② 另有学者认为，少数民族文化权利是法律规定少数民族对其文化所享有的权利的总称。③ 还有学者表示，少数民族文化权利既包含少数民族成员作为一个普通公民所享有的享受文化成果的权利、参与文化活动的权利、开展文化创造的权利以及对个人进行文化艺术创造所产生的精神上和物质上的利益享有受保护权，也包含少数民族保持和发展其文化特性、固有的生活方式的权利。④ 从民族权利的构成看，有学者认为，其权利主体是整个少数民族，其对象是少数民族文化，其内容由法律规定。⑤有学者认为，民族文化权利包括物质性文化权利（包括利益分享权、获得帮助权）和精神性文化权利（文化尊严权、文化传承与发展权）两部分。⑥

---

① Malinowaki, The Dynamics of Culture Change: an inquiry into race relations in Africa, New Haven: Yale University Press, 1964: p. 42.

② 屈学武：《简论少数民族的文化权利》，《理论与改革》1994 年第 4 期；单孝虹：《试论我国少数民族文化权利保障与社会主义和谐社会的建构》，《理论与改革》2005 年第 5 期。

③ 翟东堂：《略论我国少数民族文化权利的保护》，《华北水利水电学院学报（社会科学版）》2005 年第 4 期。

④ 田艳：《少数民族文化权利保障初探》，《红河学院学报》2007 年第 1 期。

⑤ 彭谦、田艳、翟东堂：《关于和谐社会中构建少数民族文化权利保护的思考》，《青海民族研究》2007 年第 4 期，第 68～72 页。

⑥ 左岫仙：《黑龙江省少数民族文化权利保护初探》，《黑龙江民族丛刊》2009 年第 5 期，第 148～153 字。

有学者认为，少数民族的文化权利内容有民族语言文字使用权，民族教育权，民族古籍整理、抢救、传承权，民族文学、艺术保有、发展权，民族宗教信仰权，民族文化价值观保有、评价权，改革、保留或沿用其民族风习权，民族考生优先录取权，民族考生大专高考录取从宽权，民族文化交流、协作权，民族文化发展权等。[①] 另有学者认为，民族文化权利有三方面的内容，一是享受文化成果的权利，二是参与文化活动的权利，三是开展文化创造活动的权利。[②] 还有学者表示，作为集体权利的民族文化权包括文化参与权、文化受益权、文化认同权和文化发展权。[③]

综合以上不同角度对民族文化权利的界定，我们可以肯定，作为集体权利的少数民族文化权是一个权利束，可分为两大类，一是物质性权利，一是非物质性权利。民族文化的物质性权利主要涉及民族文化中可物化、场景化保护的那部分文化，从现有法律的保障看，它主要受《文物法》的保护。但从理论上讲，民族文化的物质性权利不仅只是民俗村、博物馆建设，或物质性、非物质性文化的资料抢救、收集、整理、研究、出版等，还涉及商业化开发民族文化的内容。更具体讲，该权利还涉及商业开发少数民族地区的风景、历史古迹、民俗等与少数民族历史、文化息息相关的那部分资源的权益，以及少数民族请求政府物质帮助以获得在政治、经济、文化等方面发展的请求权。这里的民族文化物化资源开发受益权，不仅指作为物化资源入股所产生的直接收益之受益，还指参与该物化资源开发所得到的间接收益之受益。以傣族民俗村开发为例，傣族作为一个少数民族整体将其民族文化物化资源打包，是入股民俗村开发公司，他们享有该股份的分红；民俗村雇佣傣族同胞，以及傣族同胞围绕民俗村提供的各类服务，使得傣族同胞因该开发而获益。从目前的民法、公司法等法律看，该权利还没有配套制度予以落实。

就少数民族请求国家帮助权方面，国家在提供物质帮助时，不仅要考虑到少数民族文化上的风俗、禁忌，还要注意在此过程中不能违背公平原

① 屈学武：《简论少数民族的文化权利》，《理论与改革》1994 年第 4 期。

② 单孝虹：《试论我国少数民族文化权利保障与社会主义和谐社会的建构》，《理论与改革》2005 年第 5 期。

③ 范晶晶：《工业化进程中生活方式的变迁与少数民族文化权利保护》，《内蒙古社会科学（汉文版）》2013 年第 4 期，第 97 ~ 100 页。

则。以国家在云南佤族山寨推行的安居工程为例，安居工程应当充分考虑佤族同胞的建房禁忌和程序和当地的气候、地理条件，维护佤族平均主义的价值观和社会道德。[①] 换言之，政府在为少数民族提供帮助时，应当倾听少数民族的心声，从少数民族文化的立场出发，这样才不至于好心办坏事。

民族文化的非物质文化权利主要涉及少数民族文化中那些不能物化、场景化的文化及其权益，它主要受由《非物质文化遗产法》所调整，但并不局限于该法律。从内容上看，民族文化的非物质文化权利包括文化参与权、文化受益权、文化认同权、文化保护权和文化发展权。民族文化参与权并非是指少数民族同胞参与本民族的文化保护、传承和发展的权利，而是指少数民族同胞参与国家文化建设的权利，他们平等的与主流群体对话，在对话中共建国家文化。该权利表明，少数民族文化需要在该国内部广泛传播，并参与国内有关文化议题的讨论，提出基于该民族文化基础上的意见。

民族非物质文化的受益权，乃指因商业开发少数民族的非物质文化遗产所产生的收益，由该民族主体集体享有。这包括民歌、民族舞蹈、民族体育、民族医药、民族传统技艺等的商业开发受益，也包括民族文学、艺术等各种传统文化的商业开发受益，作为整体的该少数民族享有此类权益。该项权利与知识产权类似，是少数民集体基于历史所享有的不设保护期限的特殊知识产权。这意味着，针对少数民族文化所进行的创意产品开发（包括改编民歌、民族舞蹈，改良民族医药，开发民族工艺品等等）必须向该少数民族集体付费。

民族非物质文化的认同权是少数民族同胞在与其他群体尤其是主流群体交往过程中所享有的民族尊严权。该项权利包括其他群体成员尊重、理解并包容该民族同胞的文化习俗，并不得以明示或默示的方式歧视之。这意味着，该民族同胞能够在主流社会使用民族语言、文字，信仰民族宗教，并同其他民族成员在就业等方面公平竞争。

民族非物质文化的保护权是指少数民族集体及其成员必须有作为民族成员的主体性和自觉性去保护本民族的非物质文化遗产，且国家必须提供

---

① 白志红：《安居工程为何不安——配套民族政策的缺失对边境少数民族文化影响研究》，《北方民族大学学报（哲学社会科学版）》2014 年第 3 期，第 40～46 页。

必要的制度、资金和技术去保护该少数民族的非物质文化遗产。以非物质文化遗产传承人制度的运行来看，有研究指出，“少数民族文化继承人寥寥无几，许多传统文化濒临灭绝”①；“民族文化传承机制在一定程度上受到城市化的影响发生断裂，民族文化传承人会越来越匮乏”②。故此，有研究建议，“对于一些文化传承人，要对它们的生活予以保障，使他们能够在传承民族文化过程中发挥重要作用”③；“以法律的形式保证学校民族文化传承生态环境免遭破坏，对校内外民族文化传承人的社会地位、编制、工资水平、专业技术资格评定等给予保障”④；“通过创设私权，鼓励传统文化来源社区与传承人自觉维护传统文化的存续与发展，并依托他们的习惯法与其自身的努力来实现传统文化的可持续发展，实现文化自觉”⑤；“重视民族文化传承人才队伍的培养”⑥。从这些建议当中能够发现这样一些共性：一，即便有民族文化传承人制度存在，但没有配套的资金、制度等的支持，该制度仍然无法保障民族文化的顺利传承；二，民族文化传承的核心是该民族必须要有文化的主体性和自觉性，意识到本民族文化保护的重要性，积极参与其中；国家还可创设其他的制度，诸如私权等，以进一步发掘少数民族保护本民族文化的积极性。

从民族文化教育的角度看民族非物质文化的保护权，我们发现，尽管民族文化教育的关键是学校、家庭和社会教育有序、协调、互动的合力，但三者都并未做到位。有研究发现，“传统文化的约束变得越来越乏力，许多民间传统的社会活动渐渐消隐，社会教育在此过程逐渐失去了其所依附

---

① 白玉爽、玉佩兰：《建立民间文化传承人档案传承祖国文化遗产》，《中国档案》2005 年第 1 期。

② 范生娇：《论民族地区城市化进程中的民族传统文化保护》，《贵州社会科学》2005 年第 4 期。

③ 马伟华：《冲击与整合：城市化进程中民族社会的变迁与发展——基于民族文化、民族关系、民族权益三个视角》，《西南民族大学学报（人文社会科学版）》2014 年第 6 期，第 16 ~ 21 页。

④ 孟立军、吴斐：《生态学视阈下学校民族文化传承的生境及优化——基于贵州省“民族文化进校园”的调查》，《贵州民族研究》2014 年第 2 期，第 157 ~ 160 页。

⑤ 田艳、王禄：《少数民族文化风险及其法律规制研究》，《贵州民族研究》2011 年第 4 期，第 10 ~ 18 字。

⑥ 杨文顺、特姆：《云南民族文化多样性的保护和发展研究》，《黑龙江民族丛刊》2012 年第 6 期，第 125 ~ 129 页。

的土壤"[①]；"隔代沟通困难，再加上老人精力有限，造成留守儿童没能得到应有的关爱和学习上的指导，家庭教育出现文化传承的断裂"[②]；即便是尽最大可能将锡伯族传统文化融入学校教育的新疆伊犁地区，其"教学内容难以将锡伯族传统语言文化合理、完整地呈现出来。在教学目标方面，较少顾及甚至忽略情感态度以及价值观的培养。在教科书方面，锡伯语语文课缺少科学、系统的教科书，相应的教辅资源匮乏。此外，对于本民族文化的介绍与学校其他人文科目课程内容呈现出相互鼓励、分离的趋势。在课程地位方面，由于锡伯语文以及与锡伯族文化相关的课程并不纳入升学考核体系，社会、家长以及学生对其重视程度不够"[③]。就此而论，少数民族在其民族非物质文化的保护方面的主体性和自觉性远远不够，而国家的配套制度也未能跟上。换言之，民族非物质文化的保护权并没有真正得到落实。

民族非物质文化的发展权是建立在民族物质性权利和其他非物质性权利基础上的权利。作为一项集体性的权利，对内而言，它要求该民族成员必须积极参与民族非物质文化的整理、传承、保护和研究，并在此基础上传播，针对社会的文化议题发表意见；对外而言，它要求其他群体及其成员尊重、理解和包容其民族的非物质文化，并要求政府积极提供有效的制度措施、资金等以帮助少数民族发展其非物质文化。

当国家积极尊重和保护少数民族的文化权利时，从其他国家的经验看，有公权保护模式、知识产权保护模式和综合保护模式三种。公权保护模式规定政府或国家在保护非物质文化遗产方面的职能或行为，如普查、建档、保存、研究、传承、弘扬等，以及为实现这些保护行为而提供的政策、技术和财政等措施，不涉及平等主体就某一财产的归属、利用和转让等产生的权利义务关系。[④] 知识产权保护模式是指采用知识产权法律来规范、调整

① 杨筑慧：《侗族传统社会教育内涵及其民族文化传承的共生关系初探》，《民族教育研究》2013 年第 1 期，第 72 ~ 77 页。

② 周兰芳：《文化相对论视域下民族文化传承教育》，《民族论坛》2014 年第 5 期，第 77 ~ 80 页。

③ 陈小娇、肖新燕：《新疆伊犁地区锡伯族儿童民族文化认同研究》，《山东社会科学》2014 年第 5 期，第 246 ~ 248 页。

④ 王鹤云、高绍安：《中国非物质文化遗产保护法律机制研究》，知识产权出版社，2008，第 194 页。

文化在其利用、传播过程中所发生的社会关系，主要解决非物质文化遗产利用中产生的问题，旨在保障相关知识产权人精神权利和财产权利的实现。[①] 综合保护模式则关注到传统文化的复杂性，强调对它的保护需要依赖综合性措施，融公法、私法于一体，多种手段相配合的综合性法律保护制度。[②] 就《非物质文化遗产法》的规定看，立法机关倾向于公权保护模式。但这样的思路并没有关注到民族文化保护的主体性问题，在民族文化主体的该民族成员在没有主体性、自觉性时谈文化保护，不可能实现保护的目标。

三　结论

从民族文化的现代化危机及其权利应对机制来看，有四点值得强调。

第一，这里有一个解释范式，即危机—应对范式。它类似于费正清解释中国现代化过程时提出的解释模式，他不过是拿这种人面对危机时试图找到应对方式的行动逻辑去解释中国的现代化反应极其过程罢了。从行动逻辑层面讲，人类在遭遇任何危机时，都试图找到解决问题的办法。危机—应对范式就是这种行动逻辑的概括。质言之，正是民族文化的现代化危机促使各国乃至于国际组织寻找解决问题的办法，均认为赋权利与民族是解决办法之一。

第二，以法律制度应对危机，是人类的普遍经验，即人类处理危机的制度文明成果。从社会秩序角度讲，社会秩序作为一种制度秩序，是人类对社会成员行为及其结果的可预期性和确定性安排，而危机就是制度的危机，意味着秩序的失范，即现有制度无法确定社会成员的行为及其结果，制度的目的无法实现。但是，制度的存在及其目的的实现，是人类社会生活稳定的前提。因此，人类为了实现自身生活的稳定，以及从制度惯性的角度讲，针对秩序失范的制度危机都必须从制度的角度予以解决，修复制度残缺或制度僭越等制度性缺憾，重建制度所构建的秩序。

第三，以权利应对现代化危机，这一方式本身就是现代化的表现形式。

---

① 田艳、王禄：《少数民族文化风险及其法律规制研究》，《贵州民族研究》2011 年第 4 期，第 10 ~ 18 页。

② 张玉敏：《民间文学艺术保护模式的选择》，北京大学出版社，2008，第 114 页。

从法律思想史的角度梳理法律的变迁，我们发现，古代社会的危机应对在制度层面的安排，主要是赋予人以消极自由，或者说主要是赋予政府以权力去解决危机；而现代社会的危机应对在制度层面的安排，则主要是赋予人以积极自由，或者说是赋予政府以义务去满足人的需求。政府角色发生了颠倒，人的自由性质发生了变化。这表明，我们是在现代化的过程中解决现代化过程中的问题，而非以去现代化或者解构现代化的方式来解决现代化遗留的问题。

第四，以权利安排来应对民族文化危机，必须充分关注民族文化的各方面权益，在此基础上积极调动民族及其成员的主体性和自觉性，并有良好的配套措施和资金跟进，少数民族才能顺利迈入现代社会而不至于文化消失。

民族地区留守儿童权益保障研究

——以云南省普洱市为例

和　跃*

摘要：近年来留守儿童在教育、监护、身心健康、价值观念等方面存在诸多问题，本文从法社会学的角度，以普洱市民族地区的留守儿童为典型研究对象，采取抽样调查方式进行实证研究，对民族地区留守儿童主要存在的受教育权、监护权及其他权益保障方面的问题进行分析，认为应从立法和执法层面加强对留守儿童受教育权、监护权、生命健康权等方面的保护措施。

关键词：少数民族地区　留守儿童　权益保障

留守儿童（The "Left Behind" Children）是指父母或一方外出到城市打工，而自己留在农村生活的孩子们，也包括内地城市，父母双方或一方外出到繁华都市打工的孩子们，他们一般与自己的父母或父母中的一人，或者上辈亲人，甚至父母亲的亲戚朋友一起生活①。

普洱市位于云南省西南部，全市共有八县一区，其中八个县均为自治县，全市居住着26个民族。图1、图2、图3是2012年末，普洱市西盟佤族自治县、宁洱哈尼族彝族自治县、景谷傣族自治县留守儿童与现有儿童的数量，三个县留守儿童占现有儿童的比例分别为7.3%、2.1%和4.7%。②据调查其儿童数量为动态数字，到目前为止，数量一直在上升。那么从法律的角度来分析农村留守儿童权益保护问题，推动农村留守儿童的权益保障，就成为我们无法回避的问题。

---

* 和跃，男，云南丽江人，纳西族，博士，云南师范大学副教授，研究方向为民族语言、民族文化、民族法制、民族教育、民族经济。

① 此概念引自：留守儿童_百度百科，http://baike.baidu.com/link?url=rDUvgpyNU4LjQztEeCGADSjy9anIR9Cn-FfQynBzX7DNmnmUCeciUNEp-Nk_s_PF#refIndex_1_109106

② 数据由作者收集，来源于普洱市江城哈尼族彝族自治县妇联。

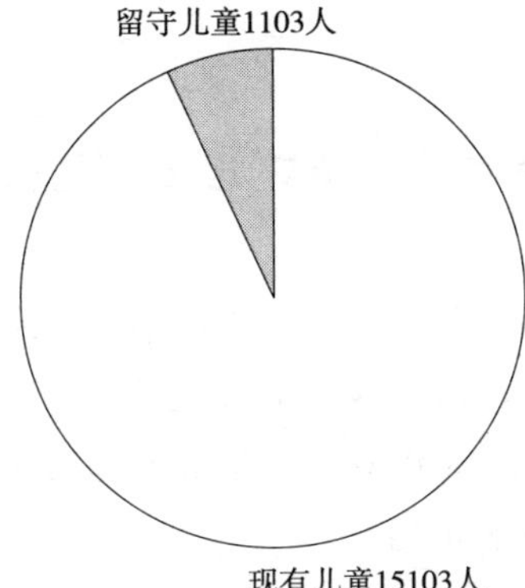

图 1　西盟佤族自治县留守儿童占现有儿童的比例

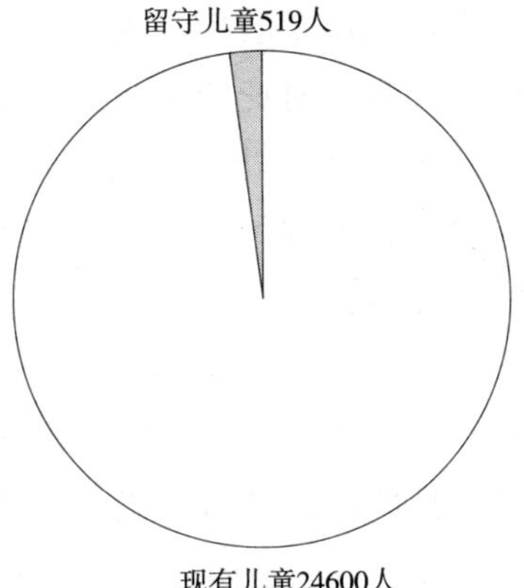

图 2　宁洱哈尼族彝族自治县留守儿童占现有儿童的比例

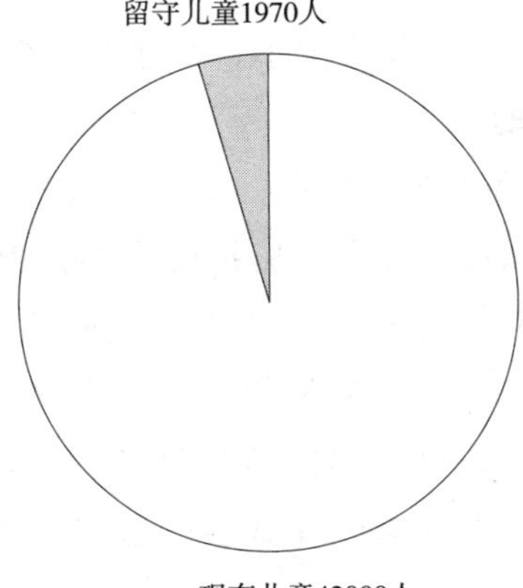

图 3　景谷傣族自治县留守儿童占现有儿童的比例

一　少数民族地区留守儿童权益保障的现状

少数民族地区的留守儿童权益保障问题是当前留守儿童问题的关键和核心所在。随着经济不断发展，少数民族地区由于经济落后很多农民涌入城市，随着进城务工的农民不断增多，留守儿童权益保障问题就日益凸显。

1. 健康权得不到应有的保障

我国宪法和法律明确规定，公民的生命健康权，作为未成年人，在法律上受到特殊的保护。由于他们的身心发育不成熟，缺乏对事物的辨认能力和处理能力，无法独立面对复杂的社会，是社会的弱小群体，因此父母有保护未成年人的人身安全义务，对此应采取措施防止和排除不利因素的存在。但是，留守儿童的父母长期在外，无法满足未成年子女在经济等各方面的需要。经过走访，大多数留守儿童的家庭条件困难，且家庭人口较多。根据景谷傣族彝族自治县 2012 年的调查，数据显示：20% 以上的留守儿童家庭生活条件困难，所在家庭年均收入低于 5000 元。留守儿童的每周生活费人均 80 元。与同龄孩子比起来，留守儿童的生活水平明显偏低。① 从身体健康角度看，哈尼族彝族地区的留守儿童由于居住在经济落后偏远的山区。据调查，由于村民对疾病的预防意识不强加之疫苗的昂贵，因此，当地留守儿童几乎没有进行过疾病疫苗的接种。这给当地的儿童健康问题造成了很大影响。从心理健康角度看，由于父母不在身边，有些儿童的行为习惯没有很好地养成，忽视饮食卫生，留守儿童更容易遭受疾病的困扰。

2. 留守儿童监护权的缺失

我国《民法通则》第十六条规定，未成年人的父母是未成年人的监护人。未成年人父母已经死亡或者没有监护能力的，由有监护能力的祖父母、外祖父母；兄、姐等来担任监护人。可见，未成年人的监护权首先应该由父母来执行。但是，留守儿童的父母却常常将自己的监护义务转嫁给家中的其他近亲属甚至于放弃自己应尽的监护义务，从而使大量留守儿童的监护权出现缺失。根据调查墨江县、江城县的留守儿童发现，有 75% 的留守

---

① 资料来源于《景谷县关于开展全县留守儿童妇女生产生活状况的调研报告》。

儿童都是由祖父母或者外祖父母照顾，有13%的留守儿童由其亲戚代管，另外12%的留守儿童由自己的兄姐照顾。此外，由于留守儿童的监护人大多是文盲，对此未能在学习、思想等方面给予太多帮助。由于未成年人是社会的弱势群体，他们身心发展不成熟，无法防止和排除外来的侵害。但是，留守儿童的父母长期在外，监护缺失，而临时代管人缺乏沟通能力。导致各种心理问题的出现。如容易产生自卑心理。

【个案1】谢某（化名），留守儿童，男，8岁，彝族，父母外出打工，就读于江城哈尼族彝族自治县民族小学，他在调查时说，看到自己同学父母放学来接他们时特别羡慕，最怕开家长会，别的同学是父母来开，而自己的却是爷爷或奶奶。

3. 受教育权得不到应有的保障

我国《宪法》第四十六条对公民的受教育权做了原则的规定。《教育法》第九条规定公民有接受教育的权利和义务；第十八条规定国家实行九年义务教育，各级政府采取各种措施给予保障适龄儿童和少年接受教育。受教育权，是中国公民所享有的并由国家保障实现的接受教育的权利，是宪法赋予的一项基本权利，也是公民享受其他文化教育的前提和基础。“百年大计，教育为本”①，可见，教育在社会、个人发展中的重要性。通过调查，我们发现少数民族地区留守儿童的受教育权中存在两个较大的问题：一是适龄儿童没有接受义务教育；二是留守儿童的学习教育没有得到适当辅导。

【个案2】李某（化名），留守儿童，女，6岁，哈尼族，居住于墨江哈尼族自治县龙坝乡勐理村，父母外出打工，其由外祖父母监护，由于学校离家路途遥远，迄今未受过教育，包括幼儿教育。

【个案3】相较而言对于居住于江城哈尼族彝族自治县同一年龄的颜某（化名），男，非留守儿童，6岁，汉族，现读一年级，在读一年级之前已掌握珠心算，且识字较多。

---

① 1977年，邓小平指出：“我们要实现现代化，关键是科学技术要能上去。发展科学技术，不抓教育不行。”“我们要赶上世界先进水平，从何着手呢？我想从科技和教育着手。”1985年《中共中央关于教育体制改革的决定》指出：“教育必须为社会主义现代化建设服务，社会主义现代化建设必须依靠教育。”1987年，党的十三大进一步提出“百年大计，教育为本。”

【个案 4】杨某（化名），女，9 岁，哈尼族，家住江城哈尼族彝族自治县老富坝，现就读四年级，学习成绩中下。在调研中母亲曾这样说，我们的文化水平较低，对于孩子的学习我们不会教，没人辅导孩子的功课，有时候会让邻居帮帮忙。如果请家教，家庭经济无法支撑。

由此可见，少数民族地区留守儿童的教育问题存在诸多原因。由于受教育权得不到保障还引发了一系列的后果，如情感、人格的缺失；在事物认识的思想和价值观上发生错误认识等。

二　留守儿童权益保障问题的成因分析

少数民族地区的留守儿童权益保障包括，生命健康权、受教育权等。是一个依宪法法律细化的权利，是宪法法律赋予公民的一项权利。“权利与义务相统一”的法理学意义在留守儿童的权益保障问题上体现得很明显。对于留守儿童本身而言，权益得到保障既是他们的权利，也是地方政府的义务。在权利诱导性和义务强制性的双重作用下，再加之民族平等深入人心，从而为少数民族地区的留守儿童权益保障问题奠定一定的基础。对此，本文从一般原因和特殊原因进行分析。

1. 一般原因

（1）在当地的社会影响小，虽然对社会的力量动员较多，但留守儿童问题未真正深入人心，引起重视。很多群众都不了解当地留守儿童状况，大家或多或少地听说关注过留守儿童，但留守儿童真正受到来自社会的关爱较少。

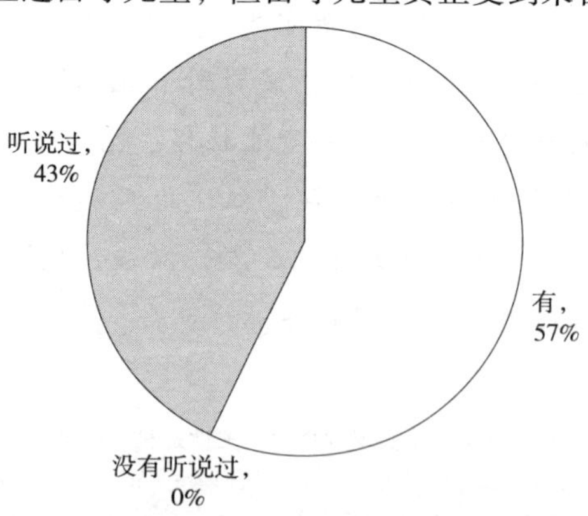

图 4　参与者有没有关注过留守儿童问题

（2）加强宣传

虽然采用了各种形式来加强宣传留守儿童家长及其监护人职责以维护留守儿童的权利，但未真正落实到实际。在走访过程中，询问了留守儿童的家长及其监护人，大多监护人对留守儿童的关心只滞留在生活方面，对于其学习很少过问。留守儿童的家长及其监护人未意识到监护权、教育对于留守儿童的重要性。

（3）留守儿童数量多，分布较散，而经费不足是解决留守儿童问题必须要面临的关键性问题

由于各县的少数民族多，经济较为落后，经费没有保障，因此，限制了各部门对留守儿童工作的开展。留守儿童家庭大多比较困难，需要学校、政府、社会给予一定的帮助，资金问题得不到保障，则会影响推动留守儿童在教育方面的探索以及社会救助等各项工作的开展。

2. 特殊原因

除了以上的普遍性因素，本课题组认为在以普洱哈尼族聚居地区为代表的少数民族地区，留守儿童问题的成因还有以下的特殊原因。

（1）普洱少数民族地区社会发展水平整体不高

少数民族聚居地区的经济发展水平普遍较低。普洱市位于云南省西南部，是云南面积最大的市级行政区。改革开放以来，少数民族地区的经济建设有了很大的发展，但是少数民族地区与汉族地区相比而言还存在很多问题，如少数民族地区离城市较远交通闭塞、政策倾向较弱，教育投入不足等导致经济发展远远落后于汉族地区。在调查中发现，大多数留守儿童家庭以传统农牧业为主，由于农牧业的收入较低，使其家庭的经济收入无法满足当下的生活水平，因此农村劳动力外流，导致少数民族地区的儿童监护权缺失。在哈尼族彝族聚居地区，由于各种原因，致使封建的小农思想普遍存在。虽然经济在近年来得到发展，但是少数民族地区的群众文化素质偏低，重男轻女的思想根深蒂固，导致少数民族地区的女性文盲率普遍比男性高。

（2）国家法律措施在民族地区主要体现为有法不依，执法不严，违法不究

根据法理学的观点，法律是前在的，但是立法者的预见能力是有限的，故法律可能出现漏洞；加之法律是静态的，社会关系是处于动态变化的，导致法律可能产生滞后性。一项法律制度的最终实现要经历制定和执行两

个重要环节。因此，法律的价值就在于静态的法律是否能及时适应动态的法律执行，本文在立法和法律实施方面加以分析。

第一，立法层面存在的可操作性差。《未成年人保护法》第三条规定："未成年人享有生存权，发展权，受保护权，参与权等权利，国家根据未成年人身心发展特点给予特殊、优先保护，保障未成年人的合法权益不受侵犯。"留守儿童虽然是一个特殊的群体，但同样拥有这些权利，虽然我国关于未成年人的保护法较多，但由于留守儿童的特殊性，使得现阶段对留守儿童法律方面的保护较为薄弱。具体表现为以下三方面：①留守儿童教育权在立法中的问题。家庭教育方面的法律规定。《未成年人保护法》中第十二条的规定，父母或者其他监护人应当学习家庭教育知识，正面履行监护职责，抚养教育未成年人。调查发现，留守儿童大多数主要是由母亲或祖辈进行隔带抚养，由于监护人自身的文化水平受到限制，无法对留守儿童的学习教育进行适当辅导，无法担负起抚育儿童健康全面成长的重责。学校教育方面的法律规定。根据走访调查，被接受调查的留守儿童就读于寄宿制学校的居多，而寄宿制学校缺乏对留守儿童的有效管理。由于父母外出打工，老师无法联系到留守儿童的父母，导致老师对留守儿童的教学难以开展。而未就读寄宿学校的留守儿童，特别是在农村少数民族地区父母又都外出打工的留守儿童，由于上下学无人接送加之学校与家的路途远，导致了很多适龄的留守儿童无法上学。②留守儿童监护权在立法中的问题。首先，《宪法》第一百一十六条规定："民族自治地方的人民代表大会有权依照当地民族的政治、经济和文化的特点，制定自治条例和单行条例。"根据走访调查，各自治县对留守儿童保护的地方性法律法规不完善，尚未给予留守儿童一系列的法律体系的保障。因此，直接影响到对留守儿童的生存、教育、发展等权利进行有效全面的保护。其次，留守儿童的监护权名存实亡。依据《民通意见》第十五条的规定，有监护资格的人之间协议确定监护人的，应当由协议确定的监护人对被监护人承担监护责任。但是由于留守儿童的父母长期在外地打工，留守儿童的监护方式主要有：单亲监护、祖辈监护、亲友监护，使留守儿童无法与父母进行情感交流、互动而造成亲情的缺失。长大以后，大多数留守儿童会出现情感冷漠，无法形成正常的情感交流，这实际是情感教育的缺乏。从而影响人格的正常发育。③留守儿童生命健康权在立法中的问题。留守儿童的生命健康权方面的法律规定。《中国儿童发展纲要》中明确规定保障儿童享有基本医疗卫生服务，提高儿童基本医疗保障覆盖率和保障水平，为贫困和大病儿童提供医疗救助以及基本满足留守儿童基本公共服务区域。由于少数民族地区的经济条件相对滞后，医疗机构尚未完善，而留守儿童家庭经济落后，致使看病成了主要问题。对此自治地区并没有利用好自身的有利条件为留守儿童的健康问题制定相应的条例，未能及时给留守儿童解决看病难问题，因此留守儿童的生命健康权难以得到保障。

第二，行政执法实施不到位。首先，未有明确执法主体。在对于留守儿童问题上，各县有关部门未规定谁具有保障留守儿童相关权益的执法权，虽然各县的妇联和团委在物质、精神上尽量给予留守儿童关爱，但是，妇联和团委的工作性质不具有执法权。在对待留守儿童遇到问题时，解决问题也只停留在表面，根本解决不了实质性问题。其次，执法监督不到位。在此次调查中发现执法监督不到位是根本性的原因，各部门在解决留守儿童问题时，只解决表面问题却忽略要解决留守儿童问题的关键所在。

第三，司法救助机制不完善。父母长期不在身边导致了留守儿童出现了一系列社会问题，生活中难免存在自身权利受到侵害，这时就需要法律援助以及司法救助机制，从而维护这些特殊群体的权利。但各县未设立专门的有关留守儿童的司法救助机制，当留守儿童的权益得不到保障、权利受到侵害时，于是就出现了找不到有关的部门解决这些问题。由于经济、文化等各种原因，基层的法律工作队伍小，从而导致法律援助的覆盖面较小，基层的法律援助工作难以开展，范围局限，留守儿童的权益保障难以获得高效、便捷的法律援助及司法救助。

第四，留守儿童来自社会福利服务较少。社会工作是政府、社会组织向有需要的人群，特别是贫弱人群提供服务的活动，它是一种社会福利服务。社会工作作为专门化和专业性的助人工作，即是开展科学助人工作，恢复人的社会功能的过程，它与社会救助、社会福利、社会服务及社会政策有着十分密切的联系。留守儿童属于贫弱人群，需要来自社会的帮助。可到目前为止，普洱市少数民族地区的留守儿童得到来自社会工作者的服务较少，社会工作对于留守儿童的保护帮助暂为空白。针对普洱目前留守儿童有增无减的趋势，结合社会工作的发展趋势，政府应结合普洱实际，建立与之相适应的社会工作模式。

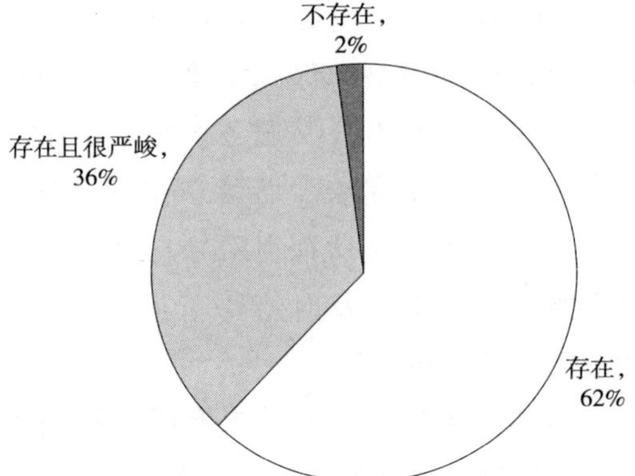

图 5　是否存在留守儿童权益受到侵害的现象

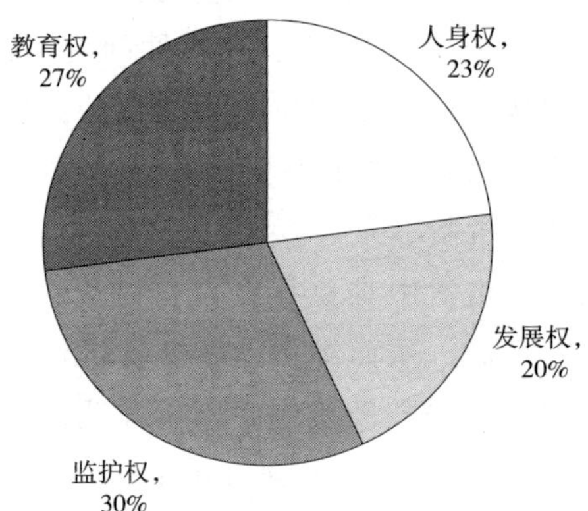

图 6　留守儿童最不能得到的保障权益

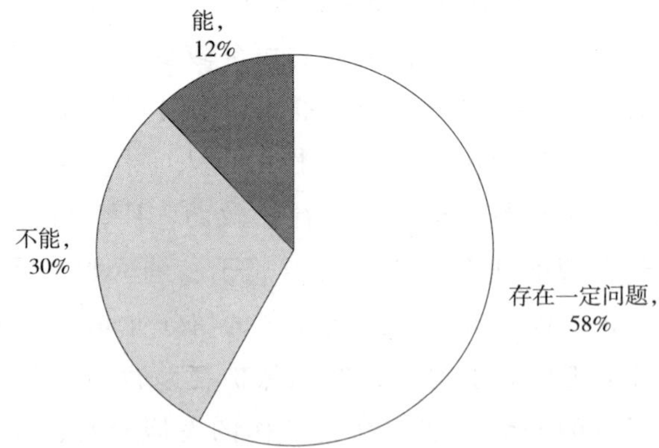

图 7　留守儿童的监护人能否尽到法定监护责任

三　完善留守儿童权益保障的法律构想

立法层面上必须正视的是保障少数民族地区留守儿童权益的法律体系的构建。然而在谈到某一法律制度完善的时候，法律意识的形成往往是滞后的。在现实中，制度本身只是一纸空文，需要人们发挥主观能动性加以利用才能真正实现其存在的实际意义。法律的实施是把观念上的法变为现实的法，把法律的应然行为转变为实然行为，增强立法上权利的可操作性和义务的针对性。

1. 保障留守儿童的生命健康权

首先，加强医疗服务体系建设。加大普洱市少数民族农村地区的医疗投入，优化其医疗设备，增加农村卫生所的数量，提高留守儿童医疗救助水平。其次，优化寄宿制学校的医疗配置，增加校医室医生的数量，从而保证留守儿童生病时能及时就医。再次，定期开展“医疗下乡”活动，对少数民族地区的群众进行相关疾病预防的宣传，增强对疾病预防的意识，并对留守儿童进行相关预防疫苗的免费注射。最后，农村合作医疗制度与留守儿童的基本医疗保障有效结合，减轻留守儿童的医疗费用负担，对参加农村合作医疗的留守儿童个人所缴纳的费用，政府给予相应补贴。

2. 加强留守儿童监护权实现的措施

对于留守儿童的监护问题，国家应当构建未成年监护制度。第一，我国应该从中央到地方建立未成年保护体系，建立起职业化、专业化的青少年保护机构，赋予实权，形成一整套的监护体系。第二，提高监护人的自身素质，规范单亲监护、祖辈监护、亲友监护等的监护教育，强化作为监护人对儿童权利的保护意识。第三，对于不履行监护职责的监护人应追究相应的法律责任，从而逐步建立起从家庭监护为主体，以社区、学校等有关单位和人员监督为保障，以国家监护为补充的监护制度。确定监护方式及范围。留守儿童监护实质内容得不到落实，留守儿童的口头监护不具有法律效力，应确定留守儿童的监护方式，如：书面协议监护，口头监护时须有第三人在场并明确监护范围，如：留守儿童的学习、生活起居、安全等。此外，若留守儿童已满 10 岁，应征得被监护人本人同意。确定监护人资格。监护人可以是一人或是数人，但应当是具有监护能力的人，根据

《民法通则》司法解释第 11 条，认定监护人的监护能力，应当根据监护人的身体健康状况、经济条件以及与被监护人在生活上的联系状况而定。在调查中发现，隔代监护较多。因此，“逆向监护”是一个不能避免的问题，应建立完善留守儿童的监护制度，明确监护人资格，例如监护人是否有行为能力，并规定几岁以下或者身体状况是否良好的、多少经济范围内的监护人才有监护资格。此外，提高监护人的自身素质，规范对父母作为监护人的教育，强化作为监护人对保护儿童权利的意识。对于不履行监护职责的监护人应追究相应的法律责任，从而逐步建立起从家庭监护为主体，以社区、学校等有关单位和人员监督为保障，以国家监护为补充的监护制度。

3. 加强改进留守儿童教育权措施

应当修改和完善《未成年人保护法》，真正落实《义务教育法》。对于《未成年人保护法》的修改已经非常必要，因为随着社会的变迁，人民的思想已经发生变化。在对该法的修改过程中，应当明确一个专门的机关来行使未成年人的权益保障工作，以保障未成年人的权益。要真正解决留守儿童的教育问题，就应该先从他们的父母做起，加强留守儿童父母的法律责任意识，帮助和引导留守儿童家长及其监护人重视对未成年人的教育，让留守儿童家长意识到家庭教育的重要性，形成正确的家庭理念。《义务教育法》第五十八条规定，适龄儿童、少年的父母或者其他法定监护人无正当理由未依照本法规定送适龄儿童、少年入学接受义务教育的，由当地乡镇人民政府或者县级人民政府教育行政部门给予批评教育，责令限期改正。依法保障留守儿童接受教育的权利，从市、县、乡、镇等落实教育优先发展战略，完善教育体制和政策，各级政府组织、督促留守儿童接受九年义务教育，保证每位留守儿童能完成九年义务教育，且结合普洱市地区少数民族特色发展教育事业。社会、政府、学校加大经费投入，完善农村寄宿制学校建设，且与学校建立长效机制，保障留守儿童工作顺利开展。很多留守儿童都就读于寄宿制学校，因此，应加大对农村寄宿制学校的建设，完善其设施，让留守儿童在学校之余能够全面发展。在就读期间，学校利用假期或节假日，组织召开留守儿童家长会，为增进孩子与家长的联系创造机会。当然，政府应当加强政策倾向，加大对基础设施建设的资金投入，完善寄宿制学校建设，保障留守儿童寄宿制度的顺利开展。另外，国家应当对户籍管理以及转校带来的高额费用进行监管。国家应该改革户籍制度，消除城乡差距，加强留守儿童父母外出务工流入地与流出地的有效配合，加强相关部门的协作力度，解决入学难、看病难问题。

4. 加强执法力度以及建立司法救助机构

首先，要加强解决留守儿童权益保障问题的力度。普洱市政府单独设立具有执法权威，针对留守儿童的专门部门或赋予某部门执法权。如可设立“留守儿童办公室”，设此办公室专门处理相关事宜。除了设立专门部门，还可在留守儿童的权益得不到保障时免费为他们进行咨询、建议，从而达到及时了解、处理有关留守儿童事宜。其次，壮大基层法律队伍，扩大法律援助覆盖面，确定法律援助工作范围确保留守儿童权益受到保护及在司法程序中获得快捷、高效的司法救助。最后，建立有关的事后监督机构，明确监督机制。执法人员不仅要做好事前工作，更要做好事后监督，保证问题真正得到解决。对于执法的监督权可以授予当地留守儿童居住地的居（村）民委员会或者由居（村）民委员会授权与留守儿童有近亲属关系的监护人进行监督和管理；另外，也可由法院设立专门机构行使监督事宜，处理相关争议。

参考文献

叶敬忠、潘璐：《别样童年——中国农村留守儿童》，社会科学文献出版社，2008。

吴韦伟、雷芳：《浅谈留守儿童生存权的法律保护》，《才智》2008 年第 15 期。

李莹：《我国农村留守儿童权利保护初探》，吉林大学硕士学位论文，2010。

许红缨、余爽：《农村留守儿童监护权确实的民法学分析》，《农业考古》2010 年第 3 期。

陈海燕：《少数民族贫困地区农村留守儿童问题探析——以贵阳少数民族乡为例》，《统计与管理》2011 年第 1 期。

张琳：《留守儿童的权益保护及对策》，《中州学刊》2009 年第 5 期。

大学违规现象的法人类学思考

杜敏菊[*]

摘要： 学生违反校纪校规是发生在大学日常生活中的普遍越轨现象，这与大学生群体倾向于遵守国家制定法的依从偏好形成明显反差。为解释这种反差存在的原因，本文主要借助法人类学的研究方法与视角，在S大学进行长期田野调查，从“学生违规行为的选择”和“校规合法性与有效性”两个层面开展讨论，认为大学生违规实际上是凭借大学校规所建构出的一种现象，完善校规是减少或控制大学生违规现象的关键所在。

关键词： 大学生　违规　表象　事实　合法性

引　言

现代大学作为生产、配送、储存知识的主要机构，逐渐从社会边缘进入社会中心。毫无疑问，大学已成为现代人类社会的一个部件，观察发生在大学日常生活中的事件，是我们把握与解释社会运转规律的一种有效途径。那些发生在大学中的日常之事值得我们近而察之、察而思之。

用法人类学法律多元的眼光来看，“校规”作为大学内部学生品行评定与学业管理的依据与规范，同样是一种“法”，因为它实实在在地约束着学生的思维、行为、情感和意志；与此同时，学生作为内部成员对校规这种“法”也存在依从与反抗、规避与抵制等现象。

依常识和经验，大多数大学生对国家法律和道德规范往往能够认可和

* 杜敏菊，女，云南昆明人，云南师范大学副教授，云南大学法学院民族法学博士研究生。

遵循（似乎对规范有“依从偏好”），与此形成鲜明对照的是大学校规却常常被学生逾越或挑战（似乎对规范有“越轨偏好”），考试作弊、旷课并不是大学中的“稀罕事”，再加上“夜不归宿”、“宿舍违规用电”、“迟到早退”、“为申请奖助学金弄虚作假”等，学生违规现象已成为大学生活的日常事件。为什么同一类主体，在不同行为规范之下却表现出完全不同的依从/越轨偏好呢？为了解答这一问题，本文将沿着法人类学的思维，基于“他者”——校规承受者（学生）群体的视角，“设身处地”地从他们的行为选择和从作为行为规范的校规两个不同方向来对“行为与规范”这个法理学“老问题”进行重新思考。

一　田野点基本情况及选点理由

S大学建校于20世纪30年代，此前老校区位于昆明市主城区内，自2007年起，应当地政府命令及学校规模化发展的要求，该校进行整体搬迁，目前其主校区位于昆明市呈贡新区大学城北端，占地面积3300亩，在校师生33000余人。校内主要分为东西两个区域，每个区域内都设有教学楼、学生宿舍、食堂等设施，构成师生工作、生活的主要空间。

S大学与中国当代大学普遍特征吻合，具有显著代表性：①该校是一所公立综合性大学，实行书记领导下的校长负责制，采取院校二级管理；②该校有权授予法定的三级学位：博士、硕士和学士，据此开展博士研究生教育、硕士研究生教育和本科生教育；③该校现有全日制学生33000余人，学生众多，生源结构丰富；④该校要求学生住校学习，集中住宿；⑤该校有较固定的教学体系和作息制度；⑥在全国普遍建设“大学城”的热潮中，S大学按当地政府指令，成为该省首批入住“大学城”的大学之一。

对S大学这一“小地方”内部规范运行状况的观察与分析可以作为研究“规范运行”与“成员守法”这一“大问题”的可选方案。此外，开展田野研究还应当考虑进入田野的效用：投入产出比以及研究者在多大程度上能够“浸入”田野之中。本人十多年来长期工作、生活在S大学，熟悉该校环境，与一些“关键人物”建立有联系，便于收集素材和观察典型事件。据此，本研究选择S大学作为田野点。

二　方法与视角

法人类学理论与方法是本文对“行为与规范”这一传统法理学问题进行思考的主要依据。法人类学作为法学与人类学的结合与承传“旨在立足于人类学视点，对传统法学的法的概念、研究方法进行批判，试图建立全新的科学体系”①。法人类学研究与一般法学研究的主要区别包括研究方法和研究视角两个方面。

首先，法人类学特有的研究方法主要是指以参与观察和深度访谈为主的田野调查，及在此基础上写成的民族志。法人类学的研究方法要求研究者“认真地选择调查的地点和研究的对象，并将调查地点和研究对象限制在相对狭小的范围内。同时，由于研究者需要从社会变迁过程中对相关问题做出合理的文化解释，所以，在选择调查地点和研究对象时，还得考虑历史文献、文物、遗俗等间接材料是否可以再现历史场景。更要紧的是，在这样一个小地方，还要研究大问题，研究者必须考量其所研究的问题是否具有普遍性以及该调查地点能否为问题的解决提供充分的经验材料。”②因此，为完成本文，作者自 2014 年 9 月开始在 S 大学进行田野调查，目前已开展的田野调查内容主要包括：长期观察 S 大学学生对校规的依从 \ 越轨行为；作为 S 大学申诉委员会成员之一参与到多起学生违规事件的申诉处理过程之中，并对事件的前因后果进行延伸分析；与 S 大学多名学生（包括违规事件当事人、周围学生）和教师进行深度访谈等。

其次，法人类学的特殊研究视角主要在于对文化人类学整体主义和文化多元主义的借鉴。“整体主义”强调将研究对象作为构成文化的一个部分放入整体文化之中进行思考，避免孤立地分析研究对象；而“文化多元”则要求避免简单地用某种单一文化标准对研究对象进行价值评判，应争取借用“他者眼光”和“他性思维”在对事件进行尽可能客观地描述基础之上，解释其存在的文化意义。因此，本文将大学生违规现象和其背后的

---

① 〔日〕祖父江孝男等著：《文化人类学事典》，乔继堂等译，陕西人民出版社，1992，第 11 页。

② 张晓辉：《法律人类学视角的学术魅力》，载张钧著《农村土地制度研究》，中国民主法制出版社，2008，第 3 页。

“行为与规范”问题放入作为整体的社会文化背景之中进行讨论，分析学生违规行为的深层原因，避免简单地将学生违规视为学生个体的“不良行为”而忽略其背后的社会意义；同时，避免仅将学生违规行为视为对学校规范的破坏而忽略其对学校规范与秩序的促进作用。

此外，社会学与教育学的部分理论也促进了本文的思考。

三 大学日常生活中的违规事件

学生作为大学管理规范的承受者，并非单向而被动地承受着“校规”，而是在既有校规之下，通过自身行为选择与“校规”发生着互动。

> 事件1：2015年7月10日下午，S大学进行期末考试。多个考场内发现学生作弊，监考老师根据学生作弊的不同情形进行了相应处理。其中，该校两名2015级空乘礼仪专业学生（下文均用学生A、学生B代称）、一名2012级社会体育专业学生（下文用学生C代称）分别在大学英语考试科目中被发现请他人替考。按《S大学本科生考试作弊认定及处理办法》（2006年制定）第三条规定，该三名学生的行为均被认定为严重违规。S大学教务处在当天考试结束后，立刻将此三名违规学生的个人信息、违规行为以及处理结果（对三人均给予“开除学籍”处分）在主考场大厅进行了公示。此时，该处分决定并未经校长办公会议讨论，此三名学生当天均不在校内，对处分决定尚不知情。当晚，该三名学生所在学院先后联系学生本人，告知了事件处理情况，并要求学生尽快回校接受处理。
>
> 随后，三名学生在家长的支持下均对S大学的处分决定提出异议，认为学校在实体规范和处分程序两方面均存在明显瑕疵。据此，向该校申诉委员会提出申诉主张，要求撤销对三人的处分决定。7月20日下午14：30，S大学申诉委员会召开会议对此事件进行复查。在查看申诉书面材料、听取申诉人及家长的意见和被申诉人（该校教处和三名学生所在学院）的辩解后，委员之间进行了长时间的激烈讨论，终于当晚22：30左右（用时近八个小时）做出复查结论——维持S大学对此三名学生的处分决定。三名学生及家长当场对该复查结论表示“不

服”，将“继续上告”！

此后，三名学生分别通过两种不同途径，迫使 S 大学撤销了“开除学籍”的处分决定。其中，学生 A 和学生 B 并没有按《普通高等学校学生管理规定》第六十三条的规定，在规定时效内向省教育厅提出书面申诉，而是直接向当地人民法院提出了行政诉讼，主张“S 大学处分决定违法，认定事实不清、处理程序不当，应以撤销”。S 大学在诉前认为自己胜诉可能性不大，遂请省教育厅从中斡旋，与学生 A 和学生 B 达成和解，撤销对二人“开除学籍”的处分决定；学生 C 则是在规定时效内，向省教育厅提出了书面申诉，并得到省教育厅的支持。据此，S 大学重新启动处分程序，做出给予三人“留校察看”的处分决定。

事件 2：2014 年 11 月，S 大学 W 学院发现部分学生缺课情况严重，决定严肃处理。其中，一名 2013 级西班牙语专业学生（下文用学生 D 代称）自本学期开学以来，已无故缺课 52 学时。按《S 大学本科生学分制学籍管理规定》（2014 年 7 月修订）（以下简称“2014 年规定”）第四条第五款规定：“旷课课时数超过 50 学时的，给予开除学籍处理”。W 学院遂将对学生 D 开除学籍的处理意见报送 S 大学教务处，教务处当即否决了 W 学院的处理意见，理由是：学生 D 系 2013 级学生，应当适用《S 大学本科生学分制学籍管理规定》（2012 年 7 月修订）（以下简称“2012 年规定”）第四条规定：“旷课课时达到当学期修读课程总学时四分之一的，给予严重警告处分；旷课课时达到当学期修读课程总学时三分之一的，给予记过处分；旷课课时达到当学期修读课程总学时二分之一的，给予留校察看处分；旷课课时达到当学期修读课程总学时二分之一以上的，给予开除学籍处理。经教育后认识较好、态度诚恳，并表示真诚悔改并写下保证书的，可降为留校察看一年的处分；若继续旷课，将给予开除学籍处理”。教务处认为按学生 D 所在专业教学计划，本学期修读课程为 160 学时，而其旷课课时仅是 52 学时，尚不足总学时的三分之一，只能给予“严重警告处分”。

W 学院对教务处的决定表示质疑，认为学生 D 旷课是在 2014 年 9 月之后，处理依据应当是已经生效的“2014 年规定”，而不应依照已失效的“2012 年规定”。但教务处则认为，此两个规定均在附则部分明确了适用对象及解释主体："2012 年规定"从 2012 级学生起开始执行、"2014 年规定"从 2014 级学生起开始执行；该规定由教务处负责解释。据此，W 学院只能服从职能主管部门（教务处）的决定，依照"2012 年规定"给予学生 D"严重警告"处分。

上述两起事件是大学日常生活中典型的学生违规事件，下文将透过此两起事件对如下问题进行讨论：学生在既有校规之下如何选择自身行为？作为规范学生行为之"法"，校规的合法性与有效性是否会影响学生对守规的选择？

四 学生为何"选择"违规：基于"表象—事实"视角的分析

按照美国学者梯尔（Alex Thio）的越轨社会学理论，如果我们对学生违规现象分别采用"实证主义"和"建构主义"两种不同的视角①，将可以对学生违规这一"偏差行为"（deviance behavior）得出两种完全不同的判断。

从强调"表象"的实证主义视角来看，"偏差行为"之所以被认定为"偏差"，是因为这些行为有悖于社会传统习惯。这些偏差行为是绝对客观存在的，可以被研究者发现、观察到，个体发生"偏差行为"是因受到个人能力之外的力量，如遗传因素、精神病态等控制，因而可以用因果的、解释性的理论对其进行探讨。顺着实证主义的视角来看，大学生违规现象可以被看作是一种客观存在的现实。这些违规行为偏离了"诚信"、"公平"等原则，需要对引发这些"偏差"的原因进行讨论，以使其得到矫正。因此，大学生违规的研究重点应当是违规行为本身。

然而，在强调"事实"的建构主义看来，偏差行为总是相对的，是在一定的时空范围之内被人为构建的，是由有权者为他人贴上的"标签"，"是权力阶层在特定时间和地点对违反社会规范的行为下的定义"②。因而，

① 〔美〕亚历克斯·梯尔：《越轨社会学》（第 10 版），王海霞等译，中国人民大学出版社，2011，第 4～15 页。

② Ermann, M. David, and Richard J. Lundman (eds.). 2002. Corporate and Governmental Deviance: Problems of Organizational Behavior in Contemporary Society, 6th ed. New York: Oxford University Press.

所谓偏差行为只是一种研究者主观的经验。偏差行为的发生其实是行为主体自愿的行为，故意地表达了主体的自由意志，因而要用非因果的、描述性的理论去探讨。凭借建构主义的视角，大学生违规可以被看作是在特定时空下被人为建构出的现象，如果没有特定人所制定的特定大学校规，那么就不存在所谓的违规行为。例如，事件 2 中学生 D 的旷课行为，如果该校校规制定者认可学生有自由选择上课时间和上课方式的权利（如自学、课后再请老师教学等），那么其行为就不存在“偏差”，自然也就不需要被“矫正”。此外，对事件 2 中的“2012 年规定”和“2014 年规定”进行比对，可以看出该校对学生旷课行为的认定和处理的严格程度是存在差异的。据此，我们可以说明，正是校规建构了“违规的概念”和“违规的程度”，这些校规的变动明显地反映出有权制定规范之人的意志。因此，大学生违规现象的研究重点应当是那些用于界定违规的规范。

可见，采用的视角不同，对大学生违规现象进行观察所得出的结论是如此之不同。为了更全面、深入地分析这一现象，本文采用了一种偏重事实又考虑表象的综合观点来对学生违规进行描述与解释。

大学生违规作为一种偏差行为，某些情况下会被公众普遍认为偏离公序良俗（例如事件 1），有必要对其进行矫正；而在某些情况下公众对其性质的判断可能存在争议，例如在事件 2 中，与校方观点不同，学生普遍认为学校不应当只“抓”学生逃课，而不问教师教学水平和质量，学生逃课有时是“情有可原”的，不一定要作为“旷课”来处理。因此，本文对大学生违规现象的讨论，不但要考虑违规行为本身，也要讨论对违规行为进行界定的学校规范；更为重要的是，需要深入分析引发违规行为的各种可能原因及其文化含义。据此下文将从“事实”和“表象”两个层面分别围绕事件 1 和事件 2 展开讨论。

事件 1 的事实：学生 A、学生 B 和学生 C 均为特殊专业学生，高考录取时其文化课（尤其是英语）分数明显低于普通专业学生。按 S 大学的学业培养计划，此两个专业更侧重于学生“实操性”专业能力的培养，而忽视文化课教学（此两个专业的大学英语课程多由代课教师承担，教学质量堪忧，长期表现出“学生无心学、老师不想教”的状态）。此三名学生自知参加考试肯定不会及格，而在大学英语考试中，替考行为在此两个专业学生中并不鲜见，而且不一定会被监考老师发现，于是请代人替考成为此三名学生的“理性”选择。

事件1的表象：学生A、学生B和学生C作为心智健全的成年人，应当明知作弊是严重的违规行为。三人事前均已将证明其在校学生身份的学生证和“一卡通”拿给校外人员，安排他人在期末考时代替自己参加考试，可见，三人的作弊行为是经过蓄谋、故意对校规的违反，其违规情节非常严重，当然应按该校校规进行严肃处理。

事件2的事实：学生D自幼喜爱音乐，并精通多种乐器演奏，立志成为一名艺术家，但父母认为其理想不“务实”，强行为其选择了西班牙语专业。学生D入学以来，对语言学习毫无兴趣，终日沉迷于音乐之中，与他人合资开办了一所乐器培训学校，根本无暇学业。他对自身的旷课行为和学校将采取的处理决定表示无所谓，甚至还期望学校能尽快将其开除，这样便可以更自由地从事自己喜爱的“事业”。

事件2的表象：学生D长期无故缺课，学习成绩落后，早已成为W学院公认的“差生”。经班主任多次教育，学生D仍无悔改表现。每次与班主任谈话，他都表现要“痛改前非”，但第二天依旧选择旷课。对于此类“屡教不改”的学生应对其严格处理。

通过对两起事件“表象—事实”的分析，我们发现：由于明知有校规的存在，学生的日常行为中往往会面临“是否违规”的选择。如果我们仅将学生违规行为视为个体的特殊行为，便容易陷入“就事论事”的浅薄之中，而当我们把这些违规行为放入事件所处的文化背景之中，我们便可以“更进一步”，看到更多。

其一，学生的违规大多是“故意为之”，是在权衡“利弊”之下做出的决定——违规的预期“成本”低于“收益”，尽管这种“权衡”是一种较模糊的心理状态。与违反国家法律和公共道德相比，违反校规的行为更加不容易受到追究，即使受到追究，其处罚力度也更轻微。

其二，学生用于权衡“利弊”的因素，不仅涉及个体本人的前期经验，更包括群体特征或同伴压力等因素。如在事件1中的三名学生，其身边同学普遍缺乏英语学习热情与动力（偶尔有个别学生“表现”得“爱学英语”反而会受到同伴的嘲笑或奚落），他们的英语平均水平与教学目标相差巨大，而考试作弊的各种手段又已成为学生群体公开讨论的话题。学生普遍认为，在公共课考试中，由于同一个考场内为近百名学生参加考试，监考老师一般不会认真核对每个学生的身份，考试过程中也不会同时关注到每一个考生，因此，包括请他人替考在内的作弊行为并不容易被发现。

其三，同一类型的违规行为在不同情形下被主体赋予了不同含义。学生普遍认为在“大家都学不好”或“不感兴趣”的课程中，如果作弊“被抓”到，老师应当“看淡一点”，“批评一下就得了”；而有些“专业课”是“硬功夫”，不应该作弊（大多也无法作弊）。因此，同是考试作弊被“抓”到的学生，会因考试科目的不同而受到同伴不同的情感态度：“可怜”（值得同情）或“活该”（幸灾乐祸）。

从“表象—事实”角度对学生违规行为进行双向思考之后，我们发现，如果在一所学校内，所有违反校规的行为没有普遍地受到追究和处罚，或者学校没有严格按照同一标准来惩处同一性质的违规行为，又或者在惩罚之外，没有配套制度来“处理”（教育）违规者，则学生将更倾向于无视校规或违反校规。

五　校规合法性与有效性对学生守规的影响

大学校规作为大学内部的一种“地方法”，被社会期待有规范校内学生行为、维持教学秩序、塑造良好品格等预设功能。通过在 S 大学的长期观察，我们可以发现实现校规上述预设功能的前提条件是校规被普遍认可与遵守，而校规的“合法性”与“有效性”确实在影响着学生守规或是违规的选择。

“合法性”（Legitimacy）是一个经常出现在社会科学理论中的范畴。人类早在千年之前便开始思考国家和政体的“合法性”。“可以说自古希腊有了哲学和政治学以来，就存在对合法性问题的认识和探讨。”① 而最早对“合法性”进行明确而系统论述的是马克斯·韦伯。在韦伯看来，“合法性”是可以被社会成员感知到的一种经验，是促使人们服从某种命令的动机。而人们的这种内心服从又“不仅仅出于经济利益的考虑，也不是仅仅因为

① 胡伟：《在经验与规范之间：合法性理论的二元取向及意义》，《学术月刊》1999 年第 12 期。

感情或理想的认同，更不是仅仅基于对强力的害怕。”① 而合法性问题，其实就是一个“制度”是否“适用”的问题。韦伯根据历史经验，将“合法性”的来源基础抽象、归纳为三种不同类型：基于传统、基于个人超凡魅力的克里斯马和基于法理（正式制定的规则对正当行为的要求），并强调历史上所有统治的形式都同时存在这三种“纯粹”类型的混合，只是不同类型的因素比重和组合方式有所不同。此后，哈贝马斯在其社会危机理论中将“合法性”与政治制度进行了较韦伯更为紧密地联系。他认为晚期资本主义社会可能发生四重危机：经济危机、合理性危机或政治危机、动因危机或文化危机、合法性危机。而合法性危机是前三种危机的结果，将会引发革命。在哈贝马斯看来，“合法性”意味着某种“尊严”——得到普遍承认。德沃金则将“合法性”问题带到更广阔的领域，将“合法性”与“法”进行了联系，提出“合法性问题”就是“法律的道德权威问题”。②

凭借前人“合法性”理论研究的基础，我们可以将作为校内学生之“法”的校规“合法性”作如下理解：是指校规因追寻特定价值，并符合内容与形式上的要件而受到普度承认的状态。因此，校规之合法性的“法”远大于国家制定法的范围，合法性在此不仅指校规应具备“合法律性”，更重要的是应具备“正当性”和“必要性”，以下将对校规合法性的此三项依次内容进行分析。

校规合法性的第一项内容是其“合法律性”。“合法律性”首先要求校规本文不得与国家制定法相冲突。在事件 1 中，正因为作为 S 大学处理违规学生所依据的校规在其文本中存在与国家行政规章相冲突之处③，才导致校方在整个事件处理过程中处于被动地位。

“合法律性”同时还要求校规在具体执行过程中应遵循国家制定法和校规自身的程序性要求。在事件 1 中，我们同样可以看到 S 大学对三名学生给

---

① 严存生：《法的合法性问题研究》，《法律科学》2002 年第 3 期。

② 德沃金：《法律的帝国》，李常青译，中国大百科全书出版社，1996，第 171～172 页。

③ 《S 大学本科生考试作弊认定及处理办法》（2014 年 7 月修订）第三条规定：“请他人代替或冒名顶替他人考试，情节严重者，给予开除学籍处分”；而按教育部《普通高等学校学生管理规定》第五十四条的规定，“由他人代替考试、替他人参加考试等作弊行为严重的”，学校可以给予开除学籍处分。据此，当事人认为该校校规与作为上位法的教育部规章之间存在明显冲突，应视为无效。

予开除学籍的处分决定在程序方面有明显瑕疵[①]，这是导致该事件处理过程中校方“失利”的另一因素。事后，S 大学也意识到校规文本合法律性缺失的严重后果，及时（2015 年 7 月）对《S 大学本科生考试作弊认定及处理办法》再次进行修订[②]，以弥补校规文本实体和程序方面的不足。此外，还召开专题会议，要求教学业务部门今后在处理学生违规行为方面，应“严格依规范、按程序”。

校规合法性的第二项内容是其“正当性”。正当性首先表现为学校创立校规所追求的价值是否与时代需要相符。在当代，大学校规所追求的价值应当是倡导人和学术的双重自由，进而促进“高等学校的三项主要职能：传播高深学问、扩大学问领域、运用其成果为公众服务”[③] 得以实现。

正当性还要求学校设立校规的目的和初衷不得违反社会公德和公共价值观。几年前 S 大学学生管理部门曾经组织“相关人员”，讨论过一个学生日常行为管理的规范文本。该文本由一位年轻老师单独“起草”，其中有一条规定：“为保证宿舍安全并督促学生养成良好作息习惯，学校应在宿舍区域安装监控。”在讨论时，该条文的正当性立刻受到大多数人的质疑，该文本也因存在多处类似问题而未能通过。

此外，正当性同时还要求学校校规的制定机构、制定参与人员、制定程序应符合国家法律和学校章程的相关规定。

校规合法性的第三项内容是其“必要性”。“必要性”是指校规所规定的内容属于学校有必要（不得不）进行管理或教育的事项。并不是所有与学生行为和品德相关的事项都需要进入校规，而只有那些涉及个人和集体

① 无论是《普通高等学校学生管理规定》和《S 大学学生“违规”规定》（暂定）都规定对学生“违规”行为的处分需要做到“程序正当、证据充分、依据明确、定性准确、处分适当”，学校在对学生做出处分决定之前，应当听取学生的陈述和申辩。开除学籍的处分决定，应当由校长会议研究决定，而此事件中，S 大学在未听取三名学生申辩、未经校长会议研究决定之前，便做出了“开除学籍”的处分决定，存在重大程序瑕疵。

② 将《S 大学本科生考试作弊认定及处理办法》第三条规定的四种严重作弊行为，作“可以开除学籍处分”；并在第四条中明文加入程序性规范“学校对学生做出开除学籍处分决定，应当由校长会议研究决定。学校对学生做出处分，应当出具处分决定书，送交本人。开除学籍的处分决定书报学校所在地省级教育行政部门备案。”

③ see Heyns. R. University as an Instrument of Social Action. In J. W. Minter and I. M. Thompson (Eds.), Colleges and Universities ad Agents of Social Change. Boulder, Colo.: Western Interstate Commission for Higher Education, 1968. P101.

重大利益的事项才有必要用校规来进行规范，否则校规将繁杂不堪却又不得要领。

需要说明的一点是，在不同时期，社会对高等学校有着不同的定位与期望，因此，校规的“必要性”在此是一个动态概念，其在不同历史时期所包括的内容不尽相同。在S大学不同时期的校规中可以清晰地看到不同历史阶段对“必要性”的不同界定。以形成于我国高等教育发展不同阶段的S大学不同版本《学生违纪处分条例》为例，在1998年版中规定了近百种违规行为及其处分办法，其中包括“在公共场所谈恋爱”、“发生异性之间不正当关系”等；而2005年版显著压缩了违规行为的种类，上述两种违规已不再纳入校规管理、处罚的范围，但同时也增加了一些新的内容，如对“通过网络媒体进行违法违纪行为”等违规事项的界定与处分。

“有效性”（effectiveness）之于“法”而言，是指“法律由于某种原因而对其指向的对象具有的一种要求其服从或实际具有的约束力”[①]。这里需要讨论的是什么样的“法”才能使人服从或对人具有约束力。

“何为有效之法”？德国学者罗伯特·阿里克斯（Robert Alexy）从“社会学、伦理学和法律教义学”三个维度对其进行解读[②]。从社会学维度理解法的有效性，它包括人们因自愿遵循法律（行为有效）和受法律制裁而遵守法律（制裁有效）两种情况；从伦理学维度来看，法的有效性要求法在内容上具备正确性，符合道德要求；而在法律教义学维度中，有效性是指法的逻辑有效性，即“一个规范，只要是由一个合法的权力机关，按照大家认可的制定程序创立出来，并且与整个法律体系和谐一致，那它就是有效的。”[③]

参照罗伯特·阿里克斯的三维度理论，校规的有效性也可包括如下三个维度：基于学生的自愿服从或通过对违规行为实施处罚而实现的服从（实际效果）、校规内容与社会公德相匹配（价值取向）以及校规由有权机构按之前被认可的程序创立，并与其他法律、规范不冲突（形式要件）。校规的实际效果和价值取向已在上文有所讨论，以下将仅从形式要件来对校

---

① 王旭：《法的规则有效性理论研究》，《比较法研究》2007年第3期。

② 参见 Robert Alexy：Begriff and Geltung des Rechts，1992，Munchen，S. P139—144，转引自张文显：《当代西方法学思潮》，辽宁人民出版社，1989，第393—406页。

③ 郑永流：《法的有效性与有效的法》（上），《法制与社会发展》2002年第2期。

规的有效性进行讨论。

在形式方面，校规首先应当公开，使受其约束之人得以知晓；其次，校规不同文本之间应当保持一定程度的谐调性和稳定性。在文首提到的两个事件中，我们可以观察到 S 大学的部分校规修订相当频繁。以 S 大学《本科生学分制学籍管理规定》为例，自 2010 年以来，已有多个不同版本，其中包括现在同时有效的两个版本：适用于 2012 级、2013 级本科学生的“2012 版”和适用于 2014 级、2015 级本科学生的“2014 版”。这些不同版本规范之间、同一版本的前后文之间存在不一致、相互冲突之处。因而，在同一所学校之内，针对性质相同的违规行为，却同时存在几个完全不同的管理规范，明显地表现出规范文本的不稳定性和随意性，造成了规范适用的混乱和不公平①，在很大程度上减损了校规的权威性，进而削弱其有效性。

在田野调查中笔者发现，S 大学变动较为频繁的校规文本主要涉及两类内容，一是学分学籍管理规范，二是学生操行规定规范。其现实原因在于：自 2010 年起该校才开始在本科学生中推行“学分制”，尚处于探索阶段，在实践中不断遇到新问题，该校不得不对《本科生学分制学籍管理规定》进行频繁修订；自 2012 年起，该校提出学生管理制度的两项创新：“团学积分”和“德育学分”，与其相关的规范文本层出不穷。如此频频修订校规的深层原因在于，该校每任分管领导“风格”不一，每新上任一位领导，就会有一批新的规范文本出台。这一发生在 S 大学的现象可以说明：规范制定者个人偏好对规范文本存在显著影响力，在缺乏严格程序性约束机制②的情况下，这种频繁变动的校规所体现的仅能是规范制定者的任意性，在校规的运行过程中也形成了不便或混乱。长此以往，校规的权威和有效性必然会受到抑制。

校规作为一种规范学生品行之“法”，其受到学生普遍遵循的前提是建立并证明自身的合法性与有效性——以追求人性与学术的双重自由为价值

① 同是缺课行为，就因所在年级不同，学生受到的处罚程度差异巨大；当学生出现学籍异动（如休学、留级等），则对其进行处罚的依据将更加混乱，试想一个 2013 级学生因休学一年，现跟 2014 级学生一起继续学业，如其多次缺课又该依照哪个版本的《本科生学分制学籍管理规定》来处理？

② 该校章程或其他规范中并没有对校规制定、修改的组织机构、参与人员、必经程序等做出明确规定，在制定、修改过程中也会“广泛听取、征询师生意见”，但这种“征询意见”往往流于形式。

导向、与学校所处社会环境保持协调、与国家法律不相冲突、将规范内容限制在必要范围之内、规范文本保持相对稳定性、建立程序性制度以限制规范制定者的任意性。

六 结论

在S大学进行长期田野调查之后，针对学生违规现象我们可以做出如下描述与解释。

校规是界定何为违规、违规程度如何的依据，正是因为有校规的存在，我们才能说明哪些学生行为构成违规，以及其行为的情节如何、应如何处理等。

违规行为并不是基于学生的随意或任性，而是学生在明知校规如何并经过权衡“利弊”的情况下自愿选择的行为。校规的现实执行情况与其文本规范之间的差距显著影响着学生是否“选择”违规行为：该差距越大，学生对违规的偏好越强；该差距越小，学生对违规的偏好越弱（更多地表现为依从规范）。

校规一旦缺失合法性与有效性，其将难以受到普遍承认和遵循，而学生对校规的违反将成为普遍、必然的现象。但是，此时学生的这种违规行为不纯粹表现为负面效应，反而有可能促进校规的完善（例如事件1）。

据此，本文认为大学生违规其实是由普遍存在的大学校规所建构的一种现象。因此，要减少或控制学生违规行为，其关键在于对校规合法性与有效性的建立与完善——当校规在制定—实施—执行—变更的全过程中体现出对高等教育价值理念（人性解放与学术自由）的崇尚；保持校规文本与社会环境、国家法律的协调匹配；倾听学生意见尊重其主体性，那么学生将会倾向于对校规的认同与遵守，形成类似于哈特所称的“对规则的内部观点”（an internal point of view）①，将校规视为其行为的指导与依据，自愿维护规则，并依据校规来评价自己或他人行为。在这样的校规之下，大学校方有望履行其法定职能：“培养具有社会责任感、创新精神和实践能力的高级专门人才，发展科学技术文化，促进社会主义现代化建设。”②

---

① 〔英〕哈特：《法律的概念》（第二版），许家馨、李冠宜译，法律出版社，2011，第12～13页。

② 参见2015年12月经全国人大常委会修订的《高等教育法》第五条。

新型城镇化下农户宅基地使用权益的实现路径

刘经靖　孙海洲*

摘要： 新城镇化本质上是“人口城镇化”，是在坚持农民生产、生活方式转变，生活环境转变的前提下实现共同富裕的过程。新型城镇化的实现需要依赖户籍制度改革和土地制度改革，宅基地使用权是土地制度改革的核心环节之一，是农民土地权益的重要保障，决定着城镇化改革成败。宅基地使用权是农民重要的财产权益，只有通过“双规”运行机制，走向市场，实现城乡间双向流动才能实现其价值最大化。对此，需要界定宅基地使用权本身，厘清其主体、性质和权益范围，为宅基地使用权益的实现扫清阻碍。

关键词： 新型城镇化　农户资格　宅基地使用权

一　问题的提出

党的十八大以来国家关于农村方面的改革提上日程，其中有关农村承包土地和宅基地方面的改革是农村改革和实现城镇化的重点。2015 年 1 月，中共中央办公厅和国务院办公厅联合印发了《关于农村土地征收、集体经营性建设用地入市、宅基地制度改革试点工作的意见》，提出要“探索进城落户农民在本集体经济组织内部自愿有偿退出或转让宅基地”，并选择在北京市大兴区等 33 个试点县（市、区）进行试点，从而拉开了我国农村宅基

* 刘经靖，烟台大学法学院副院长、教授；孙海洲，烟台大学法学院 2014 级民商法硕士研究生。

地制度改革的序幕。2015 年 11 月，中共中央办公厅、国务院办公厅印发了《深化农村改革综合性实施方案》，提出“在保障农户依法取得的宅基地用益物权基础上，改革完善农村宅基地制度，探索宅基地有偿使用制度和自愿有偿退出机制”。在国家的政策指引下，各试点地区也涌现出宅基地改革的创新模式，而在此之前，农民被迫上楼、违法征收事件等畸形城镇化和侵害农民土地权益的现象层出不穷，激化了政府和农民之间的矛盾，弱化了政府的威信和良好形象。中央提出走新型城镇化道路是对上述现象的直接回应，也是给中国未来农村的改革和城镇化道路指明了方向。实际上近年来随着经济发展水平的快速增长，城镇化之路早已在广大地区拉开序幕，这是经济发展到一定阶段的必然现象，但由于地区发展的不平衡，城镇化必然出现区域化和持久化的趋势。而新型城镇化和之前已经发生和业已实现的一般城镇化的不同在于，新型城镇化必须坚持在法律的框架下进行系统规划，以人民的意愿和权益保障作为前提开展，坚持最小损失和实现农民利益最大化。

我国推动新型城镇化所依靠的两大制度改革分别是户籍制度改革和土地制度改革。土地制度改革的核心环节是宅基地使用权和承包经营权等农民土地权益的维护和保障，这成为城镇化改革成败的关键。① 作为一般农民的两大重要财产——承包土地和宅基地，也是农民在走向城镇化的重要财产保障，因此如何实现宅基地使用权益的价值最大化，发挥其财产权应有的属性就成为城镇化改革的重要法治前提。下面笔者将主要围绕上述问题展开，以期对新型城镇化改革有所增益。

二　农村宅基地利用与新型城镇化的关系

农村宅基地利用是新型城镇化必须解决的前置问题，要解决农村宅基地的利用、实现农民宅基地使用权益必须首先摸清新型城镇化的政策内涵，厘清新型城镇化中宅基地的功用和定位，把握宅基地改革的政策方向，这是维护和实现农民宅基地使用权益的法律政策基础。

---

① 杨蕾：《城镇化视阈下农村宅基地使用权收回之类型化研究》，《法学论坛》2014 年第 2 期，第 110 页。

（一）新型城镇化的政策意蕴

1. 新型城镇化的内涵

城镇化是任何一个国家发展的必经阶段，它首先是指人口向城镇集中的过程。这个过程又必然伴随着：城镇数目的增多；各城市内人口规模的不断扩大。城镇化是相对农村化而言，从生产方式上说必然伴随农业活动的比重逐渐下降、非农业活动的比重逐步上升，以及人口从农村向城市逐渐转移这一结构性变动。十八大之后，农村改革加快，包括在承包土地方面实行“三权分置”，走“新型城镇化”道路。按照中央文件的表述，新型城镇化指的是以城乡统筹、城乡一体、产城互动、节约集约、生态宜居、和谐发展为基本特征的城镇化，是大中小城市、小城镇、新型农村社区协调发展、互促共进的城镇化。这和我们一般所设想的城镇化之路稍微有所不同，也和改革开放初我们所认识到城镇化之路有所不同。改革开放以来的城镇化道路经历了两个阶段。第一阶段是在改革开放初期，我们粗浅认为农民离开农村，摆脱了土地走向城市住上楼房就是城镇居民，因此在这个阶段某些小、中型城市解决了一部分农民走向城市安家落户的问题。但我们忽略的问题是这种模式只适合于少数人群融入城市中，而且现有的城市能够容纳该部分人群。随着经济发展速度的加快，人口流动和迁徙的频繁，城镇化现象已不再是某些区域的个别现象而是成片出现，在这种情况下现有的城市根本无法接纳新成员。因此，在第二阶段我们通过强制征地、强迫农民上楼的方式在农村就地实现城镇化。这种方式不仅没有认识到城镇化的真正内涵也极大侵害了农民的合法权益，激化了社会矛盾。因此中央提出的新型城镇化和之前的城镇化模式有质的区别，其不再以牺牲农业和粮食、生态和环境为代价，着眼农民，涵盖农村，实现城乡基础设施一体化和公共服务均等化，促进经济社会发展，实现共同富裕。

2. 新型城镇化的政策目标

第一，生产、生活方式的转型。农民生产、生活方式的转型是实现城镇化的最基本前提。农民和城镇居民的划分最基本还是从生产、生活方式方面而言，农民是以农为业，经营土地为生，而城镇居民首先是摆脱农业而从事其他产业的人群。实际上，从事农业生产经营的人口过多，是一个国家经济发展落后的表现，是一种无奈之举，而且我们也必须承认社会早已将农民标签化，视为社会落后阶层。因此要实现农村向城市的转型必须使农民摆脱土地的束缚，不再完全依赖土地生存，逐步缩小农民和城镇居民的生活差距，使农村享受经济发展的成果。

第二，生活环境的改善。新型城镇化要求实现城市生态化、全面提升城镇化质量和水平，走科学发展、环境友好、社会和谐、个性鲜明之路。新型城镇化的“新”就是要由过去片面注重追求城市规模扩大、空间扩张，改变为以提升城市的文化、公共服务等内涵为中心，真正使我们的城镇成为具有较高品质的适宜人居之所。因此，新型城镇化在解决农民生产方式的同时所营造的生活环境也和之前大有不同。首先在自然环境上，要保证农村现有的纯洁环境，因为农村和城市相比，工业并不发达，环境污染小，主要环境污染在于生活垃圾等，这和治理难度较大的工业污染相比治理成本要低很多。而且现在很多农村已经开展环境保护工作，生活环境已有改善，为未来城镇的生活奠定了基础。其次，在人文环境上，要改善交通、医疗、生活消费、娱乐等条件，使农民逐步享受和适应未来城镇化的生活环境。

第三，实现共同富裕。城镇化和新型城镇化的终极目标都是实现共同富裕，而新型城镇化更加强调城镇化的高质量，强调共同富裕的实现方式的转变。在改革开放之初先富带动后富的政策下，强调社会发展的效率优先，共同富裕的内在要求既是发展成果由人民享受，而新型城镇化实际上在强调社会发展过程中人民对发展成果享受的公平性，这一方面是社会发展阶段必然要实现的目标，另一方面也是对农村对社会发展贡献的回馈。

（二）农村宅基地在新型城镇化中的功用阐述

1. 居住保障功能

农村宅基地最基本的功能是为农民提供住房保障，这是其固有功能，[①]而在新型城镇化下，农村宅基地需要继续发挥其居住保障功能，这主要是从我国城镇化的现实出发。我国农村人口和区域庞大，各地发展极不平衡，城镇化无法在短期内实现，即在社会转型期大背景下，在某些无法实现城

① 刘广明：《“双轨”运行：城镇化进程中农村宅基地使用权制度解困的可行解》，《法学论坛》2014 年第 2 期，第 103 页。

镇化或者正在进行缓慢城镇化的区域必须保证其宅基地使用权。这也符合国家的农村改革政策，即允许部分进入城市安家落户的人员保留其宅基地，作为其最后保障，在宅基地退出的问题上最大程度上坚持自愿原则。在达到城镇化发展水平的农村，通过宅基地置换楼房的方式也是在实现宅基地的住房保障功能。所以说，在新型城镇化过程中，无论采取何种方式改变宅基地利用现状，应坚持的底线是保障农民住房条件的实现，这也是在今后的相关立法和司法方面应该坚持的基本原则。

2. 财产增加功能

宅基地使用权作为用益物权这一财产权，除解决农民住房的社会保障功能外还具有重要的财产属性。① 而且，在新型城镇化进程中，宅基地使用权财产属性的实现可以为新型城镇化增添助力。实际上在全国各地的宅基地试点中，宅基地利用模式虽有差异，但总结起来无非是“以地换房”和“以地换钱”。对于已经拥有部分存款但还不足以购买城市房屋的农民，通过退出宅基地获得货币补偿可以实现城市定居的目标。在试点中允许宅基地使用权的抵押也是在实现其财产价值。实际上，宅基地使用权益的实现路径问题最终也是探讨宅基地使用权益的财产属性如何发挥的问题。

三　农户宅基地使用权益界定

新型城镇化下农户宅基地使用权益如何实现？对此首先需要明确宅基地使用权益的本身，从宅基地使用权主体、性质和权利范围三个方面进行界定，为宅基地使用权益的实现扫清障碍。

（一）农户资格的认定

关于农户资格的认定问题，我们从中央发布的几个重要改革文件中并不能找到相关指示，这或许是国家对该问题的忽视也可能是国家有意回避。实际上，关于农户资格认定的问题是农村改革的前置性问题，因为认定谁为农户直接指向谁有资格分配相关利益，因此农户资格的认定也就成为利

① 宁慧、宋明爽：《城镇化背景下的农村宅基地使用权流转研究——基于山东省新型农村社区的案例研究》，《山东农业大学学报（社会科学版）》2016 年第 2 期，第 67 页。

益主体的界定问题。从笔者搜集的材料和进行的调研情况看，对农户资格的认定各地差异很大，而且国家没有把握大方向的指导性文件，因此各地在司法实践中探索出台相关文件作为参考，如一些地方高级人民法院纷纷制定了解决农民集体成员资格认定问题的意见，如重庆市高级人民法院《关于农村集体经济组织成员资格认定问题的会议纪要》（渝高法〔2009〕160 号）第 1 条规定"、《重庆市高级人民法院关于审理农村集体资产分配纠纷案件适用法律问题的指导意见》（征求意见稿）第 22 条规定、《天津市高级人民法院关于农村集体经济组织成员资格确认问题的意见》（津高法民一字〔2007〕3 号）第 1 条规定，基本都以"户籍、长期固定的生产与生活关系、生活保障基础"三个方面的因素作为认定农民集体成员资格的普遍标准。笔者认为这些文件具有重要的参考价值，可以在未来立法中作为参考。笔者之所以强调首先解决农户资格的认定问题，是因为在城镇化进程中关于宅基地征收、征用将不可避免，届时谁将享受补偿的问题必然凸显，此问题若不能妥善处置可能激化社会矛盾引发动乱，阻碍改革的进行。

（二）宅基地使用权的性质

宅基地使用权和土地承包经营权无疑都为用益物权，对此《物权法》有明确的规定，但作为一项财产权其固有的流通功能被法律明令禁止，因为宅基地使用权非单纯的财产权，还有人身属性和社会保障功能。但早先的中国农村长期保持着土地私有状态，新民主主义革命时期曾在部分地区实行土地收归苏维埃政府所有，但很快就予以纠正，将没收土地坚决分给农民。1947 年《中国土地法大纲》确立了土地归农民私有的基本土地制度。随后在探索社会主义道路的过程中，政府发起了合作化、集体化运动。历经互助组、初级社、高级社、人民公社，公有化程度越来越高，宅基地很快从农民个人私有转化为合作共有、集体所有。其后又经多次调整，形成了"集体所有，无偿申请，长期使用，限制流转"的宅基地制度，延续至今。[①] 在走访调查中我们也发现大部分农民是将宅基地和房屋一起看待，都

① "基于农村空心化背景的农村宅基地制度研究"课题组：《城镇化过程中农村宅基地的功能重构》，《农村经济》2016 年第 4 期，第 15 页。

视其为自己的私产，不认为宅基地是集体所有，这也是因为在历史上宅基地确实为个人所有，但这并不意味着宅基地的私有化而应该在农村宅基地集体所有的框架内如何发挥宅基地使用权的财产属性。因此学者主张新型城镇化背景下宅基地使用权应逐步增强其流通性，还原其财产权的固有属性，借编纂民法典之机通过修改《物权法》赋予农户更多的处分权以解决宅基地的流通。这样可以引导农民将宅基地投入市场，通过市场化机制为城镇化铺路。也有学者认为城镇化中国家应该担当主要角色，主要通过国家政策、行政手段来指引城镇化。这两条不同的路线直接决定宅基地使用权的性质。笔者认为前者更可取，即通过适当修改法律赋予农民对宅基地的自主处分权，通过市场化机制实现宅基地流通，实现其财产价值最大化。

（三）宅基地使用权的范围

《物权法》规定了宅基地使用权作为用益物权具有占有、使用、收益权能，但是未规定可以对宅基地进行转让、抵押等处分权利，所以宅基地使用权的财产权能不完整。最近几年来，随着城镇化的向前推进，土地供给的压力不断增大，开放宅基地使用权流转的呼声很高。宅基地使用权的流转制度的严格限制开始松动，有些地方政府开始对宅基地的有偿流转进行有益的尝试。允许宅基地转让、抵押等就是赋予农户对宅基地的处分权，因为若农户无处分权能宅基地的流转将失去法律基础，这也和依法治国的主题不符。学者们的担忧是一旦将处分权能赋予农户，那么农户可能因为考虑不周随意处分宅基地造成无家可归，或城市居民入侵农村抢占宅基地等乱象。这种考虑的原因，一是仍然固守传统家长制的观念，二是固守计划经济的传统观念。房屋作为农民的重要私产，直接关系其自身生产、生活，农民不会随意处置，即使有个别随意处置现象也应尊重其个人意愿，法律不宜强加干预，介入私人领域。同时，实现宅基地的自由转让和抵押是实现其财产价值的根本途径，因为通过之前的城镇化模式我们已发现，政府主导的土地征收和收回对宅基地的价值评估远远低于其市场价，这实际是对农民财产的变相剥夺。因此在宅基地使用权流转去除限制走向市场化的情形下，其价值的实现应尊重市场规律，由市场定价，所获收益应在集体和农户之间分配。

四 新型城镇化下农户宅基地使用权益的实现路径

国家在新型城镇化的推进中是通过农民居民点整治和宅基地退出的配套下进行，但在实际操作的结果并不理想，也产生了一系列问题，如宅基地退出补偿费用过低严重影响农民的退出意愿，以及居民点整治缺乏规划加重了村庄布局的混乱等。新型城镇化的宅基地改革必须在保证农民财产权益的前提下进行，通过“双规”运行，对农户和城市居民区别对待的制度安排下既能保障农户宅基地使用权益的实现，又能实现城乡居民的双向流动，最终实现新型城镇化。

（一）农村居民点整治

关于农村居民点整治和宅基地方面改革在21世纪初就已开始，如2004年国务院发布《关于深化改革严格土地管理的决定》中提出鼓励农村建设用地整理，城镇建设用地增加要与农村建设用地减少相挂钩的政策；2005年中央1号文件《关于进一步加强农村工作提高农业综合生产能力若干政策的意见》要求“搞好乡镇土地利用总体规划和村庄、集镇规划，引导农户和农村集约用地，鼓励开展农村土地整理和村庄整治”。[①] 从笔者走访调查发现，在城市郊区农村的规划布局明显要比农村更为合理，其主要原因是离城市较近，受其规划布局的影响。另外，近几年来由于农村私盖乱建的情形较为严重，极大打乱和破坏农村建设布局，而且多为违法违章建筑，此问题的消化处理还需要一定时间。目前农村新建房屋不断拓展农村规模，而对已经可予以清理的破旧房屋与宅基地置之不理，造成了土地资源的极大浪费。因为农村居民点整治多是政府主导，乡镇、村集体应发挥主要角色，关键是做好农村居民点的规划布局，增强土地的集约利用和高效利用问题。

（二）宅基地使用权的有偿退出与置换

2013年11月，党的十八届三中全会通过的《中共中央关于全面深化改

① 张勇、汪应宏：《基于新型城镇化背景的农村居民点整治及宅基地退出探讨》，《农村经济》2015年第8期，第11页。

革若干重大问题的决定》进一步指出要“赋予农民更多财产权利，保障农户宅基地用益物权，改革完善农村宅基地制度，建立农村产权流转交易市场，推动农村产权流转交易公开、公正、规范运行”。2015 年 1 月，中共中央办公厅和国务院办公厅联合印发了《关于农村土地征收、集体经营性建设用地入市、宅基地制度改革试点工作的意见》，提出要“建立农村集体经营性建设用地入市制度，改革完善农村宅基地制度，完善宅基地权益保障和取得方式，探索进城落户农民在本集体经济组织内部自愿有偿退出或转让宅基地”。按照中央文件的指示，各试点地区积极探索和开展了宅基地制度改革模式，虽在操作上有所不同但本质都是在进行农户宅基地的退出。有的地方是在农户宅基地退出时进行货币补偿，有的以宅基地置换城镇新住宅，有的是以宅基地换取“地票”，该地票可在当地购买城市住房时抵价。不可否认，各种模式都承认了宅基地使用权的财产价值，这首先是一种进步，问题是对其财产价值的承认程度上，因为实现不了宅基地使用权的市场化，其真正的财产价值也必然无法实现。因此，宅基地退出和置换的另一不足在于它只解决了城乡居民间的单向流动，农民可以离开农村住房走向城市，但城市居民却仍无法购买和继承农村住宅，而农村宅基地的市场化和真正财产价值的实现恰恰依赖于此。而且，宅基地在退出的同时还必须面临一个短时间内宅基地无法重现规划利用和实现财产价值的问题。假设一个农村居民点的每户居民都到达实现宅基地退出条件需要 20 年，而在第 10 年达到退出条件的仅有 70%，如果按照少数服从多数的原则，强行通过行政手段对农村居民点都实现整体置换和货币补偿以加快实现城镇化，将面临几个问题：第一，货币补偿和建设置换房屋所需的大量资金从何而来？第二，未达到退出条件的 30% 农户的生活如何解决，是否能达到退出前的条件？第三，按照少数服从多数的原则强行通过行政手段解决是否有违依法治国和遵从农民意愿的政策方针？第四，在整个退出过程中退出的宅基地如何处置，闲置必然是浪费资源而过于零散又无法规划利用。因此，笔者认为欲解决上述问题必须让城镇居民参加宅基地制度改革，实现城乡互动。

（三）宅基地使用权益实现路径：“双轨”运行

新型城镇化下宅基地使用权益的实现需要实现宅基地使用权市场化流通，因此笔者建议通过“双轨”运行机制，将宅基地使用权于城乡居民间双向流动，打破由农村走向城市的单一化流动模式。所谓“双轨”运行指的是对农民和城镇居民实行区别对待，对于农民，其仍有权无偿、永久的取得和使用本集体经济组织所有的农村宅基地；对于城市居民，其有权通过继承、交易等途径取得农村房屋的所有权并进而获得农村宅基地使用权，区别在于其所拥有的农村宅基地使用权是有偿且有期限限制。[①] 在“双轨”运行机制下宅基地制度需要坚持和完善两大原则，第一是农村宅基地必须坚持“一户一宅”原则。虽然宅基地使用权为私人享有，但并非纯粹的私产，其承担社会保障功能在短时间内没有其他制度可以取代。基于此原则，对于因继承而获得多处宅基地的农户，如果超出用地标准，可以将其超出用地标准的宅基地流转出去，或对超标宅基地继续利用但需要对超标部分支付相应使用对价，城市居民亦然。但不同的是城市居民所获得的超标宅基地仍有期限限制，使用权期限可以为 70 年。如果城市居民将其因继承而获得的有 70 年使用期限房屋转让给该集体的农户，而该农户又恰好符合宅基地申请条件，则应该承认其获得宅基地使用期限为永久、无偿，这完全符合“双轨”运行机制的要求。对于全家已在城市落户的农民，仍允许其保留并使用原有宅基地，或者将其所拥有的宅基地使用权依法流转出去，但无权再申请新的宅基地。第二，必须坚持非农户对宅基地的有偿和有期限使用原则。农户可以无偿获得和永久使用农村宅基地是因为其农村集体成员的身份和宅基地的社会保障与社会福利性质，而非农户没有该资格，这样才可符合公平原则。在利用分配上，因宅基地使用权继承和转让等产生的收益应该归农民集体享有，这是因为宅基地所有权人为农民集体。

五　结论

新型城镇化是人口的城镇化，最终目标在实现共同富裕，其中农民土地权益保障是关键。农民宅基地使用权益的实现需要配合农村居民点整治、宅基地退出和置换、双轨运行机制等多项制度措施。同时应构建科学合理的利益分享机制，实现农民集体收益的集体分享。

---

① 刘广明：《“双轨”运行：城镇化进程中农村宅基地使用权制度解困的可行解》，《法学论坛》2014 年第 2 期，第 107 页。

第六篇

域外法律人类学

法律中的生命：劳拉·纳德和法律人类学的未来

〔美〕马克·古德尔 著*

王伟臣　周晓程 译**

摘要：劳拉·纳德的最新著作《法律的生命：人类学课题》（2002 年）的出版，是一个时代的记录。她主张而且也身体力行地去推动法律人类学的发展，因为她坚信，人类学及其最具特点的方法论——民族志——必然会在法律的研究过程中开辟一条新的道路。纳德试图将这两种方法结合起来——批判跨国主义与政治经济学——可以部分地揭示出开放性话语、民主化以及自由主义合法性的表达方式，进而促成全球化的合作。法律人类学研究应该以研究法律和社会问题为己任，不仅只是理论－实践结合的简单演绎，而且在现实生活中，对于追求社会正义与平等，反对资本主义霸权统治，都要做出应有的贡献。

---

* 马克·古德尔（Mark Goodale）是洛桑大学文化和社会人类学教授。本文原刊载于《法律与社会评论》2005 年第 39 期，第 4 号，第 945 ~ 955 页。Mark Goodale, A Life in the Law: Laura Nader and the Future of Legal Anthropology, Law & Society Review, 2005, Vol. 39, No. 4, pp. 945 – 955.

首先我想感谢伊丽莎白·博伊尔（Elizabeth Boyle），不仅是因为这篇文章是应她的要求而作，而且文章的最终成型也少不了她的真知灼见。另外我也十分感谢伊丽莎白·梅兹（Elizabeth Mertz）邀请我参加在芝加哥举行的 2004 年度法律与社会协会年会，年会中关于劳拉·纳德作品的热烈讨论，尤其是与当前法律人类学的关联，也使我受益匪浅。说到这里我必须要感谢和我一起讨论的小组成员，除了劳拉·纳德本人之外，还有卡罗尔·格林豪斯（Carol Greenhouse）、比尔·毛雷尔（Bill Maurer）以及简·霍夫曼·弗兰西（Jan Hoffman French），正是和他们进行的讨论，使得我对法律人类学有了许多新的感悟。最后我想感谢萨莉·恩格尔·梅丽（Sally Engle Merry），在她的帮助下，我发现了从不同角度评析法律人类学的可能性。

为了方便读者阅读，章节序数词为译者所加。

** 王伟臣，法学博士，上海外国语大学法学院讲师，硕士生导师，主要研究方向为法律人类学、比较法律文化。周晓程，上海外国语大学 2016 级法律硕士研究生。

关键词： 劳拉·纳德　法律的生命　法律人类学

一　导论

劳拉·纳德的最新著作《法律的生命：人类学课题》① 的出版，是一个时代的记录。在最近法律与社会协会召开的会议（芝加哥，2004 年）上，老中青三代学者汇聚一堂，历数纳德的学术贡献。大家从各自的专业视角切入，对相关的著作和论文进行了研讨，同时也有人提出，应该从更广泛的人类学史的角度来审视纳德的作品。纳德在自己的文章中，呼吁大家不要纠缠于她的自传，而是要尽快地去关注那些更为要紧的问题，如此一来，与会学者似乎就看不清楚法律人类学的发展方向了。本文将通过回顾《法律的生命》来延续这一命题，而这无疑需要更进一步地思虑法律人类学的前景。这是因为此书不仅天马行空而且也脚踏实地：纳德汇集了她过往主要作品中的不同观点，把它们以全新的方式整合起来；而且作为一个整体，此书也是投身法律人类学研究一个更加合乎主题的宣言。

《法律的生命》始于 1996 年意大利特伦托大学（University of Trento）举行的卡多佐讲座。在某种程度上，它中间的几章其实是纳德 1996 年讲义的略微修订版。第一章（“法律民族志的演进：一份私人档案”）和结尾则添加了一些新的内容和评论，而且还使用了 90 年代末的最新资料。② 尽管这个在讲义手稿基础上精心设计的修订版在三个主要方面都做出了实质性贡献——法律与人类学之间的关系，将“法律”重新界定为一组支配性的控制过程，这一点从未过时，以及对原告决策中法律流向（legal drift）的结构性影响（不同版本或部分内容已经在其他地方出版）——该书的持久价值在于纳德通过她的作品和专业活动阐明了一系列含糊不清的问题，更宝贵的是，通过对这些问题的论证，纳德为法律人类学指明了发展方向。

在详细展开论述之前，我们稍作停留，思考一个在我看来关乎纳德作

① Laura Nader, The Life of the Law: Anthropological Projects, Univ. of California Press, 2002.

② 《法律中的生命》是 2001 年 9 月之前完成的作品，一个最明显的证据就是，里面所提到的“战争”无关于下列事件：恐怖主义，侵略并占领伊拉克，《爱国者》法案的通过，或者其他任何纳德所认为的需要法律人类学家以及其他法律社会学家需要认真观察的进展。

品的重要问题，没有它，我们将无法理解纳德的专业观点，而且这个问题也使得纳德的民族志和理论研究生机勃勃：她是一个离不开法律人类学的人。除了个人的研究活动之外——她还是多位学者的学术导师——也是法律人类学这项游离于人类学界以外的边缘研究的学术引路人，这条道路给她带来了一系列难以置信的后果，那些政府官员，律师，法官，公司董事会，以及来自于法律和社会团体中的各种当权者对她报之以鄙夷的态度，或者，说得好听的就是，让她勉强容身而已。① 虽然从另一方面来看，这促使纳德在人类学的研究中加倍努力——因为法律人类学还没有获得其他分支学科那样的成功——她选择了坚持下去，在更为广泛社会环境中采用人类学的方法研究法律问题。然而这些努力并非是一种报复性的宣示；纳德并不在意法律人类学的地位或活力，也就是所谓的专业身份或特权问题。她主张而且也身体力行地去推动法律人类学的发展，因为她坚信，人类学及其最具特点的方法论——民族志——必然会在法律的研究过程中开辟一条新的道路。正如奥利弗·温德尔·霍姆斯（Oliver Wendell Holmes）所说的那样，②“把法律当成一部伟大的人类学文本再合适不过了”③，那么对于纳德而言，问题就变成了：事实上，真的能将其视作人类学的文本吗，还是别的什么？但是这个无所不能的人类学文本却被习以为常地解读为一组

① 关于这一点最典型的一个例子就是她本人在圣保罗举行的庞德会议（Pound Conference）上的经历，当时首席大法官沃伦·伯格（Warren Burger）发起了一场替代性纠纷解决方式（ADR）的“革命”。她被邀请出席会议是为了论证这场革命的合法性，但是后来她就发现这场革命演变成了一场“反法律运动”，领导核心包括法学家、公司以及最终加入的纠纷解决专家，面对着这场运动，她不愿单纯的当作一个跨文化的旁观者，从而受惠于“主张和谐与效率的意识形态所主导的替代机制”（Laura Nader，The Life of the Law：Anthropological Projects，Univ. of California Press，2002，140）；相反，让运动的参加者疑惑不解的是，她呼吁扩大正式法律制度的适用范围，只有这样才能让更多的人通过诉讼来申雪冤屈。这种做法尽管源于美国传统的民族志研究，但还是受到许多的嘲讽和反驳，比如赫尔曼·卡恩（Herman Kahn），一个声名狼藉的火药包，他“跑上了舞台挥舞着双手”（Laura Nader，The Life of the Law：Anthropological Projects，Univ. of California Press，2002，139）。

② 这里必须承认，霍姆斯提出法律作为人类学文献的比喻是为了表达他早年的认识：“法律的生命不在于逻辑，而在于经验”（Laura Nader，The Life of the Law：Anthropological Projects，Univ. of California Press，2002，p. 89），他所提到的人类学仅限于巴霍芬（Bachofen）、梅因（Maine）、麦克伦南（Mclennan）和摩尔根（Morgan）等人；亦即，前民族志民族学关于法律分类的比较和历史研究，目的在于论证单线的文化进化论。

③ Oliver Wendell Holmes，‘Law in Science，Science in Law’，in Oliver Wendell Holmes，Collected Legal Papers，Harcourt，Brace，1920，p. 212.

规则，国家、公司抑或经济精英可以从中受益，那么这又会产生什么后果？

纳德的这部文集就是为了回答这些问题。换言之，她试图审视这一过程，这些原因——亦即，意识形态上的问题——继续统治法律理论和实践的一种当代的形式主义，正是这种形式主义导致了霍姆斯（和纳德）的观点无法得到推广，因为它可以有效地掩盖经济以及其他形式的不平等。人类学更倾向于关注自然或普遍的现象，而且也由于最近文化批评的盛行，所以会去研究法律的过程、意识以及结构，以认识到“社会变革中法律的核心意义”，而且更为重要的是，人类学直截了当地将它们暴露在我们的面前，从而挑战“法律霸权主义”①。对于纳德而言，这意味着，法律人类学的价值并不仅仅因为它有能力成为一种镶嵌在社会实践的法学（有别于她倡导的法律现实主义），更在于它超凡的潜力——迄今为止尚未实现的——以其独有的方式划定法律的边界。

为了理解纳德在法律人类学上的造诣，我们的行文进路也有助于看清下述问题，即人类学家和其他领域的学者关于法律人类学应该跻身于分支学科领域——宗教人类学、亲属制度、经济人类学、医学人类学等——还是应该更加独立，有着不同的看法，纳德本人的态度较为明确，而其他人类学家的态度则较为谨慎。后一立场的代表学者是英国法学家西蒙·罗伯茨（Simon Roberts），他也是美国以外的法律人类学领域中比较知名一位学者。在 1978 年的一篇文章中，罗伯茨提出了“我们是否需要法律人类学？”的著名问题，并且给出了否定的回答。罗伯茨之所以得出上述结论是因为，首先他给法律下了一个相对狭窄的定义，并且观察到人类学的研究兴趣并没有局限于这个专横的由法学所划定的领域。② 罗伯茨认为，人类学家应该继续研究政治和社会情景中的秩序和纠纷，而不是试图通过使用普适性的分析概念［马克斯·格卢克曼（Max Gluckman）的立场］或者采用民俗法律体系（folk legal categories）［保罗·博安南（Paul Bohannan）的立场］，

① Laura Nader, The Life of the Law: Anthropological Projects, Univ. of California Press, 2002, p. 10.

② 这里也必须说明：笔者于 1990～1991 年间在伦敦政治经济学院读研期间，罗伯茨曾给笔者上过课，也是笔者的导师之一，他把笔者带入了法律人类学的领域。让笔者感到无比幸运的一点是，虽然他在分析方法上对法律人类学抱着怀疑的态度，但是他并没有停止自己的教学，相反还鼓励和引导其他人继续学习法律人类学。

来使这些研究装入预先设定的框架。罗伯茨的观点在英国被广泛接受，曾经的法律人类学被社会人类学中的其他分支学科所吸收——比如政治人类学——由此导致的理论上的后果，或者它的经典问题——虽然无关方法论——成为比较法学家、法律哲学家以及英国的批判法学研究者的研究领域。①

但事实证明，罗伯茨和纳德之间的分歧，并非像很多人所认为的，继续陷入了“毫无意义而又耗费精力的争论…… ［以及］关于定义、研究策略以及构建分析框架的无休止的争吵”②。事实上，就在这篇明确抵制法律人类学的文章中，罗伯茨仍然指出了一些未来“纠纷和秩序人类学”（笔者的总结）应该关注的领域。值得注意的是，在过去20年来美国法律人类学的前沿问题中，至少有两个方面都呼应了罗伯茨的预言：法律与权力的交集，以及法律话语的重要性。③ 我认为这些呼应纯属巧合，但是它们却印证了更为重要的问题，也就是说，如果罗伯茨和纳德真的存在分歧，那么这种分歧的关键绝不是分析方法。同许多美国法律人类学家一样，纳德采用一种无拘无束的方法来研究法律，使得什么是“法律”这个问题要么捉摸不定要么仍然扎根于法律话语，成为其自身的组成部分。这种方法并不回避这个问题；相反，它并不关心法律的边界在哪里，这样一来就能轻易地

① 尽管很难确证，但是值得注意的是，那就是自1978年以后伦敦政治经济学院就再也没授予过法律人类学的博士学位。这种状况一直持续到2003年，托比·凯利（Toby Kelly）凭借着“工作中的法律：西岸巴勒斯坦人民的法律、劳动和公民权（Law at Work：Law, Labour, and Citizenship Among West Bank Palestinians）”获得博士学位。参见（http：// www. lse. ac. uk/collections/anthropology/ theses. htm）。可以想象，不管是对于这段时间伦敦政治经济学院的法律人类学而言，还是对于法律人类学的发展以及其他院系（法学院）的研究者来说，这项研究都有着十分重要的意义。由于伦敦政治经济学院一直以来都是英国人类学学术研究和学位授予的重镇，特别是伦敦政治经济学院为西欧和东欧以及发展中国家持续不断地培养了大量的职业人类学家，所以我这里的描述也代表了美国以外该领域的发展状况。

② Simon Roberts，‘Do We Need an Anthropology of Law?’，Royal Anthropological Institute Newsletter，1978，Vol. 25，p. 4.

③ 正如罗伯茨所写到的：在描述“应该进一步追求的发展方向”时，“我们需要更多地了解规则是如何被使用的，特别是在争议解决的过程中，追求利益与权力运作有着怎样的关系”，“这里更多的是要了解争议解决的过程中发生对话的不同形式，以及出现这些形式的条件”，而且“需要更仔细地观察在纠纷的背景之下人们说了什么以及怎样说……作为一种十分重要的机制，从对话中可以体现出人们是如何进行相互控制的”（Simon Roberts，‘Do We Need an Anthropology of Law?’，Royal Anthropological Institute Newsletter，1978，Vol. 25，p. 7.）。

就认识到——也在思考——其实宪“法”本身就是一个重要的文化进程。如前所述，正是由于法律帝国的崛起及连锁反应，导致法律研究开始受制于伦理问题，使得学者们不能简单地思考什么是法律，而必须集中关注于法律能做什么，并且为改进法律方法打下一个知识基础。

因此，为了评价纳德的作品，首先要在法律人类学的各种框架中进行区分。在这时，我们再次见识了纳德所主张的法律人类学的“无学科（nondisciplinary）”研究；她主要的关切在于，发展出一种以社会发展为根本取向，能够同分析理论、民族志以及伦理学相结合的法律和法律程序，更广泛邀请社会科学学者以及其他学者的参与。这样我们的讨论就再次回到《法律的生命》，因为这本书中，纳德向我们完整表达了她关于法律人类学的发展愿景，其中还包括若干需要关注的核心问题，这些问题要么尚处于萌芽之中，要么还没有引起学者们的充分关注。

二　跨国法的政治和经济

纳德在 1990 年出版的题为《和谐的思想：萨巴特克村庄中的正义和控制（Harmony Ideology：Justice and Control in a Mountain Zapotec Village）》一书中，提出了一种被她称之为“和谐法律模型”的社会法律理论，该模型以“一种妥协、和解以及双赢的组合方式”来解决纠纷，“作为一种安抚手段……首先出于征服的需要，而后又用来反对霸权……纠缠了五百多年的殖民问题”①。将这一模型应用于墨西哥意味着扩大了分析的范围，在此之下，法律思想和实践的跨国传播，不仅是霸权主义的，而且，最终也是反霸权主义的。换言之，提出一种“乡村法制的综合理论”② 需要纳德将那些最显眼的本土法与西班牙殖民帝国联系起来，而且还要加入墨西哥民族国家的叙事，接着就是当代的跨国运动，还要有后续发展。在纳德采用和谐法律模型研究萨巴特克个案的同时，她也在努力寻找法律改革、经济失衡

---

① Laura Nader, The Life of the Law: Anthropological Projects, Univ. of California Press, 2002, pp. 28 - 29.

② Laura Nader, The Life of the Law: Anthropological Projects, Univ. of California Press, 2002, p. 29.

同跨国公司资本主义兴起的联系。① 针对美国替代性纠纷解决方式的兴起，纳德曾首先挑起反对的大旗，所以一点也不奇怪，纳德也首先采用了这样的一种分析方式，即政治化的使用我在其他地方所描述的“同情的合法性”②，这种分析方法，正如纳德所解释的，不仅反映了，而且服务于“国际权力的角逐”③。

然而，尽管法律人类学家④和法社会学家更广泛地⑤研究和批评了跨国法律运动的各个层面，但是对于跨国法律的政治和经济问题却没有给予足够的重视：法律理论和实践的跨国化运动实际上加速了早已开始的全球资本合并的进程。尽管对于跨国主义的批判导致过于强调边境犯罪、文化混乱以及传统认识论的部分改变，但与此同时，跨国法律问题，比如人权、法制商务以及关于跨国移民的不断发展的规则，都体现了非常具体的政治经济目的。纳德试图将这两种方法结合起来——批判跨国主义与政治经济

① Laura Nader, ‘The ADR Explosion: The Implications of Rhetoric in Legal Reform’, Windsor Yearbook of Access to Justice, 1989, Vol. 8, pp. 269 - 291; Laura Nader, ‘Controlling Processes in the Practice of Law: Hierarchy and Pacification in the Movement to Re - Form Dispute Ideology,’ Ohio StateJ. on Dispute Resolution, 1993, Vol. 9, pp. 1 - 25; Laura Nader, ‘Controlling Processes: Tracing the Dynamic Components of Power,’ Current Anthropology, 1997, Vol. 38, pp. 711 - 737.

② 本来在形式上可以将这种合法性理解并建构为人道主义、社会改革者以及反霸权主义，然而在跨国垄断资本以及非政府代理人的控制之下，它却成了一门学科（Mark Goodale, ‘The Globalization of Sympathetic Law and its Consequences,’ Law & Social Inquiry, 2002, Vol. 27, pp. 401 - 415.）。

③ Laura Nader, The Life of the Law: Anthropological Projects, Univ. of California Press, 2002, p. 150. Laura Nader, The Life of the Law: Anthropological Projects, Univ. of California Press, 2002, p. 150. 请参见阿夫鲁（Avruch）和布莱克（Black）对太平洋国家引入替代性纠纷解决机制的重要研究，纳德也借鉴了这些成果。参见 Kevin Avruch & Peter Black, ‘ADR, Palau, and the Contributions of Anthropology,’ in A. W. Wolfe & H. Yang eds., Anthropological Contributions to Conflict Resolution, Univ. of Georgia Press, 1996.

④ Eg., William Maurer, Recharting the Caribbean: Law, Law and Citizenship in the British Virgin Islands, Univ. of Michigan Press, 1997; Sally Engle Merry, ‘Rights, Religion, and Community: Approaches to Violence Against Women in the Context of Globalization,’ Law & Society Rev, 2001, Vol. 35, pp. 39 - 88; Sally Engle Merry, ‘Rights Talk and the Experience of Law: Implementing Women's Human Rights to Protection from Violence,’ Human Rights Q, 2003, Vol. 25, pp. 343 - 381; Sally Engle Merry, Human Rights and Gender Violence: Translating International Law into Local Justice, Univ. of Chicago Press, 2005.

⑤ Yves Dezalay & Bryant Garth, eds., Global Prescriptions: The Production, Exportation, and Importation of a New Legal Orthodoxy, Univ. of Michigan Press, 2002.

学——可以部分地揭示出开放性话语、民主化以及自由主义合法性的表达方式，进而促成全球化的合作。正如纳德作品所暗示的，跨国法律的政治经济类型需要能够体现跨国法律机构、超国家的法律主体以及跨国公司组织相互关系的民族志资料，所以这是一种重要的融合方式，为法律人类学的研究打开了几扇新的窗口。[①]

三　从社会正义到和谐，再从和谐到社会正义

纳德一直密切关注着法律中心主义的持续发展同奥尔巴赫（Auerbach）[②] 所谓的“没有法律的正义”这种替代路径之间的相互作用。然而，与奥尔巴赫等人不同的是，纳德关于替代路径的研究并非基于法律史学或者法理学的立场，而是将其视为一种历史进程，这种历史进程不仅是一种重要的法社会学的实践类型，而且也展现了那些更为宏大的运动，亦即扩大或加强了对于“工人、民族、消费者以及其他被广泛剥夺权利的公民”的支配和控制[③]。纳德进入学术圈开始研究法律的时候恰好处于美国民权运动风起云涌的时代。[④] 这一时期的史实向她展示了，在多数案件中，对于“被广泛剥夺权利的公民”而言，积极地利用法律制度——要么在遭遇不公时批判这种法律，要么用法律去寻求正义（或者二者兼备）——要比寻求非正式的或替代性解决方案更为有效，实际上，后者的问题在于它限制了人们对法律的使用。[⑤] 再者，如果更多的，而不是更少的采用正式的

① 为了提醒当前法律人类学研究注意到这一不足，纳德在2004年的法律和社会协会会议上提出了一个问题：“公司是什么情况？”

② Jerome Auerbach，Justice without Law? Oxford Univ. Press，1983.

③ Laura Nader，The Life of the Law：Anthropological Projects，Univ. of California Press，2002，p. 138.

④ 比如，就在纳德开始博士期间田野研究的同一年，小马丁·路德·金（Martin Luther King Jr.）创立了南方基督教领导人会议。

⑤ 实际上，对于某些领域中非常明显的反法律主义，纳德基本上给予否定，这一态度与汤姆森（E. P. Thompson）的反思如出一辙。一般认为，在18世纪的英格兰，法庭和正式法是用来保护统治阶级利益的，汤普森却提出了反对意见。作为一个新马克思主义的社会历史学家，汤姆森反对简单的反法律主义的观点，他曾经这样解释：“因此，法律……可以被功利性的视为调节并强化了现有的阶级关系，并且在意识形态上，为他们提供合法性。然而我们的定义还是需要再向前一步。因为如果我们说现存的阶级关系是由法律调节的话，这些关系又并不能全然被法律所解释，也不能用法律术语来遮掩社会现实…… （转下页注）

法律制度来解决社会边缘化和全面遭受压迫的问题，那么对于纳德而言，一种同样明显的结论就是，冲突会成为社会改革的驱动力。为了实现实质性的平等，那些从前法律地位得不到承认的群体，或者那些无法行使合法权利的群体，将必然会公开斗争从而引发社会进行必要的改革。

在这个意义上，纳德在法律人类学和社会理论的广泛研究中重申了一种旧有的理论传统，它视纠纷为一种正常的社会现象，并且分析认为，在社会结构不平等的情况下，纠纷是社会变革的潜在基础。所以当 1976 年庞德会议正式宣布民权运动告一段落之时，纳德看上去颇为沮丧；美国接下来持续摇摆于“从关注正义到关注和谐和效率，从关注是非到关注医疗问题，从法院到替代性纠纷解决方式，从法律到反法律的意识形态”[①]。纳德研究了美国社会从社会正义与法律改革到和谐与效率模型的总体转变所引发的后果，同时还包括一种默认、妥协以及和解的话语，可以反映出后越战时代文化和社会中的心理创伤。

尽管对于替代性纠纷解决方式和“大众司法”的赞扬之声不绝于耳，而且社会改革者也被要求认真的考虑社群主义，以及某位学者[②]所提出的“亚洲的”解决纠纷的非法律的方式，但是纳德却将其称为“借由人治而逃避根本问题”[③]，她一直持续不断地批判这种理论。

看起来，纳德和奥尔巴赫所描述的是一个在法律形式主义和替代法律解决社会冲突之间的钟摆，在某些领域中，特别是在国际和跨国背景下，

(接上页注⑤)对于阶级关系，我们并不能以任何的好恶来表示，而是需要通过法律的形式……因而，我们不能简单地认为（法律 = 阶级权力），而必须要阐述一个复杂而矛盾的概念。一方面，不得不承认，法律的确调节了现存的阶级关系与统治者的利益；不仅如此，一个世纪以来，法律被这些统治者当成了一个绝佳工具，可以重新定义产权……另一方面，法律借由法律形式来调节这些阶级关系，从而不断地限制当权者的行动……我们应该揭露隐藏在这个法律之下的虚假和不公。但是，法治本身，已经对权力施加了有效的抑制，针对当权者的倾轧为公民提供了保护，与我而言，这是一个有缺陷的人类善行。在这个极权继续扩大的危险的世纪，否定或贬低这种善行肯定是一个无法挽回的错误。（E. P. Thompson, Whigs and Hunters: The Origins of the Black Act, Pantheon, 1975, pp. 262 - 266. 原文中有着重标记）

① Laura Nader, The Life of the Law: Anthropological Projects, Univ. of California Press, 2002, p. 139.

② Deborah Tannen, The Argument Culture: Moving from Debate to Dialogue, Random House, 1998.

③ Laura Nader, The Life of the Law: Anthropological Projects, Univ. of California Press, 2002, p. 149.

它已经远离了替代性纠纷解决方式。尽管和谐模型仍然是许多发展中国家非政府组织战略实施的重要组成部分，而且甚至在最近的——在最近关于罗马尼亚的研究中笔者所发现的——伴随欧盟扩张而出现的多层次的法律框架中占据一席之地，同时我们也可以在最近十年的案例中，找到相反的趋势，比如国际战犯法庭的出现（相对于“真相与和解”），地方权利运动（相对于通过索赔调解而达成的协议）以及人权全球化，它们都蕴含了一个典型的法律框架。一些人类学家甚至已经开始研究人权和文化①、追求社会主义的权利本位方法同地方性知识之间的关系②，以及种族暴力受害者逐渐采取的权利本位的策略③。正如纳德所描述的，一方面，以策略性的使用冲突与对抗为基础，使用法律的手段来寻求社会主义，另一方面，通过妥协、融合以及求同存异来调解冲突，这二者在话语上存在的冲突一直以来都被忽视了，很少有人进行相关的研究和分析。新的法律人类学将启动这一主题，这样一来便需要一种同法律人类学相当的观念人类学，需要对冲突的功能和意义进行重新评价，最后还需要将法与法律制度重新进行结合。④

四　作为政治参与手段的法律人类学

最后，关于纳德作品对于法律人类学未来的意义，需要重申的是，纳德自己也希望这一点能够被社会科学及其以外的法律研究所重视，为了梳理这个问题，我们必须仔细审视《法律中的生命》一书中最为重要的论断，这一点在过去的作品中都是隐而不发的，但是现在她却急切地予以重点强

① Richard Wilson & Jon Mitchell eds.，Human Rights in Global Perspective：Anthropological Studies of Rights，Claims and Entitlements，Routledge，2003；Jane Cowan et al.，eds.，Culture and Rights：Anthropological Perspectives，Cambridge Univ. Press，2001.

② Sally Engle Merry，‘Rights，Religion，and Community：Approaches to Violence Against Women in the Context of Globalization，’ Law & Society Rev，2001，Vol. 35，pp. 39 – 88；

③ Fiona Ross，‘Using Rights to Measure Wrongs：A Case Study of Method and Moral in the Work of the South African Truth and Reconciliation Commission，’ in R. Wilson & J. Mitchell eds.，Human Rights in Global Perspective：Anthropological Studies of Rights，Claims and Entitlements，Routledge，2003.

④ 然而，回到法律本身，它并不仅仅只是一个关于制定法律和解释法律的问题。相反，法律人类学应该以自己的方式认真地对待法律，同时关注公司董事会、邻里调解中心、政治行动委员会、大学研究实验室等机构所体现的法律问题。

调。有一条线索可以将她在理论与方法上的各种创新学说串联起来，那就是一个信念：法律人类学研究应该以研究法律和社会问题为己任，不仅只是理论-实践结合的简单演绎，而且在现实生活中，对于追求社会正义与平等，反对资本主义霸权统治，都要做出应有的贡献。

早年为了研究文化背景中的纠纷，纳德就开始另辟蹊径，后来她又提出了一种可以使用的法律理论，而且与大多数人相比背道而驰地认为，替代性纠纷解决方式以及其他所谓的渐进型的法律替代方式其实都是一种倒退，在对这些研究中，纳德始终关注着不为大众所重视的一个问题，社会大众提起诉讼时如何应对法律表面上的艰深晦涩。能够解决这个关键问题的法律人类学并不是其他学者的努力方向。但是对于纳德而言，只能迎难而上。正如她所说，"不论我们是否愿意，人类学都是一种政治参与。这一认知释放了想象力；不管是文本还是田野，作为一种分析手段都是不够的"①。这是她最为基础的，也最为深刻的一点：通过人类学生产（produces）出关于政治后果的知识来研究和批判法律。这意味着法律人类学将永远不可能像法学或法哲学那样，单纯通过演绎权力将自己隔离起来；在这个意义上，法律人类学不仅范围更广，而且也更加人文主义。

① Laura Nader, The Life of the Law: Anthropological Projects, Univ. of California Press, 2002, p. 230.

附　录

以法律人类学视野关注新型城镇化进程中的民族法治建设

——第六届法律人类学高级论坛综述

文新宇*

在我国积极推进新型城镇化建设的背景下，中国人类学民族学研究会2016年年会专题会议之一——新型城镇化进程中的民族法治建设暨第六届法律人类学高级论坛于2016年10月12～14日在山东省烟台市烟台大学召开。本届法律人类学高级论坛在中国人类学民族学研究会和社会各界的支持和期待下，通过与会专家学者的共同努力，圆满完成会议议程，取得了丰硕研究成果，达到预期目标。

一　论坛概况

第六届法律人类学高级论坛是2016年10月12～14日在烟台大学召开的中国人类学民族学研究会2016年年会专题会议之一，紧紧依托中国人类学民族学研究会2016年年会的平台，注重论坛与年会的衔接。本届论坛历时两天，参会代表10月13日上午参加中国人类学民族学研究会2016年年会的开幕式，10月13日下午进行本届论坛议程，10月14日上午在中国人类学民族学研究会2016年年会的大会交流发言阶段，本届论坛的参会代表文永辉教授作了本论坛的研讨情况交流发言。

第六届法律人类学高级论坛由中国人类学民族学研究会法律人类学专

* 文新宇，男，贵州省社会科学院法律研究所副研究员，中国人类学民族学研究会法律人类学专业委员会常务副秘书长，研究方向为民族法学、法律人类学、民族文化。

业委员会、贵州省社会科学院、烟台大学法学院主办。来自西南政法大学、云南大学、清华大学、中南民族大学、浙江财经大学、云南师范大学、贵州省社会科学院、贵州师范大学、烟台大学、丽水学院、贵州师范学院等高校和科研机构的30多位专家学者和研究生参加了会议，参会专家学者围绕会议议题“新型城镇化进程中的民族法治建设”进行了学术交流。会议收到20篇论文，14位专家学者在会上进行了论文交流发言。

会议由中国人类学民族学研究会副会长、法律人类学专业委员会主任、贵州省社会科学院院长吴大华研究员主持。吴大华研究员在会议开始时介绍了近年来我国法律人类学的研究情况，以及一年来中国人类学民族学研究会法律人类学专业委员会组织专家学者开展的研究情况，以及取得的研究成果，希望专家学者继续深入法律人类学领域的研究，取得更多的研究成果，服务于我国的民族法治建设。

烟台大学法学院院长张平华教授介绍了会议主办方之一烟台大学法学院的情况，以及近年来服务于国家和山东省、烟台市法治建设的做法及成果。

二　论坛特点

法律人类学高级论坛是中国人类学民族学研究会法律人类学专业委员会（挂靠贵州省社会科学院）首创和主办的国内唯一的以法律人类学为会议议题的论坛，已连续成功举办了六届，目前在国内有一定的学术影响力。本届论坛具有以下三个特点。

（一）论坛的影响力不断扩大

中国人类学民族学研究会法律人类学专业委员会成立大会暨首届法律人类学高级论坛于2011年10月22日在贵阳召开。中国人类学民族学研究会2012年年会法律人类学专题会议暨第二届法律人类学高级论坛于2012年9月22～23日在甘肃兰州西北民族大学召开。中国人类学民族学研究会2013年年会法律人类学专题会议暨第三届法律人类学高级论坛于2013年10月26在四川成都西南民族大学召开。中国人类学民族学研究会2014年年会法律人类学专题会议暨第四届法律人类学高级论坛2014年10月14～15日在辽宁省大连市大连民族大学召开。中国人类学民族学研究会 2015 年年会法律人类学专题会议暨第五届法律人类学高级论坛 2015 年 10 月 10～11 日在贵州省贵阳市贵州民族大学召开。本届法律人类学高级论坛秉承前五届论坛的办会特点，以“城镇化进程中的民族法治建设”为会议主题，以法律人类学的学术视野来探讨城镇化进程中的民族法治建设，研究社会发展的现实法律问题，在全国法律人类学研究领域具有一定的影响力，论坛的影响力在不断扩大。

（二）关注和研究新型城镇化进程中的民族法治建设，是本届论坛的亮点

中国人类学民族学研究会 2016 年年会的主题是“新型城镇化背景下的人类学民族学研究”，以大会及专题会议结合的形式进行学术研讨，设 15 场专题会议。挂靠在贵州省社会科学院的中国人类学民族学研究会法律人类学专业委员会，在院长吴大华教授的组织讨论下，以“新型城镇化进程中的民族法治建设”为题申报了专题会议获得批准，并作为第六届法律人类学高级论坛的主题，之后组织全国民族法学、法律人类学等方面的专家学者撰文参会。

城镇化是我国实现现代化的基石，民族地区的城镇化是全面建设小康社会的重要内容。新型城镇化建设已成为未来中国长期发展的主旋律和战略抓手，但作为一项顶层设计，仍在实践中出现许多法律制度困惑。城镇化涉及经济、社会结构、利益格局、民族关系等的调整，往往导致社会矛盾增加甚至群体性事件发生，所以，城镇化必须在法治的轨道上运行，并以法治为引领，这在民族地区表现得尤为突出。也就是说，在法治中国建设中，加强城镇化领域的科学立法、严格执法、公正司法、全民守法，以确保城镇化积极稳妥地有序推进。背离法治的城镇化，既谈不上新型城镇化，也谈不上国家治理现代化。参会专家学者吴大华、牟军、刘海靖等教授，围绕新型城镇化进程中乡村治理的法治化问题、乡镇司法所纠纷解决、新型城镇化下农户宅基地使用权等方面，以法律人类学的学术视野，回应和探讨当下新型城镇化中的民族法治建设问题，是本届论坛的亮点。

（三）以法律人类学视野关注和研究新型城镇化进程中的民族法治建设，体现了专家学者的学术担当和使命

以人为核心的新型城镇化成为民族地区经济社会发展的核心目标，但民族地区，尤其是中西部民族地区如何实现就近就地城镇化？如何在新型城镇化持续推进的过程中，实现经济社会的长足发展、民族文化的传承与保护，以及现代法律之治的有效融合？如何在新型城镇化中推进法律之治的同时，融合民族地区传统治理优势，从而实现当地经济社会稳定有序发展，村庄公序良俗有效形成？参会专家学者围绕论坛主题展开了讨论，体现了他们回应和关切经济社会发展现实问题的学术担当和使命。

三　论坛成果

本届论坛收到 20 篇论文，大致可以划分为五个板块：新型城镇化进程中的民族法治建设、法律人类学研究、民族法学研究、民族地区司法研究及其他研究。根据中国人类学民族学研究会关于评选年度优秀论文的规定和评选办法，本届论坛推荐的三篇论文中有牟军教授的《乡村司法所纠纷解决的实践与表达——以滇中桂乡司法所为例的分析》、和跃副教授的《哈尼族、彝族地区留守儿童权益保障研究》被评为年度优秀论文。由于会议时间短，其中 14 位专家学者在会上进行了论文交流发言。

贵州省社会科学院院长吴大华教授向本论坛提交的论文是《西南民族地区新型城镇化进程中乡村治理的法治化困境——基于独山县基长镇的调研与思考》，他指出，参考西方比较成功地区城镇化经验可以发现，法律之治的实现是城镇化最终取得成功的关键。但西南民族地区因其地理位置相对封闭，经济社会发展相对滞后，历史形成的民族性因素及治理习惯等多方面的原因，加大了西南民族地区乡村治理法治化的难度系数；也对西南民族地区乡村治理法治化实现提出了多重挑战。他认为，必须深入探讨如何在探寻现代形式理性法治方向的同时，一定程度上保留传统法治文化中的合理因素，从而更好地推进形式法治与实质公平的有效实现，以推动新型城镇化法治化发展。

云南大学法学院教授、博士生导师牟军做了题为《乡村司法所纠纷解

决的实践与表达——以滇中桂乡司法所为例的分析》的论文发言，认为司法所作为国家统一法制与规则变迁中处于法治实践“权力末梢”的司法行政派出机构，对于深刻理解与把握乡村司法实践与表达的策略、纠纷解决的行动逻辑具有学术研究的典型性。

浙江财经大学法学院院长、博士生导师李占荣教授做了题为《论民族问题法治化的必然性》的论文发言，在梳理民族问题概念的基础上，尝试剖析民族问题的法律属性，并论证民族问题法治化的必要性和可能性。

中南民族大学民族法治研究中心主任、博士生导师潘红祥教授做了题为《国家奖学金评定中民考民、民考汉大学生平等权保障研究》的论文发言，认为从普遍政治的差别原则和效率原则出发，给予民考民、民考汉大学生特殊的差别措施是正当的和合理的。

贵州师范大学法学院副院长文永辉教授做了题为《新型城镇化建设背景下传统村落保护的法治化问题探析》的论文发言，认为有必要由全国人大制定一部传统村落保护的基本法，解决传统村落的法律地位、保护和发展的关系、规划等基本问题，为国家的传统村落保护制定长效机制。

丽水学院民族学科负责人黄元姗教授做了题为《民族立法现状调查及对策研究——基于浙江省的实证分析》的论文发言，她认为，要看到浙江省贯彻落实《民族区域自治法》过程中取得的成就，同时也对浙江省民族立法现状和不足，提出了对策建议。

贵州省社会科学院文新宇副研究员做了题为《乡村治理视域中的国家法与民族习惯法》论文发言。他认为，我国西部民族地区的乡村治理，是我国乡村治理的重要组成部分，西部民族地区乡村治理中国家法与民族习惯法的关系需要认真辨别对待。他从国家法运行在西部民族地区乡村治理面临的困境，考察了西部民族地区农村中呈现国家法与习惯法“法律二元”并存状况，从法律文化视角分析了西部少数民族习惯法与国家法的关系，并提出了促进少数民族习惯法与国家法的良性互动与调适的对策建议。

云南师范大学和跃副教授做了题为《民族地区留守儿童权益保障研究——以云南省普洱市为例》的论文发言。他以普洱市少数民族地区的留守儿童为典型研究对象采取抽样调查方式进行实证研究，他认为，近年来留守儿童在教育、监护、身心健康、价值观念等方面产生诸多问题，并对少数民族地区留守儿童主要存在的受教育权、监护权及其他权益保障方面的问题进行了分析，最后从立法和执法层面提出加强国家和社会对留守儿童受教育权、监护权、生命健康权等方面的保护措施。

贵州师范学院郭婧副教授做了题为《火灾正式制度和非正式制度》的论文发言。她认为，消防制度作为一项国家制定的正式制度，其投入与建设一直是关系民族发展，我国政府给予关注的问题，但在现实数据的统计下，这些制度貌似未发挥最大效用；正式制度未能发挥其应有效能，是当前民族村寨防火问题面临的现实矛盾；相反在现实中，真实存在的非正式制度却具有有效性。由此获知，正式制度在民族村寨火灾防治中获得完善的基础是：立法者对地方性知识的考量与借鉴，以及国家和政府在多元的价值观面前保持中立与宽容的态度。

西南政法大学朱林方讲师做了题为《少数民族文化与少数民族司法干部培养》的论文发言。他认为，少数民族司法干部是少数民族地区、少数民族群体中经过选拔、培养的优秀个体，少数民族司法干部培养政策的制定与实践，使这些个体成为国家司法权的代理人，履行民族地区纠纷解决的职责。少数民族司法干部与少数民族当事人之间的身份认同，减少了少数民族当事人接受国家司法权力及其产品的距离和障碍，进而认同国家这种公权力供给者在司法领域的支配现实和支配效果。由是，少数民族司法干部成为少数民族形成司法认同进而产生国家认同的接引者。

西南政法大学王敏璇讲师做了题为《当代中国少数民族权利的保障》的论文发言。她通过对 1991 ~2014 年间由中国国务院新闻办发布的 15 部人权白皮书的分析，追溯当代中国保障少数民族权利在此时间段的发展，阐释保障少数民族权利具有无差别平等保护、特别保护及合法差别待遇等三个层次，分析认为，在这 23 年里，中国坚持保障少数民族权利的平等原则，并普遍覆盖对公民和政治权利、经济、社会与文化权利的普遍保障，同时通过政策积极对少数民族权利进行特殊或重点保障则从根本上满足社会多样性的诉求。她最后分析认为，法律与政策并举的二元权利保障模式符合中国社会的基本现实，是中国特色权利保障的重要发展。

清华大学博士研究生马敬做了题为《法人类学视角下当代中国伊斯兰教“口唤”制度研究——以甘宁青民族地区为例》的论文发言。他认为，“口唤”制度是当代中国伊斯兰教的一项重要教规，“口唤”一词源于阿拉伯语，具有“许可、命令”的含义，其在中国穆斯林特别是在甘宁青民族地区各族穆斯林的婚姻、继承、借贷等民事关系中发挥着重要的作用，是规范穆斯林行为，调整人与人之间关系的“法”。他从法人类学角度对“口唤”制度同国家法律之间的互补与冲突进行了分析，最后指出发掘“口唤”制度的正面功能，抑制其负面影响，进而避免因宗教、民族问题带来的混乱和无序现象对维护甘宁青民族地区的民族团结、宗教和睦与社会稳定具有一定的积极意义。

值得提出的是，徐晓光教授、谢晖教授、张永和教授等由于科研教学等事务繁多无法出席会议，但都给会议提交了论文，他们论文精彩而独到的见解和观点给本次会议增色不少。

谢晖教授提交的论文是《论作为人权的习惯权利》。他文章认为，如同习惯是法律的前身一样，习惯权利也是法律权利的前身。但法定权利对习惯权利的认可，仅具有相对性。大量的习惯权利仍存于法律之外。对此，只有采取法律叙事视角的转换，即从权利叙事视角出发，才能借权利的包容性把习惯权利纳入人权体系。习惯权利作为人权，与少数人的权利具有交集，但并不等同。习惯权利具有普遍性，表现为有些习惯权利是人类共有的，有些习惯权利虽为部分人所有，但任何“部分人”都可能有其特定的、独享的习惯权利，故习惯权利在此获得了“族群—地方性的普适性”，也获得了人权的一般属性。习惯权利不同于法定权利，但可以被法定化。在法治社会，对习惯权利之保护可经由权利代入的自治性保护、契约沟通的互治性保护和权力强制的他治性保护来实现。

徐晓光教授提交的论文是《“明白书”现象的法律人类学思考——基于贵州省雷山县、丹寨县苗族基层社会治理的分析》。文章认为，贵州省黔东南苗族侗族自治州雷山县的丹江镇、郎德镇、望丰乡和丹寨县南皋乡民间存在的“明白书”，是用来约束村民行为规范的具有民间合约效力的文书，其内容涉及综治、平安建设、安全生产、消防、交通安全、禁毒、森林防火、计划生育、举报和查处“两非”案件奖励、平安家庭、节庆活动等方面，在调整当地社会关系中起到不可替代的作用，其蕴含的民间法律文化和法律社会学价值是值得探讨和研究的。

张永和教授提交的论文是《少数民族文化与少数民族地区司法审判》。论文从少数民族地区案件纠纷特点、少数民族地区的巡回审判、少数民族地区的诉调衔接、少数民族地区的人民陪审四个方面展开论述。文章认为，少数民族地区与汉族地区在案件纠纷的具体类型、案件纠纷的解决方式、案件纠纷的解决条件等方面都存在许多差异，针对少数民族地区案件纠纷及其解决的特点和要求，少数民族地区在司法审判方式改革方面进行了诸多的探索。少数民族地区人民法院为方便人民群众诉讼，组成巡回法庭，定期或不定期地巡回深入农村及交通不便、人员稀少等偏远地区，就地立案、就地开庭、当庭调解、当庭结案。巡回审判立案、审案的时间、地点具有较大的灵活性，符合我国当前法治不够接地气的现状，能够降低民众诉讼成本、提高法院工作效率，增强了司法的透明度，能避免既有矛盾的激化，有利于指导人民调解工作，有利于进行法制宣传。不过，也存在如案件受理范围模糊，民族语言的法律文件翻译滞后，出现形式主义的倾向，可能会对非诉讼解纷解决机制造成冲击等问题。少数民族地区案件纠纷产生的原因往往较为琐碎，诉讼标的小，因自然条件等方面的原因造成办案成本高，而涉案因素性质较为复杂，同时，少数民族更容易接受法院通过一些已经融入了民族习俗和民族个性的传统矛盾解决方式，纠纷解决中审判力量与社会力量有机结合的诉调衔接有其必要性。不过，少数民族地区的诉调衔接，在客观上面临各级法院经费紧张、人民调解员素质参差不齐和有关单位或个人不愿意参与调解的困难，在主观上则存在不适当地夸大调解的优越性和作用、片面追求调解结案率的误区。由于随机抽取的人民陪审员经常无法按时参加案件审理，主审法官倾向于选择与自己关系较好的陪审员造成了“陪审专业户”的现象，少数民族地区法院经费紧张很难及时按规定给陪审员发放补助，影响了陪审员参加审判活动的积极性，因此，少数民族地区的司法实践中，虽然近几年来人民陪审员参审案件的数量呈逐年增加的趋势，但人民陪审员的参审率仍处于较低状态。

张青副教授提交的论文是《法治化治理——乡村司法理论之反思与重构》。该文认为，囿于各自研究进路的限制，乡村司法既有的“法治论”和“治理论”均无法对此提出有效的解决方案。而这从根本上看又是由法学视角和社会学视角的对立造成的，二者实际体现出的是价值与事实的紧张与对立。因此，欲走出困局，在乡村司法的研究中须将社会学视角与法学视角统一起来，加强两种进路的对话与合作。在此基础上对当代中国乡村司法理论予以建构，进而对乡村司法制度予以最低限度的改造。

尕永强讲师提交的论文是《城镇化建设中少数民族餐饮业“行规”对

民族法治建设的影响》。该文认为，我国虽已建立较为完善的法律法规保护经营者合法权益，但部分少数民族餐饮业“行规”与法律存在冲突；在保障少数民族合法权益的基础上，对可弥补了法律之不足的“行规”予以认可，对明显违背公平竞争原则和扰乱市场经济秩序的“行规”应予以取缔，部分经营者强行推行该“行规”的应承担相应责任。通过加强民族法治建设，完善民族事务立法，保护健康的市场环境，推进城镇化建设，实现各民族共同富裕。

本届论坛评议人牟军教授对各发言专家学者的观点进行了评议，同时建议专家学者从学术使命的角度继续深入研究。主持人吴大华研究员在闭幕式上总结了本次论坛取得的研究成果，期待下一届论坛在中南民族大学召开时，看到更多法律人类学研究成果的呈现，以服务于我国法治建设乃至经济、社会建设。

图书在版编目(CIP)数据

法律人类学论丛．第5辑／吴大华主编．-- 北京：社会科学文献出版社，2017.9

ISBN 978-7-5201-0571-2

Ⅰ.①法…　Ⅱ.①吴…　Ⅲ.①法学-人类学-文集

Ⅳ.①D90-059

中国版本图书馆CIP数据核字（2017）第063414号

法律人类学论丛（第5辑）

主　　编／吴大华

出 版 人／谢寿光

项目统筹／邓泳红　陈　颖

责任编辑／陈　颖　王丽丽　王　煦

出　　版／社会科学文献出版社·皮书出版分社(010)59367127

地址：北京市北三环中路甲29号院华龙大厦　邮编：100029

网址：www.ssap.com.cn

发　　行／市场营销中心（010）59367081　59367018

印　　装／北京季蜂印刷有限公司

规　　格／开　本：787mm×1092mm　1/16

印　张：30.75　字　数：490千字

版　　次／2017年9月第1版　2017年9月第1次印刷

书　　号／ISBN 978-7-5201-0571-2

定　　价／89.00元